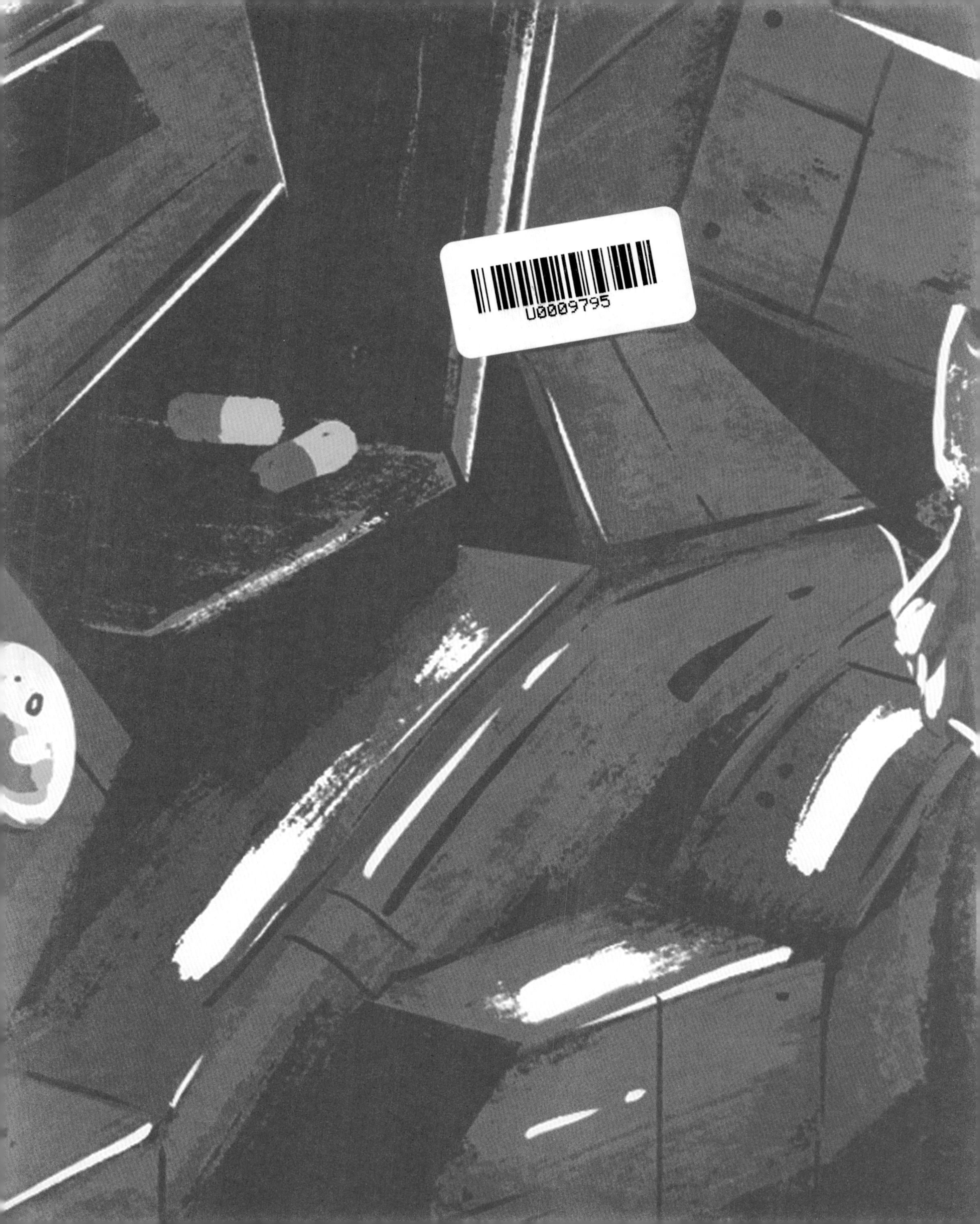

日本經典動畫指南

麥可・里德、傑克・康寧漢 著／李靜怡 譯

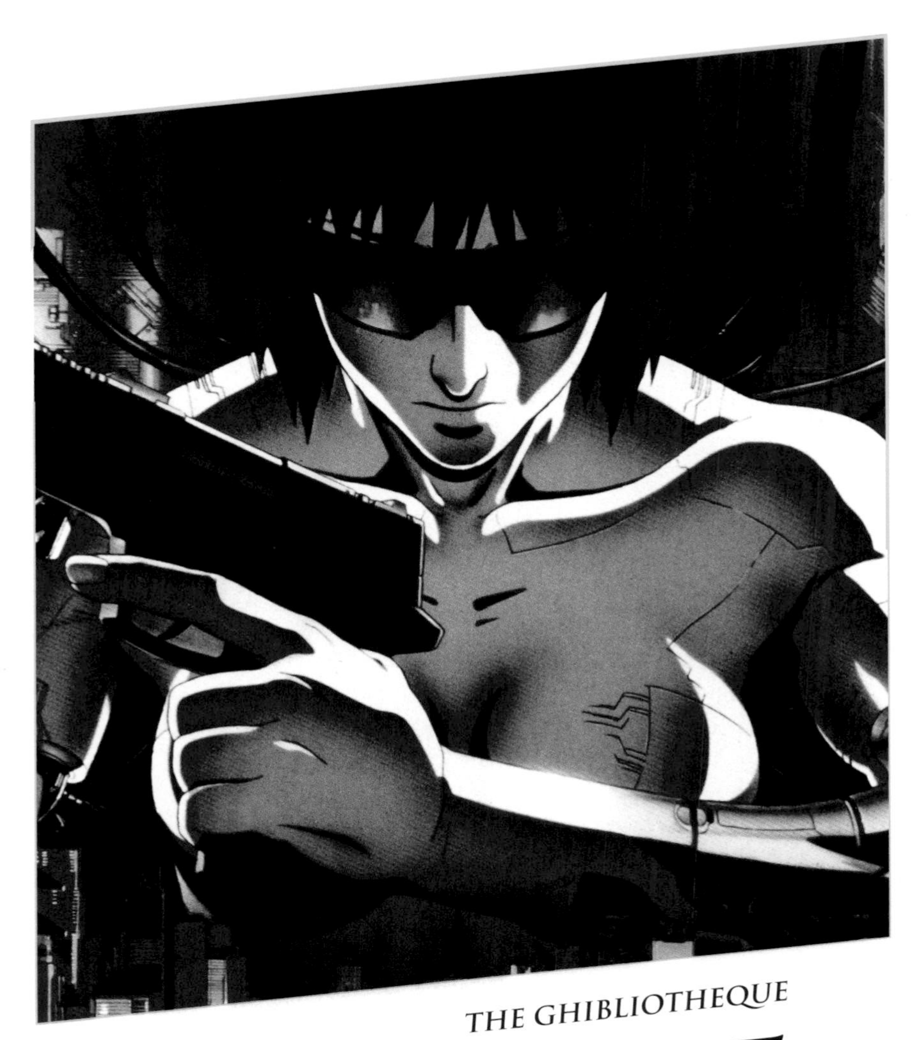

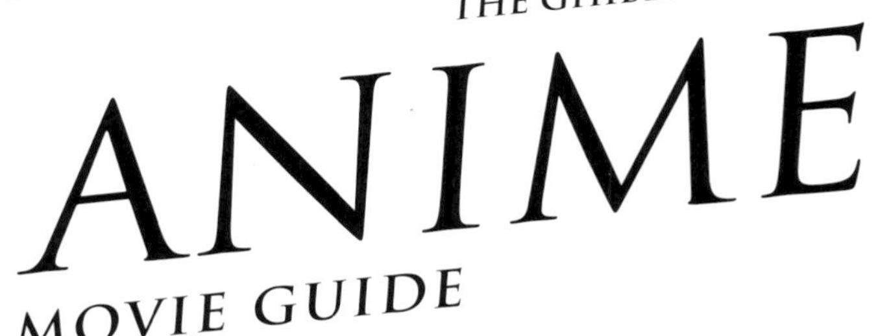

MICHAEL LEADER & JAKE CUNNINGHAM

FROM THE LITTLE DOT STUDIOS PODCAST

資深影評的日本動畫指南

李政亮（文化評論者、政大傳院兼任助理教授）

任何一本冠上「日本動畫指南」名稱的書籍，必然會受到讀者的指指點點——果然有這部作品！但為什麼沒有那部作品？在筆者看來，重點在於誰來選取、選取標準是什麼？這樣的標準是否可增進我們對日本動畫的理解？

誰是下一個宮崎駿？

本書的兩位作者是英國影評人和策展人，同時也是 Podcast 節目「吉卜力圖書館」（Ghibliotheque）的主持人。他們深受吉卜力動畫的影響，開始大量接觸日本動畫，他們的上一本書《吉卜力電影完全指南》在 2022 年與台灣讀者見面。在上一本書中，兩人專注於吉卜力作品，除了介紹作品的創作脈絡，也對作品進行深入評論。這本《日本經典動畫指南》以相同模式，從戰後日本動畫作品中選出 30 部，並加以討論。兩本書同樣是作者深入日本田野，對導演乃至動畫從業人員進行訪談。此外，日本非常重視版權，兩本作品都透過繁複的聯繫取得電影海報、劇照的授權，這使得作品更加生動，也更具收藏價值。

在本書的前言中，兩人直接點出選取標準：身為資深影迷，他們關心為大銀幕製作的原創電影，也以此為選取標準，雖然漫畫改編的電視動畫才是產業的核心利益。

要如何貫穿兩人所選取的 30 部作品？書中提出一個有趣的問題，或許可作為深入思考的軸線：「這是一個困擾動畫界一整個世代的問題：誰是下一個宮崎駿？」我們或許可以宮崎駿為基準，來談論日本動畫的變化。1941 年出生的宮崎駿，在中學三年級時看了《白蛇傳》（本書選的第一部作品）之後，就開始對動畫感興趣。1962 年他進入東映動畫，自此開始一輩子的動畫人生。1963 年是日本動畫史的轉捩點。戰後是「漫畫之神」手塚治虫的巔峰時刻，他自小受迪士尼的影響，懷抱著動畫之夢，這年虫製作所推出的日本首部電視動畫《原子小金剛》上映了。也在這年，宮崎駿認識高畑勳，兩人的相識為日後日本動畫的巨變埋下伏筆。宮崎駿在動畫界浸淫多年之後，開始批判手塚治虫式的動畫——一味模仿迪士尼，而且畫面動得不夠快！

1985 年吉卜力成立之後，宮崎駿的作品逐漸綻放光彩，在 1990 年代中期更走向巔峰。與此同時，日本動畫界群雄並起、競爭激烈。1988 年大友克洋的《阿基拉》問世之後，曾有評論家說「日本動畫的世界觀分為大友克洋之前與之後」，簡言之，這是對大友克洋動畫世界的盛讚！ 1995 年押井守的《攻殼機動隊》問世之後，也是一世披靡，在全世界都有粉絲。有趣的是，就像宮崎駿對前輩手塚治虫的批判，押井守也對大他十歲的宮崎駿提出批判——他的畫工還可以，但導演就不行！

新海誠的明亮電影

後輩對前輩的批判，不應該僅僅視為口水戰或八卦，應該將之視為日本動畫界的典範競爭。「誰會是下一個宮崎駿？」這樣的問題也該從這個視角出發。

2021 年，日本動畫評論者渡邊大輔在《明亮的電影、幽暗的電影：二十一世紀的銀幕革命》（明るい映画、暗い映画—21 世紀のスクリーン革命）一書中提出一個有趣的概念：明亮的電影。所謂明亮的電影，是指色調較為鮮艷的電影。前面談到的美學競爭，是在動畫的速度乃至敘事層面；然而，現在的美學表現已移轉到色調革命。明亮電影的代表是新海誠。新海誠的電影畫面總是給人細緻飽滿、光亮、時而逆光的真實感，關於新海誠電影的這個特徵，本書作者也注意到了，並使用流暢的文筆加以描述。此外，新海誠的部分畫面也像是 IG 美照（インスタ映え）。IG 美照是年輕人文化的代表，可以看到電影大銀幕與手機小螢幕的相互影響。

將這點延伸思考，也非常有趣。電影史的第一課，1895 年 12 月法國盧米埃兄弟在巴黎大咖啡館的電影放映，是電影史的起點。儘管愛迪生的放映系統在盧米埃兄弟之前，但愛迪生的系統僅供一人觀看，而盧米埃的放映系統有觀眾的存在。亦即，觀眾的存在成為電影史起點的關鍵因素。然而，現在局面正好顛倒。愈來愈多人不會到電影院看大銀幕，而是透過電腦或手機螢幕看電影，像是從盧米埃的集體觀看回到愛迪生的個人觀看。此外，年輕人對敘事時間的容忍度正在下降，未來的動畫敘事是否會因此改變，值得關注。

總之，誰會是下個宮崎駿？與其討論誰是接班人，不如討論背後的媒介技術與美學表現的變化。

日本動畫在全球的流通

兩位作者以大銀幕為標準選出 30 部作品，可以看出其影評出身的軌跡。字裡行間也確實有這樣的色彩，譬如談《千年女優》時，電影中連結不同時空的關鍵是鑰匙，作者以電影史中的經典——《大國民》（*Citizen Kane*）裡的「玫瑰花蕾」及《梟巢喋血戰》（*The Maltese Falcon*）中的「馬爾他之鷹」——來做比喻。此外，書中也使用蒙太奇乃至電影鏡頭來加以分析討論。

從電影研究的視角來談動畫，確實是目前的趨勢。本書英文版 2022 年出版的前一年，近年屢有亮眼新作的日本年輕電影研究者北村匡平，在 2021 年出版的《24 格的電影學：拆解影像表現》（24 フレームの映画学—映像表現を解体する）當中，前半部從電影的文法——場面調度、剪接、音樂等——闡釋小津安二郎、黑澤明、成瀨巳喜男等大師的經典作品；到了最後的部分，北村也將日本動畫納入討論。這是電影研究的作品中少見的情況，由此可知動畫電影已進入電影研究的視野。不僅如此，北村甚至嘗試將動畫導演放在日本電影的座標中予以定位。例如，在日本電影史中，就畫面表現來說，有一個對照組——畫面相對靜止的小津安二郎與善於表現動作的黑澤明，北村以此對照來討論細田守的作品。其實前述的渡邊大輔也有此嘗試，他對新海誠受導演岩井俊二的影響進行闡釋。

從電影研究的視角來看動畫，確實可增加很多討論的空間，也可提供另一種觀看日本動畫的方式。以本書為例，電影研究中有關於電影流通機制的討論，即所謂的商業電影與藝術電影存在著不同的流通管道，例如商業電影在院線上映，藝術電影則在藝術電影院放映；商業電影的最高殿堂是奧斯卡金像獎，藝術電影則是柏林、威尼斯與坎城等歐洲三大影展等差異。在本書中，作者提到好幾個在日本賣座不佳，卻在國外影展或錄影帶起死回生的例子，如《老人 Z》、《攻殼機動隊》、《星際牛仔：天國之門》等。這些例子讓我們反思「日本」動畫的成立，不能只著重日本動漫產業的神話，還必須考慮海外流通機制的支持。值得延伸思考的是，這些作品何以能跨越文化差異的藩籬，而這也是一個討論「日本」動畫全球化與在地化辯證的有趣話題。

值得關注的勞動問題！

最後，影視產業的勞動問題也值得關注。本書對每位導演的動畫之路都有詳細的介紹。基本上，他們大都從最基本的繪圖開始，而後逐步走上導演之路。然而，在惡化的勞動環境下，許多年輕人的動畫之夢是否會被迫中止？抑或，日本動畫的生產體制是否能繼續維持穩定的製作？

日本動畫界的勞動問題，早在電視動畫勃發的 1960 年代就曾出現。1960 年代在東映工作的山口康男，他在 2004 年出版的《日本動畫全史：日本動畫領先世界的奇蹟》（日本アニメ全史—世界を制した日本アニメ軌跡）中提到，步入電視時代之後，電視動畫蓬勃發展，東映也加緊腳步製作電視動畫。全力投入的結果卻很弔詭：電視動畫明明大受歡迎，但東映卻賠錢。主要的原因在於電視動畫以一週為單位，拚命加班製作，卻產生兩個問題：一是加班費導致製作成本過高，二是工作分配的方式讓部分員工感覺不公平。結果是部分員工離開東映，自創工作室，因此對 1970 年代日本的動畫生態帶來衝擊。

現今的問題是，基本上近十年來日本動畫的市場規模呈現逐步擴大的趨勢，根據《動畫產業報告 2022》（アニメレポート 2022），2021 年更達到 2 兆 7400 億日圓新高的規模。然而，近年來動畫師的低薪資一直成為討論的話題。一般來說，動畫師是自由工作者，平均年薪在 100 萬出頭到 330 萬日圓之間，20 歲出頭的動畫師每個月大約只有九萬日圓的薪資，幾乎過著極貧困的生活。更何況動畫師是自由工作者，健康保險與年金需要自理。這樣的環境顯然不利於年輕人長久待在動畫產業。

本書從 1958 年的《白蛇傳》開始，結束於 2021 年的《龍與雀斑公主》，在漫長 60 多年的時光裡，媒介技術、表現形式乃至動畫製作的體制與勞動問題不斷演變。喜愛日本動畫的朋友可以在字裡行間，細細品味兩位作者嘔心瀝血之作，進而由歷史的視野與影像內外的角度，延伸思考日本動畫的過去、現在與未來！

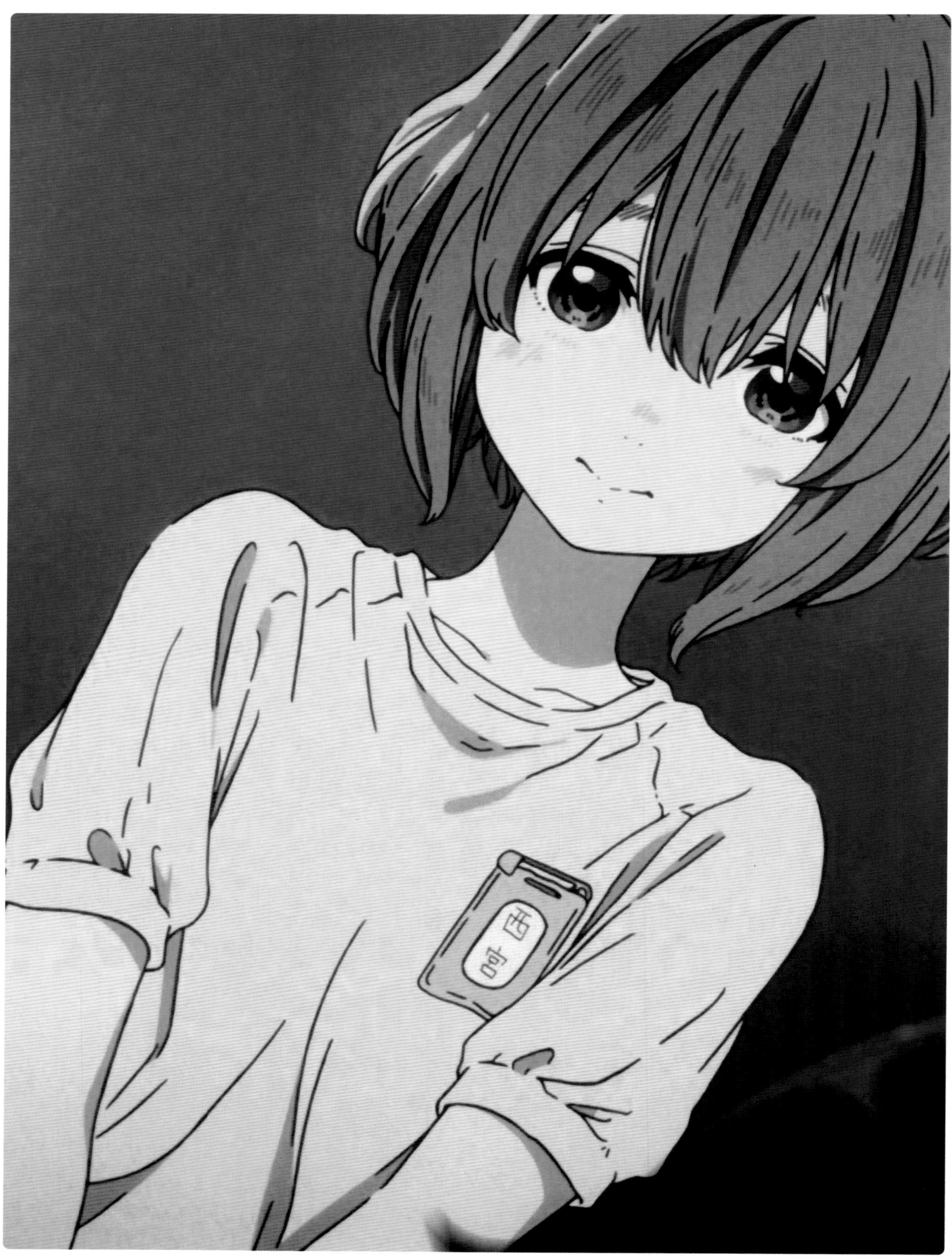

目次

CONTENTS

左頁：新聲音。山田尚子的《聲之形》為日本動畫電影照亮了未來的道路。

前言

INTRODUCTION

朋友們，歡迎回來吉卜力圖書館（Ghibliotheque）！這裡是我們討論世界上偉大動畫與製作動畫的人的舒適小圈圈。早在 2018 年我們就開始做 Podcast，我們的目標很簡單：透過一次講一部電影的方式，麥可想把傑克變成吉卜力工作室的瘋狂粉絲。劇透警告：麥可成功了！我們有超多集 Podcast，甚至一整本書都可以證明這一點。但是，然後呢？

對於全球許多影迷來說，他們透過吉卜力工作室第一次體驗到日本動畫世界的神奇。也許你和《神隱少女》中的千尋一樣，矯捷地穿過黑暗的隧道，並進入了一個充滿神靈和怪物的神秘世界。我們都有自己的入門方式，而吉卜力工作室好幾代的動畫師們總是不負眾望。現在，我們已談過吉卜力工作室的所有電影（你知道我們寫了一本書嗎？）因此，在我們即將啟程的新旅行裡，我們將探訪更神秘深邃的兔子洞。

還有許多未知等待著我們發現，因此我們寫了這本《日本經典動畫指南》，並收錄日本過去 60 年來，最著名的 30 部動畫。每一章都由麥可撰寫脈絡背景，並由傑克接棒負責評論；而如果有任何影片吸引我們做更深入的探索，傑克也會提供延伸觀影的建議。

策劃、選編 30 部動畫電影並不容易。我們不敢說這本指南絕對完整，也不敢說這本動畫電影書是必讀的經典之作（若要更詳盡、百科全書式的列表，可進一步閱讀書末的〈延伸閱讀〉）。我們廣泛收入了當你踏進日本動畫世界時，所會遇到的令人振奮的動畫類型、導演、趨勢與主題。

整體來說，這本書確實講述了動漫產業的故事，其中有許多人經常在不同的章節裡交會。我們講的是當雄心壯志遇上緊繃預算、當有遠見的夢想家（絕大多數是男性）奮力從事收入低微的工作的故事；你會讀到擺盪在寫實風格與絢爛視覺之間的掙扎，甚至演變成數位動畫與傳統手繪作品間的戰爭。此外，我們還必須承認自己是來自英國的傢伙，試著研究日本最偉大的文化輸出。我們認為本書也關於動畫與其全球觀眾，特別是與英語系國家觀眾之間的關係。

英、美閱聽者對日本動畫的看法，在很大的程度上受到了發行趨勢、以及那些在特定年代推向特定觀眾群的作品影響，好比在《阿基拉》之後蔚為風行的超暴力家庭錄影帶。此外，也有許多人對日本文化產品存有過度活潑、缺乏營養、幼稚的刻板印象。動畫

右頁：如果你喜歡吉卜力工作室的電影，可以看看午夜工作室（Studio Ponoc）向宮崎駿致敬之作《瑪麗與魔女之花》。

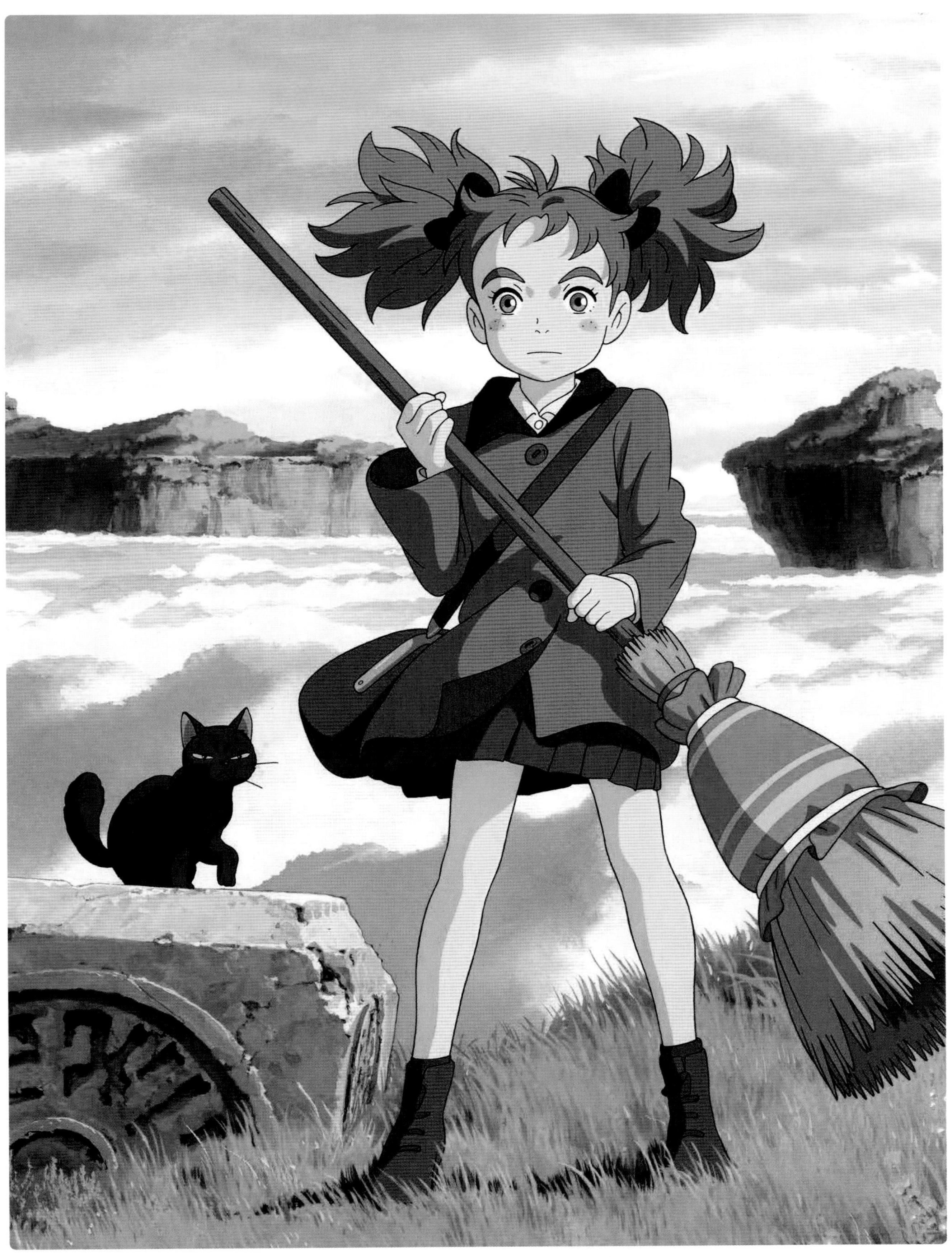

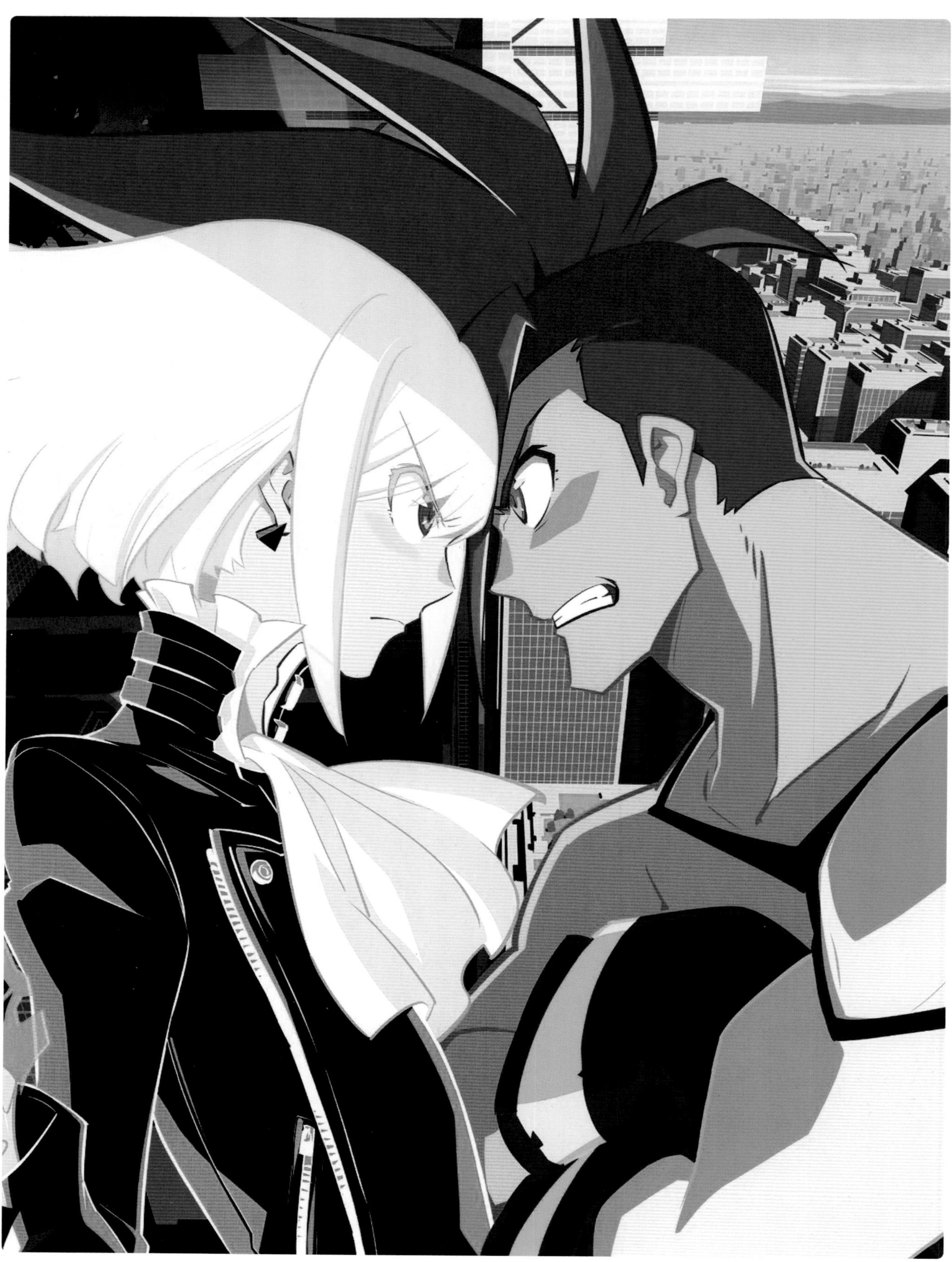

左頁：正面交鋒。動漫產業是一個充滿對比和衝突的世界，就像《普羅米亞》中互相爭執的主角一樣。

作為藝術形式與傳播媒介，其實與真人電影一樣，涵蓋了多樣的故事、風格、調性、流派，而日本動畫產業最能掌握箇中精髓。然而，我們向來都以窺視孔般的視野窺探這個產業：許多日本動畫中最熱門、堪稱里程碑的作品，仍舊無法在英語世界中正式購得。話雖如此，情況有在好轉，我們想趁機讚美一下動漫有限公司（Anime Limited）、吉玩（GKids）與迪斯科技（Discotek）等品牌，他們接續漫畫娛樂（Manga Entertainment）和映歐嘉納（StudioCanal）等公司，將過去與現在的重要動畫作品帶到大大小小的銀幕上，成為許多動畫迷的起點。

我們兩人都深信列這份動畫清單的過程應該相當好玩、又有點傻氣，我們也很不好意思訂了一些非常詭異的特別規矩，好比每位導演只能有一部作品；然而，當我們套用這規則在一些從未失手的優秀導演身上時，比如今敏，真的讓人渾身難受。此外，也因為我們早已為吉卜力工作室寫了一本書，因此我們將不會討論他們的任何作品。（但別擔心，我們還是找到了能將宮崎駿與高畑勳都納入清單的方法。）

我們也想向日本動畫中的一個特殊類型致敬：為大銀幕製作的原創動畫長片。不可否認，就產量、觀眾和利潤而言，動畫長片不是動畫產業中最重要的部分，真正重要的是電視動畫及其效益可觀的IP，像是《火影忍者》、《海賊王》和《七龍珠》。但因為我們兩人骨子裡都是影迷，因此本書特別著重動畫長片。為了讓本書維持著入門感，我們討論的所有影片，都可以在不做任何功課的情況下，輕鬆地欣賞。我們所討論的動畫電影既好取得、又可以在一部電影的長度內消化完畢。這代表我們會排除那些長篇連載漫畫所衍生的知名劇場版作品，好比票房破紀錄的超級大片《鬼滅之刃：無限列車》，該片已成為日本有史以來票房最高的電影。不過，坦白說，建立30部片選單的最大樂趣之一，就是製造明顯的遺珠之憾，讓人想吐槽這本書。

不論你現在感到好奇或是惱怒，我們都希望你能在這本書裡找到自己喜歡的內容。不論是《阿基拉》或《你的名字》，日本動畫的想像沒有邊際，並展現寬闊的視野。日本動畫的世界任你翱翔。歡迎你！

《白蛇傳》
（白蛇伝, 1958）

PANDA AND THE MAGIC SERPENT
THE DISNEY OF THE EAST

東方迪士尼

《白蛇傳》以中國民間故事為靈感，講述少年許仙愛上白娘（一名由白蛇幻化而成的女孩）的故事。

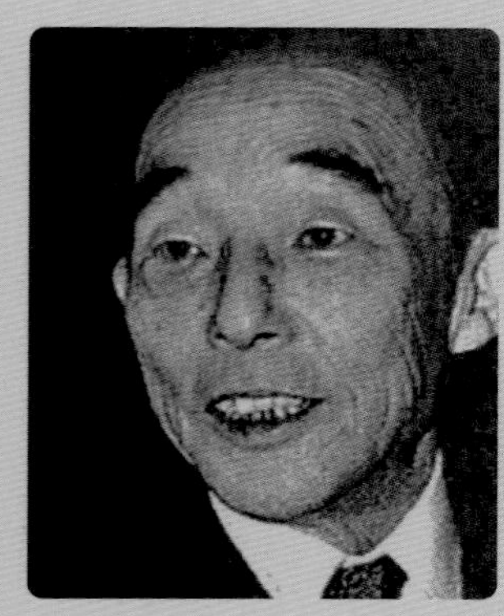

1958

導演：藪下泰司 Taiji Yabushita

78 分鐘

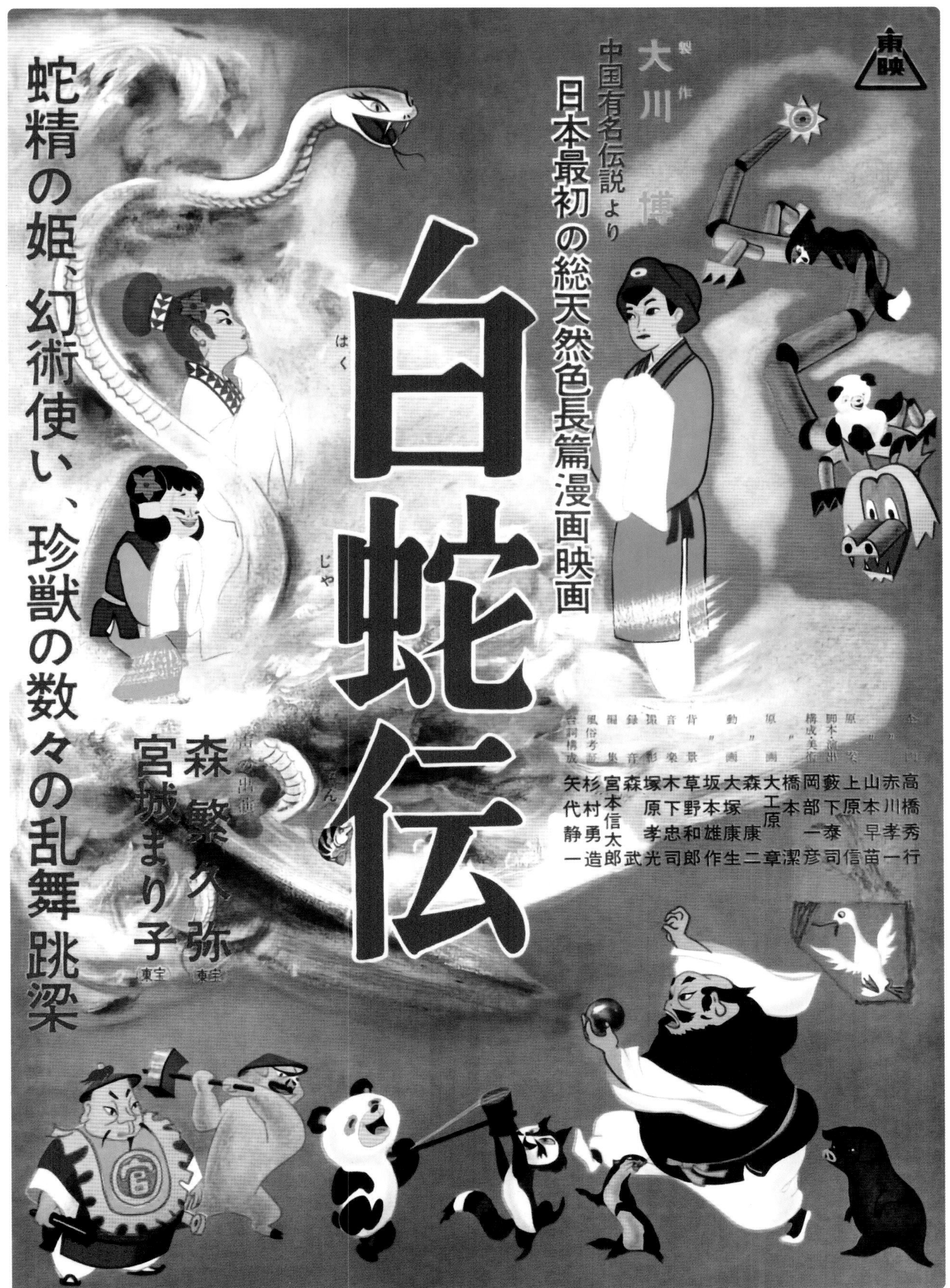
東映
製作 大川博
中国有名伝説より
日本最初の総天然色長篇漫画映画
白蛇伝
高橋秀行
赤川孝一
山本早苗
上原信
藪下泰司
岡部一彦
橋本潔
大工原章
森康二
大塚康生
坂本雄作
草野和郎
木下忠司
塚原孝光
森武
宮本信太郎
杉村勇造
矢代静一
森繁久弥(東宝)
宮城まり子(東宝)
蛇精の姫、幻術使い、珍獣の数々の乱舞跳梁

雖然《白蛇傳》不是日本第一部動畫長片，1945年的戰時宣傳片《桃太郎：海之神兵》才是；但《白蛇傳》是日本首部彩色動畫長片，也是日本首度嘗試挑戰大受觀眾好評的迪士尼奇幻動畫片。

《白蛇傳》實為大川博的夢想。大川博是勤勞的企業家，曾在東急集團擔任各種管理職，包括開發零售投資組合及擔任棒球隊總經理。最終大川博擔任東映的負責人，東映是東急集團的子公司，專營電影製片廠與連鎖電影院。他開始關注能貼切滿足家庭需求的迪士尼系列。東映製片廠希望在《白雪公主》（*Snow White and the Seven Dwarfs*）所開展的童話系列中注入亞洲元素，他們的第一部動畫長片計畫便取材自中國民間故事的《白蛇傳》。

為籌組如此野心勃勃的計畫，東映買下日動映畫工作室，並改名東映動畫；接著招募並培育了日本新一代動畫師，他們中許多人在日後形塑了日本半個世紀的動畫史；其中包括了大塚康生（《太陽王子霍爾斯的大冒險》與《魯邦三世：卡里奧斯特羅城》）、杉井儀三郎（《銀河鐵道之夜》。據部分資料的紀錄，當時還有以17歲之姿初登場、擔任中間格動畫師（in-between animator）的林重行（《銀河鐵道999》、《手塚治虫之大都會》）。

《白蛇傳》的動畫師團隊也有幾位重要的女性藝術家，她們在男性主導的動畫世界堪稱佼佼者，包括奧山玲子、中村和子，以及持續參與東映製作的大田朱美，她參與的作品有《太陽王子霍爾斯的大冒險》、《穿長靴的貓》，直到她與同事宮崎駿結婚、養育家庭，並退出動畫圈。

1958年《白蛇傳》上映，當時宮崎駿還是一個正準備大學入學考試的高中生，並立志成為劇畫派（gekiga）漫畫家——這種流派的敘事風格相當成人取向，宣揚一種更為幻滅的世界觀。但根據他的回憶，當他「在小鎮破敗區一間老三輪電影院」看到《白蛇傳》時，對少年的他留下深刻的影響：

「我愛上了動畫裡的女主角。靈魂深處被深深觸動，路上開始飄起漫天的雪花，我步履踉蹌地回到家……整個晚上都趴在暖桌上哭泣。」

日後宮崎駿試圖淡化這種狂熱的反應，說這有點幼稚，在隨後的幾年裡，他不斷與《白蛇傳》進行鬥爭，並在他開始發展自己的創作視野時，細細梳理出這部片的缺陷。不過有件事是肯定的：「這讓我了解到……實際上我愛上的是電影中純粹、真摯的世界。」

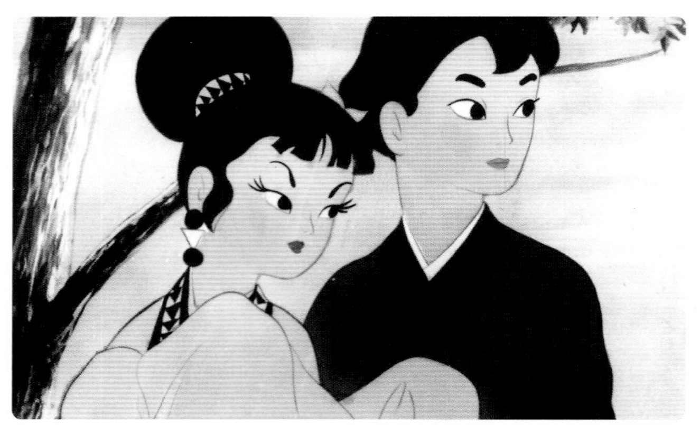

上：《白蛇傳》融合了愛情、冒險與會說話的奇幻生物等元素，希望能複製迪士尼動畫的成功經驗。

延伸觀影

繼《白蛇傳》之後，東映動畫（編按：1948年成立時名為日本動畫株式會社，1998年改名東映動畫株式會社）成為日本動畫產業的巨擘，《無敵鐵金剛》、《銀河鐵道999》、《七龍珠》、《美少女戰士》、《數碼寶貝》、《海賊王》等長篇系列作品為東映奠定基礎。上述作品形塑了國際觀眾對動畫的期望，當我們回頭觀察早期東映為破解迪士尼的親子魔法冒險題材所做的嘗試時就更有趣了，如1959年的《少年猿飛佐助》、1960年的《西遊記》都和《白蛇傳》有相同的元素，動畫師也大都雷同。上述作品都在1961年進行英語配音，並於美國本土上映，成為最早跨越太平洋的動畫長片。此後數十年間，許多日本動畫也紛紛踏上此一旅途。

受《白蛇傳》啟發的不只有宮崎駿。事實上，此時正是日本動畫產業開始轉動的時刻，充斥各種現象，如製作長篇彩色動畫作品的雄心壯志、國內人才的育成、艱困的工作環境與低薪狀態，日後東映動畫的動畫師甚至組織工會，爭取更好的工作條件。至今衝突仍未消減。當時手塚治虫的熱門作品《原子小金剛》開啟了本土與國際觀眾的想像，強納森．克萊門（Jonathan Clements）與海倫．麥卡錫（Helen McCarthy）合著的《動畫大百科》（*Anime Encyclopedia*）稱此片與《白蛇傳》為當代動畫產業的雙重宇宙大爆炸。

影評：《白蛇傳》

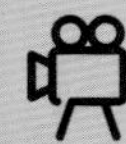

雖然東映動畫希望《白蛇傳》可以做得像是迪士尼所出品的強大作品，但結果卻失敗了。雖然《白蛇傳》也有一些對音樂著迷的動物角色，但這部獨特的作品與迪士尼動畫絕不相像——那陰陽穿梭的空間、神話般的氛圍與漫遊感十足的視覺效果，都是《白蛇傳》獨有的。

電影改編自一則流傳上百年的故事，年輕男孩愛上曾是白蛇、並且具有法力的公主，古老的故事就在我們眼前展開。極簡的山水景象由簡單的形狀所組成，畫面裡有相當多的留白，灰白色的雲彩與背景融為一體。白雲流轉在屋舍上，電影描繪出有如古老繪本般的細節，並帶著如同經年累月被講述、翻閱而沾染的日曬痕跡。在這幅古色古香的畫布上，電影的色彩閃耀著淬煉後的光芒，就連角色的藍色眼珠都像寶石般閃耀。

《白蛇傳》講述了終能戰勝一切的愛情、遠古的寶藏、監禁與流放，這些都是令人熟悉的傳說元素，而我們更可以在幾個橋段與角色中，看到迪士尼的影響。動物們在影片中翩翩起舞，配合牠們本身自然的節奏。雖然有些動物角色看起來像是身在《白雪公主》（*Snow White*）那般和諧，但也有些動物角色跳得更像是《小姐與流氓》（*Lady and the Tramp*）裡的那群流浪狗。在一場越演越烈的滑稽暴力械鬥裡，我們甚至能看到另一部偉大動物卡通《樂一通》（*Looney Tunes*）的影子。

不過，《白蛇傳》真正特別之處不是在故事本身，而是在故事和故事之間，頻繁出現的煙花表演、緞帶舞與起伏的海潮，讓觀者藉此踏入不尋常的夢境，歡愉地感受生命與動畫的美好。電影中還出現了一群江湖賣藝者，他們每個人都有著機智、多變的表演手法，這巧妙的情節，也呼應了電影本身正是一場情節豐富、藝術技巧精湛的天才表演。

我們也可在電影哲學與風格上找到類似宮崎駿作品的痕跡，那種「真摯純粹」、不過度複雜並飽含同理心的情感，都能讓我們聯想到《龍貓》與《崖上的波妞》。那條以帶有催眠感的律動飛旋上天的白蛇，讓我們聯想到奧斯卡最佳外語片《神隱少女》。就連片中的反派角色，其性格的曖昧性，都與宮崎駿世界裡的壞蛋角色相吻合。最初要拆散這對年輕戀人的高僧法海，最後也成為他們重新相聚時不可或缺的一環。雖然法海和《魔法公主》裡的黑帽大人及《霍爾的移動城堡》裡的荒野女巫的多面性不太一樣，但她們和法海仍然有著相同的 DNA。

《白蛇傳》與受其影響的動畫，都成為動畫史裡迷人而精彩的篇章。《白蛇傳》或許不夠深刻，但它的藝術魅力依舊難以忽視。

下：《白蛇傳》當年發行時，在歐美世界有各種譯名，如 *Panda and the Magic Serpent, The Great White Snake, The White Snake Enchantress*。

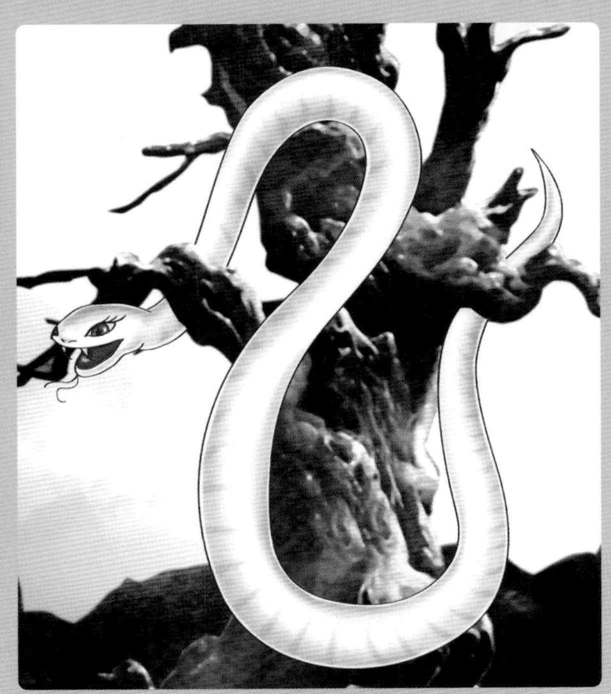

《太陽王子霍爾斯的大冒險》
（太陽の王子 ホルスの大冒険, 1968）

THE LITTLE NORSE PRINCE
THE BEGINNING OF A GREAT ADVENTURE

大冒險的起始點

一位名叫霍爾斯的年輕人設法重鑄太陽之劍，最終成為太陽王子。一路上，他設法返回父親的村莊，抵抗冰魔格林瓦，並認識了神秘的女孩希爾達。

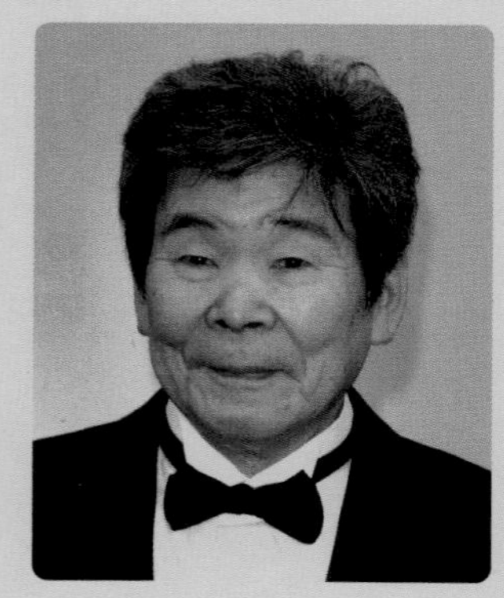

1968

導演：高畑勳 Isao Takahata

82 分鐘

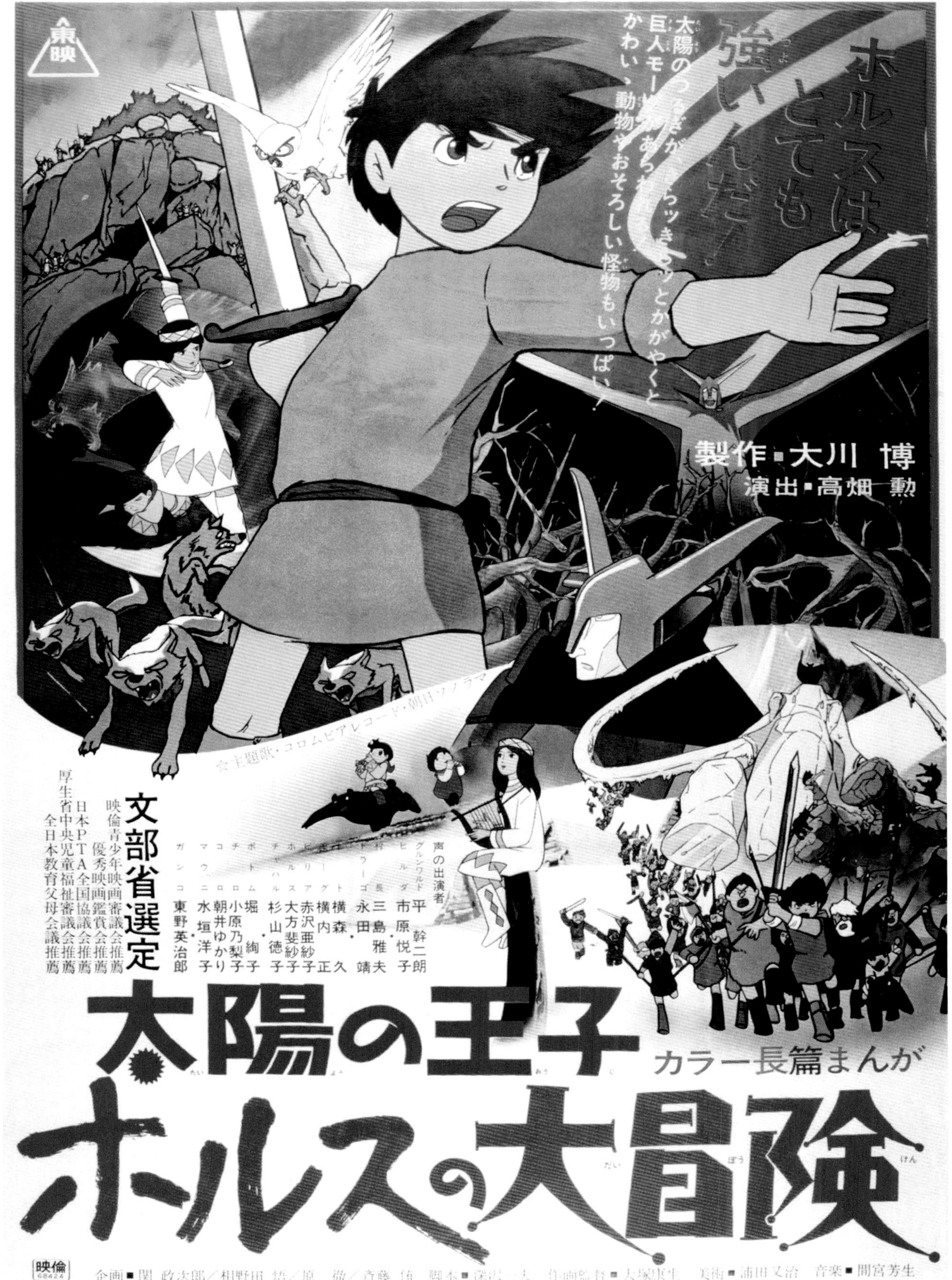
東映
ホルスはとても強いんだ！
太陽のつるぎが、きらッきらッとかがやくと
かわい、動物やおそろしい怪物もいっぱい！
製作■大川 博
演出■高畑 勲
☆主題歌・コロムビアレコード・朝日ソノラマ
文部省選定
映倫青少年映画審議会推薦
優秀映画鑑賞会推薦
日本PTA全国協議会推薦
厚生省中央児童福祉審議会推薦
全日本教育父母会議推薦
声の出演者
グルンワルド 平 幹二朗
ヒルダ 市原悦子
三島雅夫・永田 靖
横森 久・横内 正
赤沢亜紗子・大方斐紗子・杉山徳子
堀 絢子・小原乃梨子・朝井ゆかり・水垣洋子
ガンコ 東野英治郎
太陽の王子
カラー長篇まんが
ホルスの大冒険
映倫 68424
企画■関 政次郎／相野田 悟／原 徹／斉藤 侑 脚本■深沢一夫 作画監督■大塚康生 美術■浦田又治 音楽■間宮芳生

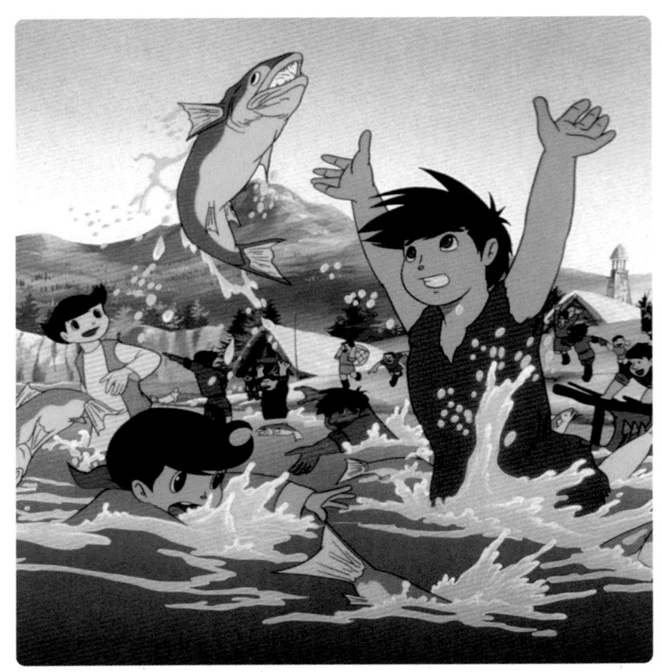

上：今天的漁獲。早在高畑勳和宮崎駿的第一部電影中，他們就開始探索人性和自然之間的聯繫。

如果我們要討論動畫史，一定得先向吉卜力工作室的作品深深致敬，當然也包含兩位主要導演宮崎駿和高畑勳的生活與作品。不過，他們在吉卜力的工作只是傳奇的一部分。早在 1985 年吉卜力工作室成立以及前一年的鉅作《風之谷》發表以前，宮崎駿與高畑勳兩人早已是動畫產業的重要人物，創作出許多有影響力的電視和電影動畫。兩人在此時 20 多年前進行第一次的長片合作，就是 1968 年發表的《太陽王子霍爾斯的大冒險》，這也是高畑勳首次擔任導演的作品。

高畑勳出生於 1935 年，1959 年自東京大學畢業，主修法國文學。雖然他不是天生的藝術家，但自學生時代開始，高畑勳就對保羅．葛林莫（Paul Grimault）的《牧羊女與煙囪清潔工》〔*The Shepherdess and the Chimney Sweep*，日後重新發行時更名為《國王與鳥》（*The King and the Mockingbird*）〕深深著迷，並決定要投入動畫事業。他最後在才剛發行日本首部動畫長片《白蛇傳》的業界先驅東映動畫找到工作，該工作室被譽為「東方的迪士尼」。

高畑勳以助理導演的身分加入東映，後來逐步晉升為《狼少年》電視動畫系列的導演，在此過程中與東映的新星動畫師大塚康生建立了長期的合作關係。1968 年時，大塚康生負責東映的一支新的動畫長片，並邀請高畑勳擔任導演。宮崎駿是高畑勳在工會委員會會議上認識的朋友，他自願加入團隊作為主鏡動畫師（key animator）。計畫本身沒有太多階級制度，不論是藝術家或動畫師都可以在會議上針對角色設計、故事創意提出想法。對於像宮崎駿這樣雄心勃勃的新進藝術家來說，這簡直是取得成功的完美環境。他會把草圖和稿紙偷偷帶進高畑勳和大塚康生的辦公室，在不知不覺中，宮崎駿已經開始設計整個場景。在多年後的一次採訪中，他將此經歷描述為動畫製作的速成班：

> **「我在製作這部動畫時，才開始了解怎麼做動畫……其實我並不知道怎麼做動畫，是邊做邊摸索。因此，當《太陽王子霍爾斯的大冒險》完成時，其他的挑戰都不成問題了。」**

《太陽王子霍爾斯的大冒險》以人形劇《春榆的太陽》為藍本，而該劇的靈感來自日本北海道原住民愛奴人的傳統口述神話。應東映動畫高層的要求，場景改為中世紀的斯堪地那維亞半島。高畑勳、大塚康生、宮崎駿和他們合作的藝術家（包括日後成為吉卜力色彩設計師的保田道世）對此電影懷抱遠大的抱負。他們革新動畫藝術、描繪新的情感深度，同時對周圍的世界，包含正在進行的越戰，進行強而有力的批判。

然而，製作過程中出現了很多問題：不斷增加的預算和一再延宕的交成期限。最後，高畑勳的進度遙遙落後，據當時傳言，他不得不將電影總長度砍掉半小時，而有幾幕的畫面因為時間限制，從未完成。花費了近三年的時光繪製的《太陽王子霍爾斯的大冒險》在 1968 年上映，卻僅在寥寥可數的戲院播放。與此同時，宮崎駿與同為東映動畫師的大田朱美結婚，並生下一子宮崎吾朗。而 32 歲的高畑勳則初嚐人生敗績。

儘管如此，《太陽王子霍爾斯的大冒險》終究成為日本動畫史上早期的里程碑，而參與製作的成員更是不斷地改變著動畫產業。《太陽王子霍爾斯的大冒險》頗受好評，也因此在 1970 年代晚期，當年輕的編輯鈴木敏夫所主導的新創雜誌《Animage》推出專門介紹經典動畫電影的常設單元時，據說《太陽王子霍爾斯的大冒險》正是鈴木敏夫首篇想報導的作品。當時鈴木打電話給高畑勳，他拒絕受訪，卻神奇地提起，「宮崎駿……就坐在我旁邊，如果你有興趣，我可以把電話拿給他。」

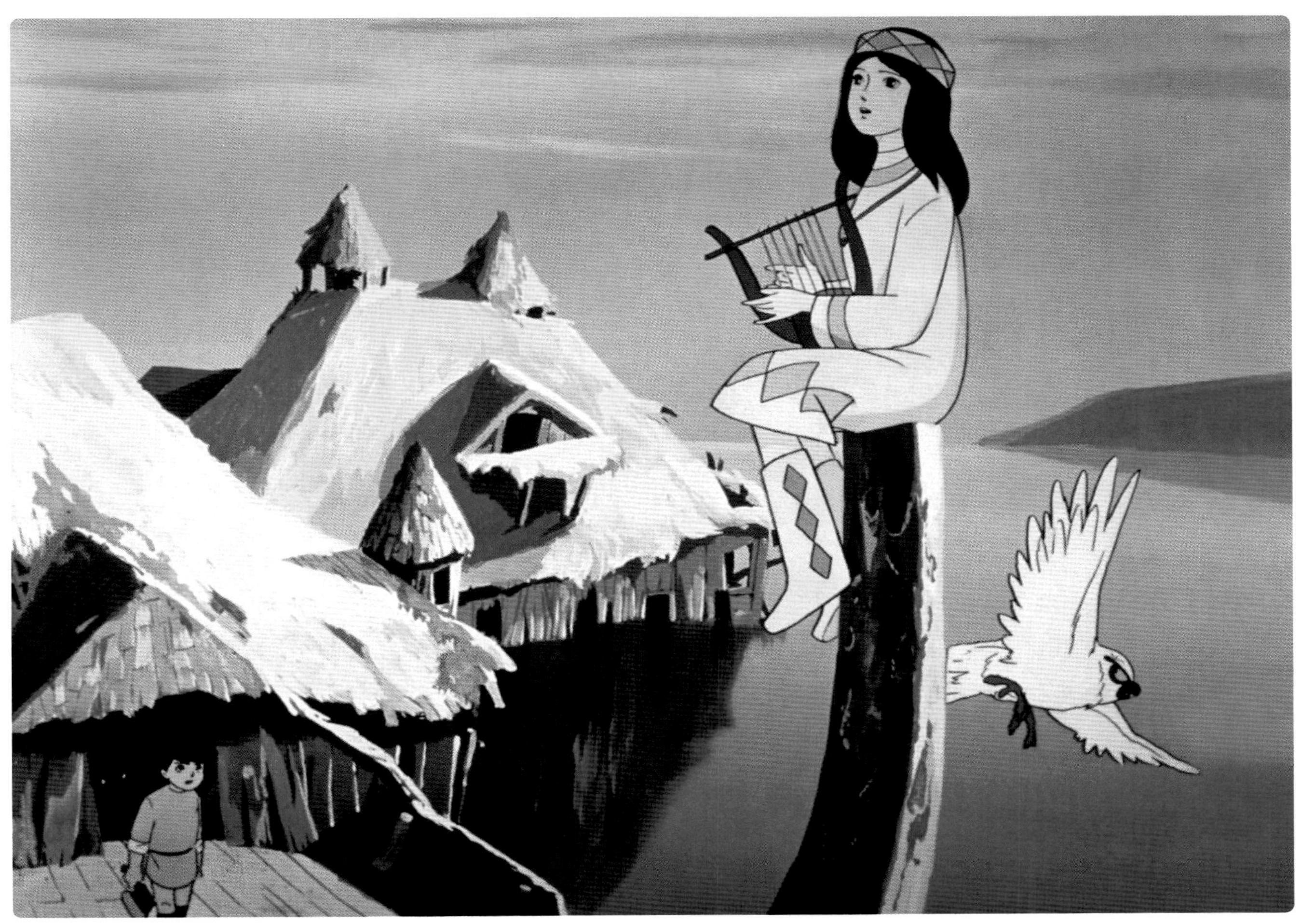

上：里拉琴。希爾達是高畑勳和宮崎駿所創造的眾多出色女主角中的第一個。

鈴木說，當時高畑勳花了一個小時拒絕他的採訪，而宮崎駿則花了半小時要求給他大篇幅的報導，否則他不願接受訪問，也因此這篇文章從未發表。不過，三人的第一次接觸卻在多年後開花結果，高畑勳、宮崎駿與鈴木敏夫帶領吉卜力工作室取得了一次次歷史性的成功。

延伸觀影

作為高畑勳、宮崎駿首次合作的作品，《太陽王子霍爾斯的大冒險》成為兩人互相交織的職業生涯的起始點，最終於 1985 年促成了吉卜力工作室的成立。不過，高畑勳在此前十多年來的作品仍值得觀者們探索，包括可愛的家庭動畫《熊貓家族》、動畫長片《小麻煩千惠》、《大提琴手高修》，及以「世界名作劇場」為企畫推出的熱門歐洲文學改編系列作品：《小天使》、《萬里尋母》與《小安妮》。可惜的是，上述影片多半沒有在英語系國家發行。

影評：《太陽王子霍爾斯的大冒險》

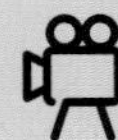

1988年，雙片聯映的《龍貓》與《螢火蟲之墓》在日本戲院上映，觀眾可以在戲院同時觀賞兩位動畫巨匠的作品。當時他們都在傳奇動畫公司吉卜力工作室工作。現在回想起來，宮崎駿奇幻、魔幻、冒險的精神與高畑勳帶有人類學與表現主義精神的風格，真是奇妙而相得益彰的大銀幕組合啊。但如果你再往前回溯20年，也就是1968年，你會發現《太陽王子霍爾斯的大冒險》早已融合了兩人的靈魂精髓。

《太陽王子霍爾斯的大冒險》的片頭是年輕男孩霍爾斯與一群兇猛的狼群激烈而暴力的戰鬥。高畑勳的長片處女作神似宮崎駿的傑作《魔法公主》，片中年輕戰士阿席達卡也猛烈地與兇惡的山豬神交戰。既然宮崎駿身為《太陽王子霍爾斯的大冒險》創意團隊的一員，電影自然少不了構圖精準的動作場面，也呈現一段成果豐碩而令人興奮的動畫協作關係。其中一個引人注目的場景是，北歐小王子霍爾斯與一直滋擾當地居民的大狗魚進行水上決戰，那個畫面有著清楚的場景布局、明確的利害關係與令人驚懼的暴力場面，此畫面精雕細琢到讓電影裡的其他環節都相形失色。

與其他高畑勳的電影一樣，本片也把預算耗盡，因此後面段落的格鬥，包括狼襲擊與老鼠淹沒霍爾斯的村莊等場面，都令人喪氣地以減省成本的幻燈片方式呈現，與前面精緻的流暢畫面截然不同。雖然兩種場面並陳不免令人非常失望和困惑，但我們仍可看見吉卜力工作室總是擺盪在崇尚好戰者以及在形式上拒絕衝突兩者之間。

不過，吉卜力工作室的精髓不僅在於動作場面，還有和諧的自然世界、幻想世界和人類世界的魔力，它們一直都存在著（而且是《魔法公主》、《神隱少女》、《心之谷》和許多其他吉卜力電影的核心）。從石巨人身上溫柔地拿起碎片的舉動，簡單又能引起共鳴，讓故事顯得動人而真實。此外，正如同高畑勳的《兒時的點點滴滴》與《輝耀姬物語》，《太陽王子霍爾斯的大冒險》也有著對自然與農業生活的激賞與熱愛。

當一整群新鮮游魚進入村莊時，動人的音樂時刻之一來臨了；雖然曲調並沒有令人難忘，但精心編排的烏托邦式豐收活動卻讓人驚艷。在高

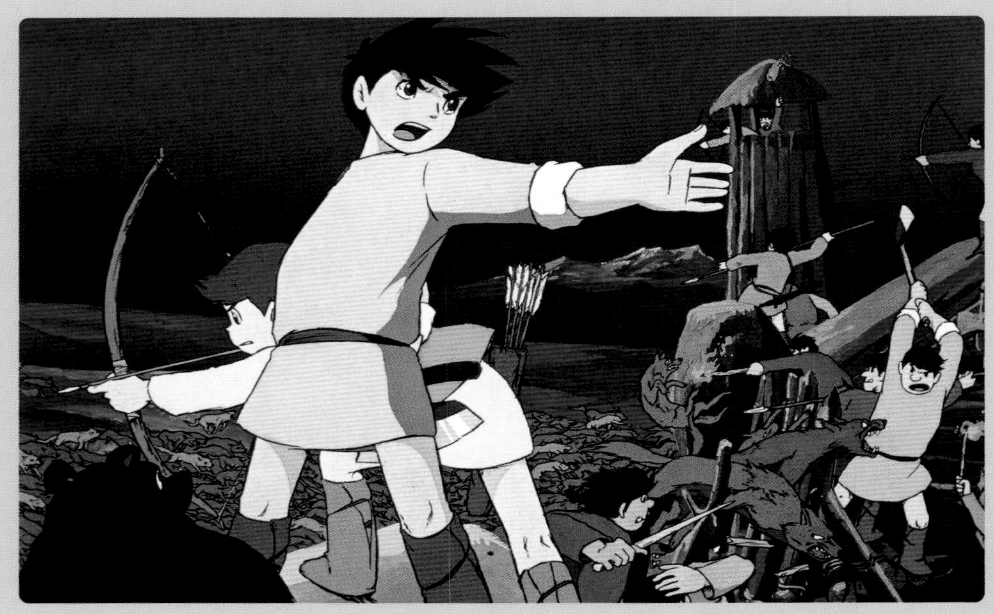

左：由於時間與預算的不足，動作場面以一系列的圖片展示，而非連貫流暢的動畫畫面。

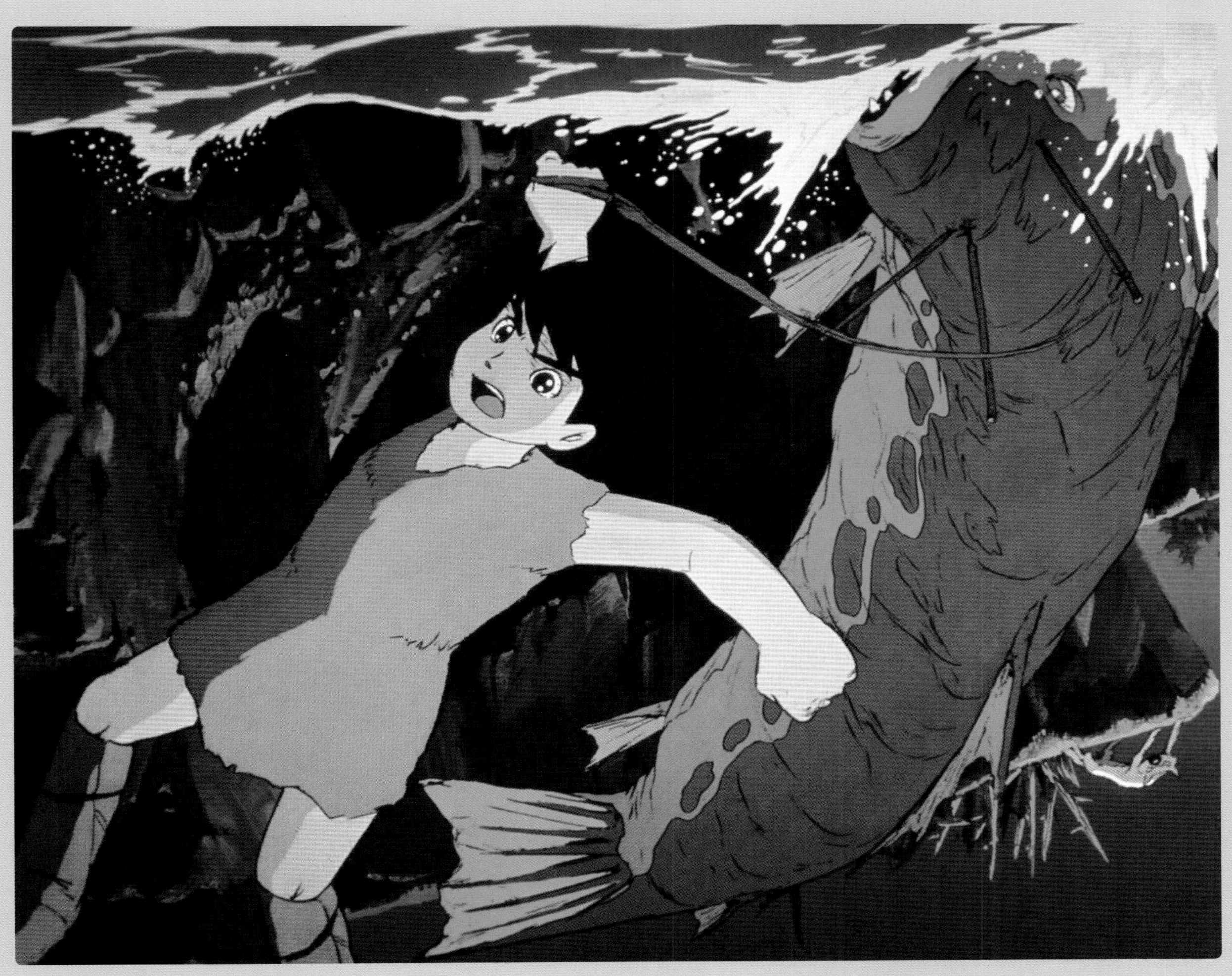

上：海上之王。吉卜力工作室的共同創辦人宮崎駿在《太陽王子霍爾斯的大冒險》驚心動魄的動作片段中初試啼聲。

畑動後期的作品中（包含一部罕見的真人紀錄片，該片探索運河系統的運作），我們也可以看到他對社會基礎建設的細節與流程的著迷與重視。我們在此也可看到，蒐集食物並不是一種工序，而是一場舞蹈。在動畫電影背後，高畑動與宮崎駿都是工會的一員，而高畑動的《太陽王子霍爾斯的大冒險》更明顯集結了社會主義與匠人精神，是一部獨特並籠罩著集體氛圍感的優美共創作品。不過在後面的段落中，天空中明顯出現了蘇聯所夢想的錘子與彎曲的二頭肌。

除了光彩動人的田野、波光粼粼的溪流和圓潤的村民面孔，雄偉的哥德式畫風也悄悄滲透到愛發牢騷的惡棍冰魔格林瓦的角色設計和場景中：雄壯、線條銳利並近似迪士尼人物的格林瓦，完全迥異於高畑動在吉卜力工作室其他印象派風格的作品。在此，高畑動讓角色的善惡價值觀不再壁壘分明，並且以近乎紀錄片式的手法記錄勞動人民的工作韻律與工具。

就敘事而言，《太陽王子霍爾斯的大冒險》不會是最令人滿意的電影，霍爾斯的冒險感覺有點斷斷續續，而角色重心的轉變導致第二幕略顯拖沓。然而，當角色互相交流或是大自然與奇幻世界交融時，又散發出熱度。不可否認的是，雖然在部分細節上略顯粗糙，但《太陽王子霍爾斯的大冒險》仍舊是偉大動畫導演所繪製出的歡樂、引人入勝、意義深遠的動畫作品。

《悲傷的貝拉朵娜》
（哀しみのベラドンナ, 1973）

BELLADONNA OF SADNESS
ANIME GOES ART HOUSE

走向藝術電影

《悲傷的貝拉多娜朵娜》改編自 1862 年朱爾・米榭勒（Jules Michelet）的《女巫》（*La Sorcière*），描述中世紀法國一名鄉村少女在婚禮上遭受貴族性侵的異色故事。為了報復與扭轉命運，她縱情於巫術，並與惡魔達成協議。

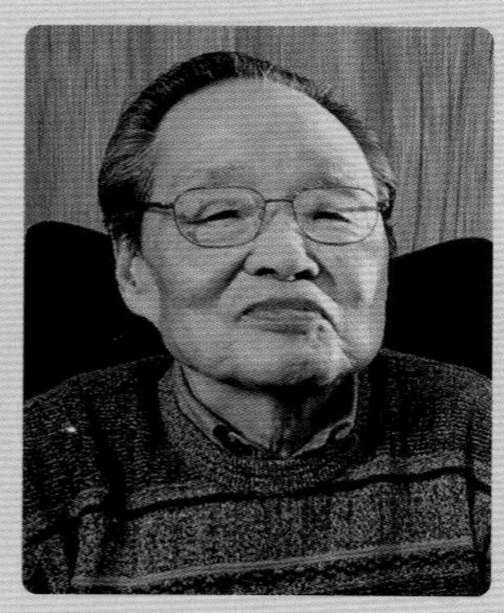

1973

導演：山本映一 Eiichi Yamamoto

87 分鐘

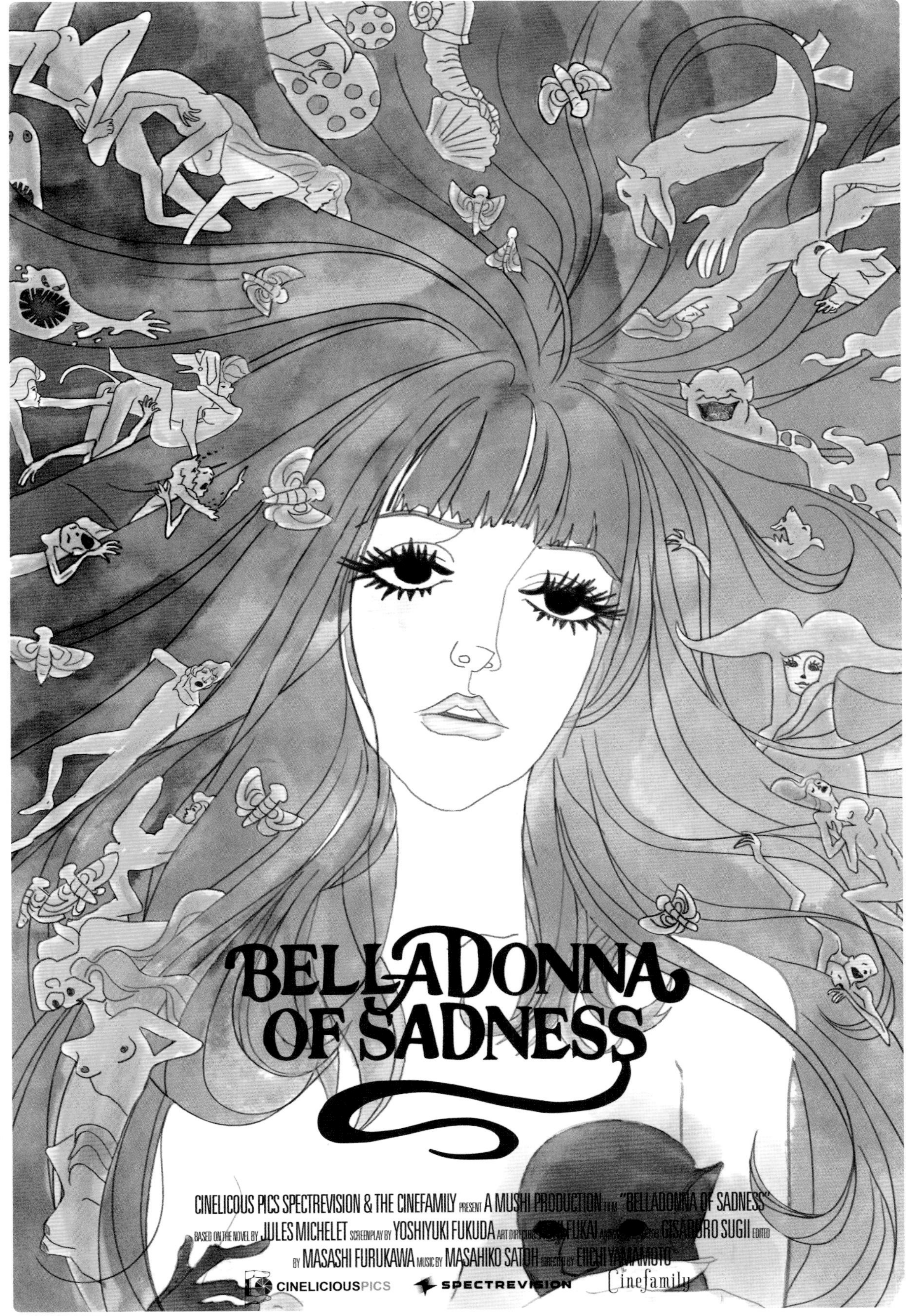
BELLADONNA OF SADNESS
CINELICOUS PICS SPECTREVISION & THE CINEFAMILY PRESENT A MUSHI PRODUCTION FILM "BELLADONNA OF SADNESS"
BASED ON THE NOVEL BY JULES MICHELET SCREENPLAY BY YOSHIYUKI FUKUDA ART DIRECTOR FUKAI SUGII EDITED
BY MASASHI FURUKAWA MUSIC BY MASAHIKO SATOH DIRECTED BY EIICHI YAMAMOTO
CINELICIOUSPICS
SPECTREVISION
Cinefamily

有「漫畫之神」之稱的手塚治虫，是日本動畫蔚為普及的關鍵人物。他在 1961 年成立「虫製作」，並製作了幾部具突破性的電視動畫，包括 1963 年的《原子小金剛》。雖然這些系列吸引了不少年輕觀眾，但到了 1960 年代末，該工作室以「成人三部曲」（Animerama）為旗幟，嘗試一系列創新、色情、毫不掩飾的成人主題電影；在此系列中，手塚治虫開始與導演山本映一攜手合作。

其中第三部曲《悲傷的貝拉朵娜》是由山本映一獨自執導，當時手塚因虫製作瀕臨破產而退出製作，進而製作了一部更嚴肅的藝術電影。山本映一出生於 1940 年，他透過逐格研究迪士尼電影來學習動畫的基礎知識，不過《悲傷的貝拉朵娜》挑戰了眾人對動畫的認知：山本映一捨棄了當時流行的省錢做法：「有限動畫」（limited animation），頻繁使用精雕細琢的靜態畫面，並透過鏡頭的移動與追蹤，暗示動作與事件的發生。

這部「反動畫」的電影大幅降低成本，他因此得以成立小型的創作團隊，並以更有條理的方式進行工作。團隊包括編劇福田善之（他被告知這是部情色片，但必須把它塑造成純愛故事）、美術指導深井國與作曲家佐藤允彥。因演出《切腹》、《怪談》、《用心棒》、《大菩薩嶺》而聲譽鵲起的傳奇演員仲代達矢為角色配上極其猥瑣的聲音，該角色有時甚至以陽具之魔的姿態示人。仲代達矢對山本映一說，「我當演員那麼久，從沒想到自己還會演陽具。」

當時導演山本映一企圖追隨喬治·鄧寧（George Dunning）迷幻的披頭四動畫《黃色潛水艇》（*Yellow Submarine*）的腳步，讓該片成為經典 cult 片（Cult film，一譯：邪典電影）。然而，《悲傷的貝拉朵娜》在日本上映時卻慘遭失敗，它被定位為前衛奇片，並相當具有爭議性。1973 年，本片在柏林影展進行國際映演，並與伯克曼（Stig Björkman）、夏布洛（Claude Chabrol）與雷（Satyajit Ray）同台角逐獎項，也與史匹柏（Steven Spielberg）的《飛輪喋血》（*Duel*）一同首映。有趣的是，該片迷幻的爵士搖滾配樂與電影本身一樣歷久不衰。該片的原聲帶在義大利發行，堪比 1970 年代莫利克奈（Ennio Morricone）與克勞迪奧·西蒙內蒂的地精樂團（Claudio Simonetti's Goblin）為歐洲驚悚片所做的怪誕配樂。日後黑膠重發品牌大廠「撿拾者」（Finders Keepers）重新發行了這張電影原聲帶。

《悲傷的貝拉朵娜》從未被忽視，2015 年紐約發行商賽尼洛斯（Cinelicious）修復該片後，其聲譽也被大幅重新評價，並發行全球。當藍光修復版發行時，山本映一仍在訪談中流露出對此片的自豪，還提到手塚曾與他和其他虫製作的年輕員工分享的格言：「藝術家就該做實驗性的作品……偶爾做一點商業作品，維持收入即可。若你只做商業作品，就不配稱為藝術家。」

下：引人遐思的空間。《悲傷的貝拉朵娜》巨大的景觀和其人物肖像一樣，極具表現張力。

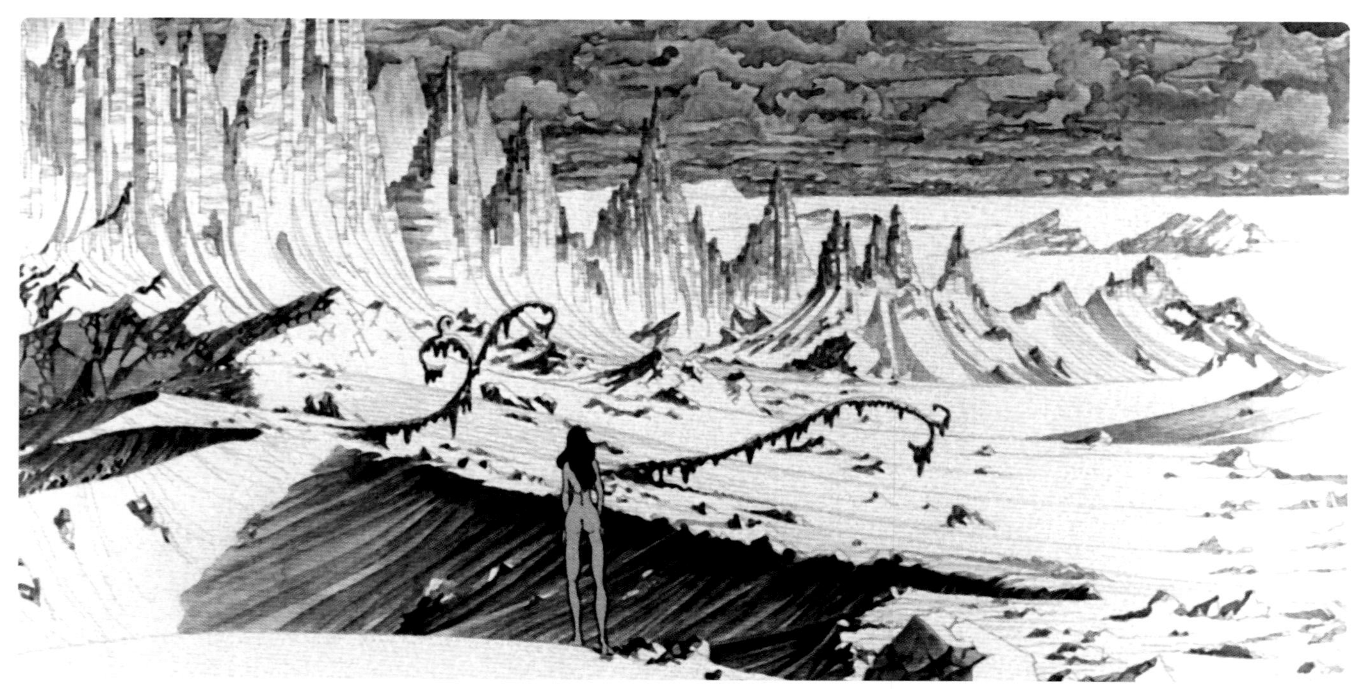

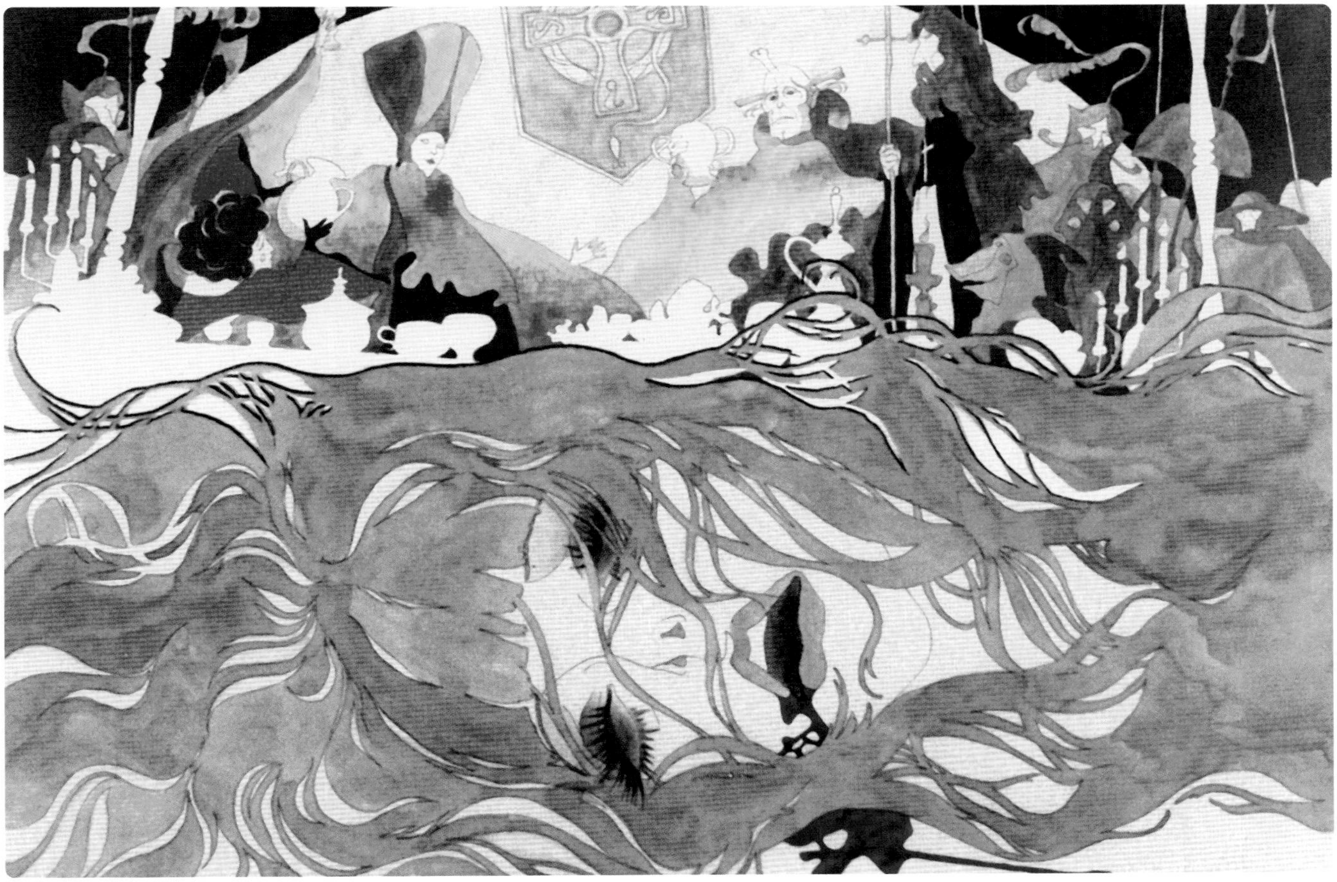

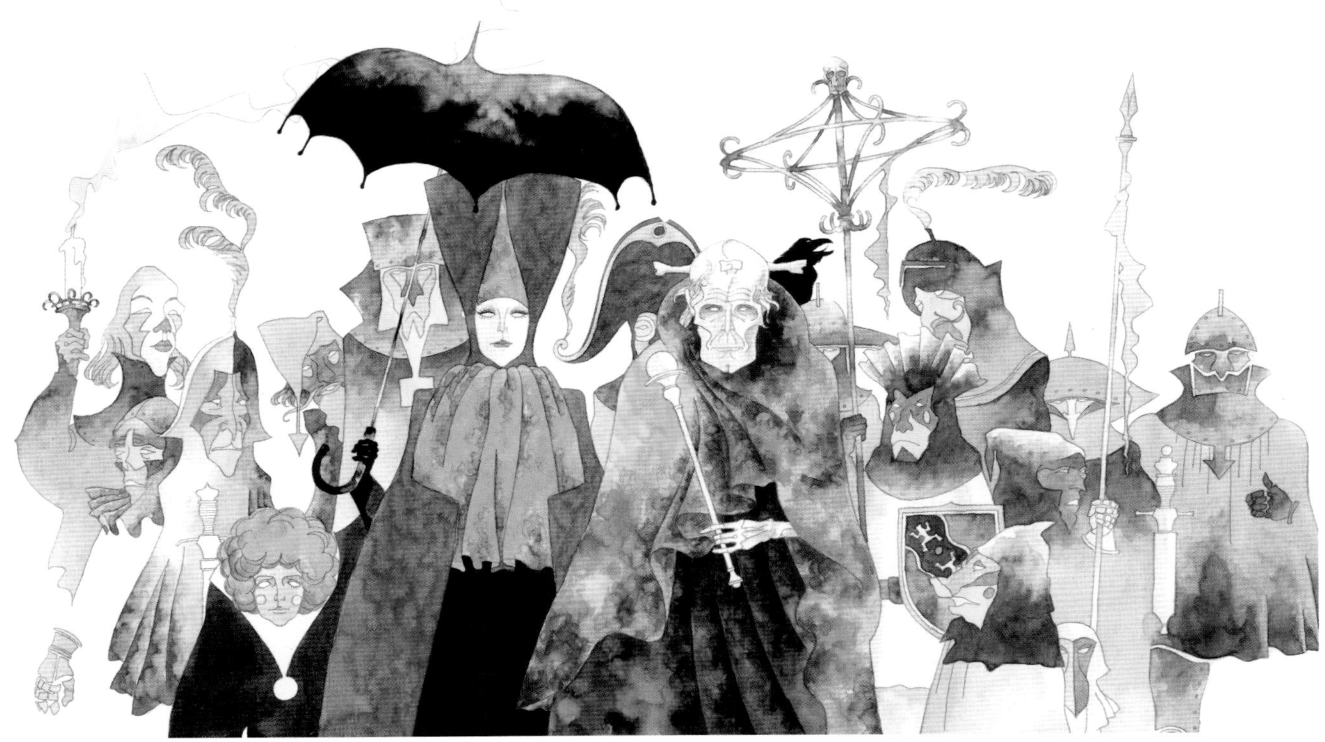

上：《悲傷的貝拉朵娜》有著豐富的筆觸與情色片段，證明動畫不只是給小孩子看的。

下：《悲傷的貝拉朵娜》充滿創意與創新，可說是獨樹一格的作品。

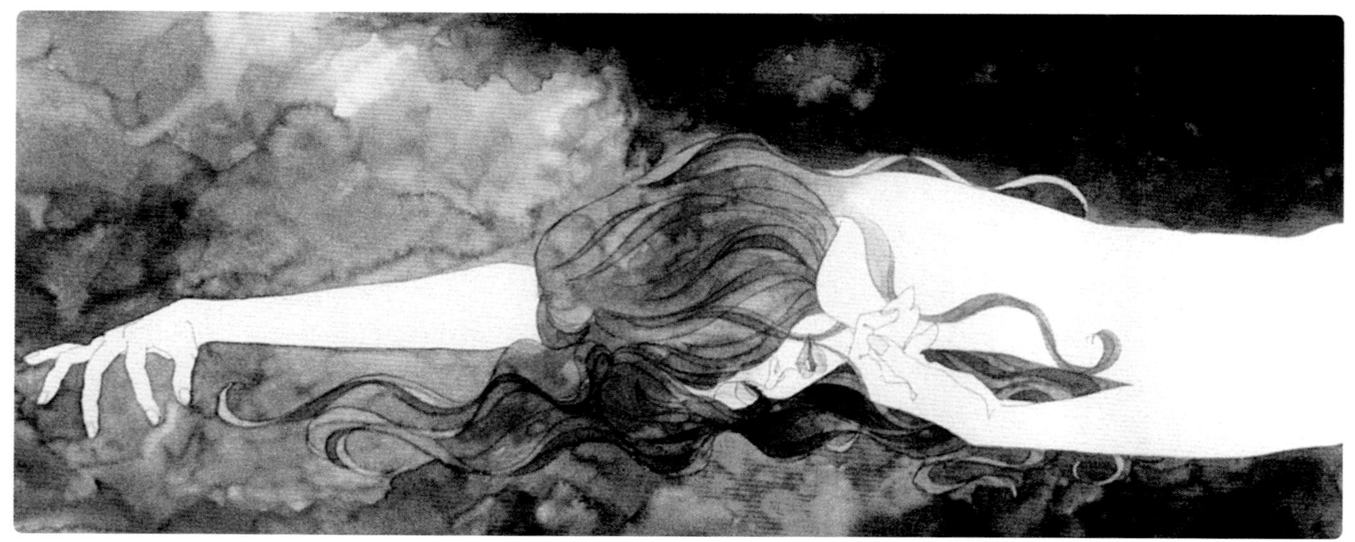

延伸觀影

　　毫無意外地，能與《悲傷的貝拉朵娜》相提並論的動畫經典真的不多。虫製作「成人三部曲」中的《一千零一夜》與《埃及艷后》也是活色生香的X級電影。但《悲傷的貝拉朵娜》那種藝術電影的調性，更接近同時期的歐洲動畫或電影。我們可將它與《黃色潛水艇》相比；該片也讓人聯想到赫內・拉魯（René Laloux）前瞻性的科幻電影《奇幻星球》（*Fantastic Planet*），適合影迷在迷幻的夜晚享用；或是像肯・羅素（Ken Russell）的《群魔》（*The Devils*），讓人感到毛骨悚然的刺激；也或者很像尚・羅林（Jean Rollin）的奇幻情色恐怖片，而如果你喜歡更顛覆的作品，或許你會把它與達利歐・阿基多（Dario Argento）的義大利鉛黃驚悚片（giallo thriller）相比。

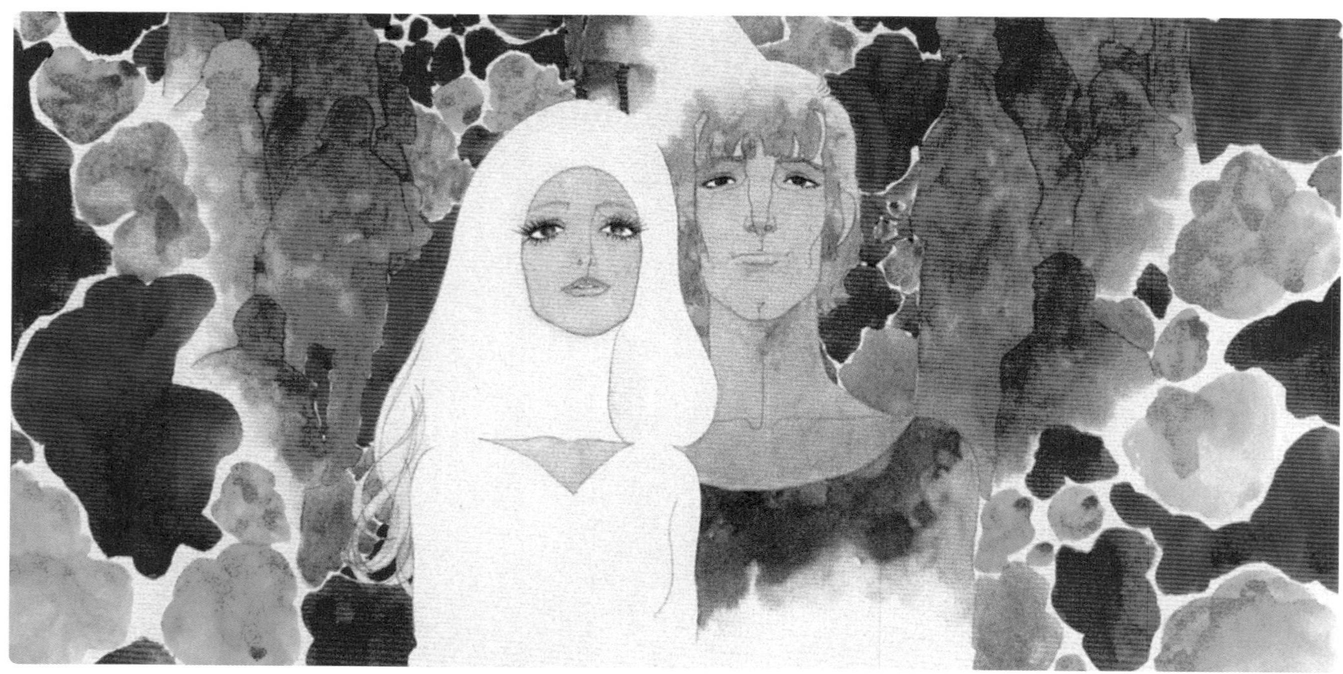

上：《悲傷的貝拉朵娜》以雲朵感的水彩畫為背景，可看性極高。

下：愛情悲劇。雖然片子從婚姻開始，卻從顛覆社會常規之中找到基進的力量。

影評：《悲傷的貝拉朵娜》

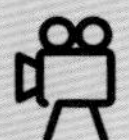

在發行近 50 年後，《悲傷的貝拉朵娜》以迷幻、爭議性和情色幻想的噴發而聞名，儘管觀者一開始並不會察覺。一切都從線條開始。白色銀幕上有著一條線條。接著，藉由讓畫面往側邊平移，這條黑線變得動感起來，線條後方展開了伊甸園般的景像，有著柔和的水彩花卉，而花朵中央正是睜大眼睛、髮色淺淡的女主角珍妮。在溫暖的色調和飽滿的銅管樂伴奏下，展現出一場寧靜的誘惑，而觀者準備進入一場充滿性、死亡、魔法與法國大革命般激勵人心的冒險。

電影一開始，珍妮與出身低下的戀人喬過著田園般的生活，但他們在圓房時卻被當地男爵及其黨羽暴力地打斷，在接下來令人不安的橋段裡，男爵性侵了珍妮。然而，喬不但沒有給予安慰，反而以非常暴力的方式回應珍妮。當珍妮沉浸在悲痛中時，沒有實體、嬌細的陽具惡靈拜訪了她，並願意提供她神力。珍妮利用這個新獲得的神力，提升自己的社會與經濟地位，創造治癒黑死病的方法，並舉辦奢華的戶外集體雜交派對，最終，她因為自己的行為而被燒死在火刑柱上。

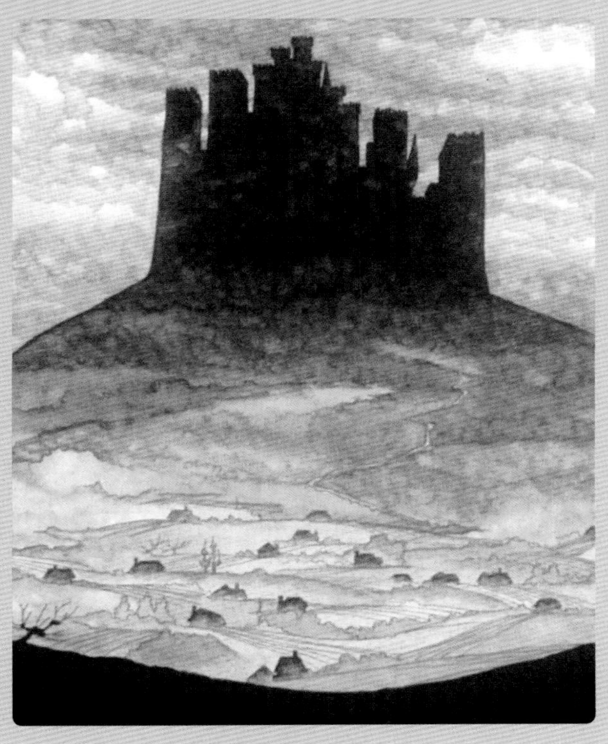

上：每則有關女巫與軍閥的故事，一定都會有一座陰森黑暗的城堡，《悲傷的貝拉朵娜》也不例外。

以上的敘述似乎顯得相當刺激，而讀者或許猜想《悲傷的貝拉朵娜》應該相當瘋狂。儘管該片充斥了極端，但在形式上卻意外顯得精緻、細膩。電影大量使用卷軸式的動畫風格，並採用偏移掃描（pan and scan）技術，以 4：3 畫面來呈現萬花筒般的童話景象，邀請我們緩緩地欣賞豐富繪製的精美畫面，並隨之冥想；在具有催眠感的旁白的伴隨下，觀者被悲劇事件緩慢地捲起、包圍。

然而，在這些全景畫面之間，穿插的是流動的動畫與風格跳躍的蒙太奇，其情色刺激感與不斷流變的畫面互有呼應。珍妮那位有著陽具外貌的夥伴輕盈地在實體與流動的色彩間轉換，銀幕上流動著不斷轉變形態的慾望之雲。珍妮對抗著棱角分明的惡劣男爵及其隨從，她長而捲曲的頭髮與玲瓏有致的身形時常變異流動，與來自大自然的男、女性陰部圖像相結合。珍妮透過再次確認自己的性自信與無私，與外部環境達到和諧之境。而她的這份和諧共感性，顯然與那些匕首狀的敵人格格不入。

不幸的是，珍妮的故事以過激的結局告終，儘管其中蘊含著「斯巴達克斯」（Spartacus，編按：率領奴隸起義對抗羅馬共和國的歷史英雄）的時刻；珍妮被村民們團團包圍，導演看似暗喻群眾的惡意，但很可能是象徵珍妮的行動實具解放意義。電影結尾將珍妮的行動與法國大革命連繫在一起，雖然有點跳躍，並破壞了故事核心的催眠感，但電影呈現飽滿的企圖心與突破。儘管電影以悲劇告終，但珍妮與《悲傷的貝拉朵娜》卻像是個奇蹟。

《魯邦三世：卡里奧斯特羅城》
（ルパン三世 カリオストロの城，1979）

LUPIN III: THE CASTLE OF CAGLIOSTRO
MIYAZAKI THE FIRST

宮崎駿首部曲

盜傑魯邦三世進行了一次大膽的劫案，卻發現偷來的錢是假的。為了追查假鈔的來源，他出發前往卡里奧斯特羅國，挑戰卑鄙的伯爵，並解救被綁架的克拉麗絲公主。

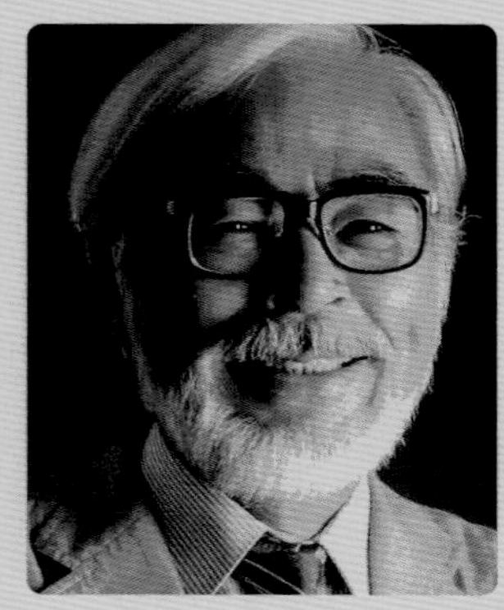

1979

導演：宮崎駿 Hayao Miyazaki

100 分鐘

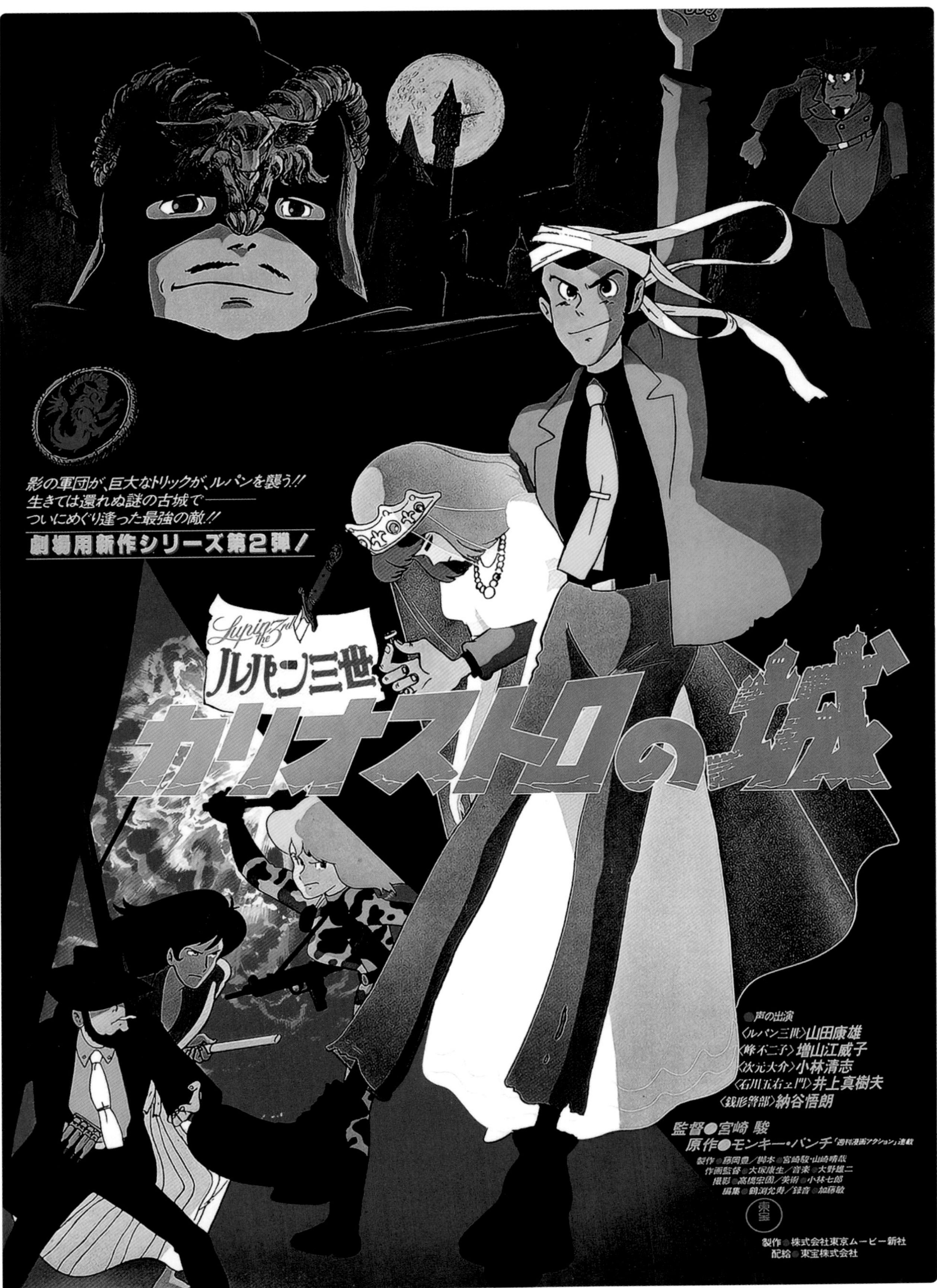
影の軍団が、巨大なトリックが、ルパンを襲う!!
生きては還れぬ謎の古城で――
ついにめぐり逢った最強の敵!!
劇場用新作シリーズ第2弾!
Lupin the 3rd
ルパン三世
カリオストロの城
●声の出演
〈ルパン三世〉山田康雄
〈峰不二子〉増山江威子
〈次元大介〉小林清志
〈石川五右ェ門〉井上真樹夫
〈銭形警部〉納谷悟朗
監督●宮崎 駿
原作●モンキー・パンチ「週刊漫画アクション」連載
製作●藤岡豊／脚本●宮崎駿・山崎晴哉
作画監督●大塚康生／音楽●大野雄二
撮影●高橋宏固／美術●小林七郎
編集●鶴渕允寿／録音●加藤敏
東宝
製作●株式会社東京ムービー新社
配給●東宝株式会社

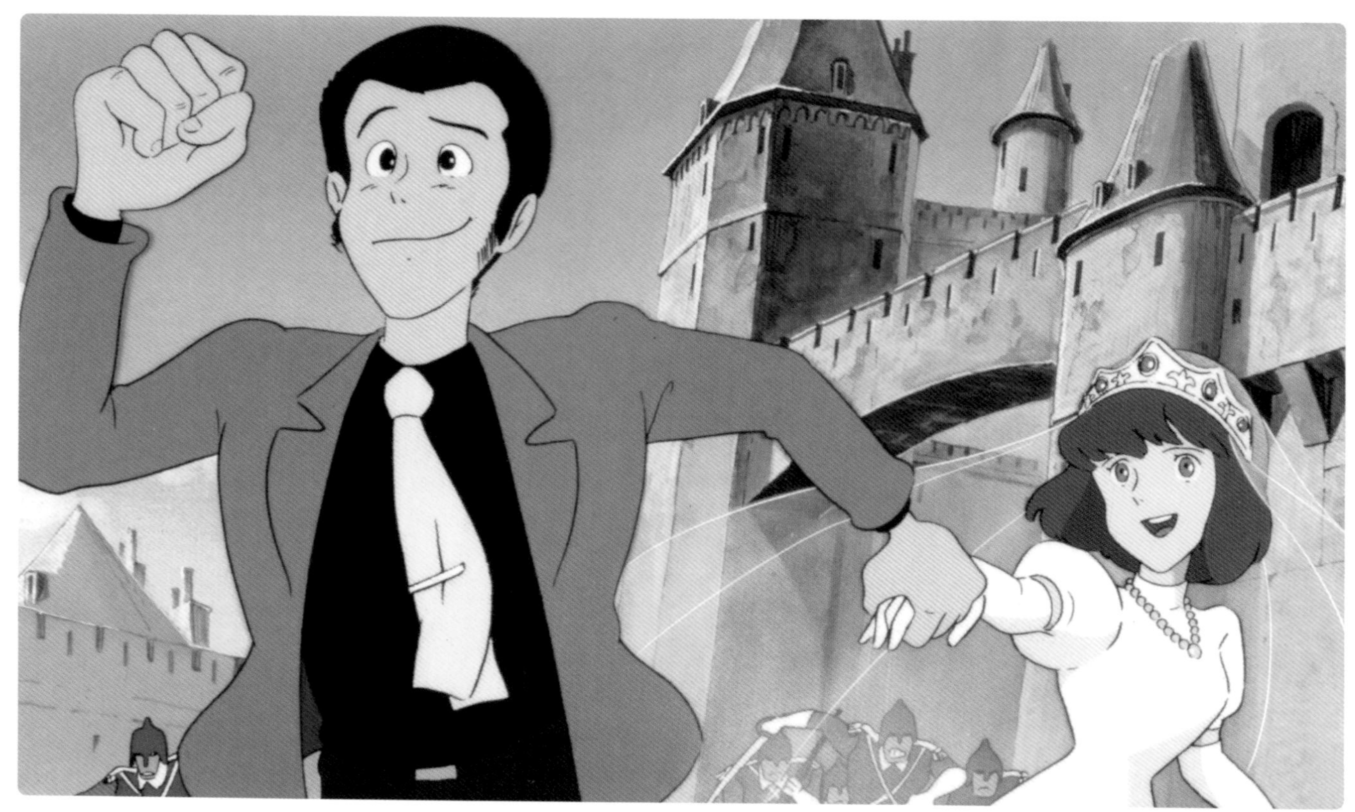

早在《神隱少女》、《魔法公主》、《龍貓》發行，吉卜力工作室成為商品熱銷、票房破紀錄並享譽全球的動畫工作室之前，宮崎駿也是個會被電影感動到熱淚盈眶的少年。

當時宮崎駿是一個滿懷抱負的漫畫家，他的生活在看過東映動畫出品的日本第一部彩色動畫長片《白蛇傳》後有了改變。當時還是高三生的他因此踏上了動畫世界的旅程。後來他在東映動畫擔任小職員，並慢慢往上爬，一開始他在《狼少年》與《格列佛的宇宙旅行》裡擔任中間格動畫師，接著擔任《穿長靴的貓》和《嚕嚕米》的主鏡動畫師與分鏡設計師，後來他在長期合作的高畑勳導演的《太陽王子霍爾斯的大冒險》裡，負責幾項重要工作。

宮崎駿和高畑勳在 1970 年代重聚並繼續合作，通常由高畑勳擔任導演，宮崎駿擔任主鏡動畫師，並負責分鏡和其他設計工作。他們共同參與的計畫包括：《熊貓家族》、《小天使》。不過有項計畫兩人未被掛名，那就是他們曾共同導演了改編自加藤一彥的暢銷漫畫《魯邦三世》的動畫，當兩人在 1971 年接手時，動畫已播映半季，情勢相當膠著。

《魯邦三世》系列自成一套體系，不論是在紙本、電視、大銀幕，都大受歡迎，但在企圖轉換至小螢幕時，原本的導演大隅正秋因拒絕改變故事基調，以讓動畫符合大眾口味，因此遭到解雇。此時宮崎駿和高畑勳開始接手，並讓《魯邦三世》的故事線與主角有著更輕快、無憂無慮的氛圍。兩人的出手並沒有大獲成功，不過卻醞釀了多年後的合作契機。當《魯邦三世》有了新的劇場版電影計畫時，計畫的主要推動者是兩人在東映動畫的老同事大塚康生，他也是《太陽王子霍爾斯的大冒險》的作畫監督，並在日後成為《魯邦三世》製作團隊的關鍵成員。大塚康生建議由宮崎駿導演此片。

據報導，宮崎駿在完成大獲好評的《未來少年柯南》電視系列動畫後，全心全意地投入《魯邦三世：卡里奧斯特羅城》的製作、腳本、分鏡、角色設計，並擔任主鏡動畫師。相較於高畑勳的首部導演作品，宮崎駿《魯邦三世：卡里奧斯特羅城》的製作顯得一帆風順，從開始到結束僅花了七個半月，實際製作時間是四至五個月。1979 年 12 月，本片在電影院放映時，宮崎駿已 38 歲，對比於《太陽王子霍爾斯的大冒險》首映時，高畑勳僅32歲。一開始，《魯邦三世：卡里奧斯特羅城》似乎顯露敗跡，至少票房很不理想。不過，該片以技術創新贏得每日電影獎的大藤信郎獎，日後也成為最偉大的日本動畫之一，常出現在各種電影評選榜單中。《魯邦三世：卡里奧斯特羅城》的名號隨著日本與世界各

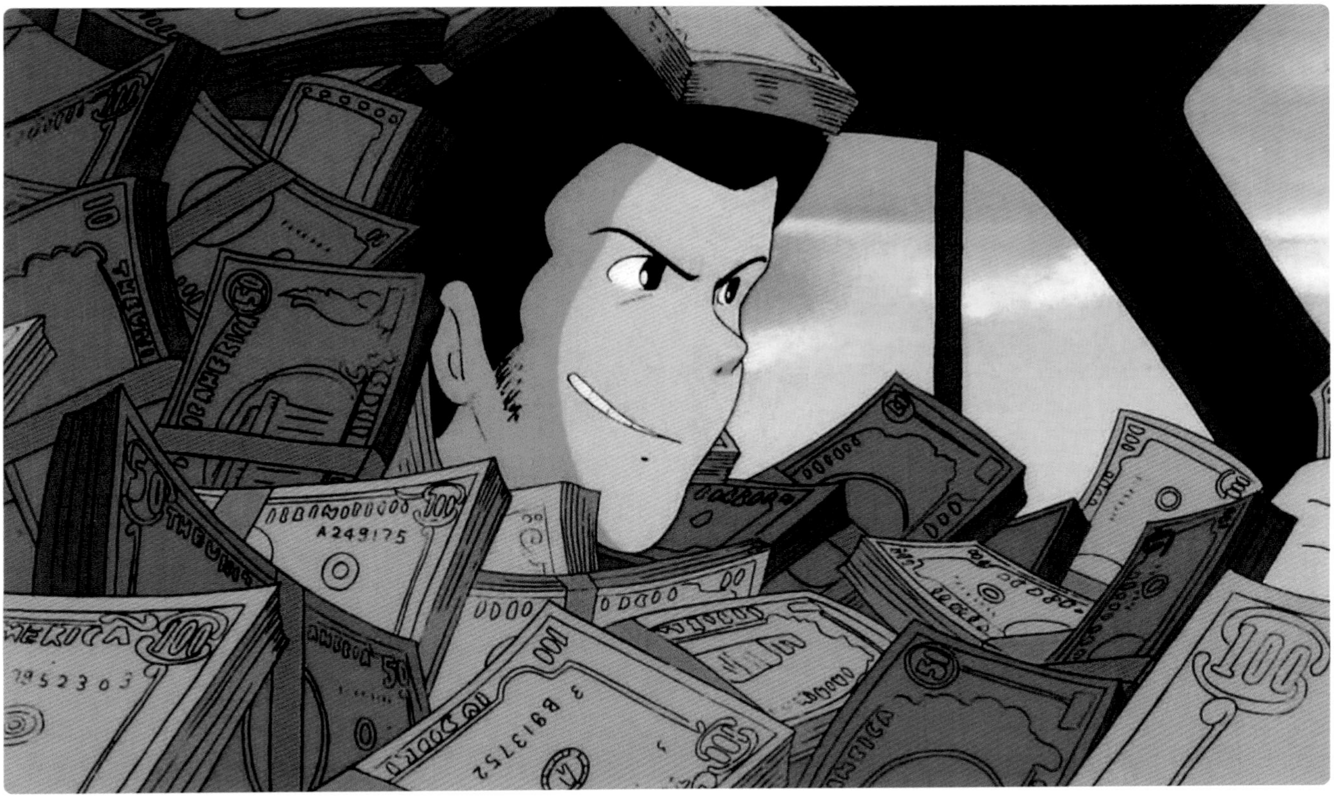

史匹柏傳說

對動畫社群來說，《魯邦三世：卡里奧斯特羅城》是一則最獨特、最悠久的都市傳說。在許多地方——無論是網路、報章雜誌或甚至是官方的家用錄影帶發行封面上，都可

見到上頭寫著此片是好萊塢傳奇人物史蒂芬·史匹柏的最愛，有些甚至會引述史匹柏的原話，稱《魯邦三世：卡里奧斯特羅城》是「史上最了不起的冒險電影之一」。

這也引發了一派說法，認為史匹柏是受《魯邦三世》的啟發，從而創作了《法櫃奇兵》（*Raiders of the Lost Ark*）和《丁丁歷險記》（*The Adventures of Tintin*）兩部好萊塢電影，儘管這樣的說法並沒有任何實質證據，卻仍舊屹立不搖。然而，在史匹柏製作的少年冒險電影《七寶奇謀》（*The Goonies*）中，確實出現了無可辯駁的連結——以魯邦三世為主角並大量採用《魯邦三世》動畫場景的街機遊戲《Cliff Hanger》。

左頁：相較於漫畫原作，宮崎駿讓《魯邦三世》更有魅力、更無憂無慮。

上：數十年來，橫跨漫畫、電視與電影的《魯邦三世》系列就像是一棵搖錢樹。

下：在鄰近屋頂探勘形勢的大盜魯邦三世，構思著自己的下一步。

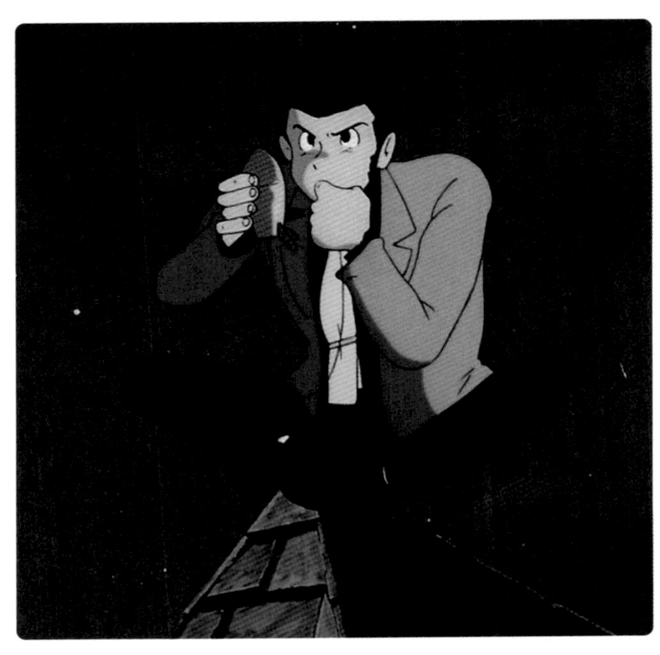

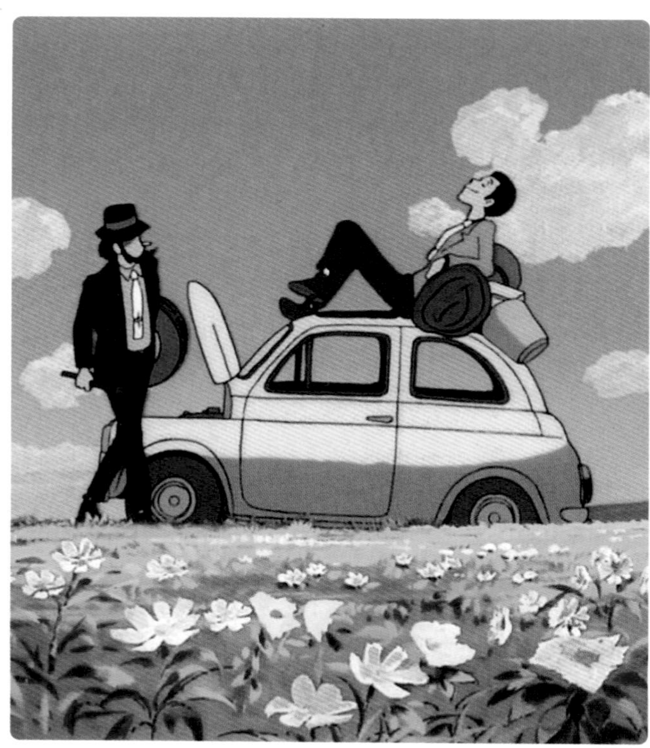

地的粉絲的挖掘而逐漸茁壯，不論他們是在大銀幕、日本電視台的定期播出、粉絲社群、粉絲活動或錄影帶交換網路與《魯邦三世：卡里奧斯特羅城》相遇都是。

回顧過去，宮崎駿將本片視為他職業生涯中一個篇章的終結，他如此形容：「我好像把自己在東映學到的都用在魯邦裡了，沒有什麼新的東西……我理解到，自己絕不能再這樣下去。我也不想。」

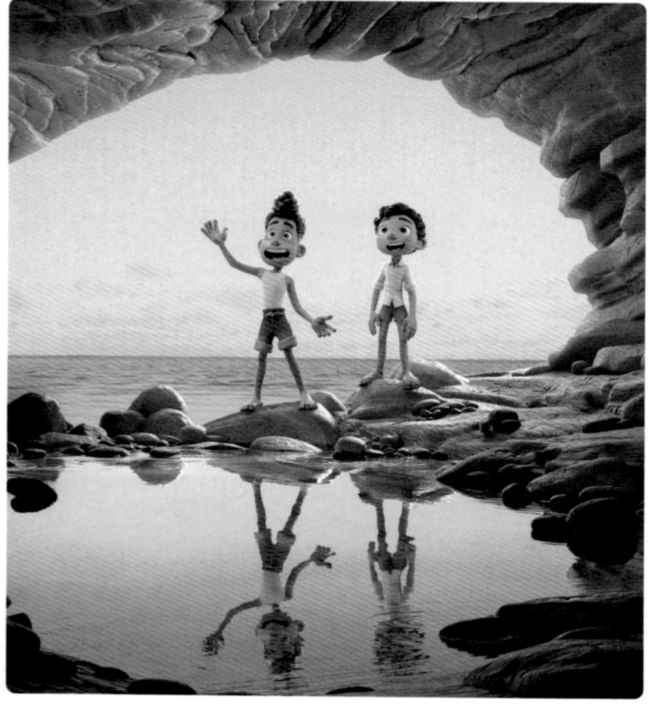

宮崎駿認為 1980 年，也就是《魯邦三世：卡里奧斯特羅城》上映後的一年，「是我陷入黑暗的一年。」但接下來的十年裡，令人讚嘆的作品即將出現：《風之谷》、《天空之城》、《龍貓》、《魔女宅急便》，而在此期間，吉卜力工作室也誕生了。

延伸觀影

《魯邦三世：卡里奧斯特羅城》對日本與世界動畫的影響相當大：對某個年齡層的電影人來說，這絕對是相當關鍵的觀影體驗。如果沒有《魯邦三世：卡里奧斯特羅城》，我們可能就不會有細田守或湯淺政明的電影作品。1980 年代初期，包括宮崎駿在內的 TMS 娛樂有限公司（TMS Entertainment）的員工代表團訪問了迪士尼。這次訪問被認為深刻地影響了日後那群改變西方動畫的年輕一代動畫師，包括皮克斯（Pixar）的拉薩特（John Lasseter）。影迷可以在馬斯克（John Musker）與克萊門（Ron Clements）所執導的《妙妙探》（*Great Mouse Detective*）、《辛普森家庭電影版》（*The Simpsons Movie*）與《蝙蝠俠：動畫系列》（*Batman: The Animated Series*）的〈鐘王〉（Clock King）那集，看到對《魯邦三世：卡里奧斯特羅城》的暗中致敬。

近年，導演卡薩羅薩（Enrico Casarosa）表示自己的皮克斯電影《路卡的夏天》（*Luca*），不論在角色設計或動畫製作上，都受到宮崎駿早期作品《魯邦三世：卡里奧斯特羅城》與史詩般的末世冒險系列動畫《未來少年柯南》的影響。他認為這兩部早期作品有著日後宮崎駿作品所沒有的特質，「當你看《魯邦三世：卡里奧斯特羅城》裡角色快速飛躍城堡屋頂的畫面時，」卡薩羅薩對我們說，「這就是動畫的純粹快樂感與玩興，我覺得他日後的作品似乎少了這樣的特質。」

上：電影史上最偉大的汽車追逐畫面之一結束後的場景。該汽車以動畫師大塚康生所擁有的飛雅特 500 為原型。

下：皮克斯動畫工作室近年佳作《路卡的夏天》，也受到宮崎駿早年作品的啟發，包括《魯邦三世：卡里奧斯特羅城》。

影評：《魯邦三世：卡里奧斯特羅城》

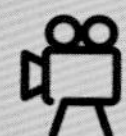

這場逃亡由瘋狂的汽車追逐開始，直到大盜魯邦（和他的犯罪夥伴次元大介）的車拋錨時，故事才有了進展，因為此時，你會明顯知道自己正在看宮崎駿的電影。當然，從汽車天窗灑出一桶桶的假鈔絕對是很好的開場，但如同所有的宮崎駿電影一樣，他總是會在刺激的冒險與平靜的奇蹟中找到微妙平衡。當魯邦躺在破車頂上休息時，他深深吸了一口氣（看完開場的觀眾恐怕也需要深呼吸），接著影片沉浸在大自然的美景中，從頭頂飛過的鳥兒、雲影在田野上移動的方式、大抹藍色暈影的天空以及綠色的田野，這無疑是宮崎駿的電影。豐富而吸引人，等待我們席地而坐，或是慵懶地躺下。這也可以是《魔女宅急便》的琪琪所躺的夢幻田野，《風起》的菜穗子所畫的畫，《霍爾的移動城堡》中的霍爾與蘇菲會漫步的場景。《魯邦三世：卡里奧斯特羅城》早在宮崎駿創造出他的吉卜力經典以前就已經存在，而此片正是一切的起點。

當魯邦與大介的車再次啟動時，另一場追逐隨即展開，觀眾將看到魯邦與大介挑戰絕壁與地心引力。刺耳的剎車聲與急轉彎奪走了絕大部分的注意力，但主要場景卻非常歐式，而自信過人的主角一路主導著冒險，這似乎讓人想到印第安納．瓊斯的特技，而據傳宮崎駿也有參考過該電影系列。正如同我們可以從宮崎駿與他的吉卜力工作室夥伴高畑勳所合作的作品《太陽王子霍爾斯的大冒險》中見到的，宮崎駿相當擅長營造俐落、逐步升高、布局巧妙的動作場景。

雖然此片遠遠未及其他宮崎駿作品的哲學深度，但它有著驚心動魄的鏡頭，好比絕壁飛車追逐就是最讓人血脈賁張的橋段之一。而魯邦有著《瞞天過海》（*Ocean's Eleven*）中丹尼．歐遜（Danny Ocean）的魅力，與《不可能的任務》（*Mission Impossible*）中伊森．韓特（Ethan Hunt）的科技絕招，比起宮崎駿後期較為樸素的人物設定，魯邦顯然更有卡通性。他的身體不斷變形，以達到最高的娛樂效果。在其中一個場景中，笨拙的瘦長紳士大盜變成了橡皮人，他游泳、滑行，並成功擺脫邪惡勢力，他被夾在水車的踏板之間，開啟了宛如卓別林式的鬧劇和驚險的追逐。在部分屋頂上的畫面中，他展現了如貓一般的靈巧身手，並激發了皮克斯電影《路卡的夏天》裡迅捷的角色動作。

隨後，鐘樓內的一場比賽成為壓軸戲，巨型機器的齒輪向四面八方旋轉，如同艾雪（Escher）的畫作一樣貫穿全景。然而魯邦與他的敵人——製造偽鈔的卑鄙伯爵——從未迷路，兩人周遭眼花撩亂的環境加強了刺激感，但他們的決鬥仍舊有著扣人心弦的俐落感。

魯邦的故事配合變化多端的魯邦本人，包含了一場婚禮、刑警組織、兩枚古老的戒指與一個隱藏的寶藏，然而情節似乎顯得有點勉強。對宮崎駿來說，日後的他創作了許許多多隱含道德灰色地帶的角色（《霍爾的移動城堡》裡的荒野女巫、《神隱少女》裡的湯婆婆、和《魔法公主》裡的每一個角色），但在《魯邦三世：卡里奧斯特羅城》裡，善惡卻是那麼地二元。可愛的魯邦與他的惡棍同伴，包括看起來過時的武士五右衛門、前情人不二子，都是相當簡單的英雄，而伯爵則是個可憎的壞蛋。

《魯邦三世：卡里奧斯特羅城》是一部非常有趣的電影，但不如這位偉大導演後來的作品那樣豐富、值得一再反芻。相較之下，《魯邦三世：卡里奧斯特羅城》的情節都很功能性，在此宮崎駿似乎以比較體驗式的觀點進行導演工作。本片的重點在於故事的推動力、動畫的流動感，並讓觀者沉浸於故事裡，偶爾停下來回憶起寒夜中享受泡麵的喜悅，再進入感官刺激式的情節。作為宮崎駿的處女作，《魯邦三世：卡里奧斯特羅城》展現了成熟工匠控制工具的自信，他以自己的方式，為一個日後將贏得數百萬人心的工作室埋下種子。

《銀河鐵道之夜》
(銀河鉄道の夜, 1985)

NIGHT ON THE GALACTIC RAILROAD
STARLIGHT EXPRESS

星夜快車

改編自宮澤賢治的兒童文學小說,《銀河鐵道之夜》跟隨兩隻年幼的小貓,拋開日常生活的艱辛,踏上了穿越宇宙的神奇哲學之旅。

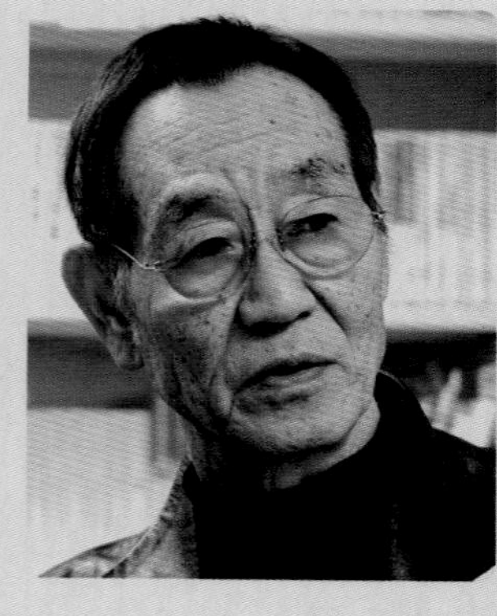

1985

導演:杉井儀三郎 Gisaburō Sugii

113 分鐘

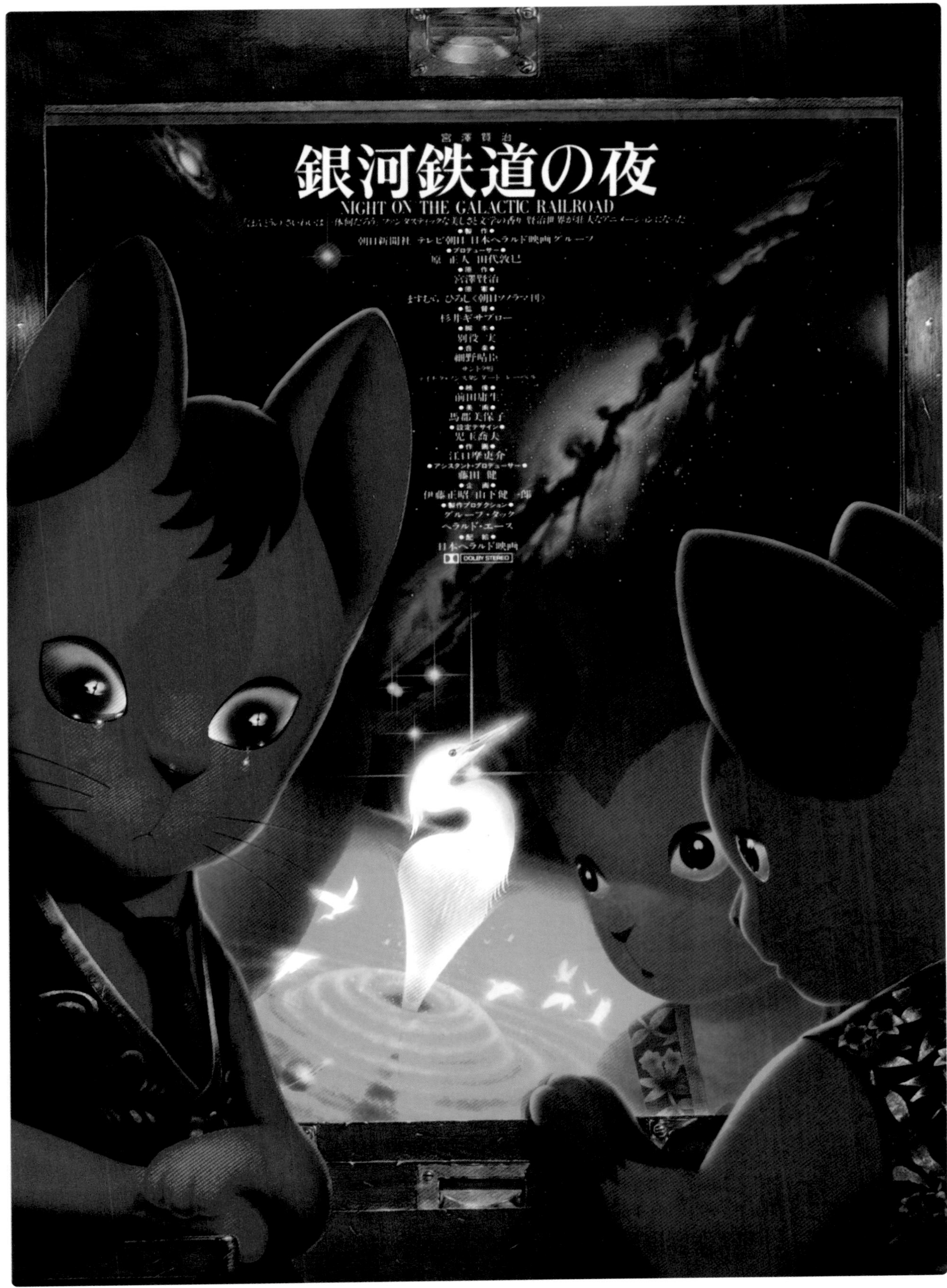
宮澤賢治
銀河鉄道の夜
NIGHT ON THE GALACTIC RAILROAD
●製作●
朝日新聞社 テレビ朝日 日本ヘラルド映画グループ
●プロデューサー●
原 正人 田代敦巳
●原作●
宮澤賢治
●原案●
ますむら・ひろし〈朝日ソノラマ刊〉
●監督●
杉井ギサブロー
●脚本●
別役 実
●音楽●
細野晴臣
●撮影●
前田庸生
●美術●
馬郡美保子
●設定デザイン●
児玉喬夫
●作画●
江口摩吏介
●アシスタント・プロデューサー●
藤田 健
●企画●
伊藤正昭 山下健一郎
●製作プロダクション●
グループ・タック
ヘラルド・エース
●配給●
日本ヘラルド映画
DOLBY STEREO

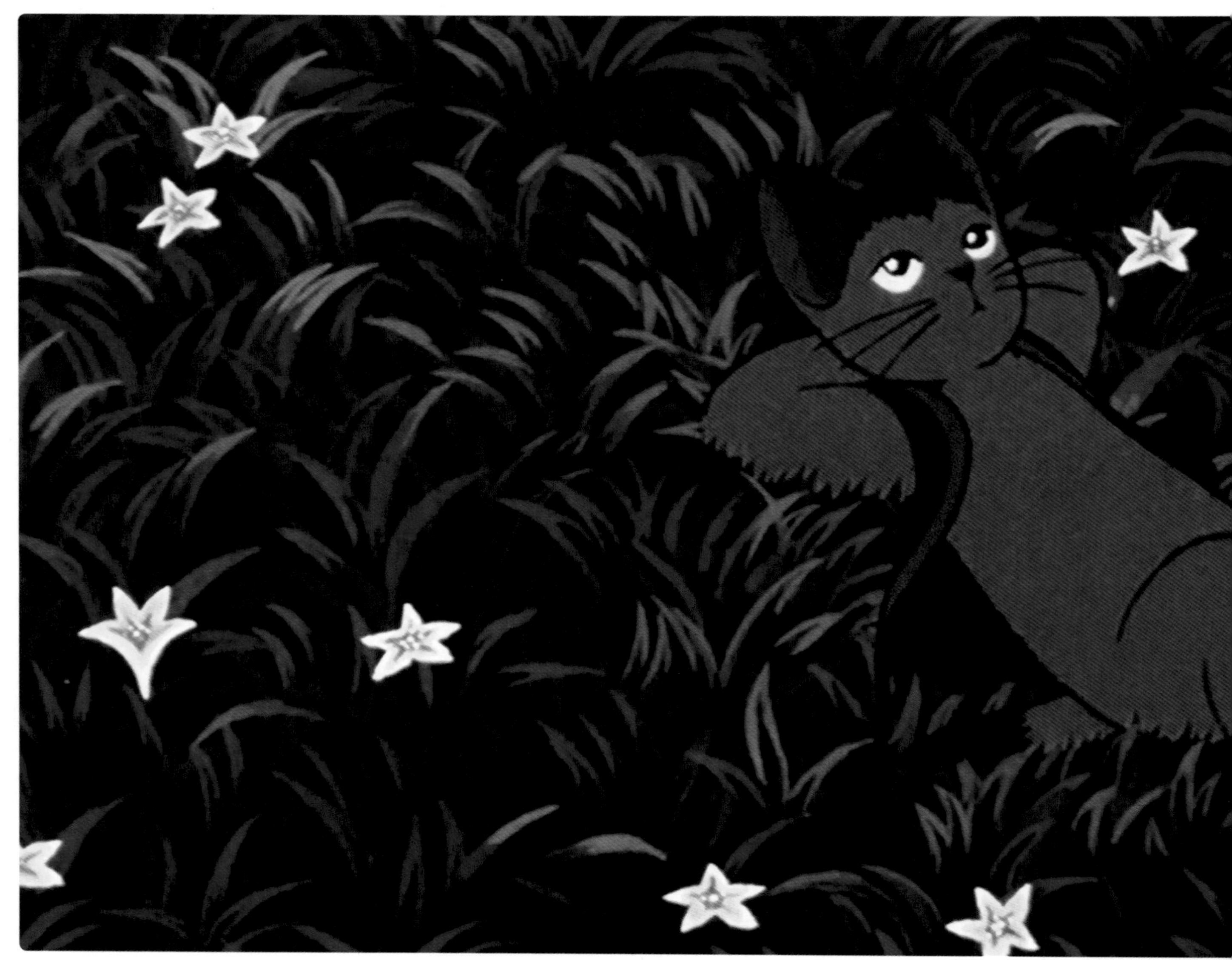

杉井儀三郎出生於1940年，他的職業生涯與日本動畫開始成為熱門產業的過程完美結合。小時候，他受到馬克斯・佛萊舍（Max Fleischer）的動畫和《小鹿斑比》（*Bambi*）等迪士尼電影的啟發，當時他以為進入動畫的唯一途徑是移民到美國。在高中畢業後不久，他看到一則報紙廣告尋找新藝術家加入東映動畫，當時該工作室正大張旗鼓地準備成為日本的迪士尼。在接受《美漫》（*Animerica*）雜誌訪問時，杉井儀三郎回憶道，「當時要通過考試的難度是三十取一，但他成功通過了，並開始為東映的第一部重要長片《白蛇傳》工作。他也參與之後的許多製作，包括在美國發行的《少年猿飛佐助》、《西遊記》。後來他開始執導幾集標誌性、由手塚治虫漫畫改編的電視動畫《原子小金剛》，並且隨著手塚治虫進入更為藝術性的成人主題領域，好比《一千零一夜》、《埃及豔后》與《悲傷的貝拉朵娜》。

杉井儀三郎1985年的《銀河鐵道之夜》融合了之前作品的元素，並開闢了新疆域。如同迪士尼與早期東映作品，杉井將電影集中在核心的擬人化動物角色身上，但電影的節奏與奇特風格讓人想起《悲傷的貝拉朵娜》在藝術與文學上的企圖心。宮澤賢治的原著小說有著神秘的哲學基調，即使在出版30年後，仍然與眾不同。宮澤賢治的生涯與杉井儀三郎形成鮮明對比，宮澤生前從未獲認可，1933年他以37歲之齡過世時，他在日本文學史上的聲譽才開始增長，日後《銀河鐵道之夜》成為兒童的經典文學。為了要將宮澤的經典搬上大銀幕，杉井號召了非動畫領域的幾位關鍵創作藝術家：荒誕派劇作家別役實負責撰寫劇本，日本流行樂傳奇人物、YMO樂團創始人細野晴臣譜寫配樂。

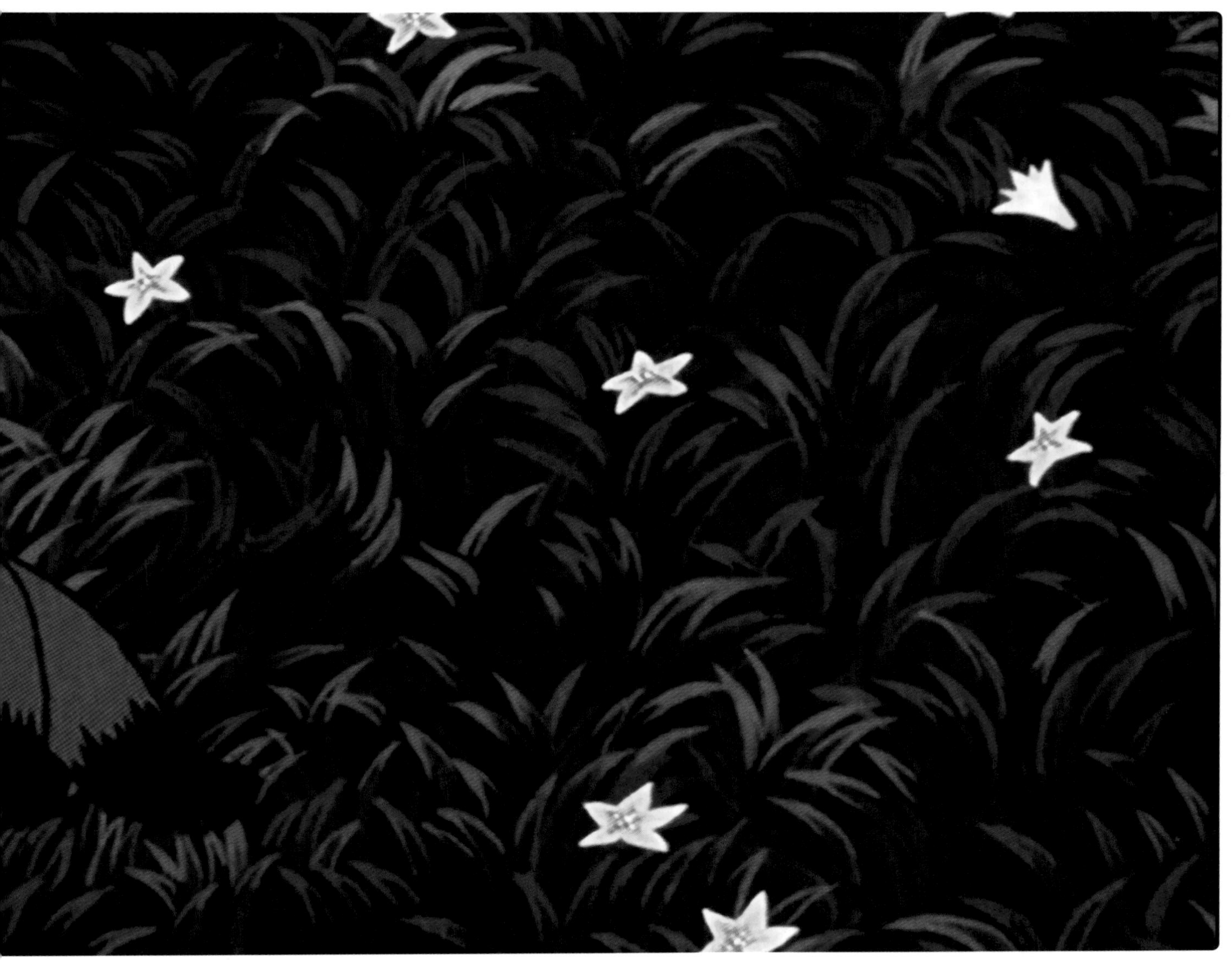

上：《銀河鐵道之夜》放鬆而適合思索的步調，迥異於主流動畫電影。

1985 年夏天，《銀河鐵道之夜》在日本戲院上映，並獲得每日電影獎的大藤信郎獎。多年以後，杉井儀三郎仍可清晰地回憶起電影製作時的細節，他認為這是少數一切都能如此合拍的工作過程。他這麼告訴《美漫》雜誌，「這是匯聚各種機遇的作品，來自音樂家、劇作家、所有動畫師的想法交融在一起。在我的工作生涯裡，這是唯一一部讓所有工作人員的想法合而為一的作品。」

延伸觀影

《銀河鐵道之夜》的影響貫穿日本動畫史，特別是西久保瑞穗充滿致敬意味的《喬望尼之島》。許多電影都改編自宮澤賢治的小說，包括高畑勳的《大提琴手高修》、吉卜力工作室傳奇美術指導與背景美術男鹿和雄唯一執導的作品《種山原之夜》。杉井義三郎在 1987 年的長片《源氏物語》中延續《銀河鐵道之夜》莊重的藝術風格，而在 1990 年代他以極其賣座的格鬥動作動畫《快打旋風 II：劇場版》跌破眾人的眼鏡。

影評：《銀河鐵道之夜》

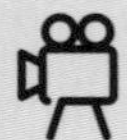

在動畫裡，火車可不是只能讓你聽 Podcast 的地方。在宮崎駿的奧斯卡得獎電影《神隱少女》（2001）當中，火車漂浮在琥珀色海面上，給人寧靜與決心。在細田守導演的《未來的未來》（2018）裡，一列火車將小男孩連結到龐大的家族系譜。對庵野秀明的《新世紀福音戰士》（1995）而言，火車是反應孤立與公眾焦慮的載體。但在杉井儀三郎的《銀河鐵道之夜》中，火車場景不只是短暫的交會，而且是旅程本身。

我們在毛茸茸的迷人角色帶領下，進入一場關於死亡、友誼和犧牲的哲學之旅，影片風格相當沉穩而開闊。《銀河鐵道之夜》令人焦慮，又讓人陷入沉思。影片跟著喬凡尼的視角展開，在學校遭受排擠的他，在小說裡是一名男孩，但在電影裡卻是一隻貓。喬凡尼照顧生病的母親，而父親則遠在他鄉，他在夥伴坎帕內拉的陪伴下，踏上銀河鐵道的夢幻之旅。一路上，他們載著乘客飛入太空，繞著星星旋轉，遇到化石挖掘、神秘的捕鳥者、以及歷經鐵達尼號般災難的受害者，最終他們朝向自己的目的地前進。

令人訝異的是，儘管故事充滿活力，但影片的設計卻非常內斂，將重點放在人物的情感上，除去不必要的裝飾。喬凡尼的孤獨與《攻殼機動隊》或《聲之形》的城市幽閉恐懼感不同，而是異常溫暖的空虛感，誘人又令人恐懼。柔和的色彩，平坦寬闊的紋理，田野、屋頂與街燈的鮮明對比，令人聯想到啟發超現實主義畫派的喬治歐．德．基里訶（Giorgio de Chirico）的風景畫，他筆下簡單、明亮、開闊的空間不但誘人，也相當怪異。影片有著特殊的空間感，超越其視覺，與速度和聲音有關，並提供喬凡尼與觀眾反思的間隙。

有一幕相當特別，喬凡尼在進行排字工作，他的工作非常謹慎、精確，透過動畫我們感受到他無比的耐心與好奇。畫面有著寧靜的節奏，並用緩慢的剪接方式烘托出這份工作所需的秩序感與直覺，時間的調節感貫穿了整部影片。故事以簡短的章節講述，也可以視為反思的時刻。《銀河鐵道之夜》感覺就像是支離破碎、昏昏欲睡的漫長火車之旅，火車顛簸的靠站與溫和的窺探感交互參雜。細野晴臣的配樂沿著火車軌道流動，發出奇異光芒的合成器旋律以幽靈般的迴響點綴著故事，配樂偶爾也會烘托場景的遼闊與情節的刺激。在其中一幕裡，捕鳥男子徒手將鳥放進袋子裡，此時的配樂是有著勝利節奏感與壯麗浪漫氛圍的交響樂，帶來奇異的歡樂感。細野晴臣的配樂，如同電影的內容，當你回想時，往往潛伏著不安的感受。

喬凡尼是電影最不表露情感的角色之一。他可以說是故事的過客，很少表現出任何情緒。不論是震驚或驚奇，他都微微地張開嘴，僅此而已。以角色設計來看，這相當高明。《銀河鐵道之夜》相當詩意，且難以捉摸，其意義留待觀眾去解讀，而主角的臉則不帶情緒，並顯得相當神秘。電影的場景開放卻令人不安，可投射與接收任何情感。如果你想要好好地檢視自己的內在，這部片或許相當適合你。

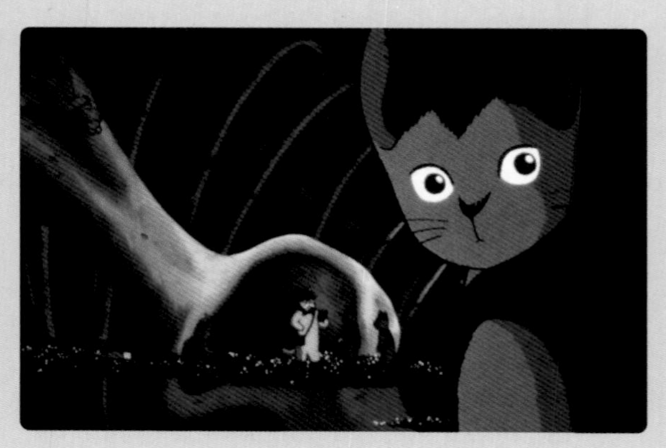

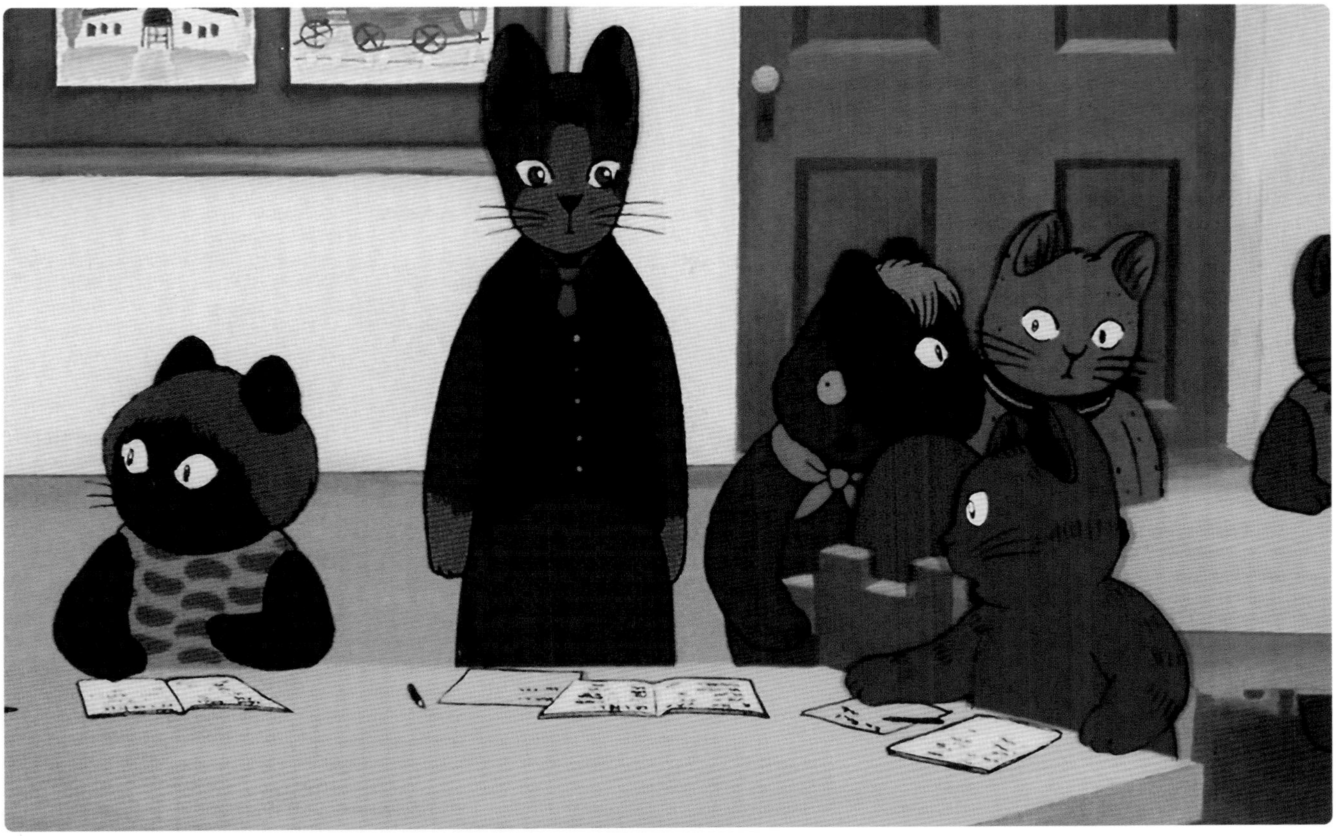

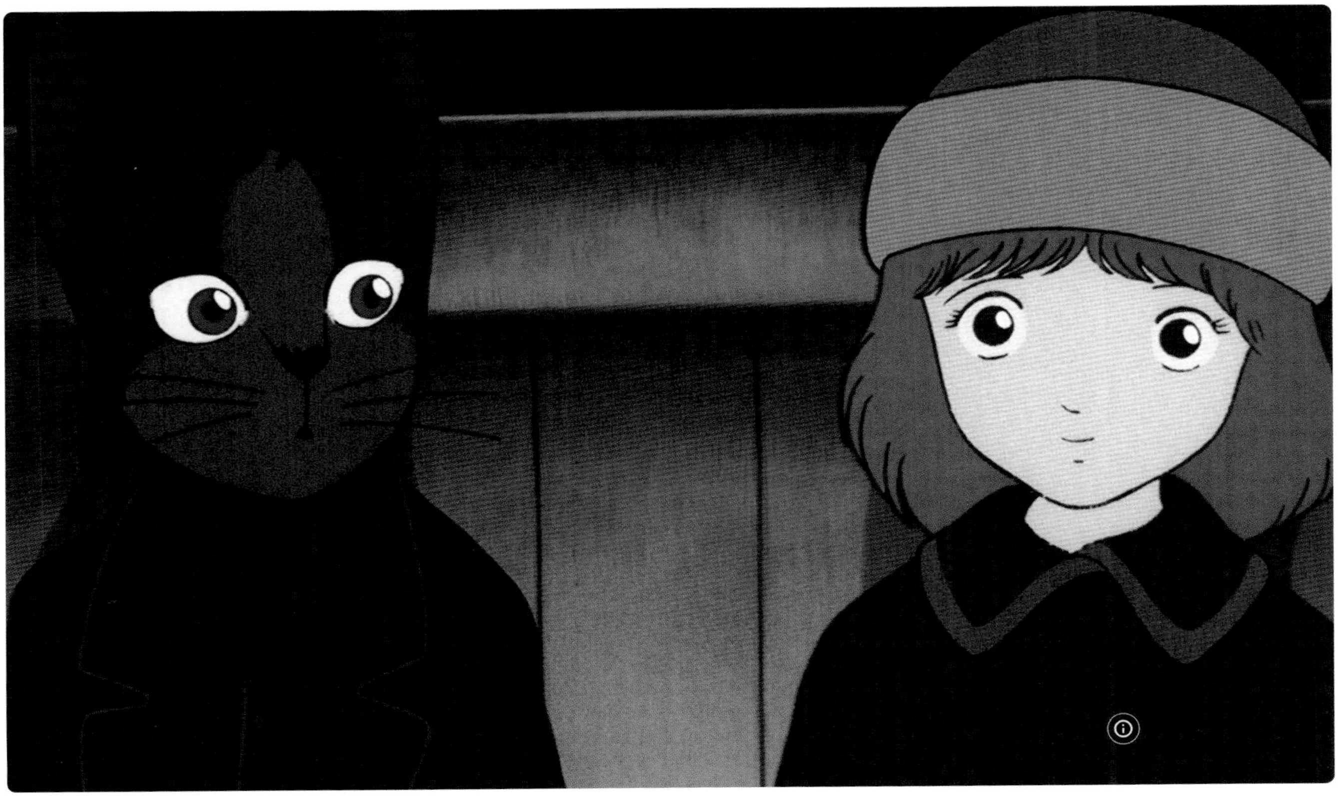

左頁：誤入歧途。喬凡尼的冒險旅途上不乏奇異的相遇，包括拜訪巨型化石。

上、下：杉井儀三郎對《銀河鐵道之夜》原著最大的更動，就是讓主角們變成貓。

《王立宇宙軍：歐尼亞米斯之翼》
（王立宇宙軍 オネアミスの翼，1987）

ROYAL SPACE FORCE: THE WINGS OF HONNÊAMISE
THE RIGHT STUFF

絕對任務

在復古未來主義式的平行世界中，世界被切分為歐尼亞米斯王國與共和國。一位年輕男子加入王立宇宙軍，這個小團隊有著雄心壯志，希望成為第一個運送人類上太空的部隊。

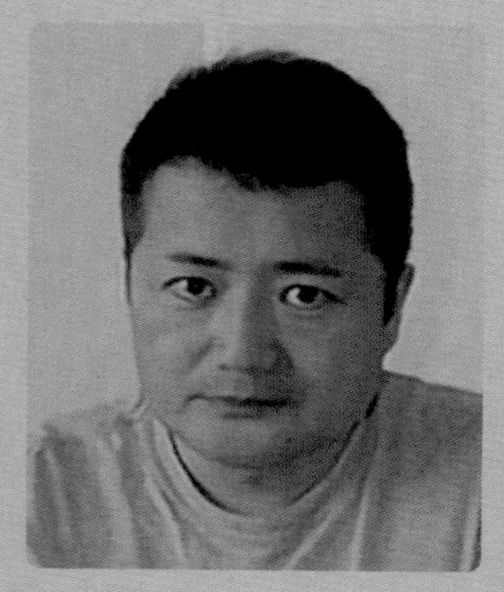

1987
導演：山賀博之 Hiroyuki Yamaga
119 分鐘

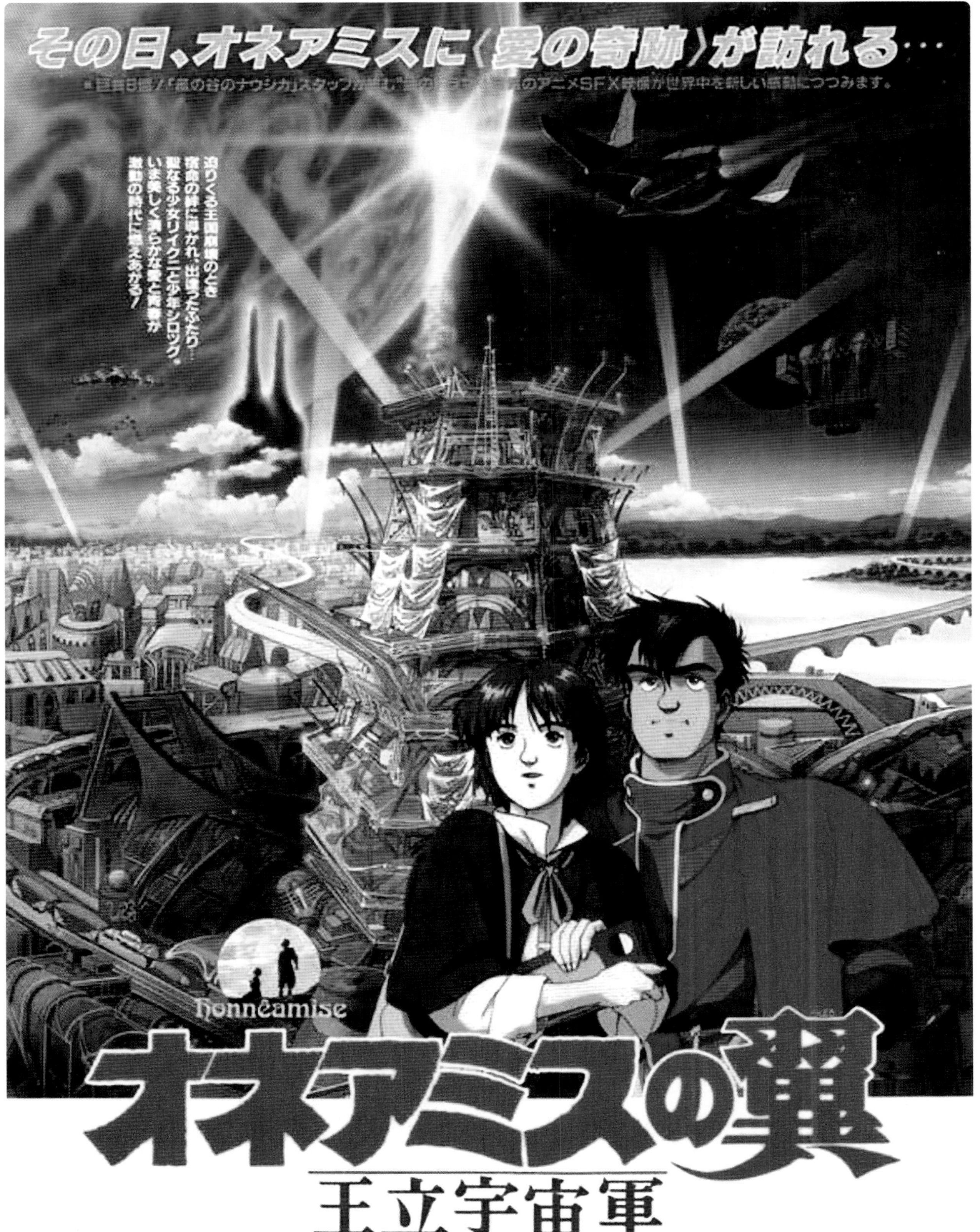
その日、オネアミスに〈愛の奇跡〉が訪れる…
迫りくる王国崩壊のとき
宿命の絆に導かれ、出逢ったふたり…
聖なる少女リイクニと少年シロツグ。
いま美しく清らかな愛と青春が
激動の時代に燃えあがる！
honneamise
オネアミスの翼
王立宇宙軍
BANDAI presents
原案・脚本・監督●山賀博之 キャラクターデザイン・作画監督●貞本義行
作画監督●庵野秀明 美術監督●小倉宏昌 音楽●坂本龍一

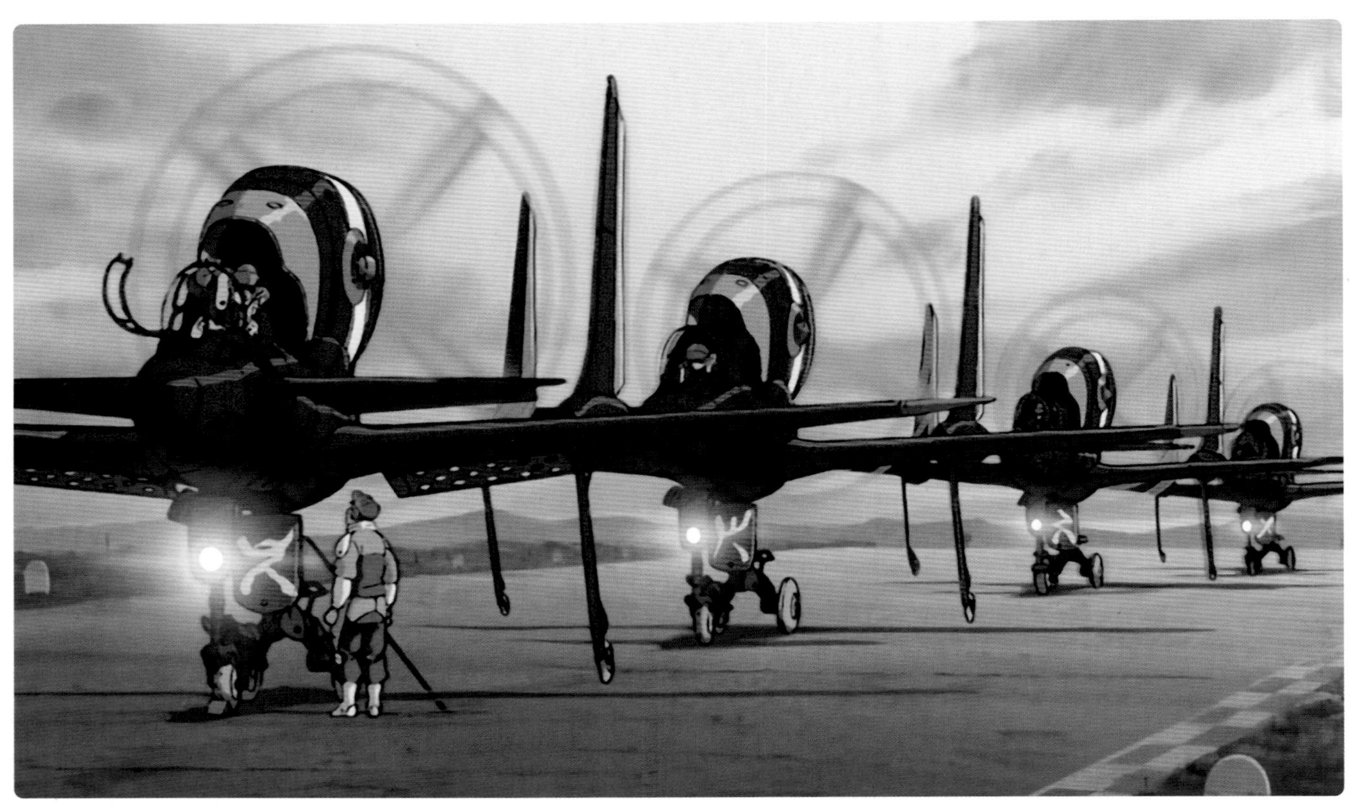

在本書所涵蓋的動畫奇才中，這支 1987 年成立的動畫團隊成員可說是高居榜首。當導演山賀博之從過去曾是玩具製造商的萬代接下此計畫時，才二十多歲；該計畫的預算不但不斷地膨脹，成本的回收也近乎不可能。然而，山賀和他在 Gainax 工作室的夥伴，包括動畫導演庵野秀明、角色設計師貞本義行和製作人岡田斗司夫；他們對賺錢不感興趣，因為他們才是真正的動畫迷。

《王立宇宙軍》的起源可追溯到一群當時在大阪藝術大學唸書的粉絲動畫家，為日本科幻大會（簡稱 DAIKON）製作的幾部短片。這些影片現在成為大家所熟知的《DAICON III 開幕動畫》與《DAICON IV 開幕動畫》（*DAICON III & IV OPENING ANIMATIONS*），內容是讓人目不暇給的粉絲創作，畫工細緻，並引用、拼貼了許多電影與各大 IP 相關畫面，包括《星際大戰》（*Star Wars*）、《宇宙戰艦大和號》、《哥吉拉》與《星艦迷航記》（*Star Trek*）。由於這些影片受到粉絲與業界的熱情迴響，山賀與岡田得到了向玩具製造商萬代提案的機會，而當時萬代正準備進軍動畫製作領域。

後來他們的提案發展成試片片段，目的在於向下一代推廣這種藝術形式，預示動畫寫實主義的新時代，拒絕浮華的奇想，並轉向充滿細節、扎實並且可信的虛構世界。他們是真正的動畫狂熱者，也因此先展示了《王立宇宙軍》的骨肉：最初的提案著重在科幻世界的建構，而非讓人分心的角色與情節發展。山賀與他的團隊擁有極大的野心，而導演也記得當時最重要的在於「打破所有參與動畫師心中對動畫的既有概念」。

《王立宇宙軍》的製作過程如同伊卡洛斯（Icarus）的故事值得一讀，評論家強納森．克萊門曾在他的《動畫史》（*Anime: A History*）介紹了其中的跌宕起伏。如同當時的日本社會，動畫產業也經歷了泡沫經濟，而投資者們也開始更關注潛在的新收益來源。家庭錄影帶市場的風潮與《風之谷》等長片的成功，讓投資者對《王立宇宙軍》的興趣高漲，這無疑讓這部製作預算僅有兩千萬日圓、原本打算直接發行錄影帶的動畫，轉變為製作與行銷成本超過八億日圓的長片，而且最重要的是，對於出資商萬代來說，這部片幾乎沒有推出周邊商品

上：音速般轉動的機翼。《王立宇宙軍》提供了太空競賽的另一種科幻視角。

右頁上：第一名太空人。男主角希洛茲古．拉達特絕非英雄人物，他顛覆了典型太空人的敘事。

右頁下：魔鬼藏在細節裡。《王立宇宙軍》的年輕製作團隊將寫實的細節置於一切之上，甚至置於預算之上。

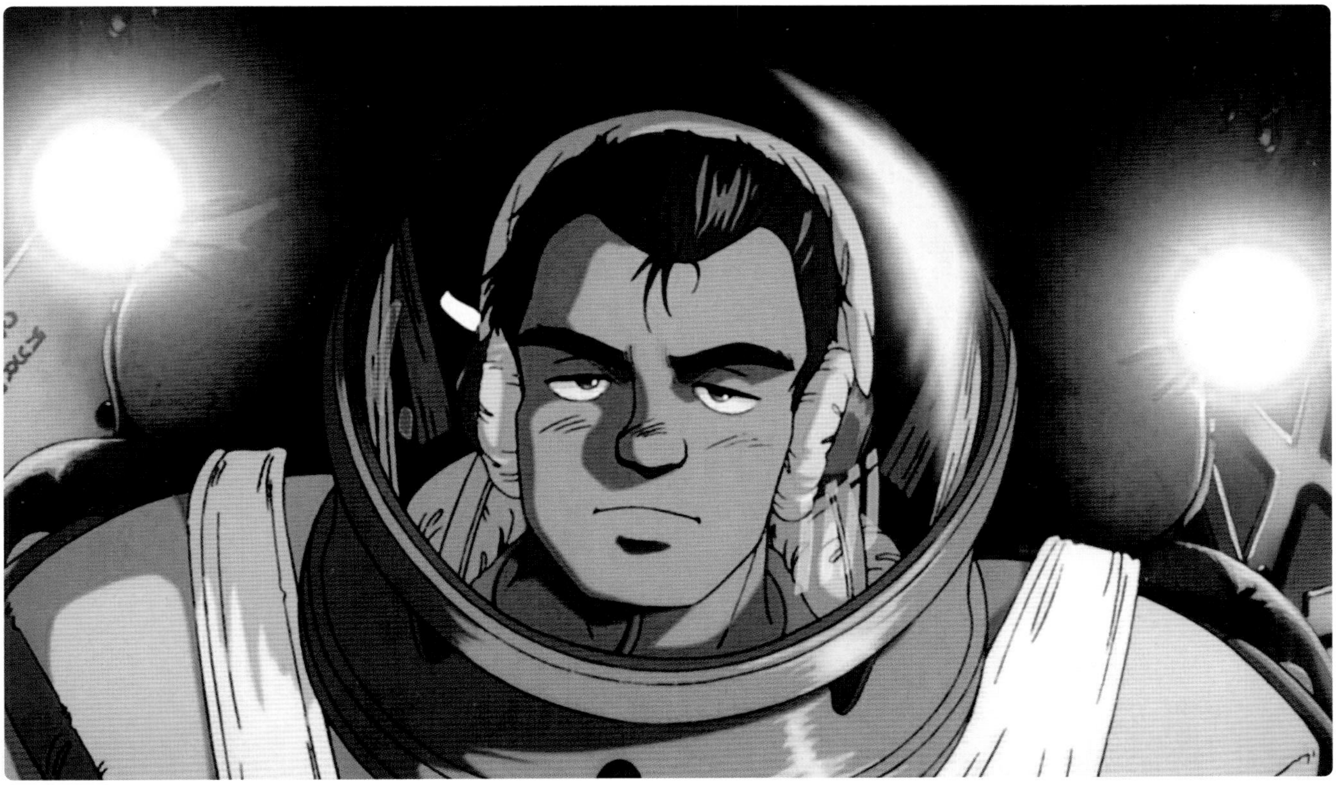

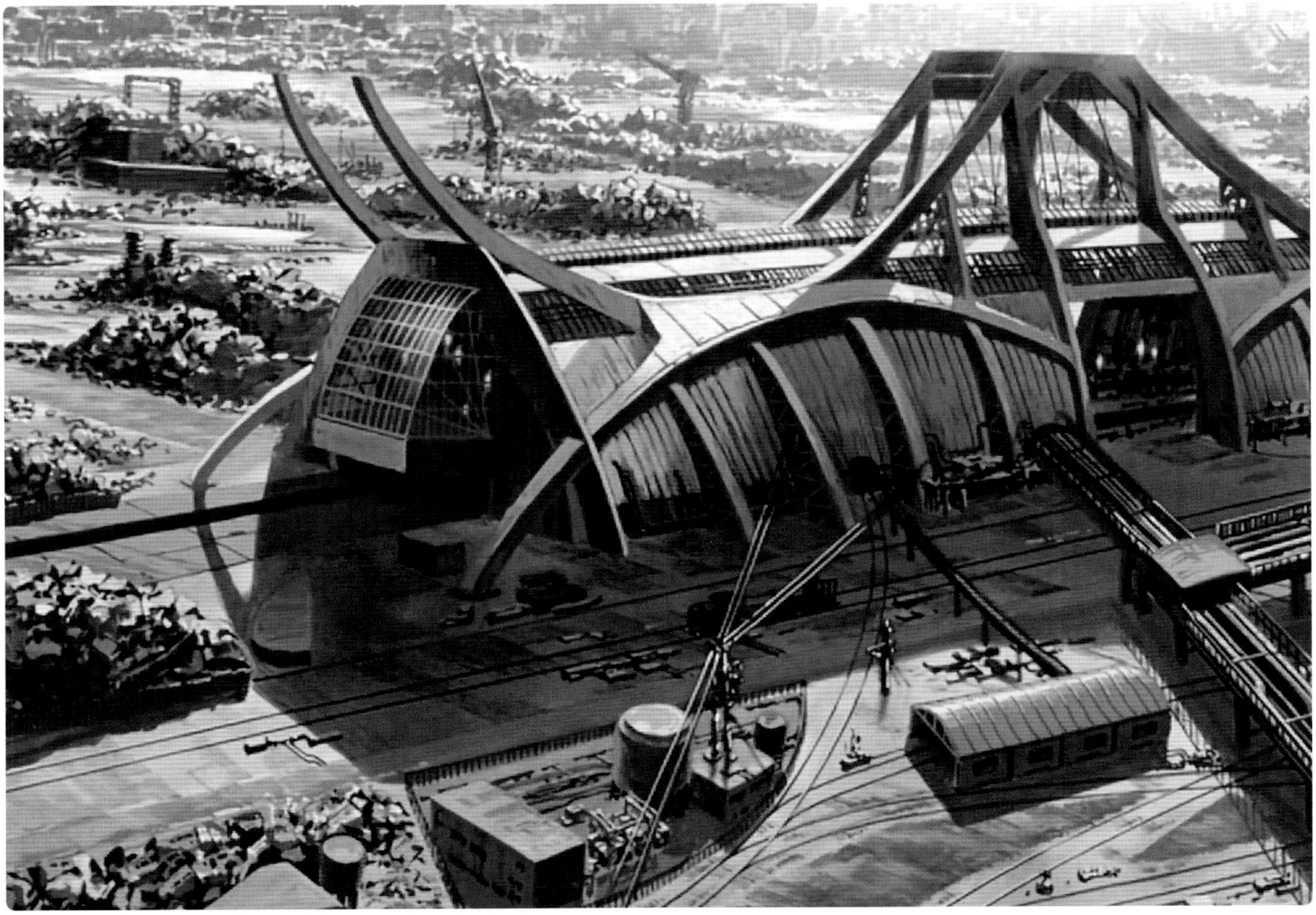

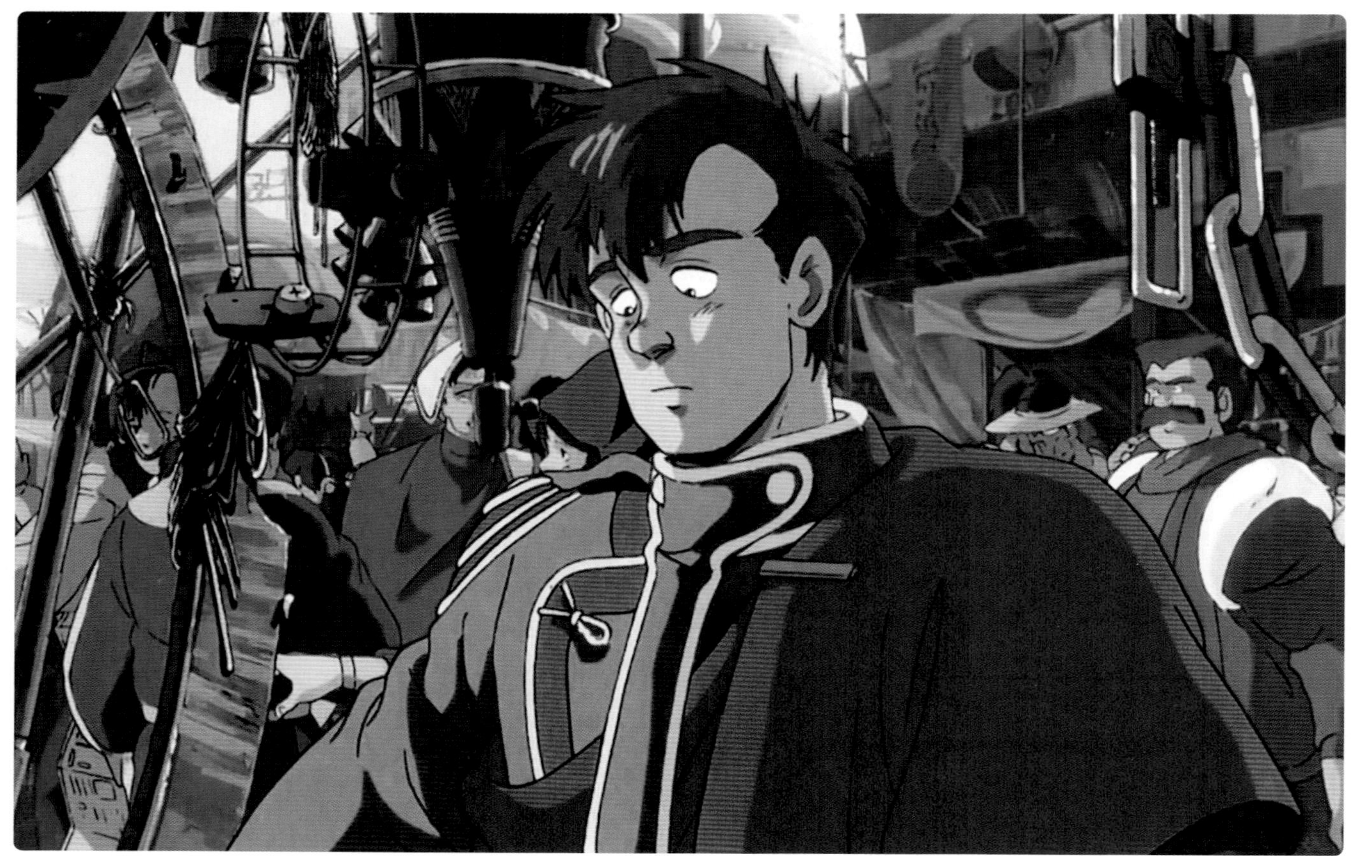

的潛力。克萊門曾經回憶工作室如何在最後一刻企圖降低風險，並讓電影獲得成功：他們為影片取了一個新的副標：「歐尼亞米斯之翼」，並以海報暗示整部片充滿了巨大的異形入侵者。

一開始，《王立宇宙軍》並未在國內獲得極好的票房迴響，儘管工作室在好萊塢傳奇的曼恩中國戲院（Mann's Chinese Theatre）舉辦了大肆宣傳的首映會。不過，電影最終透過錄影帶銷售打平了預算成本。雖然此經驗幾乎讓 Gainax 工作室破產並讓員工陷入頓挫，不過他們很快地團結起來，並透過《新世紀福音戰士》等系列獲得成功。如今，《王立宇宙軍》成為日本動畫界的一個分水嶺，當時未經考驗的新一代莫名其妙地獲得了自由和預算來實現他們的願景。或者，我們也可以引用山賀的話，他在 2007 年回顧此片時，以更為客觀的角度表示，「這就像我們所的有人都蒙著眼睛狂揮劍一樣。」

上：創意團隊的設計野心甚至涵蓋了歐尼亞米斯王國獨特的服裝風尚。

右頁：令人挑眉。王立宇宙軍有著許多奇特的角色，他們的名字也都相當特別，好比總工程師古諾姆（Gnomm）。

延伸觀影

隨著《王立宇宙軍》的發行，Gainax 工作室已獲得偉大動畫工作室的聲響。他們獲利最高的搖錢樹作品為《新世紀福音戰士》：庵野秀明這部情節複雜迂迴的超級 IP 只是冰山一角，另外還有賽博龐克冒險故事《蘋果核戰》與能滿足粉絲一切渴望、如同太空版《捍衛戰士》（*Top Gun*）的娛樂電影《飛越巔峰》。Gainax 的狂熱動畫師為「DAICON III」與「DAICON IV」所創作的粉絲動畫，即使在 40 年後看來仍舊飽含衝擊度，1991 年《御宅族的錄影帶》中對工作室早期的奮鬥進行了虛構式的描繪，這種深情的自我諧擬相當有趣，描繪了在冷漠世界中，謙虛的超級粉絲的奮鬥。

影評：《王立宇宙軍：歐尼亞米斯之翼》

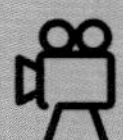

《王立宇宙軍》的每一格畫面都充滿著年輕人的進取精神，他們將觸角延伸到先前未曾探索過的領域，並且滿懷著狂熱的自信與肆無忌憚的想像力。花兩個小時沉浸在歐尼亞米斯的王國中，這可和收到明信片截然不同：電影帶領我們體驗一次短暫而全面的遷徙，這裡與我們的星球一樣充滿豐富的細節。當你回來時，你已煥然一新。

《王立宇宙軍》和多數的太空電影不同，沒有民族主義的自豪感、誇耀軍力或殖民征服。（絕非英雄的）電影主角希洛茲古．拉達特才剛考試不及格，而且很明顯地犯錯，這在歐尼亞米斯代表必須被降級至宇宙軍——政府單位中搖搖欲墜的組織，並早在川普前就已成為笑話。在他宣布將成為有史以來第一位太空人後，拉達特經歷了過往電影中常會出現的那種考驗：離心機訓練、媒體風波與電腦測試，但影片對他與他的行為留下了一個富有深意的問號。

影片一開始，拉達特遇上了溫柔的女傳教士莉可妮，並陷入迷戀：是她建議太空旅行可以將交戰的星球團結起來，這一頓悟讓拉達特踏上了從一個懶人化身為太空人的旅程，並讓他對信仰與莉可妮產生了牽絆。如同羅勃．辛密克斯（Robert Zemeckis）執導的《接觸未來》（*Contact*, 1997），《王立宇宙軍》以太空為背景，討論科學與信仰，讓兩邊的信仰者有得以辯論與改變想法的空間。影片一反傳統太空英雄的敘事法，在拉達特神聖的追求引來煽動、暗殺、預算暴增與媒體關注（當然也少不了複雜難懂的戰術規畫）的同時，許多無家可歸者則在宇宙軍總部外頭的階梯上睡覺。當拉達特幻滅的一刻，他侵犯了莉可妮，當他再次出現時，他已成為星際中的傀儡領袖，此時他的道德自然陷入灰色地帶，但當時的動畫時常以如此的作法獎勵作惡者。

不過拉達特所處的世界比他本人更有吸引力。那個世界充滿著濃郁的秋天色調和深沉的陰影，讓人聯想起蘇聯的太空競賽政治宣傳，刻畫得栩栩如生的歐尼亞米斯，讓人很想將電影停格，逐一欣賞其中景緻。圓滾滾的電視機、攝影機、金屬火柴棒形狀的貨幣、奢華的衣領剪裁與漂亮的霓虹燈字型，都讓歐尼亞米斯的建構層次豐富了起來。粗糙的檔案鏡頭、新聞播送畫面與聖書，都讓拉達特所處的社會與文化更形鮮明，甚至比故事的本身都更令人驚艷。

坂本龍一迷人的配樂烘托了整部電影，以優雅和令人驚喜的方式陪襯視覺風格與故事情感。觀眾穿梭在富麗堂皇並且充滿儀式感的畫面裡，以及仰望星空過久而帶來的深刻內在感受。巴洛克風格的合唱與大鍵琴、陣陣顫揚的合成器樂音融合在一起，同時讓這個虛構的故事增添古典韻味與科幻質地。

《王立宇宙軍》有點像是平行世界的歷史紀錄片，並為動畫世界帶來不容小覷的革新。

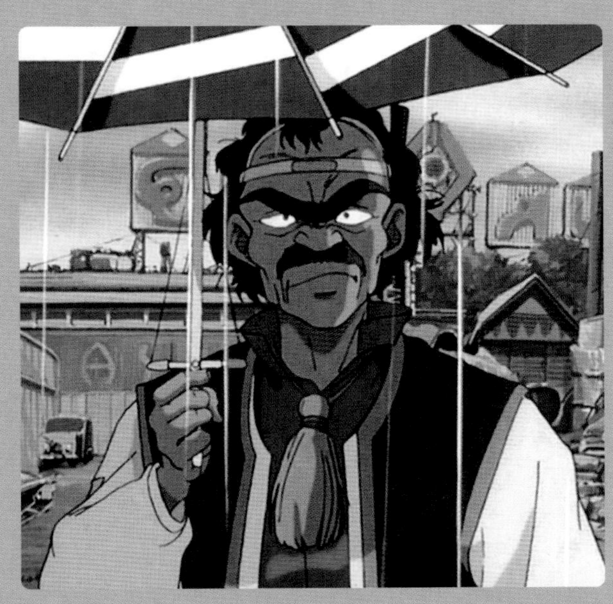

《阿基拉》
（アキラ, 1988）

AKIRA
ANIME... IS ABOUT TO EXPLODE

動畫的世界……即將發生大爆炸

在 2019 年末日後的未來，兩名在新東京街頭遊走的青少年被賦予了政府的最高機密計畫，該計畫企圖賦予人類破壞性的念力。當鐵雄被軍方俘虜並準備接受實驗時，他的朋友金田必須拯救他，並發現神秘的「阿基拉」真相。

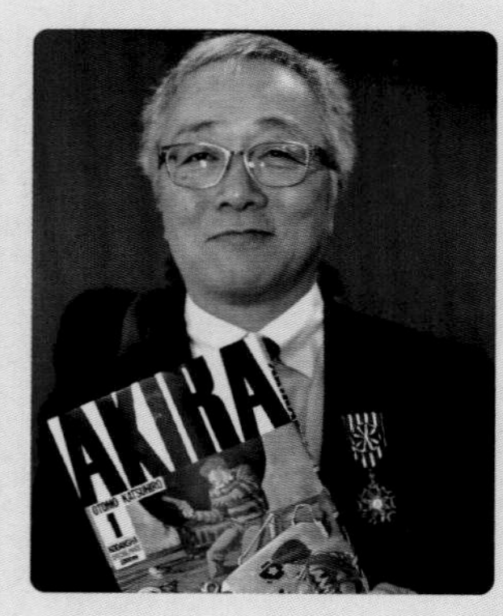

1988

導演：大友克洋 Katsuhiro Otomo

124 分鐘

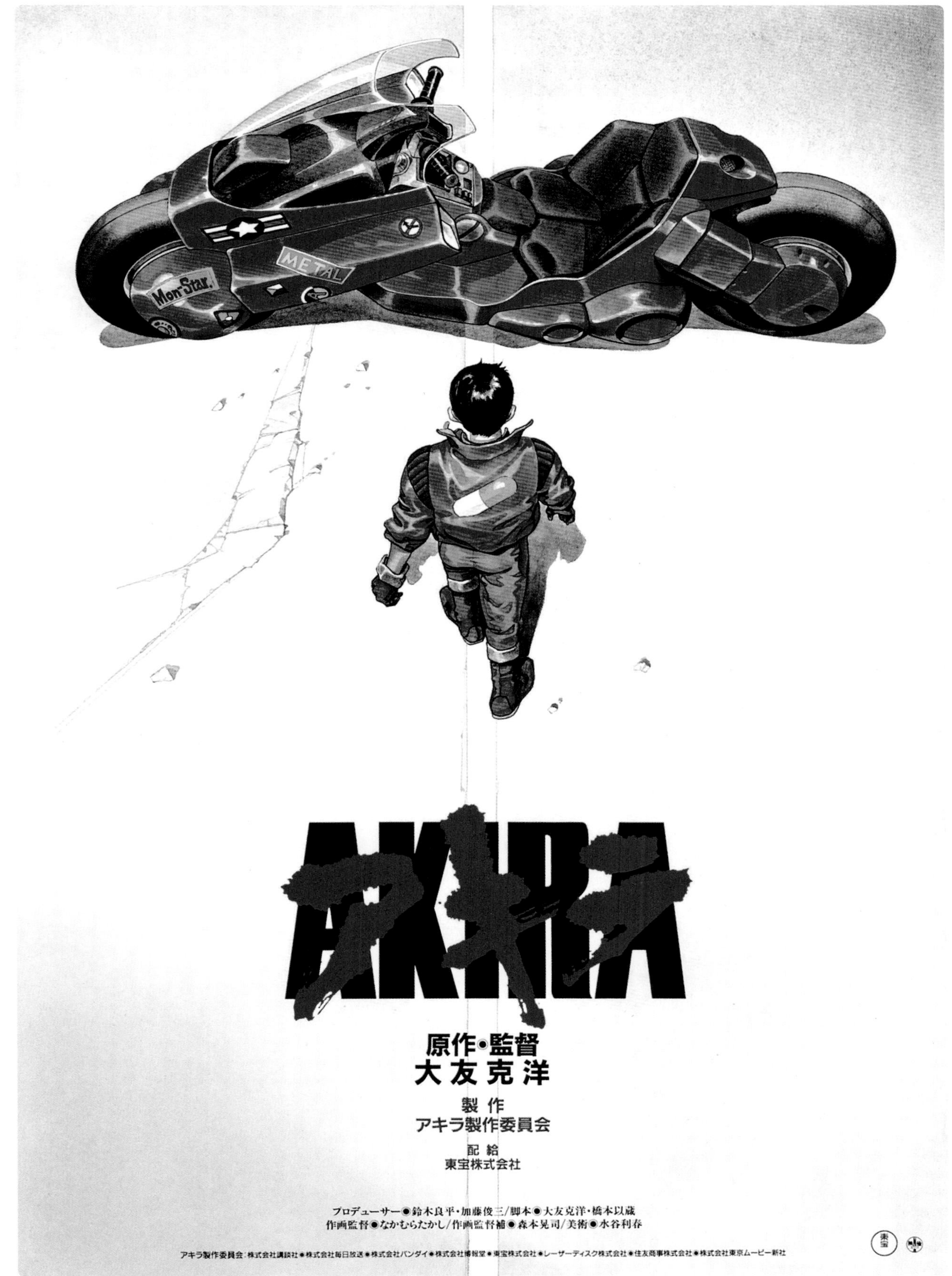
Mon-Star.
METAL
AKIRA
アキラ
原作•監督
大友克洋
製作
アキラ製作委員会
配給
東宝株式会社
プロデューサー●鈴木良平・加藤俊三/脚本●大友克洋・橋本以蔵
作画監督●なかむらたかし/作画監督補●森本晃司/美術●水谷利春
アキラ製作委員会:株式会社講談社●株式会社毎日放送●株式会社バンダイ●株式会社博報堂●東宝株式会社●レーザーディスク株式会社●住友商事株式会社●株式会社東京ムービー新社

如果你知道「Anime」（編按：即日本動畫）這個字，那你極有可能聽過《阿基拉》。該作和《攻殼機動隊》與《神隱少女》一樣，是少數幾部家喻戶曉的日本動畫電影，至少對影迷來說確實如此；而對某個世代的動漫迷來說，《阿基拉》更是讓他們得以逃脫的想像世界。

《阿基拉》不僅在動漫領域享有盛譽，在動畫藝術、後末日科幻類型領域與全球電影發行史上，都佔有一席之地。由於現在的專業發行商與串流媒體，人們接觸動漫比以往更為容易，我們很容易忘掉《阿基拉》是如何天翻地覆地改變了西方世界對日本動畫的認知。

1994 年，BBC 製作的半小時紀錄片專題《漫畫！》（*Manga!*），檢視 1980 年代末發行的《阿基拉》在英國引發的動漫浪潮。節目主持人喬納森．羅斯（Jonathan Ross）特別強調了另一位工作方式大異其趣的電影人，以他的說法，「這人在日本以外竟然鮮有人知」，他說的就是宮崎駿，不過節目中採訪的卻是《阿基拉》的原作者暨導演大友克洋。

大友克洋出生於 1954 年，在日本東北的宮城縣長大。在青少年時期，他搬到東京以便從事漫畫工作，並受到繁華的大都市、包圍著他的數百萬人，以及潛伏其中的故事所啟發。他的漫畫風格受到法國大師尚．吉羅（Jean 'Mœbius' Giraud）啟發，藝術風格深具獨特性與衝擊感；他的角色設計相當逼真，充滿著錯綜複雜的細節，背景繪圖更是充滿技術感。

他的崛起具有時代代表性，亦被視為漫畫圈的分水嶺，特別是當他在 1983 年以超自然科幻系列《童夢》獲得日本 SF 大賞——此為該獎首次頒發給漫畫作品。他的下一部長篇作品系列《阿基拉》也與他所觀察的東京社群與地下文化有關，他向喬納森．羅斯解釋，「我感受到了那邊的氛圍，學生抗議者、重機騎士、政治運動、黑道與無家可歸的青少年。」

從 1982 年至 1990 年間，《阿基拉》在《週刊 Young Magazine》上連載，最終共有 2,000 頁，但在連載中途，出現了將《阿基拉》翻拍成電影的機會。「阿基拉製作委員會」就此成立（包括玩具商萬代、發行商東寶和大友克洋的出版社講談社），並合力支持此

下：大友克洋受到 1980 年代東京街頭徬徨少年的啟發。

右頁：創下百萬銷售佳績的封面；這幅標誌性的美術傑作是英國首次發行《阿基拉》的錄影帶封面。

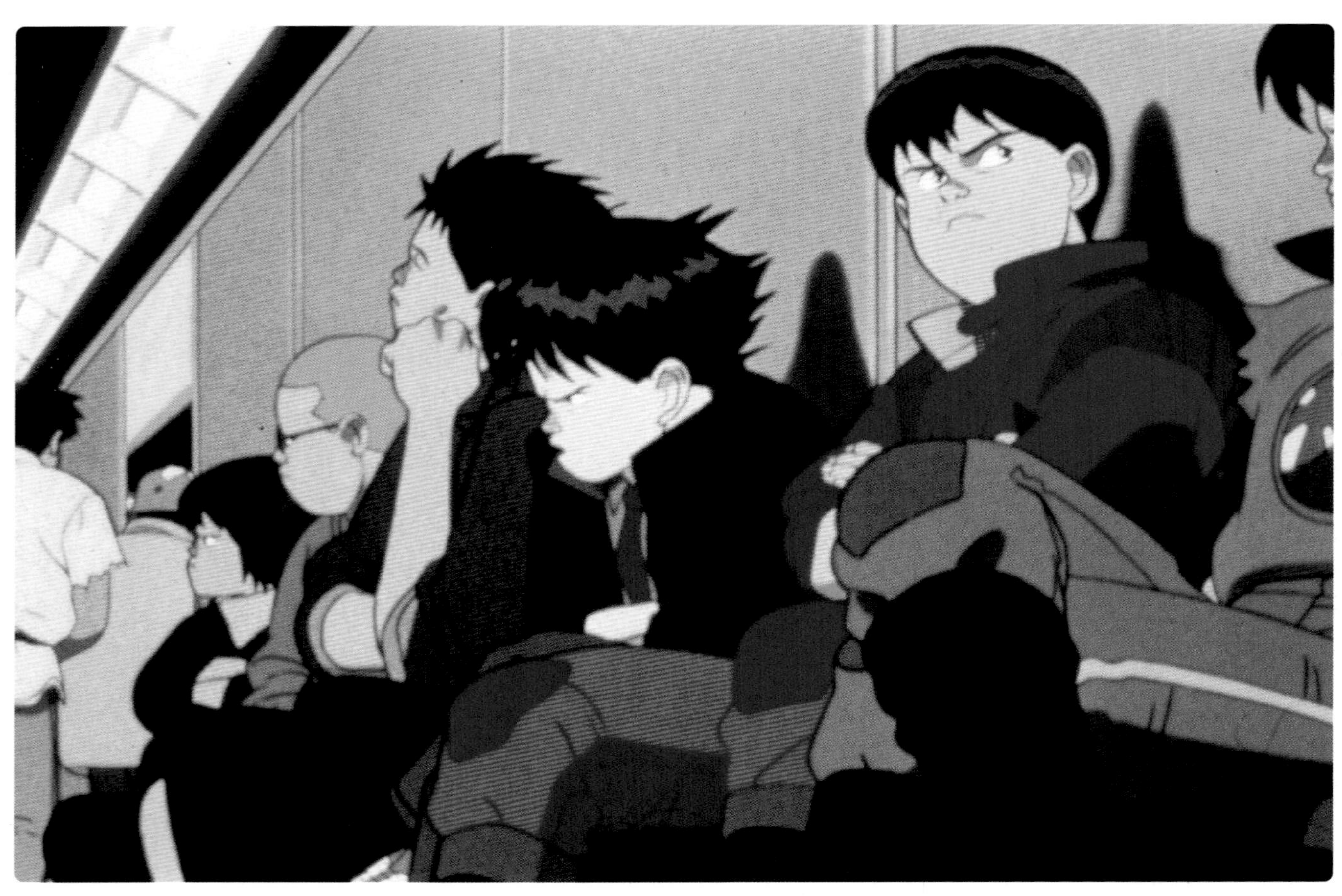

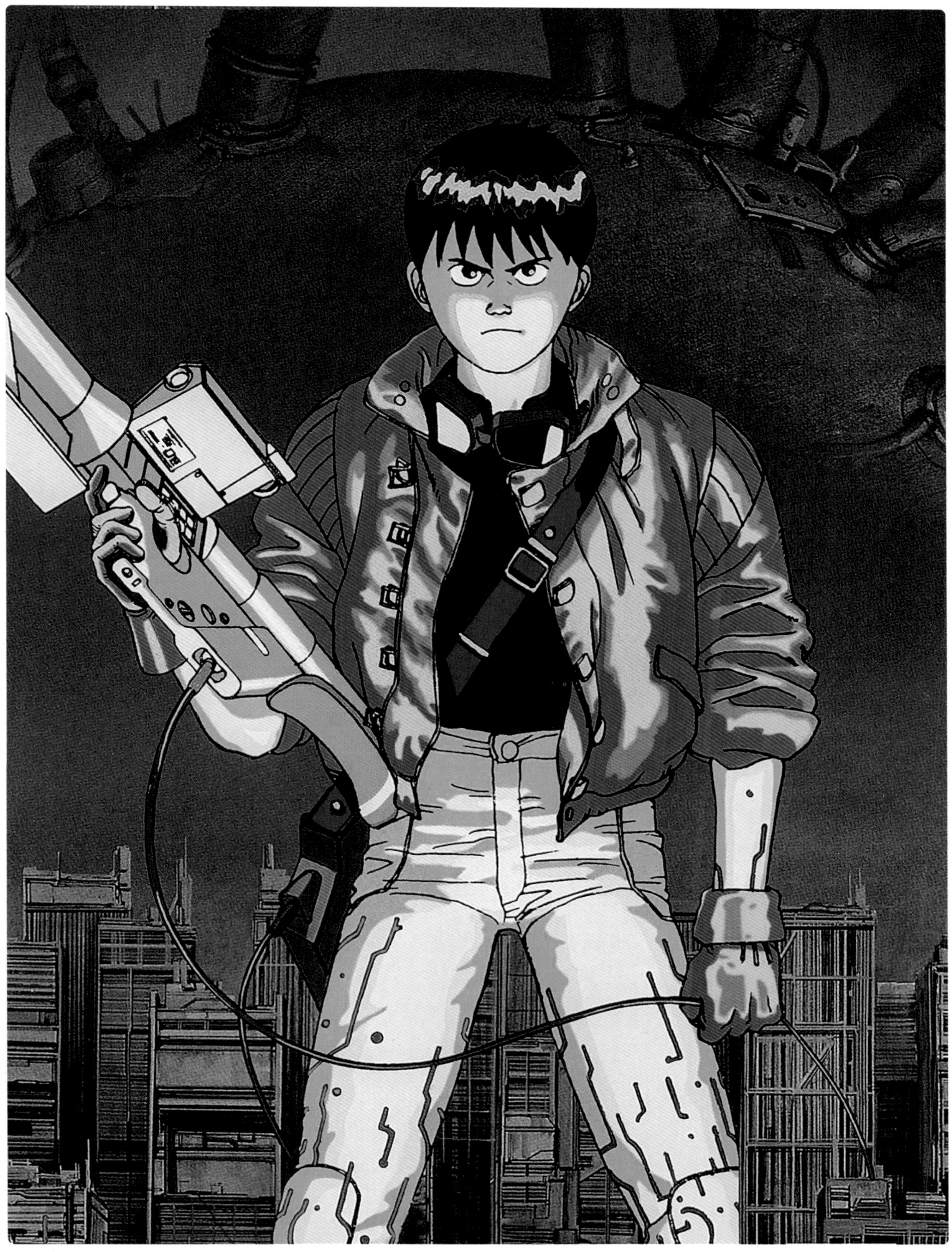

延伸觀影

不同於本書中討論的許多電影導演，大友克洋在 1988 年《阿基拉》上映後，結束了動畫長片的導演工作。相反地，他執導了真人喜劇恐怖片《國際恐怖公寓》，這部片在今天最為人所知的恐怕是其合作藝術家，也就是共同編劇信本敬子（《星際牛仔》的編劇），兩人在當時都正要開啟璀璨的專業生涯。《國際恐怖公寓》的故事改編自今敏的作品。

在此後十多年間，大友克洋參與的動畫工作主要為編劇（《老人Z》、《手塚治虫之大都會》）、總監修（《轟天高校生》）；還有擔任水準參差不齊但時而精彩的動畫選集《回憶三部曲》的聯合導演、編劇與總監督。諷刺的是，《回憶三部曲》裡最無可爭議的精彩片段為受到大友克洋影響最少的《她的回憶》，此片由森本晃司導演、今敏撰寫劇本與設定。

2004 年蒸氣龐克冒險故事《蒸氣男孩》上映時，大家才了解大友克洋沉寂多年的原因。這是一部高預算、高宣傳規格、並且耗時十年製作完成的動畫電影。《蒸氣男孩》雖未大賣，也沒有成為影迷們的最愛，但依舊相當有吸引力；而且在本片中，大友克洋也對工業革命時期的倫敦與曼徹斯特打造出奇異、科幻的動畫想像。

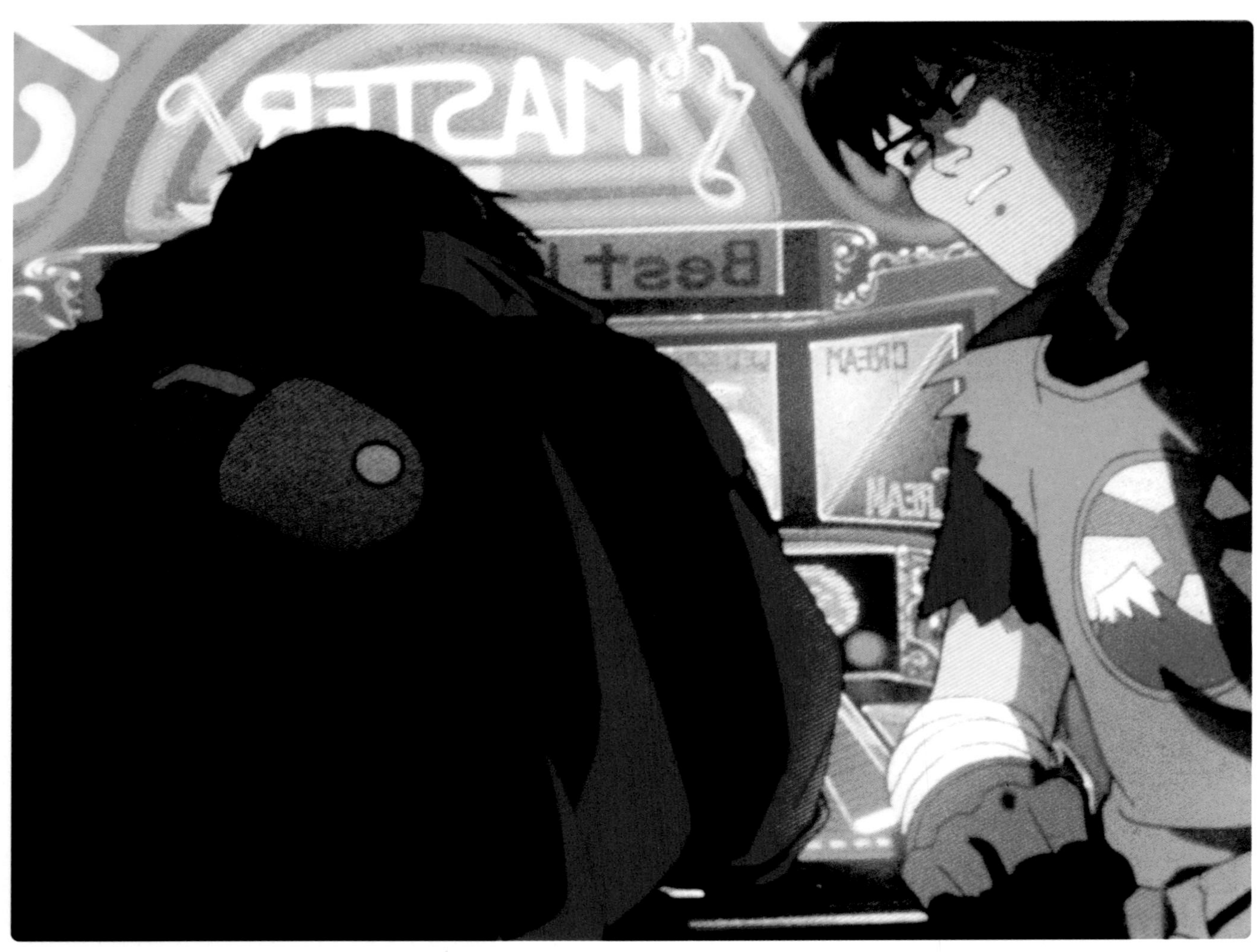

上：大友克洋筆下的近未來反烏托邦新東京，滿布霓虹燈色彩，與《銀翼殺手》（*Blade Runner*）、《大都會》（*Metropolis*）中的城市同樣具有標誌性。

片誕生；《阿基拉》成為史上製作成本最昂貴的動畫（直到宮崎駿推出《魔女宅急便》才卸下此頭銜）。在大友克洋的監督與執導之下，由東京電影新社（TMS）擔任製作公司，率領數間工作室製作《阿基拉》動畫。

當時大友克洋已參與數個動畫製作，包括動畫選集《機器人嘉年華》與《新東京》，不過《阿基拉》是他的首部執導長片，也因此他對該影片期望甚高。他們創造了驚人的繪圖數量——據稱超過 150,000 幅賽璐珞片（在製作動畫時所使用的膠片），以創造出驚人的流動感，甚至加倍努力讓角色的嘴部動作與事前錄製的演員對白聲音同步。接著，完成的作品以 70 釐米的底片拍攝下來，以便捕捉大友克洋繁複的手繪感以及後末日的新東京大都會。不論在色彩、聲音、攝影、電腦動畫方面，《阿基拉》都展現了實驗與創新，無怪乎成本如此高昂。不少動畫師在大友克洋充滿藝術氣息的貧民窟畫面中，加上了自己的塗鴉，以抗議他過分執迷細節。

1988 年 7 月上映的《阿基拉》在日本的票房成績平平，未能成為年度票房收入最高的前十部影片。然而，就像 1988 年發行的另一部具有里程碑意義的動畫電影——宮崎駿的《龍貓》，《阿基拉》在海內外都將歷久不衰。在 1988 年看起來非常前衛與奢侈的畫面，如今仍燦爛無比，每一次在新的家用影音媒介上重新發行時，無論是 DVD、藍光或 4K，都能帶給觀眾全新的炫目體驗。〔雖然電視節目《屋事生非》（*Spaced*）的粉絲會說在大銀幕上看才是最合適的，特別是在 IMAX 看。〕

《阿基拉》的影響足以寫成一本書。數個世代的作家、漫畫藝術家、動畫師、電影人與電玩設計師，都在其影響下成長。而幫助大友克洋完成其視野的藝術家們，也在自己的藝術生涯上，持續前行，好比《貓的報恩》的導演森田宏幸；參與《駭客任務立體動畫特集》、《心靈遊戲》的森本晃司；《千年女優》的作畫監督井上俊之；以及成為宮崎駿最信任的主鏡動畫師之一的二木真希子。

在國際上，《阿基拉》的成功規模可說是前所未見。在美國，不論是午夜電影院網絡或大學校園，都有其身影。如同 1990 年 10 月，《阿基拉》在紐約戲院上映時，《紐約時報》（*New York Times*）評論家珍娜·瑪斯林（Janet Maslin）盛讚此片為「非凡的動畫作品，並擁有能夠立刻成為經典 cult 片的一切特質。」1991 年 1 月，《阿基拉》透過英國當代藝術中心（Institute of Contemporary Arts）在藝術電影院進行放映，隨後，透過小島唱片（Island Records）的旗下子公司發行家用版，獲得空前的成功，並創下 70,000 張的佳績。小島唱片的安迪·法蘭（Andy Frain）察覺到此浪潮的強勁後，開設了專營日本動畫的新廠牌，然而其名稱「漫畫娛樂」（Manga Entertainment）著重漫畫而非電影，讓人感到相當混淆，他的野心在於從日本引進更多電影，以鞏固《阿基拉》的跨界成功。

阿基拉摩托車

據傳大友克洋深受《電子世界爭霸戰》（*Tron*）中的極速光輪摩托車以及《逍遙騎士》（*Easy Rider*）中的哈雷機車影響，他在《阿基拉》中的未來主義摩托車已經超越所有競爭對手，成為大銀幕裡的夢幻車款。因此，當阿基拉摩托車出現在充滿大量影迷彩蛋的《一級玩家》（*Ready Player One*）中，與《馬赫 GoGoGo》中的馬赫五號、1966 年款的蝙蝠車，以及《回到未來》的迪勞倫（DeLorean）名車一起競速時，絲毫不會讓人感到違和。同時，電影中金田讓摩托車快速剎車停下的畫面，似乎已成為年輕一代動畫師致敬的熱門

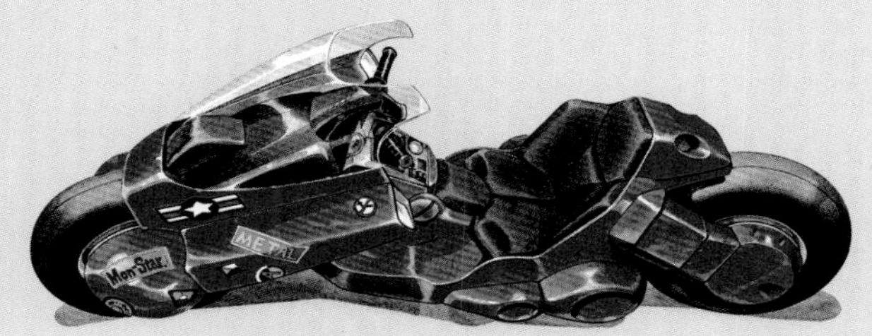

鏡頭。影迷們可以在《樂高旋風忍者電影》（*The Lego Ninjago Movie*）、《神臍小捲毛：電影大劇場》（*Steven Universe: The Movie*）、《別對映像研出手！》、《星際大戰：複製人之戰》（*Star Wars: Clone Wars*）、《蝙蝠俠：動畫系列》，甚至是阿德曼（Aardman）公司製作的英國兒童電視節目《莫爾夫》（*Morph*）中都可以見其蹤影。

影評：《阿基拉》

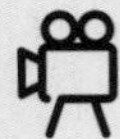

若要從本書中挑出一部電影在大銀幕觀賞的話，那就選《阿基拉》吧！只要你看過一次《阿基拉》，未來就不會錯過任何在電影院再度朝聖反烏托邦新東京的機會。《阿基拉》是動畫中最龐大、最震耳欲聾與最強大的作品。在首次觀影時，大友克洋所營造的骯髒、霓虹四射的未來景像，包括過分張揚的建築、暴力摩托車幫派與毀天滅地的念力等，都讓人喘不過氣來。不論你看多少次，都還是會有同樣的感覺，但每多看一次，嶄新的神級摩托車、發光的窗玻璃或是如芭蕾舞般的背景人物動作，都會默默顯現其光芒。雖然新東京的賽伯格（cyborg）式大屠殺相當吸睛，但狂潮般的細節與極致的手繪畫技，才是讓你願意重返這座廢墟的真正原因。

《阿基拉》主線故事的主角是同為孤兒的好朋友鐵雄與金田，他們被政府拋棄、剝削，並各自成為無所不能的人型武器與人民的防衛者。整部電影充滿了輪胎的刺耳聲響以及強烈的衝刺感。他們從大膽的飆車族，變成災難前線上互別苗頭的敵人，這個猛烈的過程令人相當振奮；電影快速穿越數本漫畫的內容，最終抵達壯觀的終局。

儘管如此暴亂，但包含他們的世界是如此精雕細琢，以至於我們對他們的奇異經歷並不感到陌生。他們完全融入電影包羅萬象、噩夢般的城市場景中。《阿基拉》中的新東京既壯觀又陰鬱，湧現著轟隆隆的脈動。半是城市、半是堡壘，新東京巨大的城牆和無邊無際重疊的摩天大樓，幾乎把外面的世界隔開，讓人懷疑新東京的住民是定居於其住所，還是住在監獄內？

電影中的摩天大樓反映了 1980 年代的經濟繁榮和過剩，無盡的管道在新東京的地面上彎曲蠕動，將城市網格化，而其骯髒醜陋的靜脈早已擴張變形。阿基拉本身是個原子級的超能力生命體，他以毀滅性的蕈狀雲讓原本的東京夷為平地，而自己則埋於新奧林匹克體育場工地的地底深處，過去的傷疤與教訓，都被埋在膚淺的象徵之下，也就是新東京在國際上的富裕程度。

金田與他的摩托車恐怖幫派充滿了生命感、光明與反叛，他們以活力與暴亂破壞四周水泥禁錮的環境，他們幾乎像是願意製造車禍般，只求摧毀這座城市的一小部分。他們的車燈在城市裡留下光之軌跡，讓人感覺四周的世界早已跟不上他們的腳步。電影裡的流動性與摩托車手的追逐令人驚艷，柏油道路消失在他們的車輪之下，他

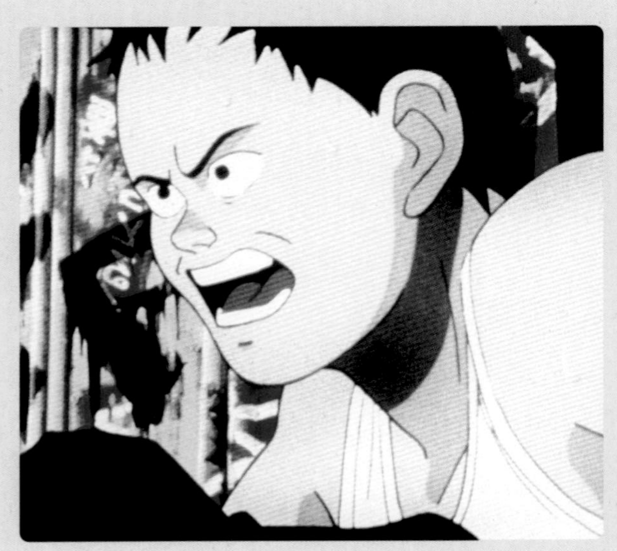

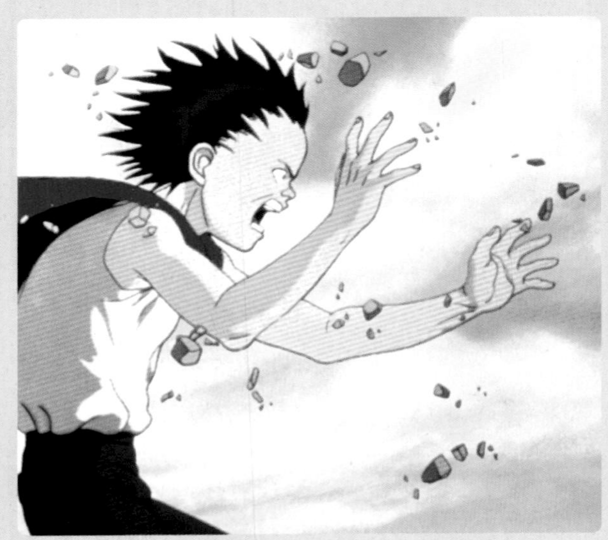

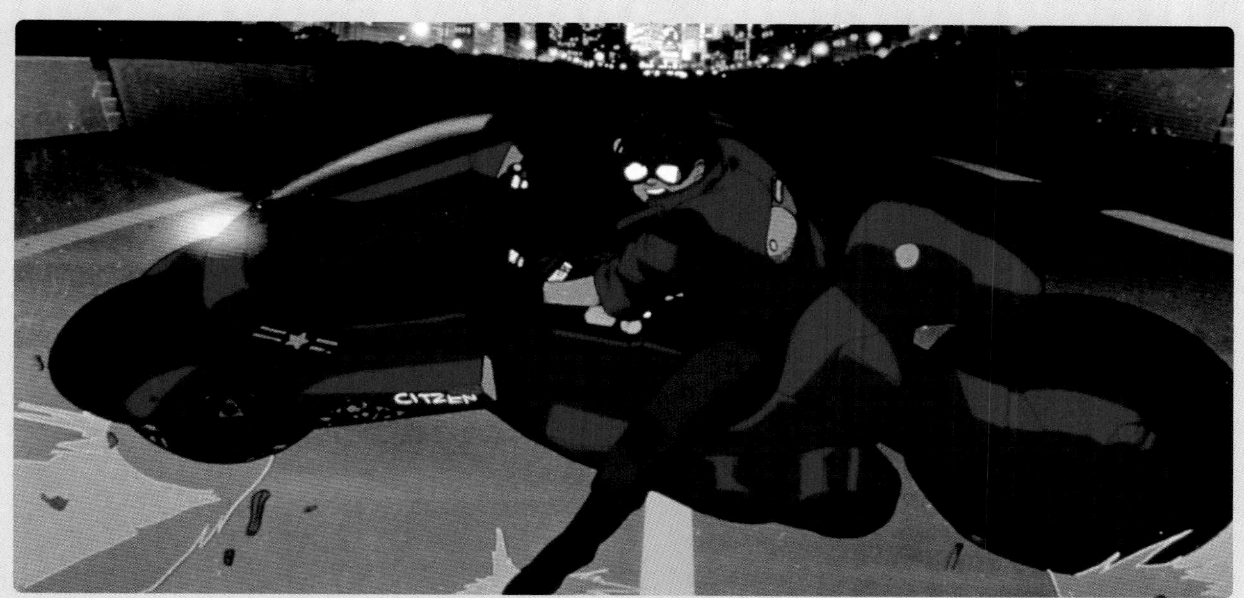

們在車流間優雅地穿梭，與敵對的敵手展開激烈的比賽，並砸碎餐廳的玻璃窗，讓時髦的用餐客人盤中多了點鋒利的調味料。在每個飄移的彎道，我們都感到讓牙齒碎裂般的衝擊力與皮膚被切開般的尖銳感。

透過傾盡心力的動畫製作，大友克洋與團隊為我們創造了一場令人大開眼界、緊張不安的新東京之旅。他們為金田與朋友們的高張力、充滿未來感的旅程，增添了令人印象深刻的觸感。當電影以一貫的速度感與痛楚感將觀眾與景物連結在一起之後，影片必須延展原本熟悉的結構，好比當鐵雄變身為巨大、極具生物機械感的爆炸型瘤狀物時，細緻的動畫技巧將金屬與肌肉結合在一起，並讓幻想式的造型與充滿力道的反烏托邦題材擁有難以忽視的真實感。

電影配樂伴隨著影片中的霓虹燈流、混凝土與煙霧而出現，聲音所持續製造的動能，讓喧囂的新東京有著自己的脈動。《阿基拉》的配樂出自藝術家暨科學家大橋力所組成的藝能山城組，強烈的科幻合成器聲響，配上不斷反覆的傳統亞洲打擊樂與激昂的合唱聲音，再次強化了新東京不斷膨脹的實體存在，來自不同時代、充滿對比的聲響，讓《阿基拉》更令人驚奇，並擁有近乎聖典般的光輝，暗示觀者們，雖然電影設定在未來，但這則科技寓言將會永恆流傳。

《阿基拉》電影省略不少漫畫裡的情節，有時候甚至會讓人感到節奏急促，不過如此強烈的節奏感也與角色的生活狀態一致。金田、鐵雄與他們的同夥們不時在移動，從不待在家，當他們在新東京進行激烈梭巡時最感到自在，並且反抗著壓迫他們的政府。他們喧囂的好戰態度，與那群令人不安而靜默的生命體形成對比，後者住在室內，也就是被稱為家的地方，看似更接近令人焦躁的牢籠；這些擁有強大精神力量的生命體，擁有兒童般的身體、骷髏般的眼睛與下垂的藍色皮膚。不論是遭受破壞或停滯不前，新東京根本不存在任何可以養育純真年輕人的地方。

雖然鐵雄的蛻變帶來了痛苦而扣人心弦的結局，但真正邪惡的是改造他的制度；渴望權力的政客在暴力循環中互相牽連，他們拋棄、武裝與毀滅其原本應該支持的人民。雖然在大友克洋的漫畫裡有著關於新東京更豐富的細節與主題，但劇場版的《阿基拉》仍是一部美麗、激情四溢且緊湊的作品；《阿基拉》將衝破你的銀幕，並讓你渴望下一次的震撼。

左頁：並非所有的英雄都穿披風，有時就連鐵雄這樣的反派（如果他真的可以被視為反派的話）也會穿。

上：逍遙騎士。金田快速停下摩托車的畫面已成為《阿基拉》最常被致敬的經典鏡頭。

《老人 Z》
(老人 Z, 1991)

ROUJIN Z
AGE AGAINST THE MACHINE

老人抵抗機器

Z-001 號加強型機器病床被設計來革新照護系統，並提供病患客製化的全方位服務。一名 87 歲的老人成為此機器的第一號測試對象，並得到難以預料的破壞性結果。

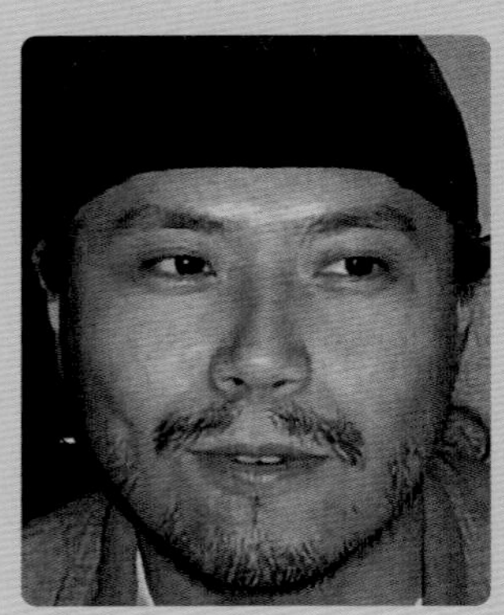

1991

導演：北久保弘之 Hiroyuki Kitakubo

80 分鐘

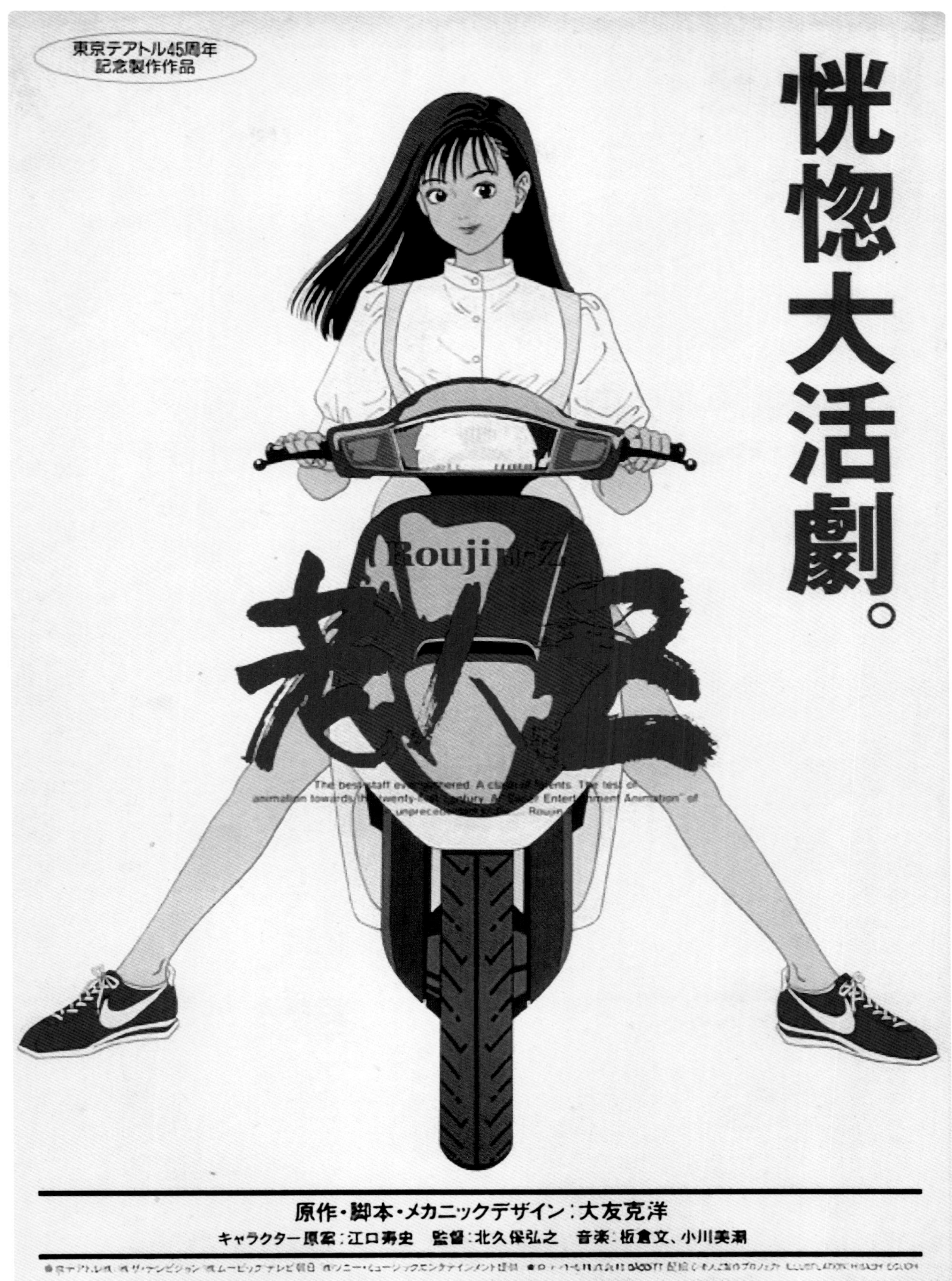
東京テアトル45周年
記念製作作品
恍惚大活劇。
Roujin-Z
老人Z
原作・脚本・メカニックデザイン：大友克洋
キャラクター原案：江口寿史　監督：北久保弘之　音楽：板倉文、小川美潮

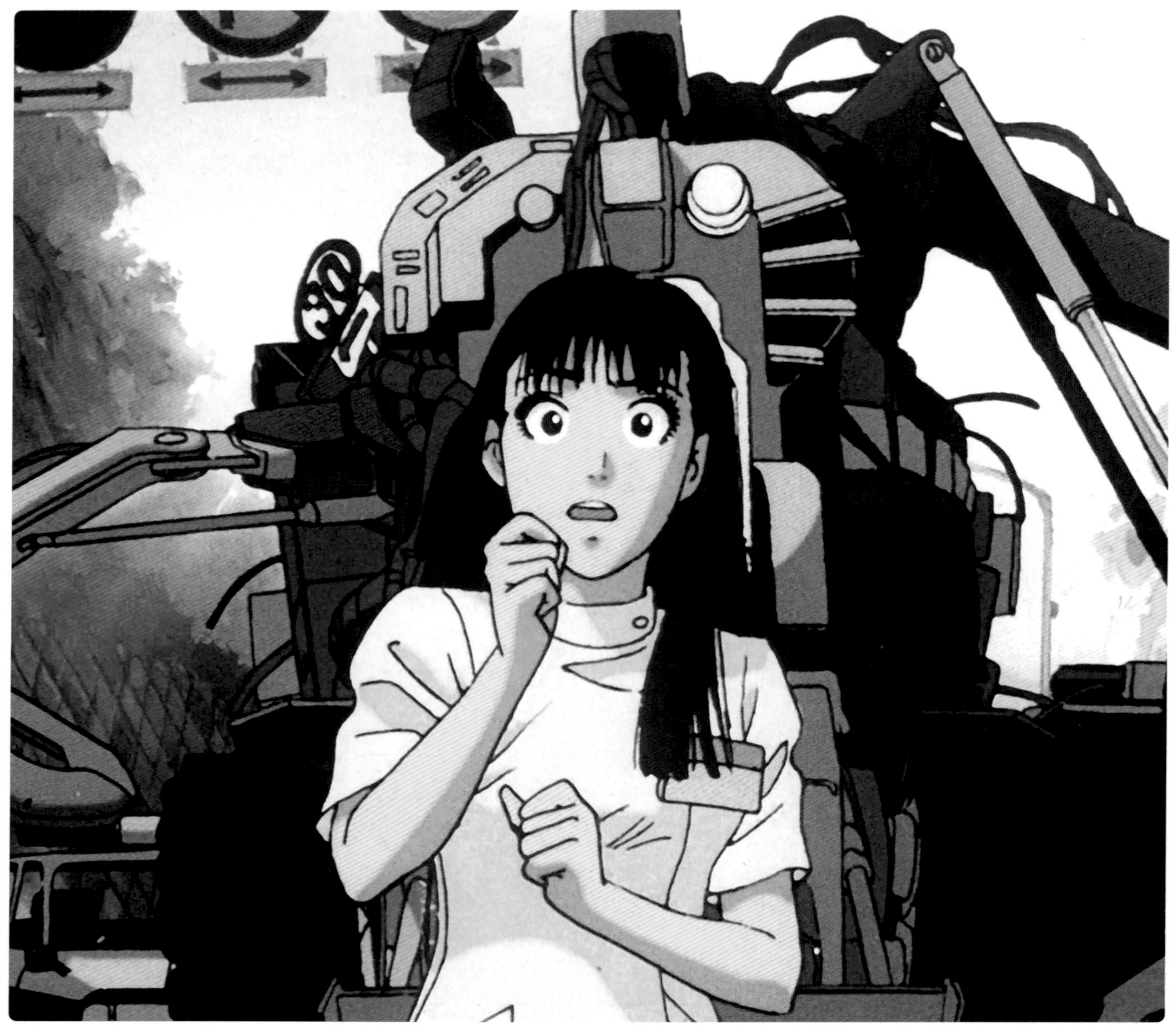

英國的漫畫娛樂公司（Manga Entertainment）在 1994 年發行了英語發音版的《老人Z》錄影帶，封面寫著「出自經典 cult 片《阿基拉》導演之手」。這個文案相當犀利，封面圖像則是一個孱弱的老人被巨大的機器包圍著，但觀眾們還沒有準備好在 1988 年的那部賽博龐克史詩動畫問世後，與大友克洋的相會會是如此場面。首先，大友克洋並未執導《老人 Z》，而是負責劇本和機械設計，當時大友克洋早已沉浸於真人電影《國際恐怖公寓》的計畫當中。此外，《老人 Z》擺脫了《阿基拉》奇觀式地講述青少年所反叛的未來世界，並傾向以更深刻的社會諷刺，探討日本高科技社會將如何面臨近未來的高齡化社會，在此社會裡，老人人口將遠多於年輕人的人口。

當大友克洋擁抱真人劇時，導演《老人 Z》的工作就落在北久保弘之的身上。經驗豐富的動畫師北久保弘之在十幾歲時就進入這個行業，他成為押井守導演作品《福星小子：Only You》的主鏡動畫師，並擔任科幻動畫《暴走機甲 M-66》的聯合導演；當時該片的製作預算超支，而原作者士郎正宗（《攻殼機動隊》）則慢慢淡出，因此北久保弘之加入了團隊。日後他在動畫選集《機器人嘉年華》執導其中一部作品，大友克洋也執導了其中一部，他曾與大友克洋合作《阿基拉》，擔任該片的主鏡動畫師。

相形之下，《老人Z》的美術指導今敏則遠未成熟。

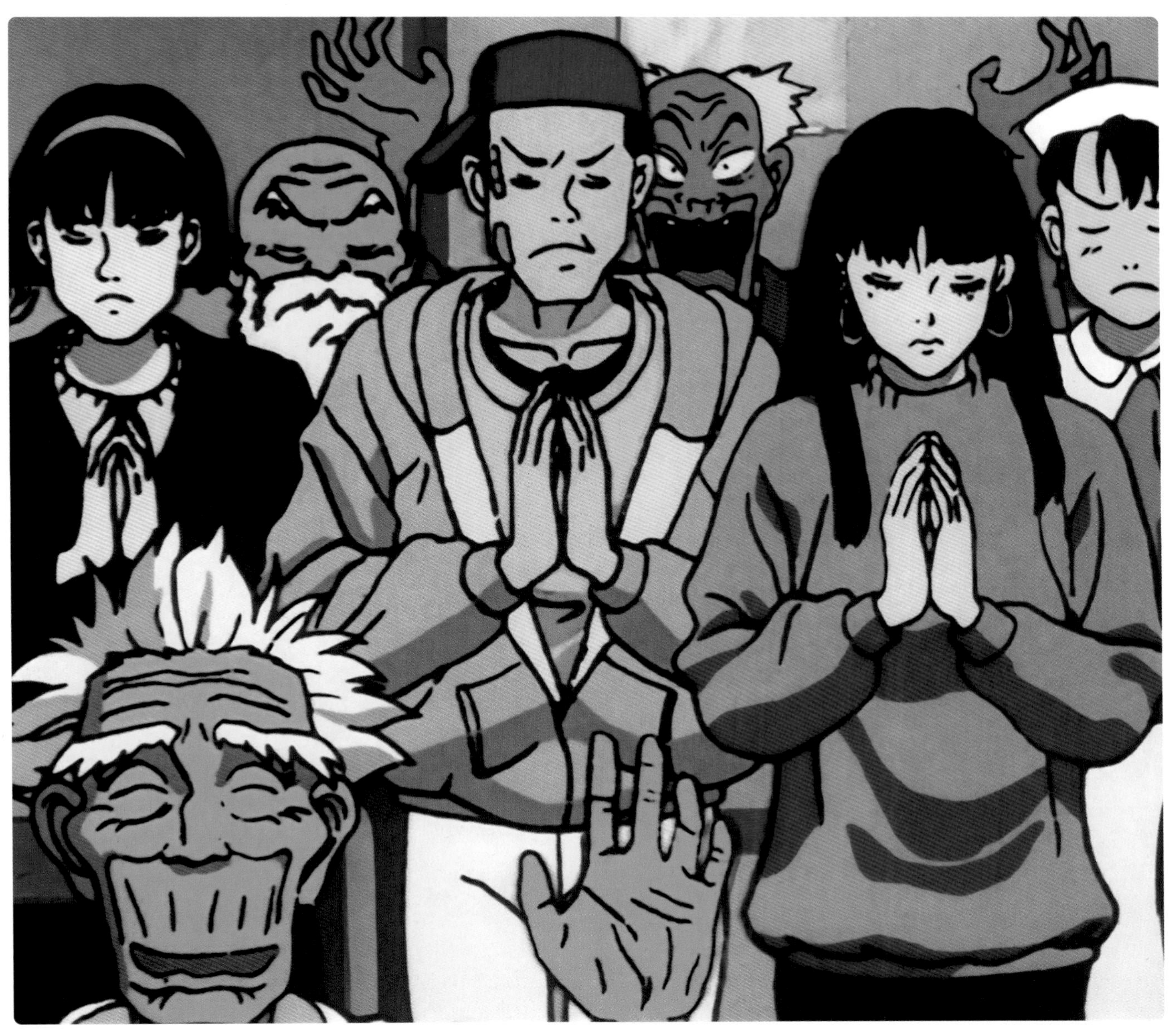

當時他只是個資深漫畫家，這是他首次參與動畫製作，也與大友克洋持續維持合作關係。日後今敏包羅萬象的動畫風格將廣受讚譽，不過當你細究這部電影的背景繪製，若想從中辨認出今敏的創意痕跡，似乎有點勉強。但是，評論家安德魯．奧斯蒙（Andrew Osmond）強調《老人 Z》的場景相當真實可信，而今敏日後所執導的影片如《藍色恐懼》的美學也深植於真實世界，並以此為據，緩慢進入更超現實、具有夢境質地的境界。

1991 年，《老人 Z》在日本發行，1994 年由漫畫娛樂發行至英語世界，與先前的《阿基拉》和即將到來的《攻殼機動隊》形成有趣的對比。1995 年《老人 Z》在美國上映並發行錄影帶，成為當時能見度最高的日本動畫作品之一；並也得到不少好評。1996 年當時的知名評論家羅傑．艾伯特（Roger Ebert）在他的電視節目《西斯科與艾伯特與電影》（*Siskel & Ebert & the Movies*）提及此片的發行，並且在《芝加哥太陽報》（*Chicago Sun-Times*）寫道，「《老人 Z》這樣的電影證明了動畫能讓電影導演擁有更多的自由，處理傳統電影未能企及的主題。」但即使在動畫的世界裡，《老人 Z》仍舊是相當罕見的珍寶。

左頁：前線工作者。在社會諷刺動畫《老人 Z》裡，謙和的護士被扔到危險的科技戰場上。

上：伸出雙手祈禱。《老人 Z》裡充滿了令人難忘而獨特的配角。

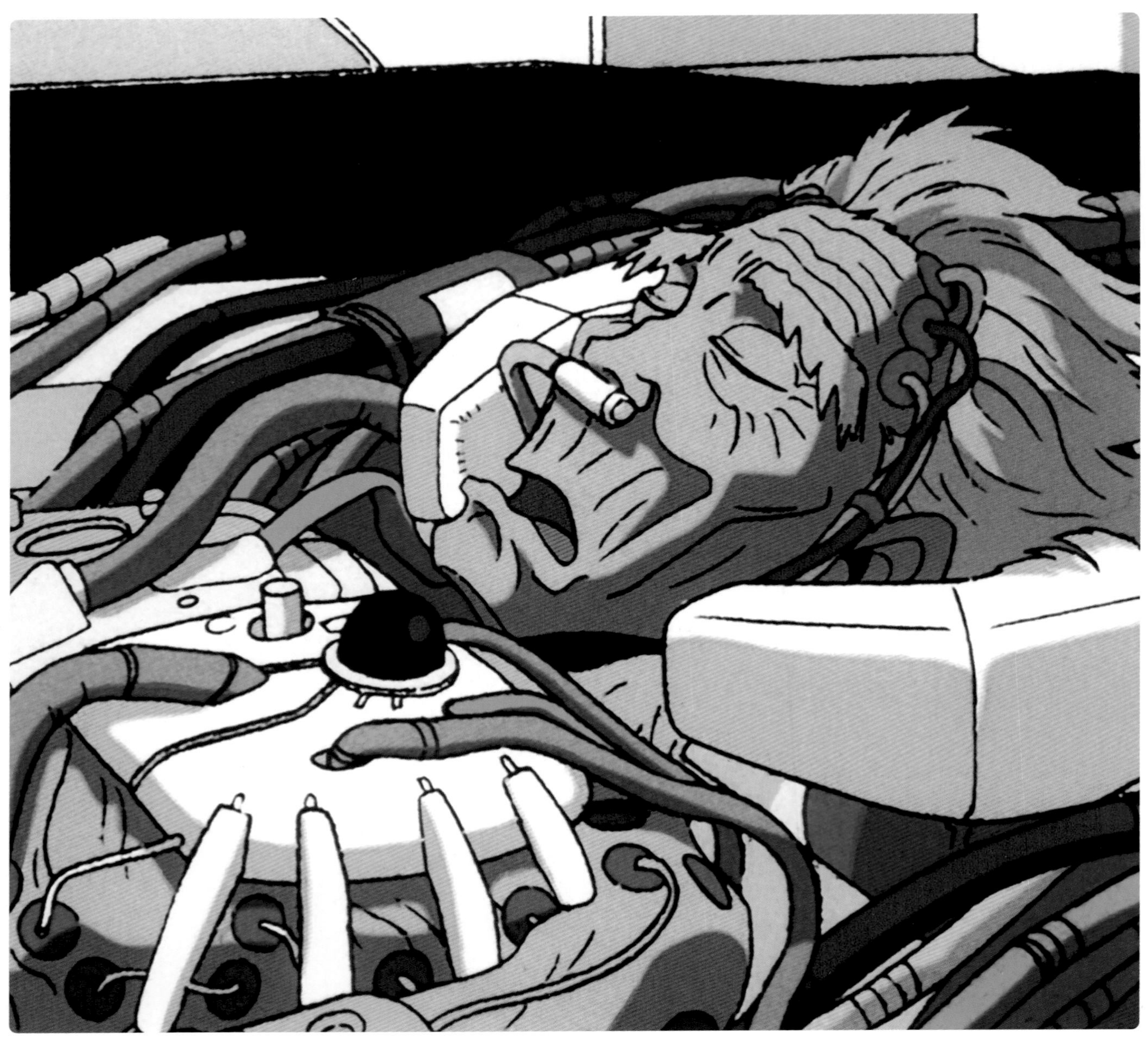

延伸觀影

雖然《老人 Z》在動畫裡獨樹一格，但該片仍處於不同類型的潮流與專業軌道的交會點。大友克洋從他的開創性作品《阿基拉》復返特定主題，特別是針對無辜人類進行邪惡實驗的行為，而此片也搶先押井守的《攻殼機動隊》系列，探討科技與人性的界線。同時，即將為動畫業界帶來數十年革新的今敏也首次加入涉足動畫製作，他將在《盜夢偵探》達到巔峰——此故事也透過科技物件探討角色深層的慾望與夢想，僅管風格更為超現實。《老人 Z》的導演北久保弘之後來執導了動作恐怖短片《血戰：最後的吸血鬼》，當《魔法奇兵》（*Buffy the Vampire Slayer*）電視影集在英語世界當紅時，這部片也成為 cult 片影迷的最愛之一。

影評：《老人 Z》

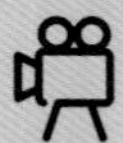

電影迷很少會對安寧照護的議題感興趣，但《老人 Z》不僅讓你關心安寧照護，也讓你心跳加速到需要降血壓藥。電影一開始，親密、溫柔地刻畫護士與病人的關係，但最後主題轉變為武裝化的臨終病床和政府砲兵部隊之間的毀滅性城市戰爭。這跟愛無關啊。

87 歲的老人高澤喜十郎被綁在機器上，深陷於這場大屠殺之中，僅有護士晴子真心關心他。溫順的高澤喜十郎被社會福利局從家中綁架，被迫塞進最新的長照科技 Z-001；這張病床可以幫忙病患洗澡、活動筋骨與料理食物，病人再也不需要護士。Z-001 有著像是蘋果發表會的舞台燈光、潔白外型與傲慢感，也是老人自動化照護的未來，讓老人們遠離大眾的視線。

當 Z-001 連接電腦後，開始注入了高澤喜十郎已故妻子的靈魂；此外，電腦還下載了令人激動的更新功能，包括變身為巨大的機器人，並（在護士晴子與同事們的協助下）逃離醫院。現在 Z-001 像是有著導管的霹靂車一樣在城市中漫遊，政府派出一台武器想殲滅它，卻發現軍事武力比不上那群愛拌嘴的老人的力量。

協助 Z-001 戰鬥的是一群老年電腦駭客，他們擊退了武裝部隊，並幫助我們的主角。晴子任職醫院裡的病人都非常聰明、複雜、粗魯而異常充滿活力。他們也是活生生的人，而不是只是背景人物。高澤和他復活的妻子也是，兩人合而為一，一半是機器人、一半是老年人，但他們的羈絆有著足以擊退任何困難的強韌特質。愛情沒有任何界線，不論是實體或虛擬、肉身或機器皆然。電影中厚重的黑色輪廓與強烈對比，突顯了枯瘦人物的垂皺皮膚與深沉陰影，但在終局時，同樣的著色風格卻突顯出年老所帶來的威脅與力量。

在機械所帶來的混亂之外，故事裡晴子和她的同事對護理工作的奉獻是堅定不移的，不論是清理濕掉的床單或策劃脫逃監禁：她們的奉獻精神不輸給任何機甲的力量。Z-001 傑出但具破壞性的自動功能，突顯了人類護理人員的重要性。

左頁：全面連線。《老人 Z》的老邁主角發現自己成為未來主義政府的實驗對象。

下：破壞的慾望。儘管《老人 Z》也有更為安靜與個人的時光，但仍詳細描繪了機械所帶來的破壞感。

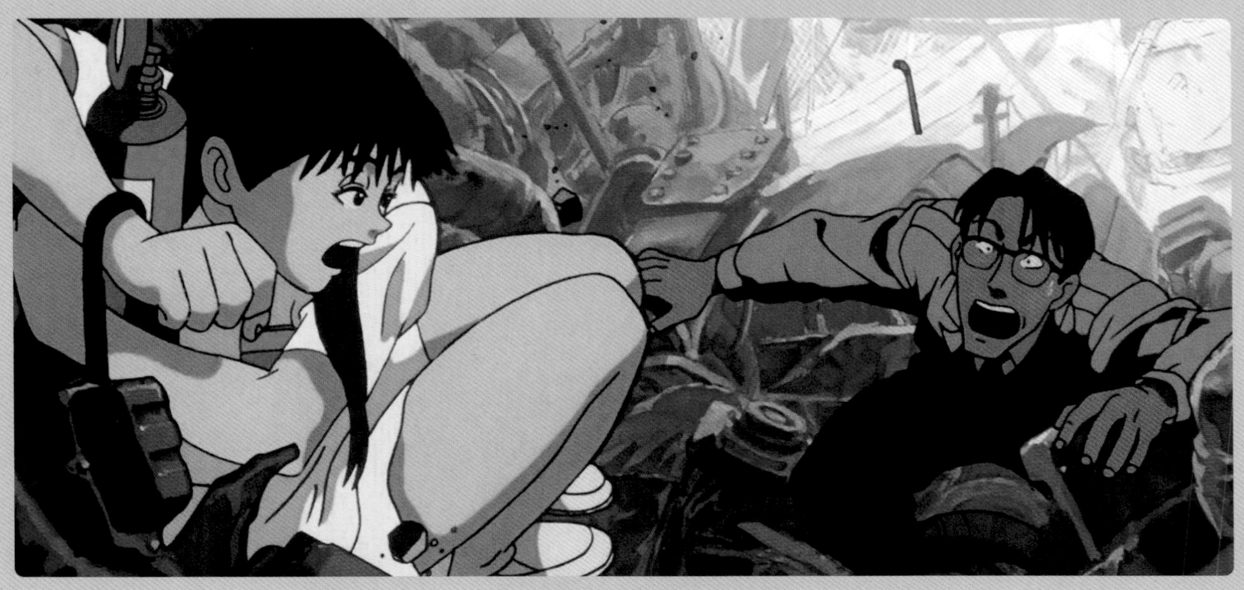

《獸兵衛忍風帖》
(獸兵衛忍風帖, 1993)

NINJA SCROLL
A TIME OF DANGER, INTRIGUE AND DECEPTION

危險、陰謀和欺騙的時代

在日本封建時代，一名流浪忍者捲入敵對氏族之間熾熱的戰爭，為阻止宿敵奪取權力，他必須面對八個惡魔般的敵人，而每個敵人都擁有可怕的超能力。

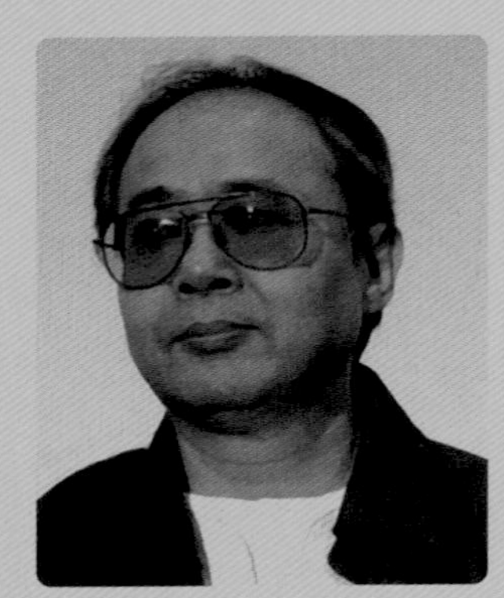

1993

導演：川尻善昭 Yoshiaki Kawajiri

94 分鐘

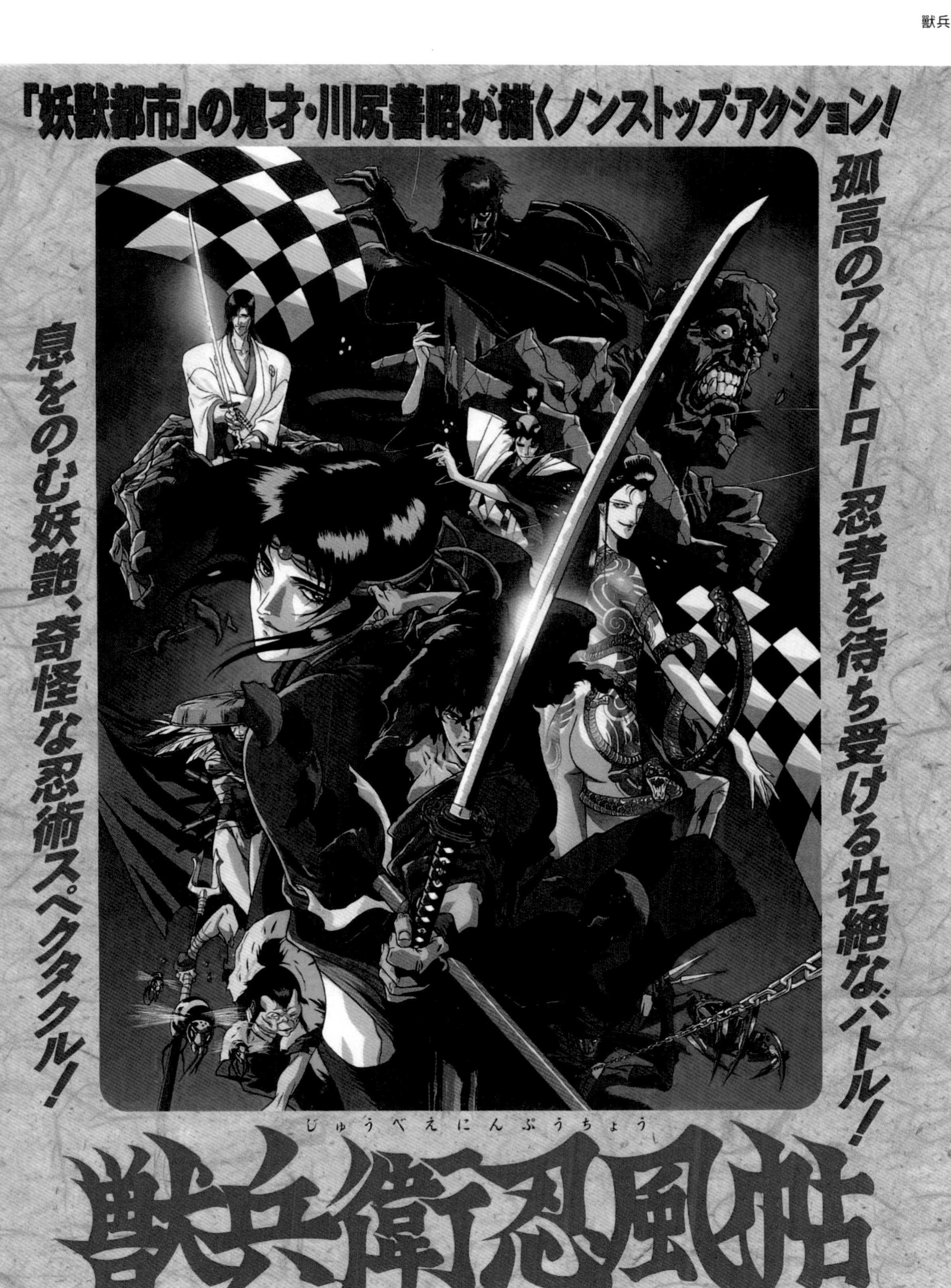
「妖獣都市」の鬼才・川尻善昭が描くノンストップ・アクション!
孤高のアウトロー忍者を待ち受ける壮絶なバトル!
息をのむ妖艶、奇怪な忍術スペクタクル!
じゅうべえにんぷうちょう
獣兵衛忍風帖
東京国際映画祭協賛企画
ゆうばり国際冒険・ファンタスティック映画祭'93 ゆうばり市民賞受賞作品
原作・脚本・監督・キャラクター原案:川尻善昭
キャラクターデザイン・作画監督:賀川 愛/美術監督:小倉宏昌/撮影監督:山口 仁/音響監督:本田保則/音楽:和田 薫(サントラ盤:東芝EMI・TMファクトリー)/主題歌:「誰もが遠くでバラードを聴いている」山梨鐐平(東芝EMI・TMファクトリー)
制作協力:マッドハウス/制作:アニメイトフィルム
[声の出演]山寺宏一/篠原恵美/青野武/郷里大輔/関 俊彦/森山周一郎 ほか
配給:東京テアトル 配給協力:日本ビクター 製作:日本ビクター・東宝・ムービック
©1993 川尻善昭・マッドハウス/日本ビクター・東宝・ムービック

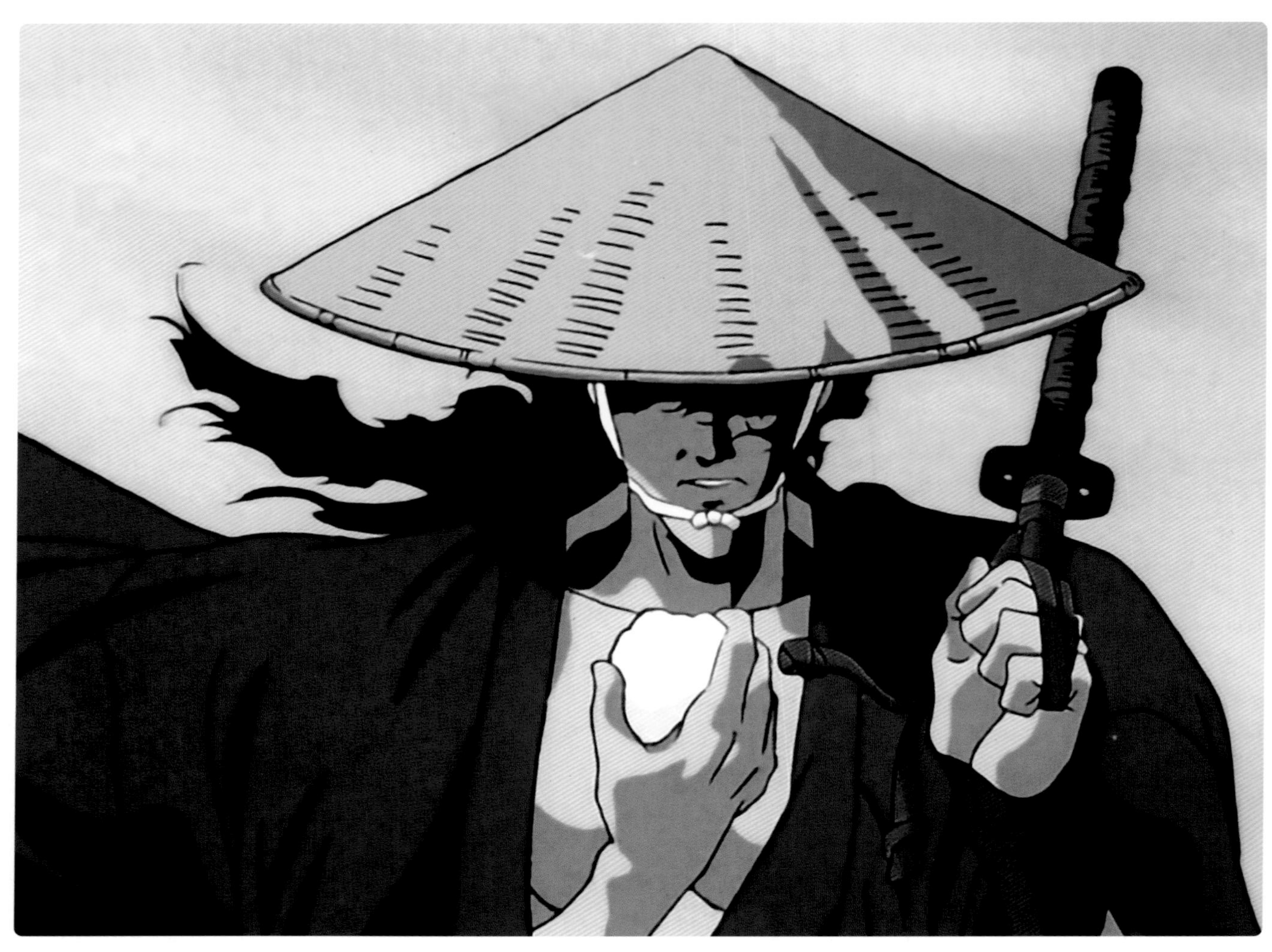

《獸兵衛忍風帖》的家庭錄影帶一直很受歡迎，也是自《阿基拉》發行以來所引發的日本動畫熱潮中最熱門的作品之一，而當時剛成立的漫畫娛樂公司，正想找更多風格獨具的驚悚類型動畫來吸引英語世界的觀眾。他們所選的動畫片有許多出品自 MADHOUSE，其中多部是由 MADHOUSE 合辦人、極具影響力的動畫師川尻善昭執導，包括《機動刑事 808》、《隨風而逝的記憶》及相當暴力與備受爭議的《妖獸都市》。

川尻善昭出生於 1950 年，夢想成為漫畫家，最初進入發展蓬勃的日本動畫領域是為了謀生和磨練擔任插畫師的技術，但這個決定讓他終生成為動畫人。當他大學畢業時，剛好趕上了手塚治虫公司虫製作的營運末期，他在山本映一與手塚治虫《成人三部曲》的第二部作品《埃及豔后》中，擔任中間格動畫師，並慢慢往上爬，成為影響深遠的拳擊系列動畫《小拳王》的主鏡動畫師。1972 年，當虫製作瀕臨破產之際，川尻善昭與同事林重行、丸山正雄、出崎統等人一起跳船，創立 MADHOUSE，這個工作室將在隨後的幾十年間，為動漫產業帶來難以估量的影響。

一直以來，川尻善昭都以動畫師為職，他參與了 MADHOUSE 各種動畫計畫，如戰爭劇《赤腳阿元》，甚至還接了一些零星的案子，如參與宮崎駿的《未來少年柯南》系列。1980 年代中期，他開始執導動畫，並以改編自作家菊地秀行作品、1987 年的科幻恐怖動畫《妖獸都市》，作為創作上的破格之作，他在此找到自己獨特的感官式視覺敘事風格。隨後在 1999 年，他又改編菊地秀行的作品，推出《吸血鬼獵人 D》，不過，最初，他渴望創作一些具有原創性的故事。

《獸兵衛忍風帖》結合了《妖獸都市》的暴力與黑暗，以及川尻善昭對作家山田風太郎小說的熱愛，山田風太郎的寫作融合了偵探小說、懸疑小說與超能力忍者的冒險之旅。《獸兵衛忍風帖》是充滿詭計的壯麗故事，其手繪畫面有著飽滿的細節，並創造出獨特、怪誕的人物。如同先前推出的《妖獸都市》，《獸兵衛忍風帖》有暴力的性愛畫面，而被英國電影分級委員會（BBFC）刪減，以符合最高評級「18」的放映標準，這也進一步加深了漫畫娛樂將動畫定位為成人題材的品牌形象。日後，當《獸兵衛忍風帖》的紀念盤推出時，被刪除的性愛場面得以重新收錄，儘管這些場面的調性與《獸兵衛忍法帖》世界中的冷酷、不符時宜與誇大相當一致，但在導演的回顧評論裡，也質疑這些場面存在的必要性。

左頁：手握著飯糰。《獸兵衛忍風帖》中，孤獨的反英雄獸兵衛有許多以寡敵眾的打鬥鏡頭，他為了生存而戰。

下：《獸兵衛忍風帖》中的超暴力鏡頭，讓該片成了一部成人限定的作品，這也讓英國電影分級委員不得不動刀刪減。

延伸觀影

《獸兵衛忍風帖》在國際大獲成功，讓川尻善昭成為華卓斯基姐妹檔（the Wachowskis）尋找夥伴時的不二人選，此後並發展出《駭客任務立體動畫特集》。川尻善昭為該動畫特集編寫、執導了短片〈程式〉（Program），也為徒弟小池健撰寫了〈世界紀錄〉（World Record），並讓他擔任導演。這也意味著小池健後來以長片處女作《超時空甩尾》進行師徒接棒，此片也是出品自 MADHOUSE，是一部風格絢爛、獨特性超高的作品，川尻善昭在此擔任主鏡動畫師。即使在今天，我們依然可以從壯觀而充滿動作場面的動畫作品中看到川尻善昭的獨特印記，像是他在《進擊的巨人》或《鬼滅之刃》等高人氣作品中擔綱分鏡。

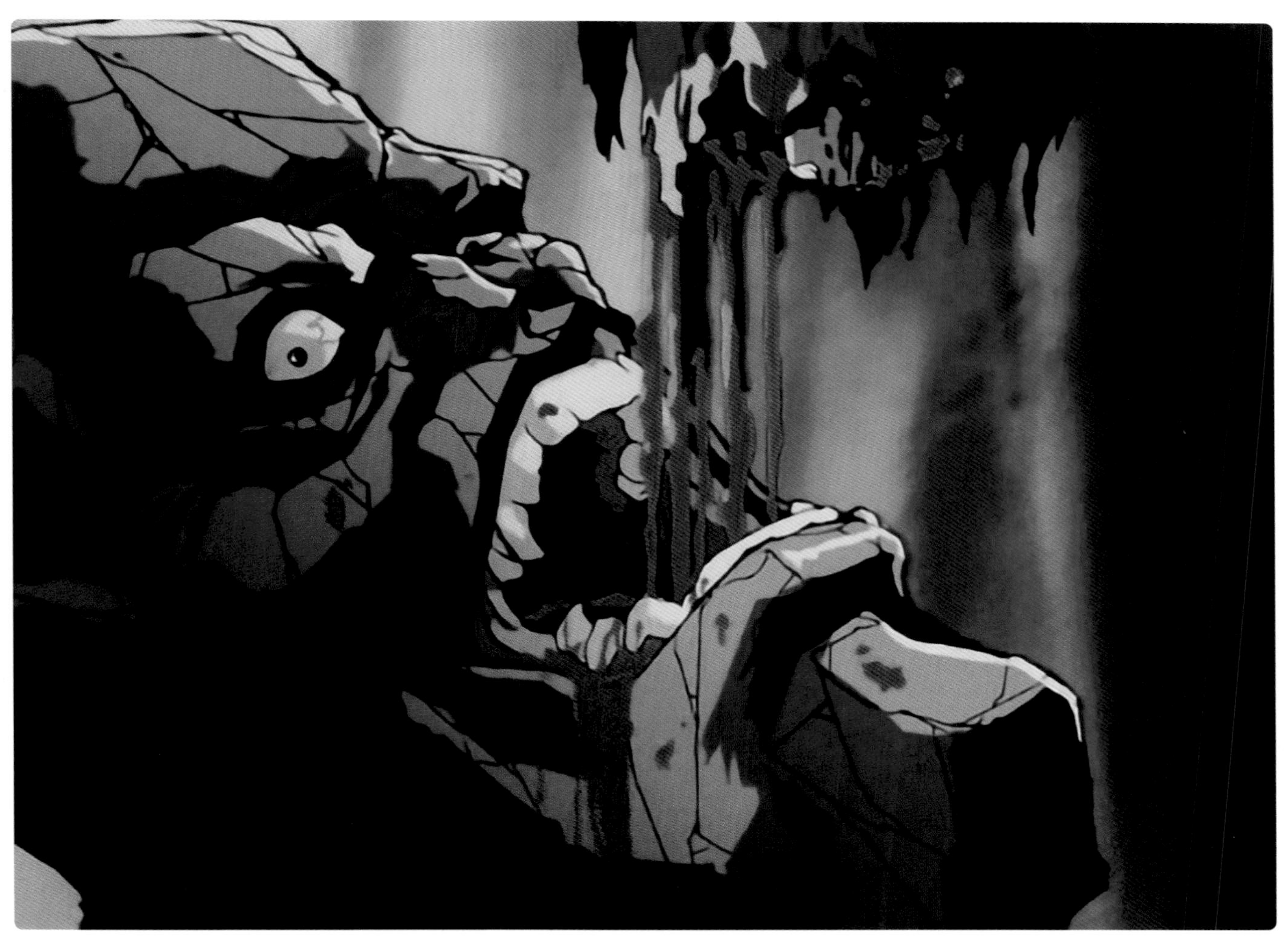

影評：《獸兵衛忍風帖》

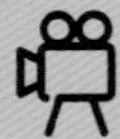

《獸兵衛忍風帖》一開場頭幾分鐘就發生殘暴的謀殺、猛烈的雷雨和無情的瘟疫。之後，情節越發黑暗。這是忍者獸兵衛的故事，他用自己的方式打倒了八個可笑且擁有獨特能力的敵人。他受到陽炎的協助，一名血液帶有劇毒並隨身攜帶著刀劍的女人。憑藉極具創意的角色設計和激動人心的場景，《獸兵衛忍風帖》是引人入勝、極端暴力的忍者電影，儘管武打動作凌厲，但並非都一擊中的。

故事既簡單又複雜。影片最精彩的部分是獸兵衛、陽炎與一群出現在他們眼前的超能力對手之間的決鬥。劇情交代了敵對雙方的意圖、毒害整座村莊的緣由，以及有關報仇的大量對話。這很像打電

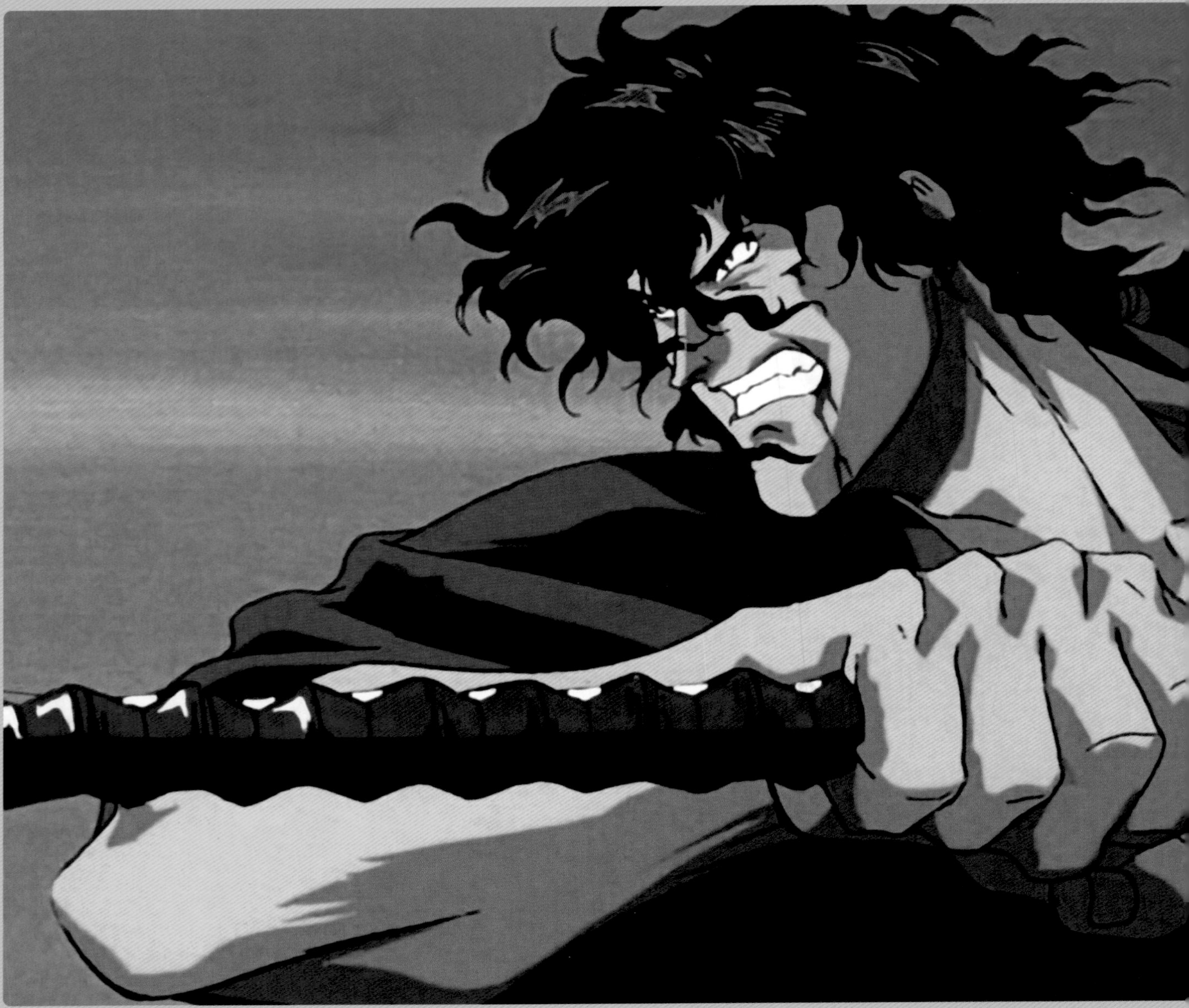

動遊戲，一開始所有的難關就設置好了，並以撩撥心弦的方式逐漸揭露最終的魔王，而在關卡與關卡之間會有一些引人注意的說明性的過場動畫。

《獸兵衛忍風帖》的畫風有著強烈的陰影，全片處處淌血（有時甚至血若雨下），該動畫以高反差的畫面與爆炸性的暴力著稱。英姿颯爽的忍者英俊貌美，顴骨與下巴就和他們的刀一樣精巧，但形成反差的是，我們從滿布銀幕的濃烈黑色色塊中看見惡人們醜陋的外貌。一名敵人的背部被挖開，好讓他們的身體像蛇皮一樣袒露，令人感到毛骨悚然；另一名惡棍把黃蜂養在自己的駝背上，最後掉落水裡，被黃蜂螫得遍體鱗傷，河流因此染上鮮紅色。故事張力不斷升高，最後的戰鬥發生在一艘著火的沉船上，船上滿是不斷晃動的融化黃金，而敵人的身體像是肉鋪的生肉般被削成薄片。

不幸的是，在刀光劍影之間，我們仍可見到電影對女主角的莫名殘酷與性別歧視。陽炎的旅程或許相當具有英雄感，也或許有著培力（empower）的意義，畢竟她從測試毒藥的下屬角色，往上攀升，成為強大的戰士。然而，她也是極端、不必要的長期性暴力受害者，她的受害場面在銀幕上大刺刺地展示。這些事件對陽炎可能造成的創傷並未獲致充分的理解，而最終故事讓陽炎成全了獸兵衛，而非她自己。

因其美學風格與文化影響，《獸兵衛忍風帖》的穿透力至今仍在。它在動畫史中擁有一席之地，但有些部分最好留在過去。

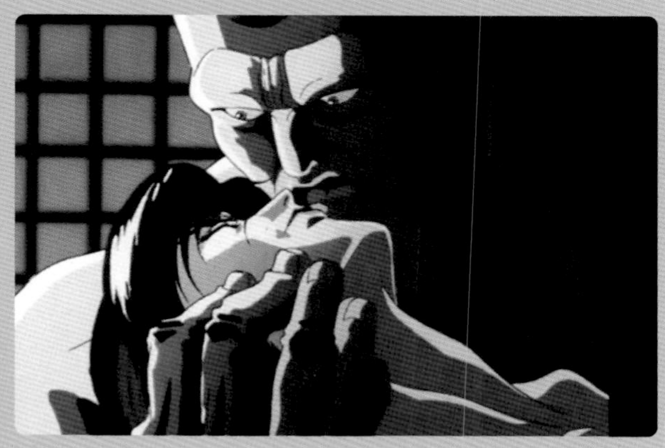

左頁：快速拔刀。獸兵衛用刀狠準、快速，並為我們帶來一連串的激烈戰鬥場面。

上：雖然《獸兵衛忍風帖》相當有風格與影響力，但其中有關性暴力的殘忍場面最好隨風消逝於歷史中。

《攻殼機動隊》
(攻殼機動隊, 1995)

GHOST IN THE SHELL
ANIME 2.0

日本動畫 2.0

少佐草薙素子是反恐部隊公安九課的賽伯格軍官，她奉命追查神秘駭客「傀儡師」；傀儡師正持續以「駭入靈魂」的方式，侵入 2029 年東京市民義體化的大腦。

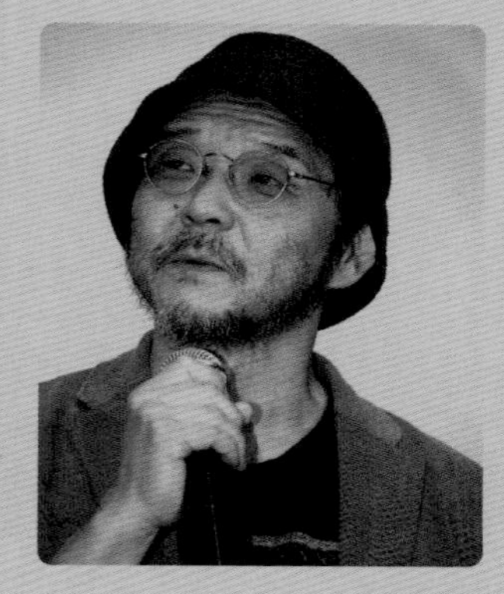

1995

導演：押井守 Mamoru Oshii

82 分鐘

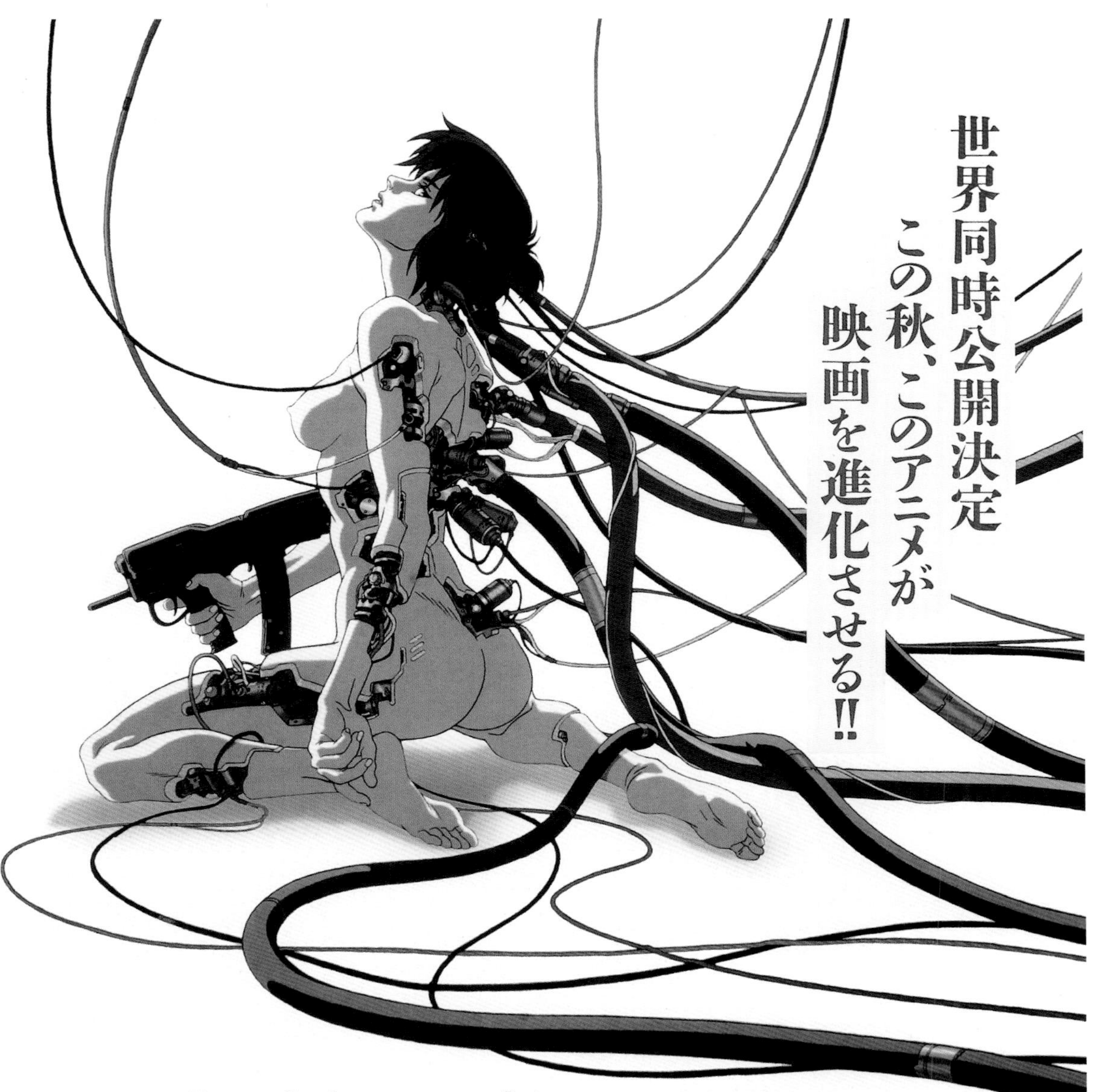

People love machines in 2029 A.D.

"Who are you? Who slips into my robot body and whispers to my ghost?"

GHOST IN THE SHELL

攻殻機動隊

原作:士郎正宗(講談社『週刊ヤングマガジン』掲載)

監督:押井 守

製作:宮原照夫 渡辺繁 ANDY FRAIN

脚本:伊藤和典　絵コンテ:押井守　演出:西久保利彦　キャラクターデザイン 作画監督:沖浦啓之　作画監督:黄瀬和哉　音楽:川井憲次

アニメーション制作:プロダクションI.G　音楽制作:BMGビクター

製作:講談社 バンダイビジュアル MANGA ENTERTAINMENT　配給:松竹

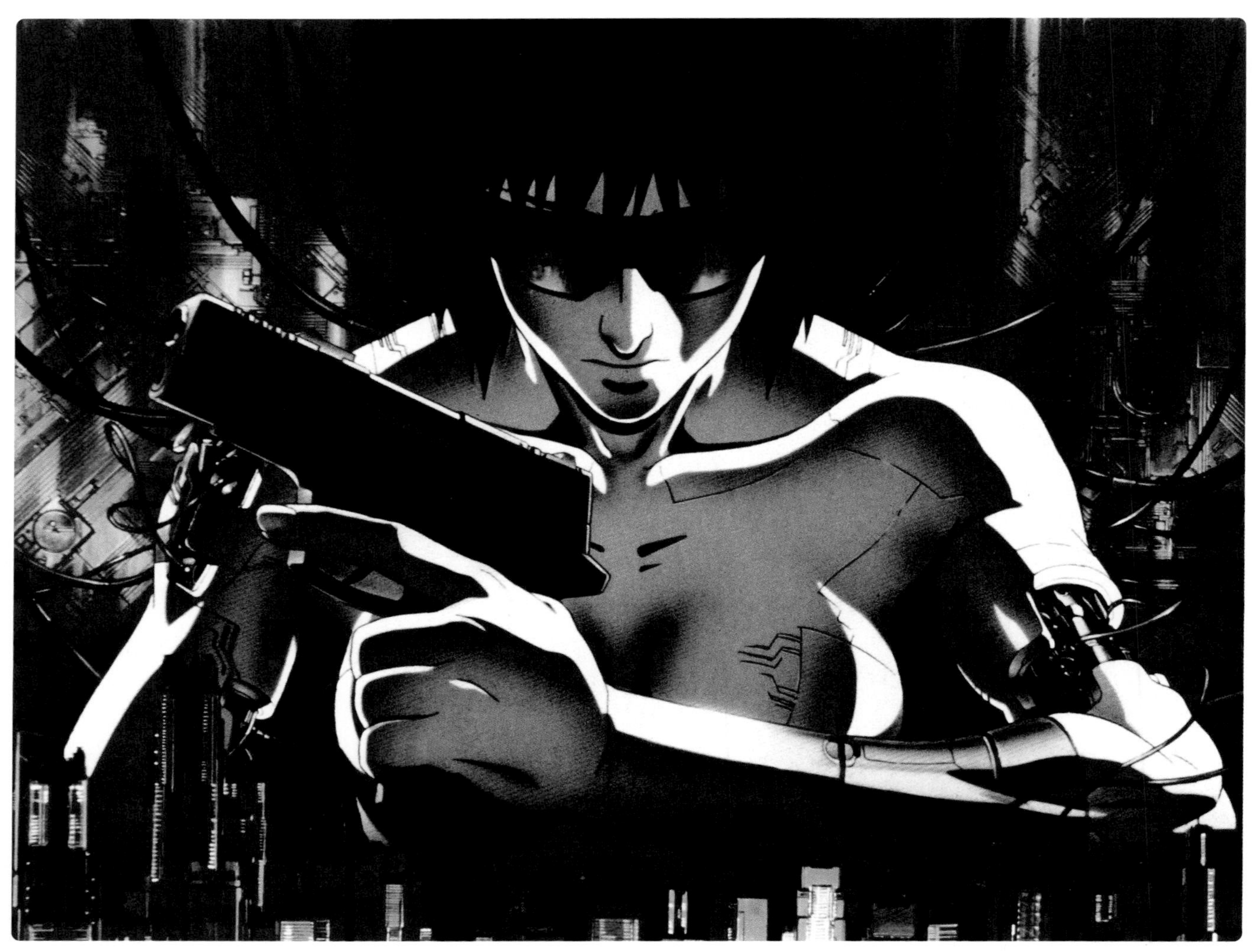

繼《阿基拉》在國際間 cult 片圈中大獲成功後，新成立的專業日本動畫品牌「漫畫娛樂」，開始向英語國家的觀眾提供更多來自日本令人眼花撩亂、風格骯髒的類型動畫，包括《北斗神拳》與備受爭議的「觸手情色」（tentacle porn）作品《超神傳說童子》。然而，沒有任何動畫作品可以比擬大友克洋的這部動畫史詩，因此，廠牌老闆安迪．法蘭決定投資新的奇觀式科幻作品，該作品企圖以最尖端的技術，以及能引發未來想像的後人類賽博龐克主題，將動畫媒材推向新的世紀，那就是《攻殼機動隊》。

改編自士郎正宗（《警察戰車隊》、《蘋果核戰》）的漫畫系列，《攻殼機動隊》自 1990 年開始在《週刊 Young Magazine》上連載，當時史詩大作《阿基拉》正準備結束連載。士郎正宗相當支持這個計畫，並允許依照視覺上的創意需求進行自由改編，這實在相當幸運，畢竟該計畫的導演在視覺表現上絕對擁有豐富的創意，而這位業界資深人士就是押井守。

1951 年押井守出生於東京，父親是一名私家偵探，同時也是狂熱的影迷。從小押井守就大量閱讀英語系科幻作家的作品，好比羅伯特．海萊因（Robert Heinlein）、巴拉德（JG Ballard）、席奧多．史鐸金（Theodore Sturgeon），他也對歐洲電影癡迷，如安東尼奧尼（Michelangelo Antonioni）、費里尼（Federico Fellini）、梅爾維爾（Jean-Pierre Melville）、柏格曼（Ingmar Bergman）、塔可夫斯基（Andrei Tarkovsky）與高達（Jean-Luc Godard）。「我從小就一直熱愛看歐洲電影。」他接受「午夜之眼」（Midnight Eye）網站訪問時表示，「我一

上：當《攻殼機動隊》在英國上映時，這幅標誌性的美術傑作為電影海報和日後的發行的錄影帶封面增色不少。

右頁：歡迎來到未來。《攻殼機動隊》的開場場景成為最經典的畫面之一。

延伸觀影

倘若你想看更多像《攻殼機動隊》這種哲學式的賽博龐克，那麼你很幸運。這部 1995 年的電影孵育出一系列的作品，包括盤根錯節的《攻殼機動隊 S.A.C.》電視動畫、小說、特輯、電動遊戲甚至是原創動畫錄影帶（OVA）——《攻殼機動隊 S.A.C. Solid State Society》。導演押井守並沒有參與《S.A.C.》的製作，但他在獨立續集《攻殼機動隊 2：Innocence》裡，重回攻殼機動隊宇宙。這部在視覺上極為震撼、複雜且深具挑戰的電影，在 2004 年的坎城影展上進行首映。在《攻殼機動隊》之外，無論是就導演或編劇一職來看，押井守皆累積大量令人印象深刻的動畫與真人電影作品（請見《人狼》）。在他的動畫電影中，《福星小子 2：綺麗夢中人》、《天使之卵》和《機動警察劇場版 II》，仍舊是他身為電影導演，能讓觀眾讚嘆之餘又陷入意見分歧的代表作。

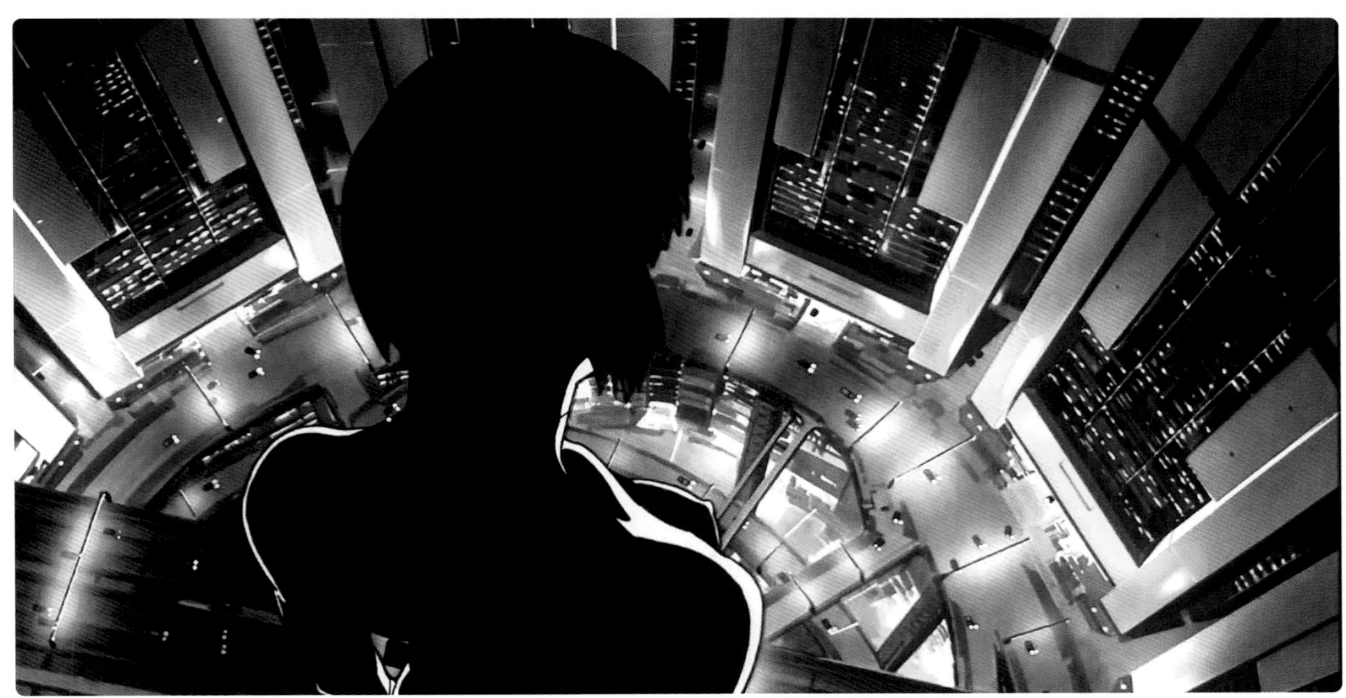

直對東歐建築的古典風格與老式設計，及其所散發的氛圍很感興趣，因為它們寧靜、美麗和懷舊。」日後押井守對真人藝術電影的愛好，也滲入了他的動畫創作以及他在製作動畫空檔所參與的其他真人電影計畫。

押井守從東京學藝大學畢業，獲得美術教育學位，卻發現自己受到動畫世界的吸引。他在 1970 年代中期加入龍之子製作，擔任分鏡繪圖師，並在 1980 年跳槽到小丑社，職位逐步晉升，憑藉改編並導演高橋留美子的熱門漫畫《福星小子》，初嚐主流動畫圈的成功。押井守還執導了兩部衍生的動畫長片：《福星小子：Only You》與《福星小子 2：綺麗夢中人》，他以這兩部片實驗與發展個人的想法與視覺風格。特別是在《福星小子 2：綺麗夢中人》中，他捨棄了該系列著名的浪漫輕喜劇風格，並採用錯綜複雜的時間迴圈情節與深邃的哲學議題。最終，許多導演（包括《星際牛仔》的創造者渡邊信一郎）視此為石破天驚的經典作品，但如此巨大的風格改變也激怒了不少原著的忠實粉絲。

押井守有原著粉碎機的名號，之後他又有將《魯邦三世》系列改編為長片的念頭，自從宮崎駿推出《魯邦三世：卡里奧斯特羅城》後，這可說是無人挑戰的想法。不過他的提議因為太古怪而被製作人推翻了。結果，押井守嘗試了獨立製作，並與藝術家天野喜孝

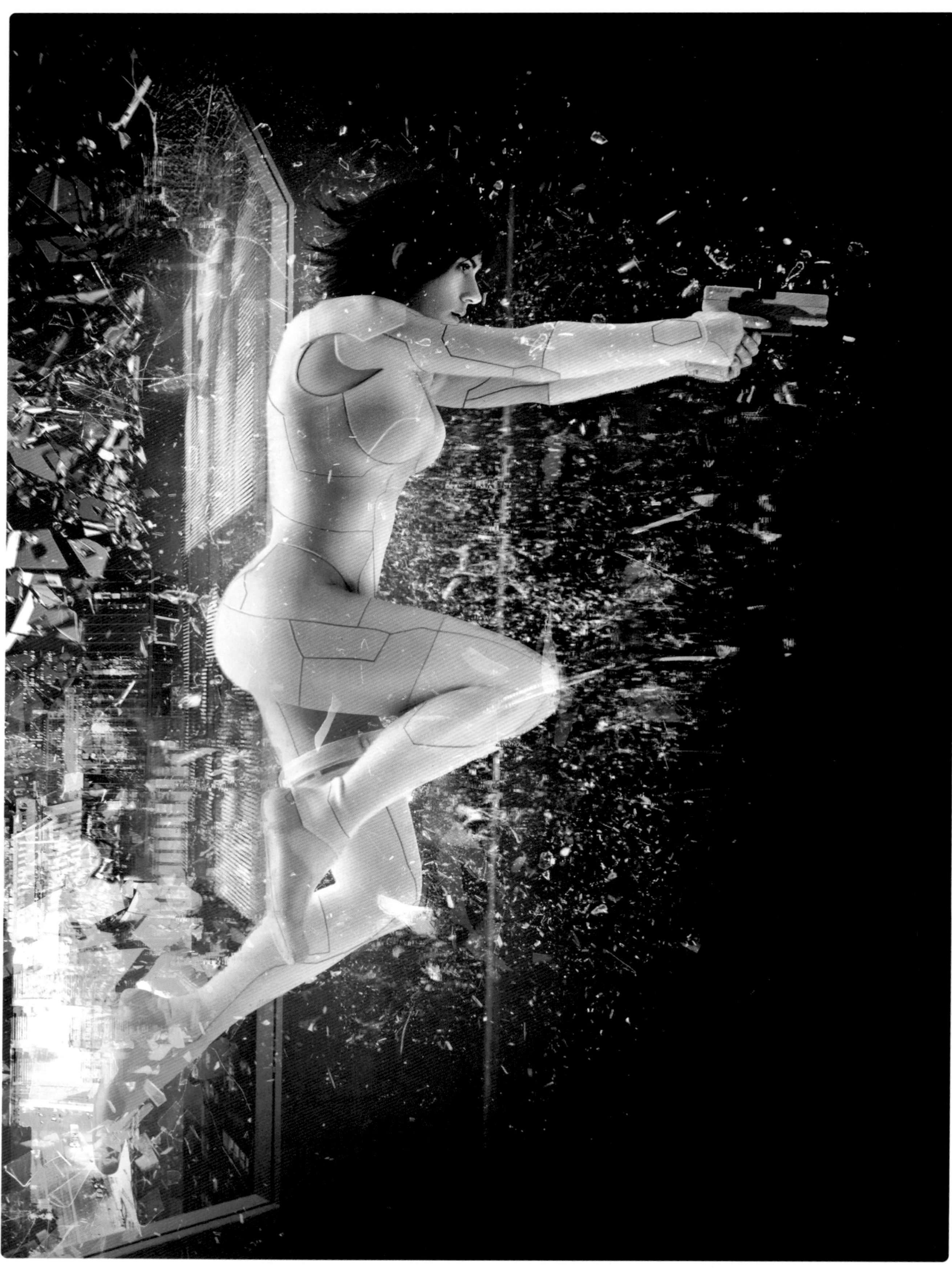

合作，推出了迷人的（或說令人困惑的）藝術動畫《天使之卵》，天野喜孝的美術設計在日後也為長銷電玩遊戲《FINAL FANTASY》系列奠定美術風格。當時押井守也與宮崎駿和高畑勳討論，在剛成立的吉卜力工作室執導動畫計畫的可能，如今我們只能幻想如此的組合會帶來什麼等級的作品，因為這三位動畫強人的合作關係在早期策劃階段就已破局。

不過，《機動警察》這部影響深遠的作品，自1989年以來便陸續推出電視動畫、OVA及多部劇場版，成為押井守事業生涯的重大轉捩點。他在《機動警察》裡，透過相似的類型框架（在此則為機甲巨型機器人）探索他所熱愛的哲學、歷史與政治主題，並獲得成功。正是在1993年《機動警察劇場版II》再次大獲成功時，萬代影視授予押井守《攻殼機動隊》的主導權。

如同之前的大作《阿基拉》，《攻殼機動隊》背後有相當充足的預算，並以此作為號召來宣傳，甚至被公司定位為不計成本、旨在突破動畫製作邊際的大作，並且預計將手繪動畫與最新科技相結合，而這正好完美符合此片的未來主義觀點。押井守以傳統技術融合3D電腦圖像（3DCG）程序（透過作畫監督暨角色設計師沖浦啟之與其團隊創建），以達到他心中對未來充滿細節的逼真描繪；他們以實力打造出原本僅有真人電影才能達到的視覺效果、攝影與鏡頭設計。此外，他們也使用非線性數位剪接軟體Avid，讓《攻殼機動隊》遠離類比感，而更趨向數位世界。

漫畫娛樂提供了約三成的預算，並期望《攻殼機動隊》能成為暢銷作品。繼1995年10月在東京國際影展全球首映後，該片進行全國上映；11月於倫敦影展播映後，並在12月全面上映。漫畫娛樂的英語配音版在片尾加入了旅人樂團（Passengers）的音樂，此樂團為U2樂團與音樂製作人布萊恩·伊諾（Brian Eno）合作的臨時樂團，當時他們簽約給漫畫娛樂的姐妹公司小島唱片。如今，這成為了流行樂史上的一筆，在當時如此硬湊的組合也是行銷的重要環節，這個罕有的合作至今仍保留在電影的配音版本裡。

《攻殼機動隊》在日本表現不佳，當年宮崎駿的《心之谷》為國內票房冠軍，而《攻殼機動隊》未能上榜。不過其國際表現卻相當長紅，在美國擁有售出近百萬捲家用錄影帶的佳績。《攻殼機動隊》也深刻影響了眾多導演與動畫師，包括好萊塢大片的導演等。

黑色科幻教父詹姆士·卡麥隆（James Cameron）為該片行銷人員提供了相當好用的評論，他如此形容，「這是推想小說（speculative fiction）傑作，也是第一部在文學與視覺表現上都有精湛成果的成人動畫電影。」而史蒂芬·史匹柏共同成立的夢工場（Dreamworks）則搶下了《攻殼機動隊》的翻拍權。許多粉絲紛紛臆測《攻殼機動隊》影可能響了史蒂芬·史匹柏，讓他在千禧年之際轉向更為黑暗的科幻領域，並推出《A.I. 人工智慧》（*A.I. Artificial Intelligence*）與《關鍵報告》（*Minority Report*）。不過，《攻殼機動隊》的名人粉絲中最突出的仍是華卓斯基姐妹檔，她們在發展與提案自己的創新賽博龐克史詩電影《駭客任務》（*The Matrix*）時，便以《攻殼機動隊》作為範例。據說她們把《攻殼機動隊》播給製作人喬·西佛（Joel Silver）看，並表現出相當的野心，「我們想把電影拍成這樣。」

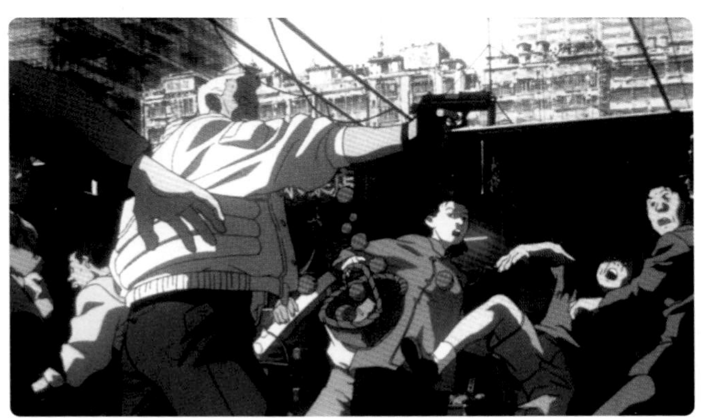

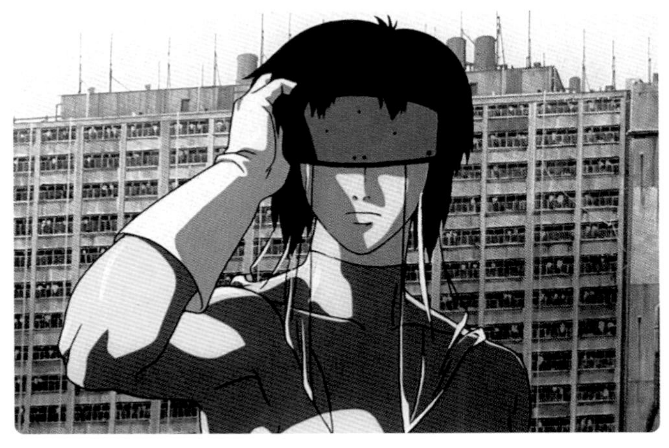

左頁：史嘉蕾·喬韓森（Scarlett Johansson）。2017年的《攻殼機動隊》絕對是動漫史上最高規格的好萊塢翻拍電影，也是最有爭議的。

上：《攻殼機動隊》中的市場追逐場景是啟發華卓斯基姐妹檔的《駭客任務》的眾多場景之一。

下：未來就是現在。儘管在1990年代上映，但《攻殼機動隊》的動畫技術感覺非常現代。

影評：《攻殼機動隊》

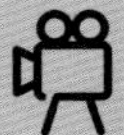

我們很難在觀看《攻殼機動隊》時，忽視它超越電影本身的影響，不論是為數不少的續集與衍生作品，或是對西方電影導演的風格與敘事的影響。毫無疑問地，《攻殼機動隊》重塑了整個產業。《攻殼機動隊》的血液，已經流淌在不同領域的世界裡。它像是個傳奇，先是從漫畫改編，接著被重述、擴延然後又再次重製。但若單獨觀賞《攻殼機動隊》本身，你就可以知道背後原因。它不但帶來文化影響，也引發複製效應，然而《攻殼機動隊》本身仍舊無可比擬。

在明快的 82 分鐘裡，押井守的電影蘊含了大量的創意和主題，其視覺創新感不斷提升與變化，所涉及的哲學問題也不斷在觀眾腦內發酵，即使在最後的演職員表開始跑的時候，都還不能停歇。「駭客任務賓果」很好玩——《駭客任務》開場便在銀幕上灑下一片綠色代碼雨——在華卓斯基姐妹檔的《駭客任務》裡，最精彩的是那些爆炸性的時刻，這些都對現代動作電影帶來龐大的蝴蝶效應，但相較之下，《攻殼機動隊》則相當安靜。

電影中，草薙素子是有著人類心靈的生化人執法者，負責偵查超級駭客傀儡師的身分與動向，在調查案件的同時，也探詢自身。每一次從高樓做出令人驚嘆的後躍並逐漸隱形時，草薙素子都會進入深沉的自省之流，並揭示靈魂的深度，正是這種平衡讓電影更為豐富、刺激，也讓人想一看再看。執法機關的不同部門、政府的諜報活動與賽伯格身體中殘存的人類靈魂，電影中有關這些主題的對話，幾乎都難以理解，但也讓觀眾循線進入故事，甚至透過反覆觀看，期望能了解得更透澈。

然而，對很多觀眾來說，理解科幻世界的知識並不如直接探索該世界來得有趣，電影中有許多突出的段落，彷若是終極未來主義世界的導覽，可

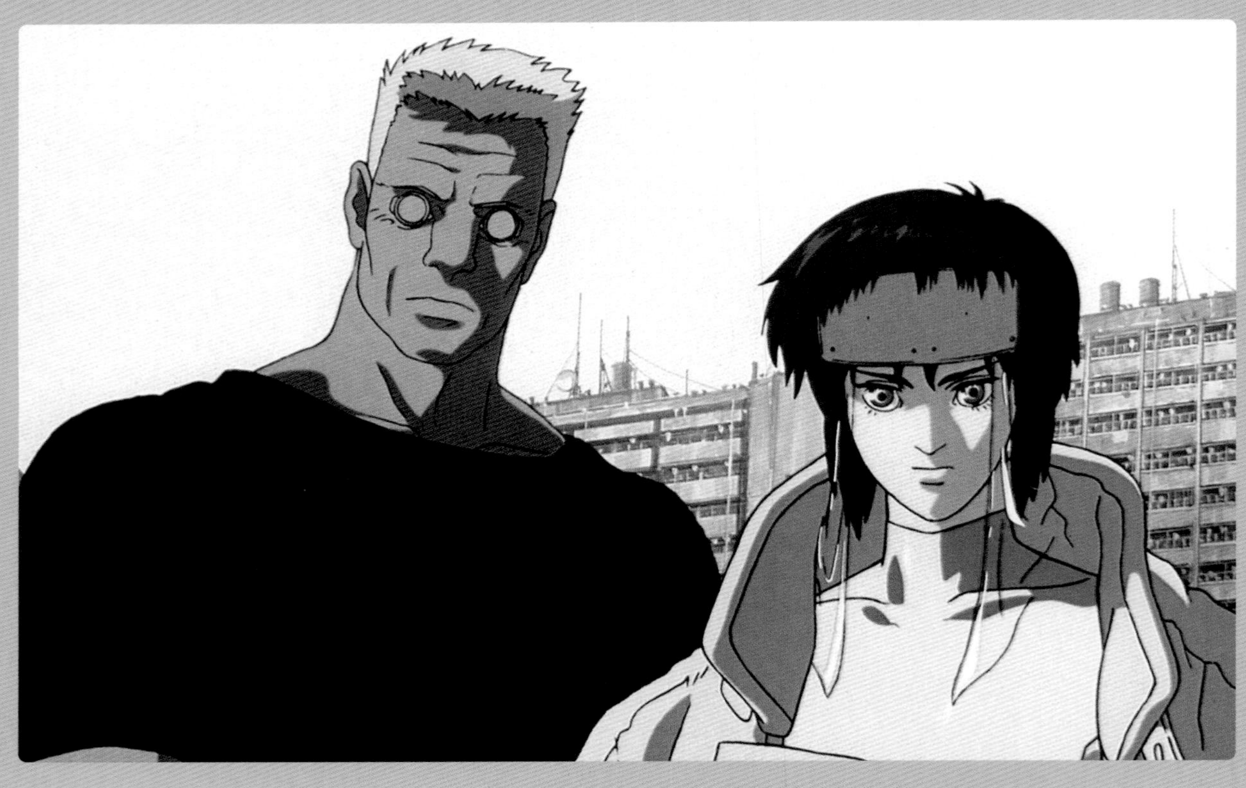

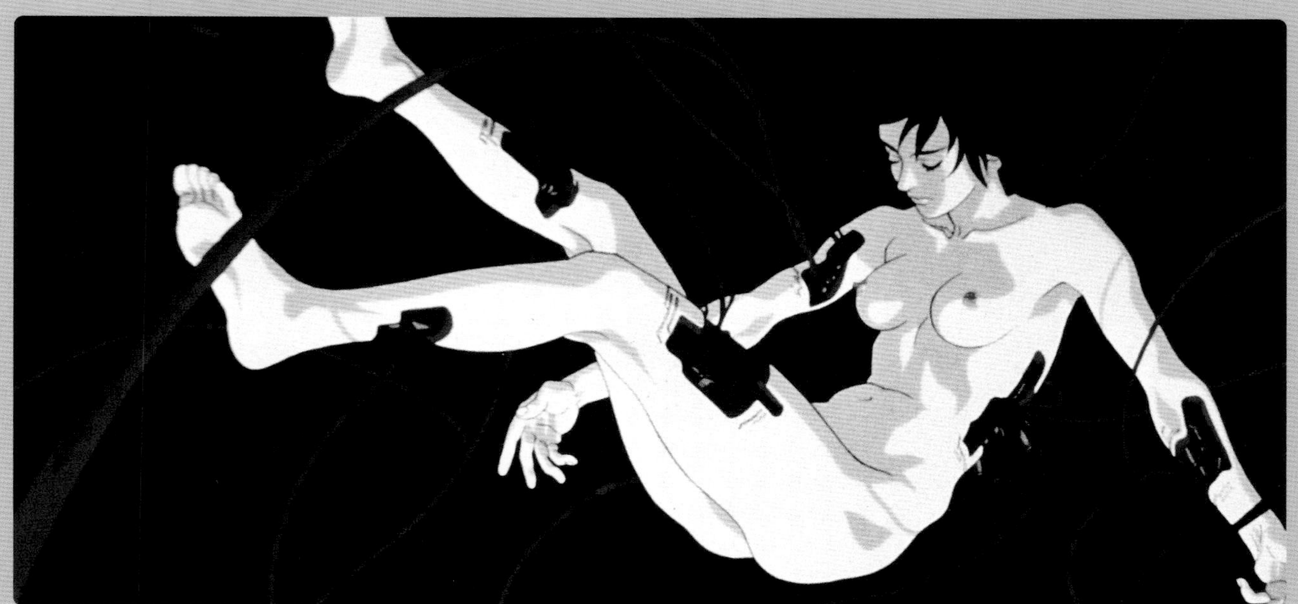

以滿足上述觀眾。以本片不算長的長度來說，電影在進行到三分之一的時候，它帶領著觀眾參觀破敗的都市環境。如此充滿觀察感與窺伺感的鏡頭，強化了本片瀰漫的妄想感：連續的霓虹燈招牌鏡頭、纏繞燒焦的電線盤據在底下無名人群的頭頂空間；展示用的模特兒，對比於撐著雨傘的行人、商店玻璃窗與傾盆大雨，扭曲了個人身分的感知。這些片段在質疑人類獨特性的同時，也展現了動畫師精湛的藝術實力。

在城市壓抑的建築體中，草薙素子獨自與自己或她的同事一起思考。當她在家時，寬闊的公寓窗戶位於畫面中央，成為我們銀幕畫面中另一個發光的螢幕，自然的太陽光與數位藍光交織在一起。這種光線與草薙素子的瞳孔和其周遭的電腦螢幕一致，像冰冷的數位鏡子一般，反覆提醒她自身的賽伯格存在。電影不總是跟隨著草薙素子，她在螢幕中時而出現時而消失，喚起她迷陣般的精神錯亂感。在此，電影與她保持一定距離，而在某些時刻，當我們感覺到她那令人不安的金屬肉身質感時，又帶給我們一種令人不適的近距離親密感。我們從未徹底看清草薙素子，因為她也從未看清自己。

隨著她一步步逼近傀儡師，絕佳的聲景與配樂涵蓋了數位與類比聲響的愉悅。子彈的連連擊發聲與鍵盤敲打聲一同流淌，程式碼在銀幕上流動著，讓我們意識到新世紀的戰場將同時是物質的，也是虛擬的，而電腦上的「輸入」鍵可以和機關槍一樣擁有威迫力。一開始，川井憲次的古典日本合唱曲讓人感到相當獨特，但當它反覆出現時，其詭異的極簡結構予人一種原始感並讓人倍感焦慮。據報導，此合唱配樂根據傳統的婚禮歌曲改編，乍聽之下，與探索存在的電影本身形成不尋常的對比，當草薙素子離傀儡師越來越近時，其曲式的根源似乎也越來越有意義。

雖然電影主題檢視了人造技術與科技，但全片散發著滿滿的身體恐懼感，進一步模糊了人與電腦間的界線。到最後，當我們感受到合成肌腱劇烈、細膩地爆裂時，身體不免感到一陣抽搐。而這個時刻，發生在一幅繪有家譜的破敗壁畫前，令人印象深刻。當時的預言，現在已然成為現實，此片讓我們目睹人性內在的靈魂退化，而在故事的主旨中，生命已在演化下成為虛擬性與物質性的混合物。《攻殼機動隊》的奇幻世界建構相當有啟發性，在實際執行上也讓觀眾感受到明顯的觸感，此片證明了最具野心的動畫，除了能讓觀眾全心投入到一個新世界，同時又能保有與現實連結的存在感。

左頁：賽伯格警察。少佐草薙素子與身材魁梧的公安九課成員巴特。

上：《攻殼機動隊》裡的電纜看起來像是靜脈，讓人類與科技的連繫變得相當具體而真實，並令人不安。

《人狼》
(人狼, 1999)

JIN-ROH: THE WOLF BRIGADE
A WOLF IN SOLDIER'S CLOTHING

披著兵服的狼

在日本被極權專制政權統治的虛構歷史中，伏一貴為反恐部隊「首都警」的警員。當他遇見一名年輕叛軍後，伏一貴的世界觀大為動搖，並企圖在政府的陰謀之間找出生路。

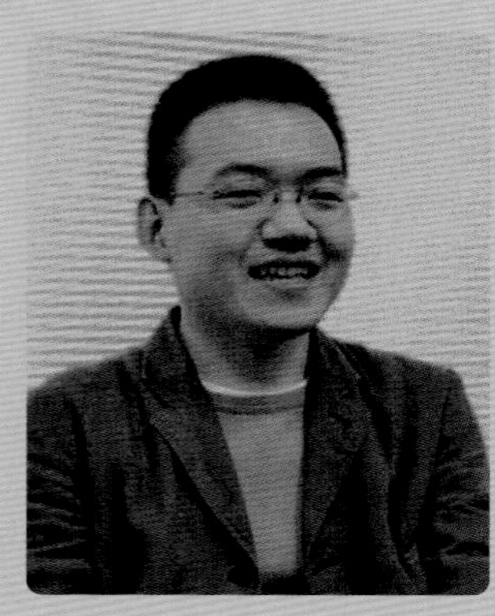

1999

導演：沖浦啟之 Hiroyuki Okiura

102 分鐘

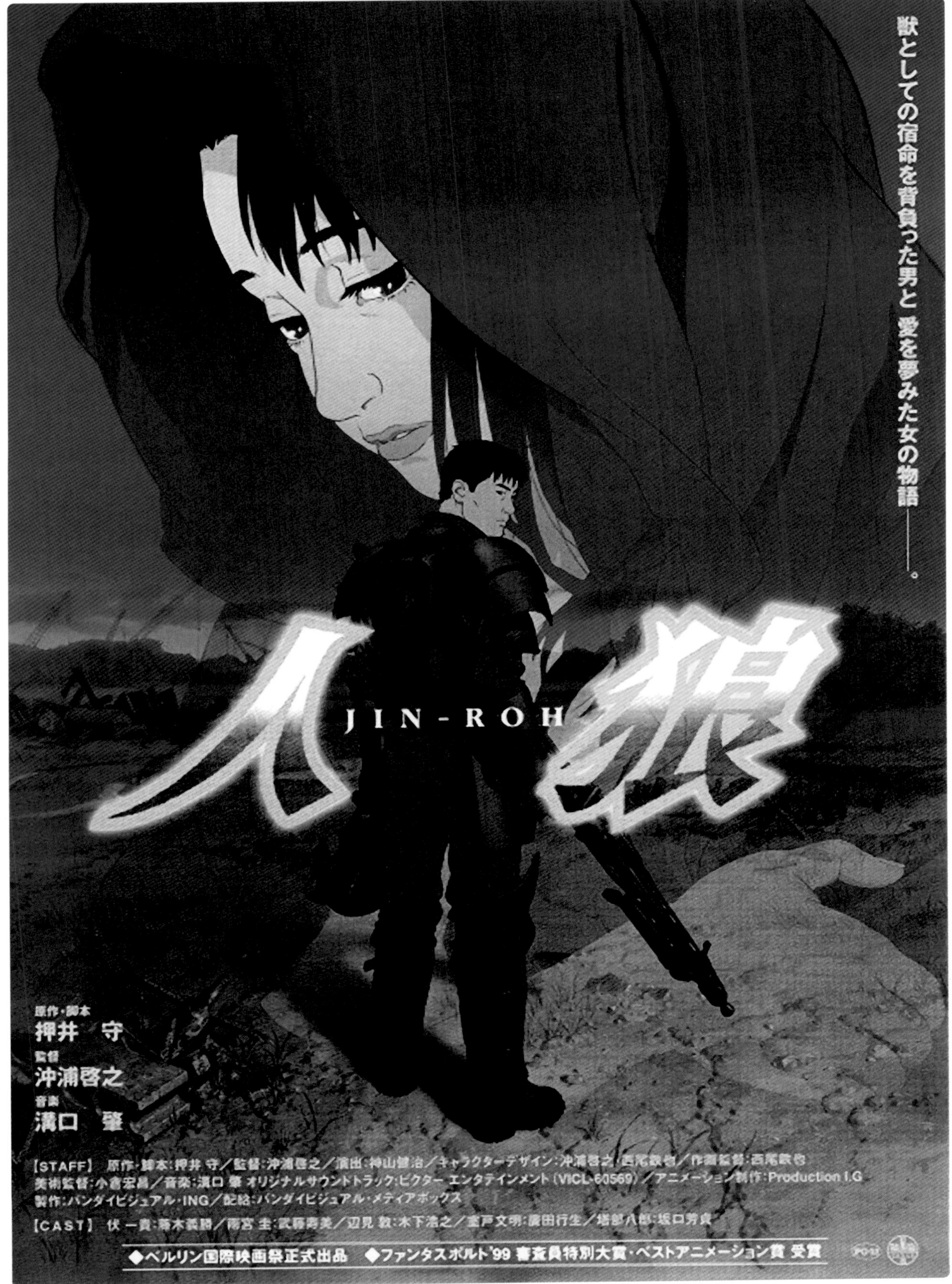
獣としての宿命を背負った男と 愛を夢みた女の物語——。
人狼
JIN-ROH
原作・脚本
押井 守
監督
沖浦啓之
音楽
溝口 肇
【STAFF】 原作・脚本:押井 守／監督:沖浦啓之／演出:神山健治／キャラクターデザイン:沖浦啓之・西尾鉄也／作画監督:西尾鉄也
美術監督:小倉宏昌／音楽:溝口 肇 オリジナルサウンドトラック:ビクター エンタテインメント（VICL-60569）／アニメーション制作:Production I.G
製作:バンダイビジュアル・ING／配給:バンダイビジュアル・メディアボックス
【CAST】 伏 一貴:藤木義勝／雨宮 圭:武藤寿美／辺見 敦:木下浩之／室戸文明:廣田行生／塔部八郎:坂口芳貞
◆ベルリン国際映画祭正式出品 ◆ファンタスポルト'99 審査員特別大賞・ベストアニメーション賞 受賞

在《攻殼機動隊》後，導演押井守退居幕後，選擇培養年輕人才並為新銳電影導演開發計畫。1998 年時，他成立了研究小組「押井塾」，該研究小組成成立目的在回應 I. G. 動畫製作工作室創立人石川光久的提議，鼓勵年輕參與者提出自己的原創想法，藉此尋找潛力之作。押井塾在 2000 年有了成果，推出兩部由押井守催生的影片：《血戰：最後的吸血鬼》與《人狼》。

《人狼》計畫已經醞釀一段時間。在押井守執導《攻殼機動隊》之前，《人狼》原本被提議發展成系列動畫，題材正是汲取自押井守的漫畫與真人電影「犬狼傳說」系列，《人狼》與該系列共享著同一個世界觀，以戰後日本被納粹德軍統治的虛構歷史為背景。然而，在《攻殼機動隊》之後，萬代影視與 I.G. 動畫製作工作室提議讓《人狼》成為新秀導演的平台，並由押井守提供劇本。

在此登場的正是初執導筒的沖浦啟之。1966 年，沖浦啟之出生於大阪府，並在 16 歲時離開學校，一頭栽入動畫的世界，隨後他於多部經典動畫中擔任主鏡動畫師，包括《阿基拉》、《老人Z》與《回憶三部曲》（全為大友克洋的作品，而大友克洋開創性的漫畫作品也是沖浦啟之進入動畫世界的原因）。他也與押井守在《機動警察劇場版》及續集的製作過程裡，保持時而親密、時而尖銳的工作關係；沖浦啟之並擔任《攻殼機動隊》的角色設計師、構圖與作畫監督。

下：紅眼。《人狼》是噩夢般的飛行，墜入暴力與道德黑暗的反烏托邦世界。

右頁上：理智斷線。《人狼》中神秘而暴力的主角發現自己陷入政治陰謀的世界。

右頁下：對著月亮嚎叫。《人狼》中的軍事術語與童話主題都與狼有關。

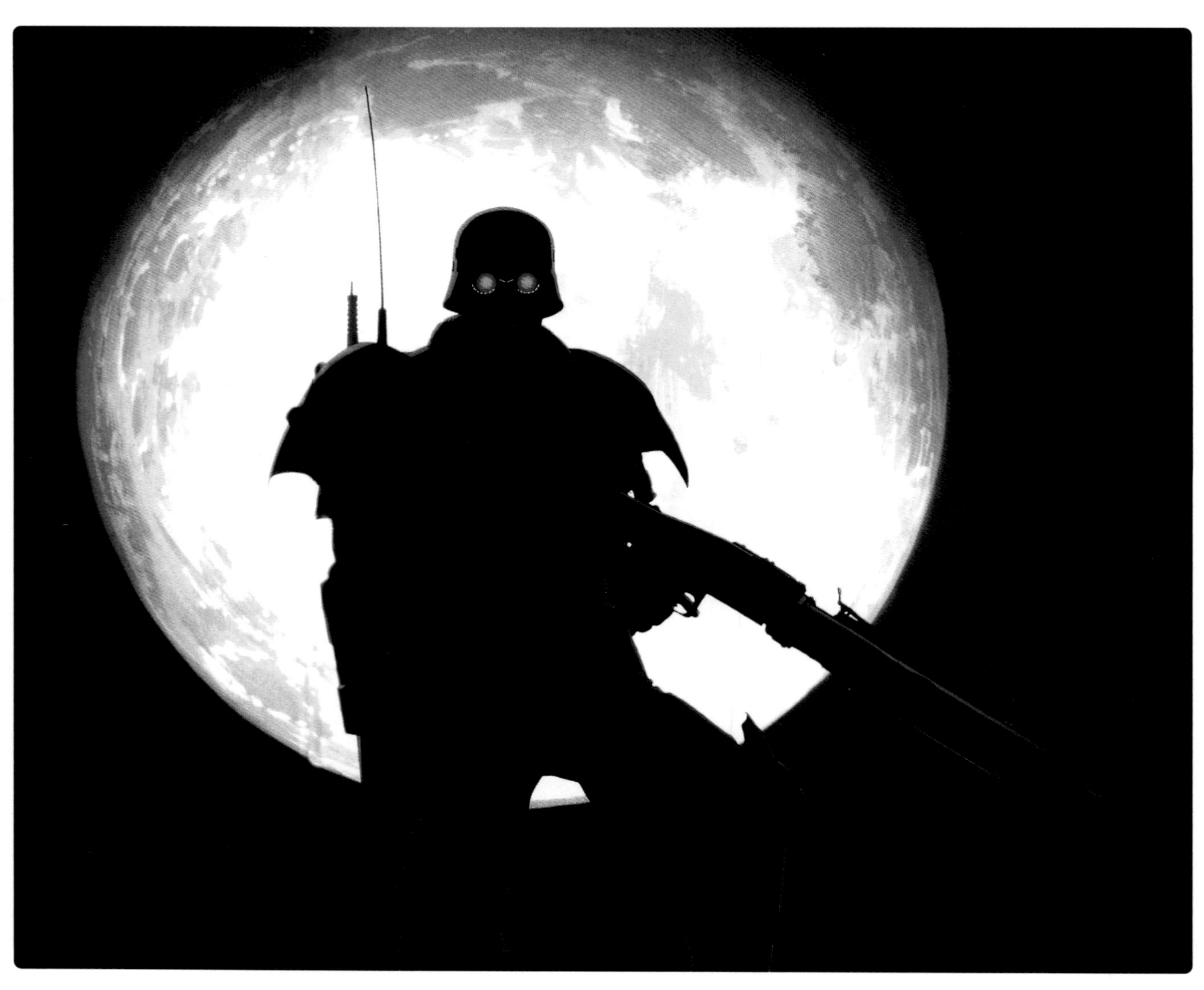

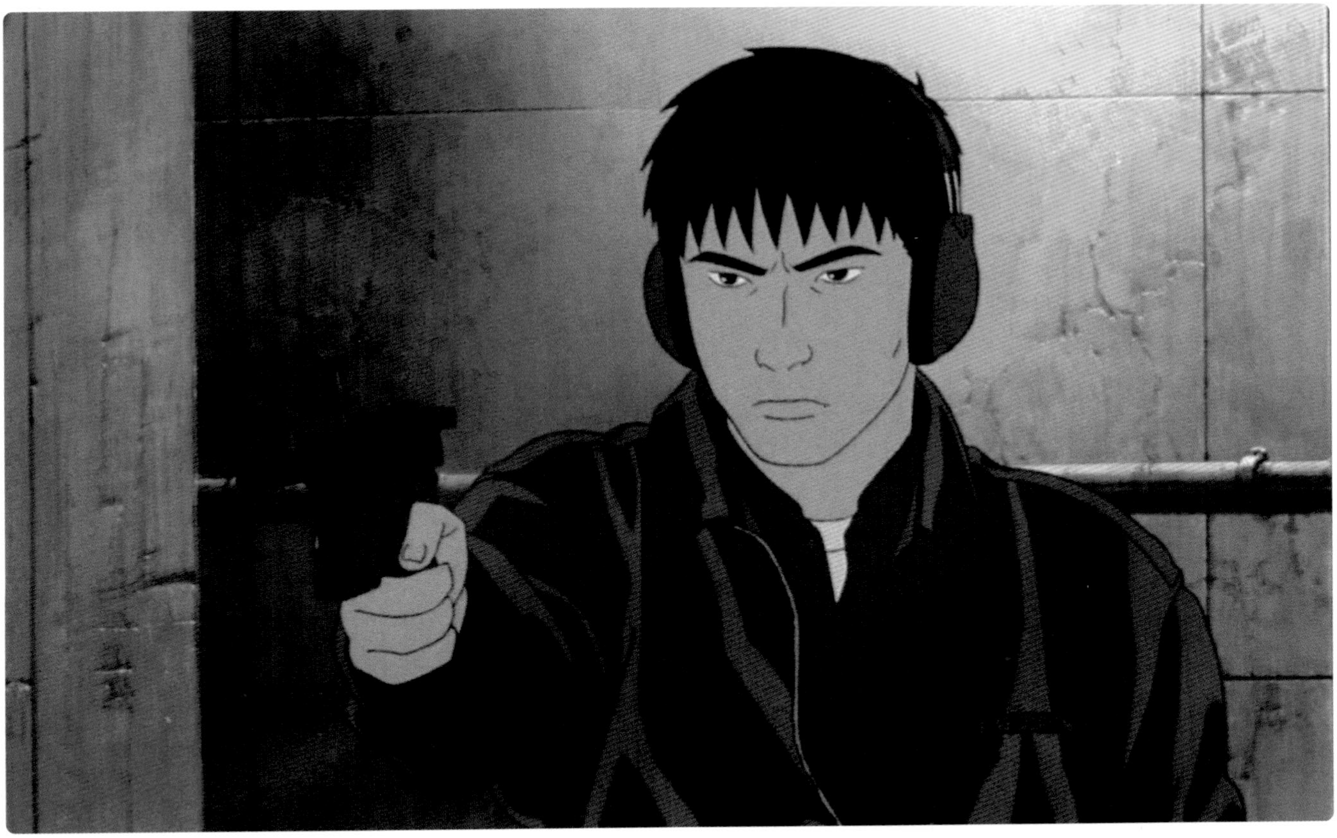

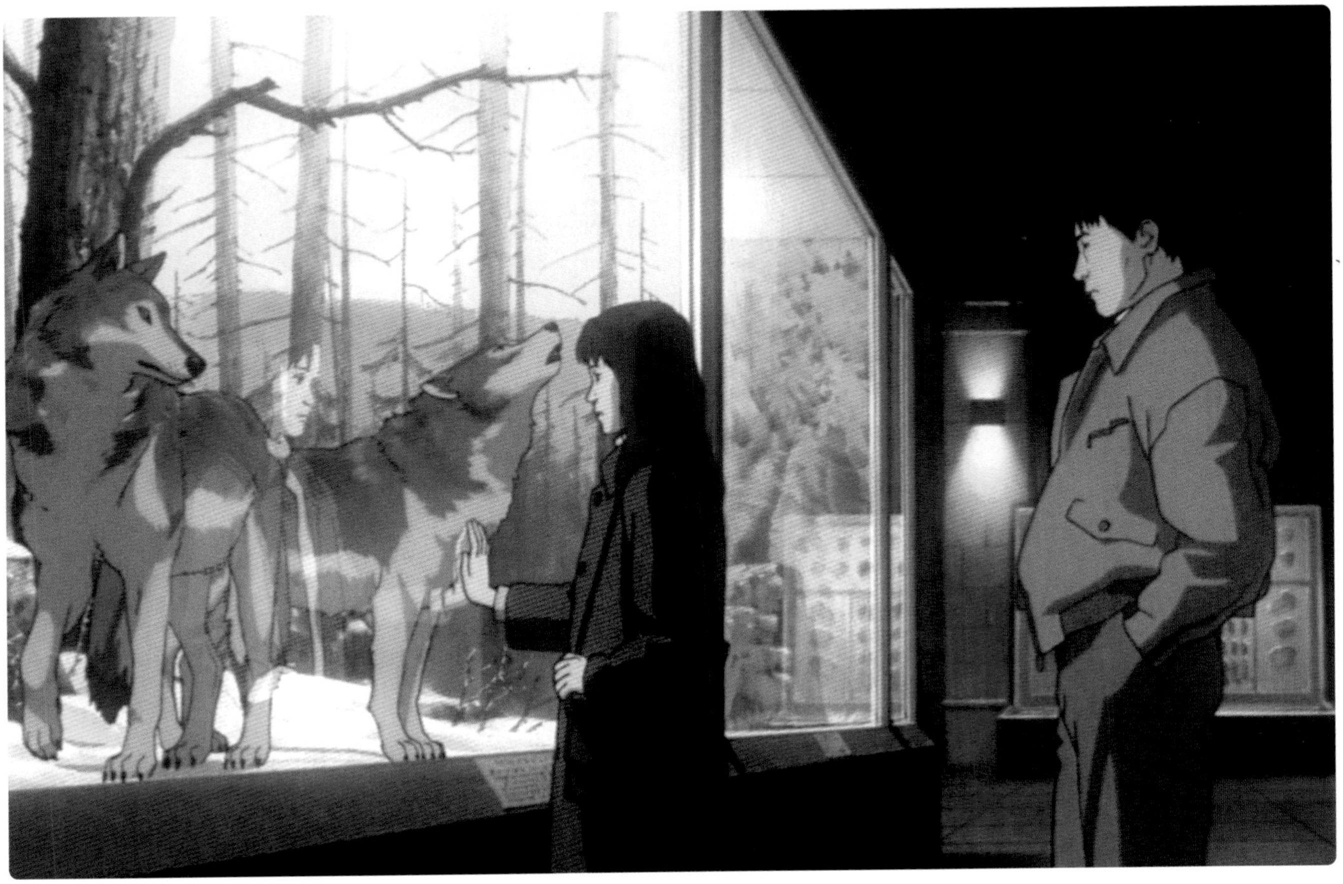

《人狼》自由而大膽地改編原作，這點和《攻殼機動隊》一樣。沖浦啟之毫不掩飾地向前老闆大力要求，希望劇本可以環繞在原創的愛情故事上，並以「犬狼傳說」世界的極權制度與社會動亂為背景。結果《人狼》為相當有真實感的動畫劇情片，有著黑色電影潮濕的憂鬱感與反烏托邦政治驚悚片的氛圍，而主題則是圍繞在政權的壓迫、反叛的浪漫夢想以及最終徒勞無功的逃脫幻夢。為符合《人狼》嚴肅的基調，1999 年此片在柏林影展進行全球首映，並很快地在法國發行，最終，在 2000 年 6 月於日本戲院上映。

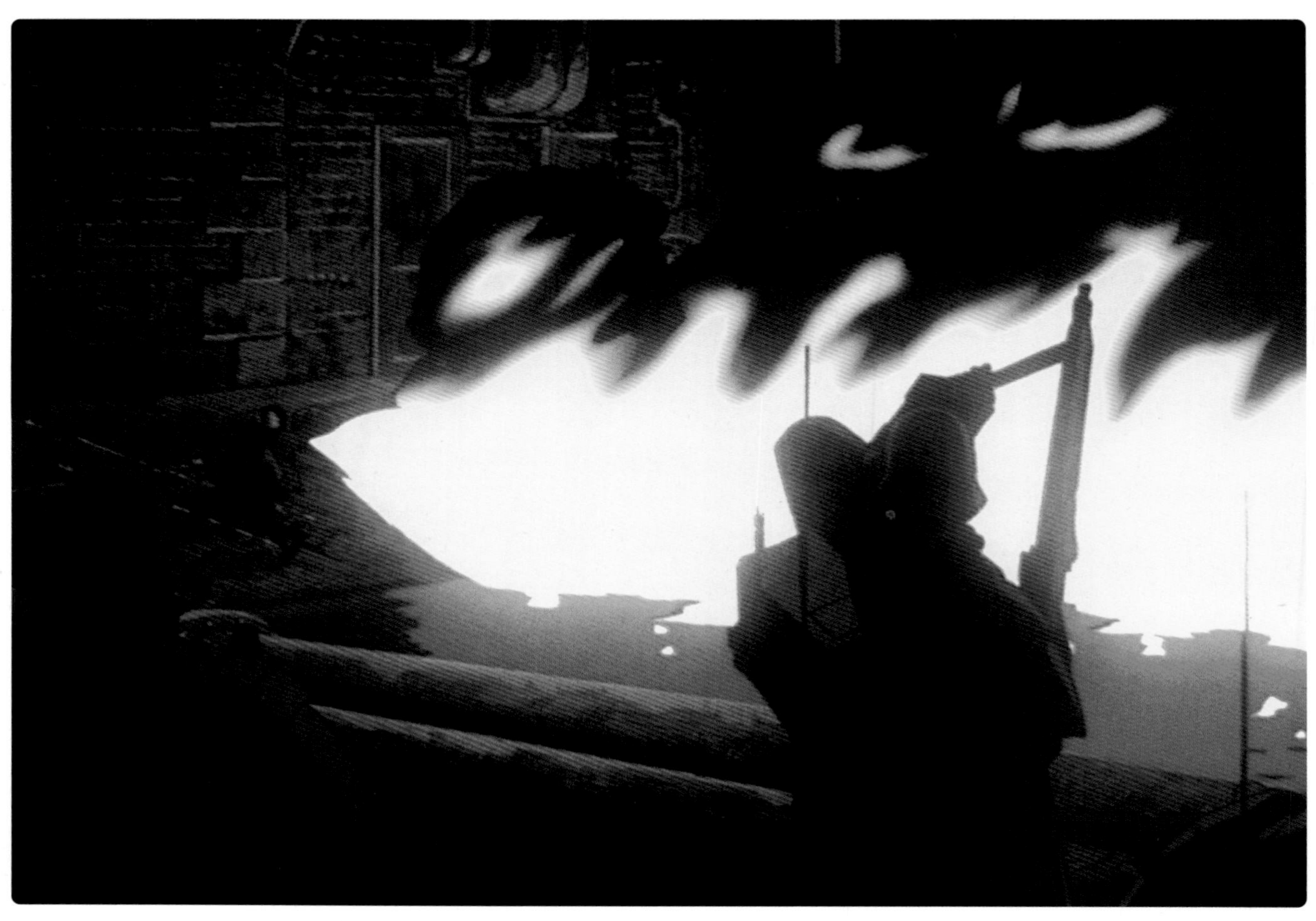

上：永恆的火焰。《人狼》借鏡了豐富的公民抗議與軍國主義壓迫的政治歷史。

右頁：《人狼》的虛構歷史背景為戰後日本受到納粹德軍的佔領。

延伸觀影

《人狼》只是押井守龐大的、橫跨多種創作媒材的「犬狼傳說」系列中的一個計畫，而該系列涵蓋小說、漫畫、電影長片與廣播劇。可惜的是，此系列幾乎無法觸及英語系國家的觀眾，儘管其中的真人電影劇情片《紅眼鏡》與《地獄番犬》也有小規模家庭錄影帶的發行。此外，《人狼》嚴肅的基調與類型質感近似於押井守早期的作品《機動警察》與《攻殼機動隊》，也與向來都很受歡迎的大友克洋的《阿基拉》有著類似的氛圍。不過，假如你想要看比較真摯感人的作品，可以觀賞沖浦啟之後來的動畫長片《給小桃的信》，這是個溫和感人的宮崎駿式動畫，講述一個年輕女孩為失去父親而苦苦掙扎，並受到三名當地妖怪幫助的故事。

影評：《人狼》

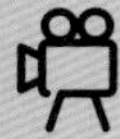

在《人狼》全片裡，我們不斷看到電車軌道與纜線的意象反覆出現。主角伏一貴乘坐電車，他的氣場明顯與一般通勤者不同，與電車把手的搖擺及報紙的翻動節奏格格不入，我們的菁英警員伏一貴面露憂愁。他身穿反恐部隊的裝甲，眼睜睜地看著一名年輕女孩在他面前引爆自己。電影跟隨著伏一貴的腳步，刻畫軍隊責任、罪惡感與浪漫愛情，他一邊執行特務活動，一邊問自己是否可以改變人生的軌道。

電影開場以幻燈片方式播放陳舊的靜照，配上權威感的旁白，故事奠基於軸心國獲勝後的虛構歷史，在此世界，伏一貴所屬的都市軍隊就此成立。戴著黑色頭盔、笨重的盔甲，和令人難忘的紅色眼睛的面具，軍隊成員擁有無限量的子彈與巨型機關槍（此片甚至有槍械設計的職位，並由黃瀨和哉擔任），而他們的存在是一種對社會維安的恐怖想像。伏一貴本身是個曖昧而難以捉摸的角色，他如石像般的面孔暗示了內在無能消化的痛苦與無情。他的角色在個人與專業之間切換，觀眾因此開始質疑那紅眼的裝甲面具，是否真的僅僅只是個面具。

與《攻殼機動隊》相仿，片中精彩的動畫與爆炸性的場景絕非最具吸引力的部分。對比於動作的描繪，《人狼》對氛圍的營造也絲毫不馬虎。故事發生在朦朧、灰濛而多雨的地方，人物的臉上散發出一種令人毛骨悚然的柔和光芒，既溫暖又恍若幽靈。當伏一貴遇見雨宮圭——這位紅色斗篷女子自稱是那名年輕炸彈客的姐姐——此時，對於這座長期籠罩於戰爭陰霾中的世界來說，這幾乎像是一道曙光。但在《人狼》裡，每個角色都可能相當多面。如同伏一貴有敏感、深受戰爭創傷的一面，卻也可以是耽溺於暴力的戰狼。而雨宮圭可以是蛇蠍美人，也可以是小紅帽。

同樣地，《人狼》裡也有近似《攻殼機動隊》那種不太吸引人的官僚式對話，其中某些重大的情節訊息太過輕描淡寫，初次觀影還可能無法察覺其重要性。但也因為如此抑制、近乎殘酷的欠缺情感，讓電影氛圍如此強烈。《人狼》沉重而動人，不論在視覺上與心理上都滿溢著灰色，僅僅偶爾在無可避免的悲劇中透出一點轉折的希望。影片具有政治驚悚的情節與頂尖的動作場面，但請留心，殘酷的《人狼》絕非童話故事。

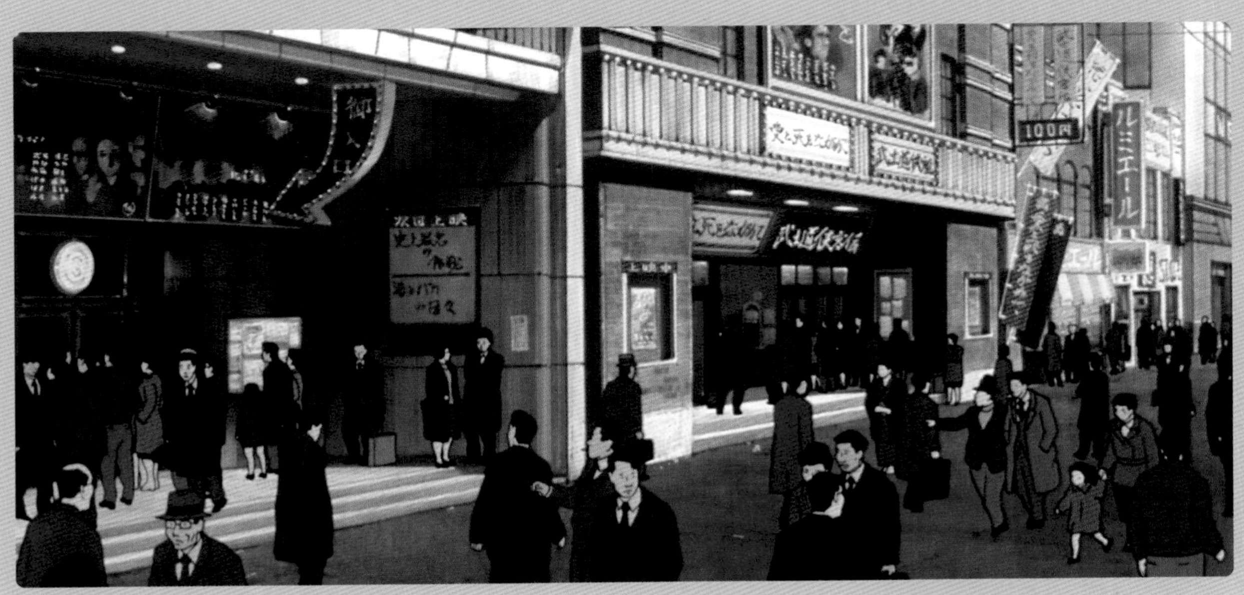

《手塚治虫之大都會》
（メトロポリス，2001）

METROPOLIS
TO CUT A LANG STORY SHORT *

長篇故事的濃縮

改編自手塚治虫的漫畫，該漫畫的靈感大致來自1927年佛烈茲·朗（Fritz Lang）的科幻鉅作《大都會》（*Metropolis*）。這部未來主義冒險作品講述一名私家偵探與他的姪子，探索一座層層疊疊的反烏托邦城市「大都會」的深處。

＊編註：原文標題源自英文習語"to cut a long story short"（長話短說），此處將"long"置換成"Lang"〔指的就是《大都會》導演佛烈茲·朗（Fritz Lang）〕，一語雙關。這個頗具巧思的標題可直譯為「將朗的長篇故事濃縮」。

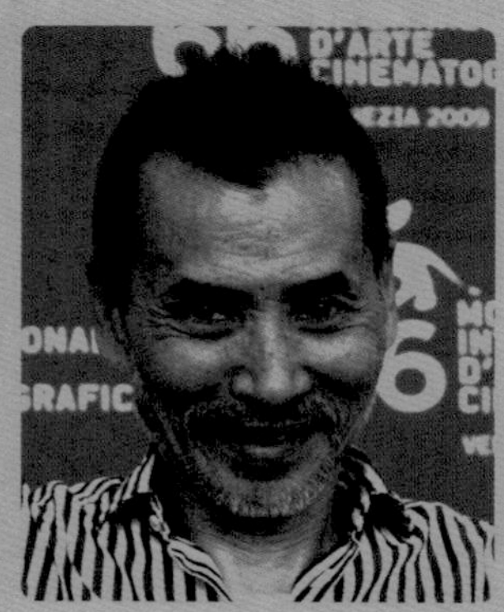

2001

導演：林重行 Rintaro

108 分鐘

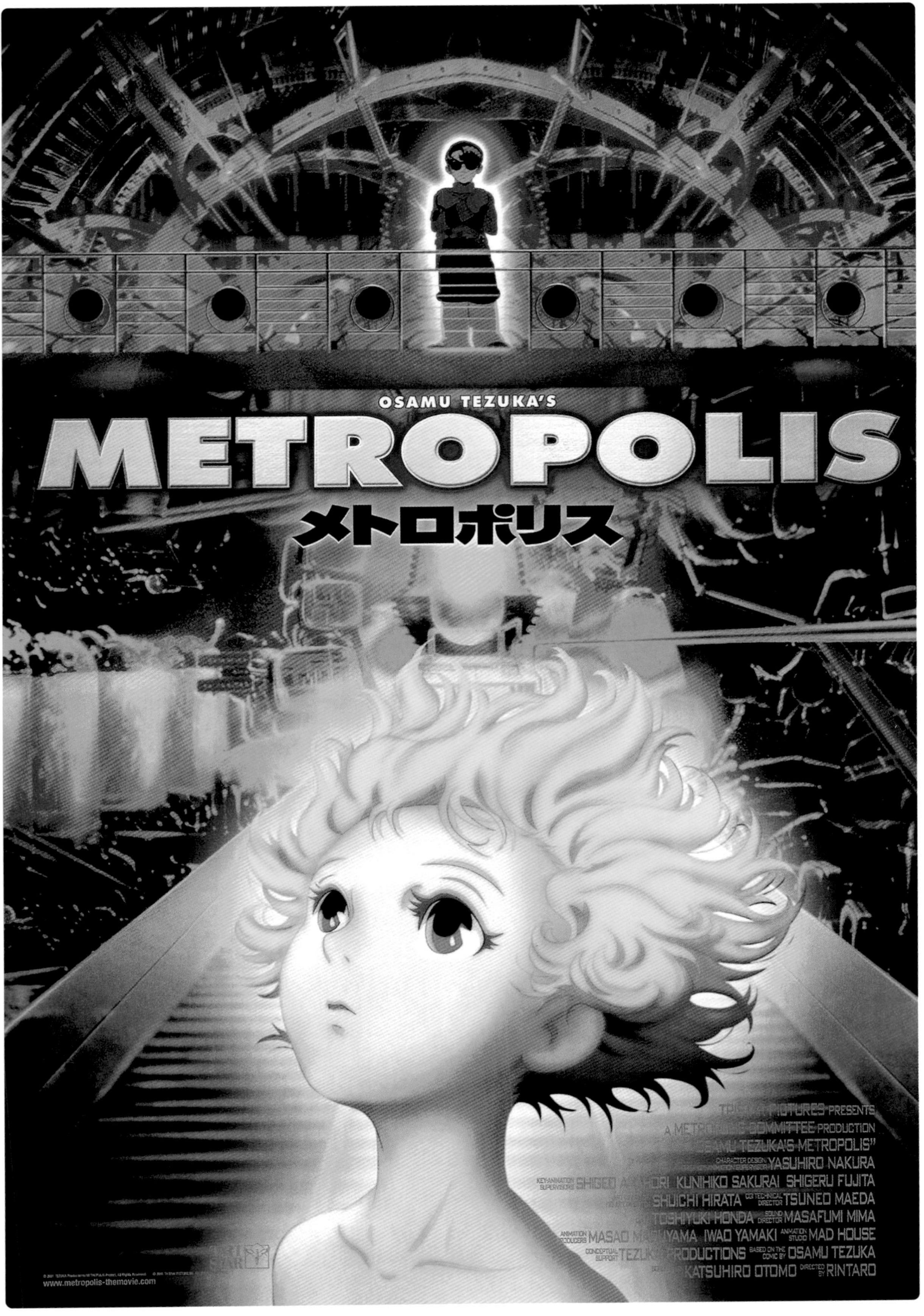
OSAMU TEZUKA'S
METROPOLIS
メトロポリス
PICTURES PRESENTS
A METRO COMMITTEE PRODUCTION
TEZUKA'S METROPOLIS"
CHARACTER DESIGN YASUHIRO NAKURA
KEY-ANIMATION SUPERVISORS KUNIHIKO SAKURAI SHIGERU FUJITA
SHUICHI HIRATA CG TECHNICAL DIRECTOR TSUNEO MAEDA
TOSHIYUKI HONDA SOUND DIRECTOR MASAFUMI MIMA
ANIMATION PRODUCERS MASAO IWAO YAMAKI ANIMATION STUDIO MAD HOUSE
CONCEPTUAL SUPPORT PRODUCTIONS BASED ON THE COMIC BY OSAMU TEZUKA
KATSUHIRO OTOMO DIRECTED BY RINTARO
www.metropolis-themovie.com

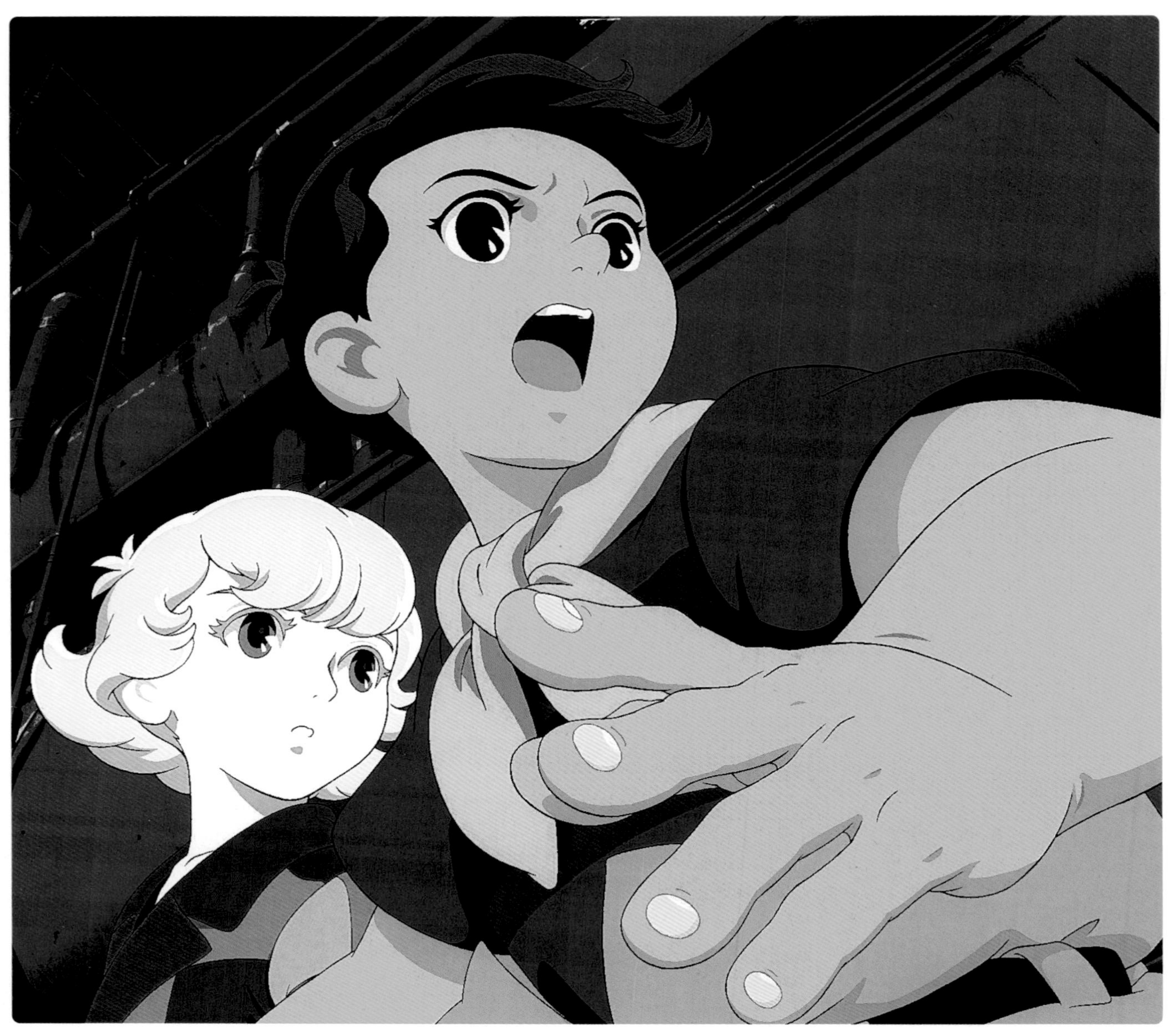

1927年佛烈茲·朗極富前瞻性的默片傑作《大都會》對科幻電影的影響非常深厚。然而，20年後當極具開創性的藝術家手塚治虫開始創作他的同名漫畫系列時，據報導他只看過電影中的一張劇照，並以此拓展出充滿著衝突與陰謀的原創故事，而時間則設定在19XX年，背景為擁有尖端科技、帶有復古未來主義感（retro-futuristic）的城市。如同朗的電影，手塚治虫不論在漫畫或電影世界都有著無可比擬的影響力，啟發無數未來世代的藝術家，並為數十年後的漫畫與動漫世界奠定了根基。

這部2001年上映、改編自手塚漫畫系列的電影，在開頭引用了朱爾·米榭勒（Jules Michelet）的文字（他的寫作也啟發了《悲傷的貝拉朵娜》）：「每個時代都夢想著自己的繼承者。」這說明故事的中心主題是發明、創新和激進的社會變革，同時也暗示《手塚治虫之大都會》如何站在日本動畫的過去、現在和未來的交界處。《手塚治虫之大都會》是兩位開創性人才之間的跨世代合作：導演林重行的作品在1960和1970年代徹底改變了日本動畫的世界；編劇大友克洋的漫畫系列和隨後的電影《阿基拉》在1980年代打破了所有的規則。兩人齊心協力，以先進的數位動畫來向手塚及其創作做出壯麗的致敬。當電影上映時，林重行向《科幻週報》（*Science Fiction Weekly*）表示，電影旨在捕捉手塚精神。

林重行相當了解手塚精神。他出生於1941年，在

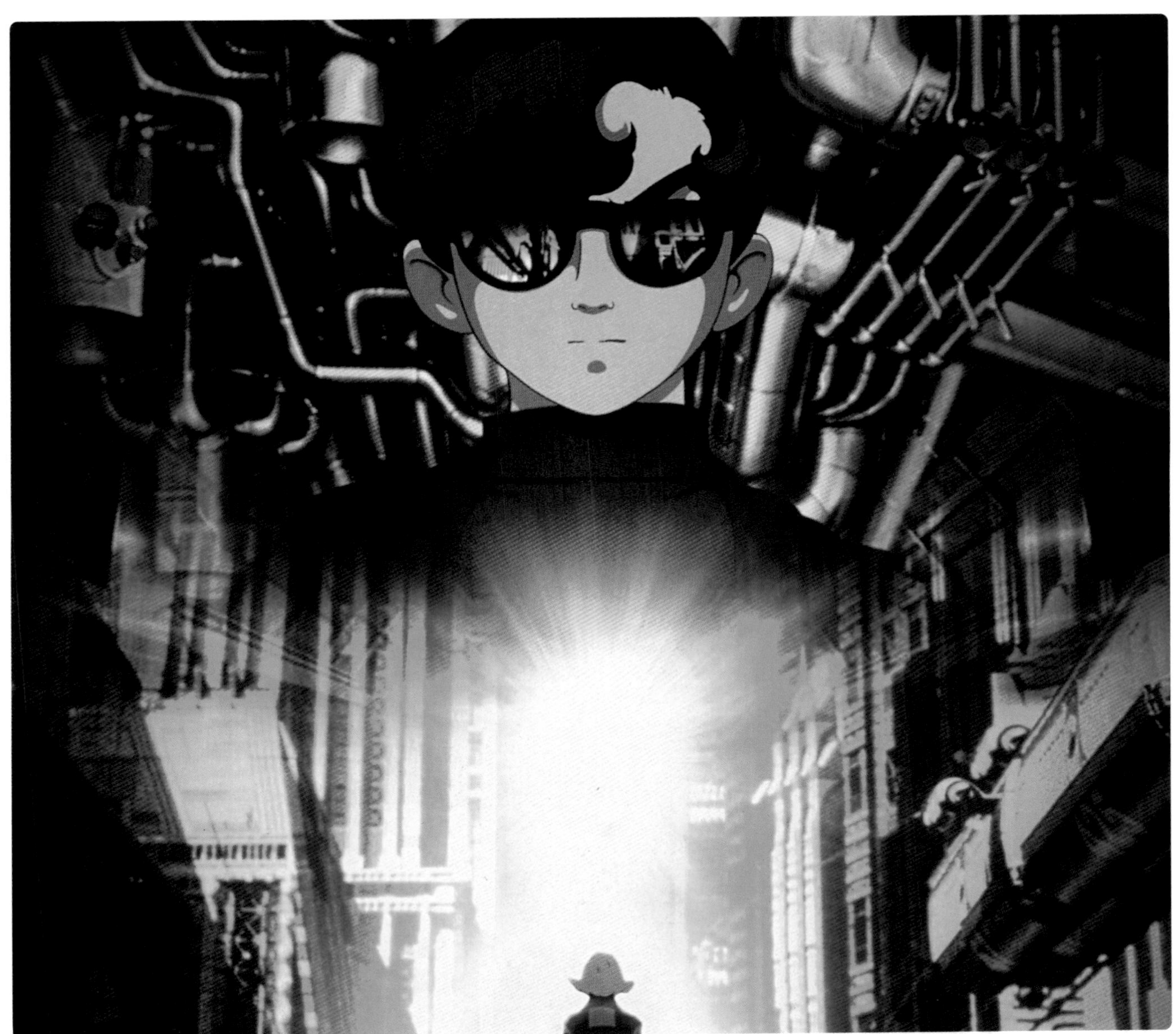

年少時期進入日本蓬勃發展的動畫產業，並加入東映動畫早期的關鍵作品；隨後他加入手塚的虫製作，並參與具開創精神的電視動畫《原子小金剛》與《小獅王》的製作。他將在生涯後期獲得更大的成功，他執導了太空歌劇史詩《銀河鐵道 999》與《宇宙海賊哈洛克》（兩部作品都改編自松本零士的漫畫系列）。他在 1980 年代與大友克洋合作，為他個人早期的動畫嘗試。兩人在《幻魔大戰》與動畫選集《新東京》一起工作，為《手塚治虫之大都會》的合作種下種子。他們的團隊眾星雲集，包含許多早已揚名立萬的導演，都加入此動畫的製作，其中有《獸兵衛忍風帖》的川尻善昭、《人狼》的沖浦啟之。

根據林重行的說法，手塚治虫從未打算改編他的任何少年時期的作品（漫畫《大都會》發行時，手塚只有 20 歲），但林重行一直很有興趣將此作改編為電影。他也曾經說過佛烈茲．朗的電影是他的最愛之一，或許這說明了為什麼電影出現許多漫畫所沒有的畫面，包括位居市中心的摩天大樓，看起來像是朗電影中的新

左頁：《手塚治虫之大都會》和《A.I. 人工智慧》（都於 2001 年發行）一樣，將後人類的辯論帶入千禧年的電影院。

上：洛克巨星（編按：Rock star，與「搖滾巨星」雙關）。為《手塚治虫之大都會》的國際海報增光添彩的是影片的反派角色洛克，他是反機器人組織的領袖。

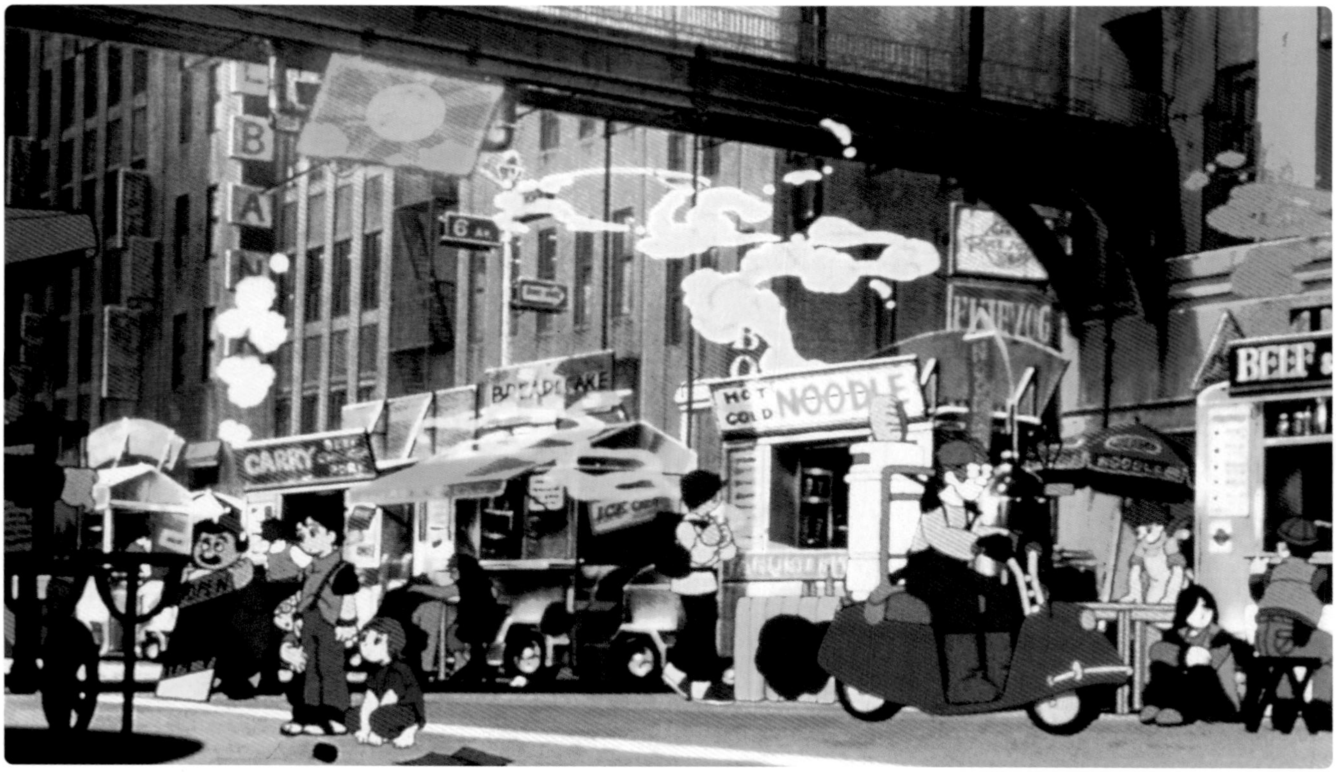

巴別塔。這些都為影片中關於階級鬥爭的反烏托邦主題，以及機器人和自由意志相關的倫理問題增添了細節，同時也不可避免地引發了比較。畢竟林重行曾經公開說過佛烈茲．朗的電影是他的最愛之一，而 1927 年的電影《大都會》可說是大友克洋創造出《阿基拉》中的新東京的源頭。

2001 年 5 月《手塚治虫之大都會》於日本上映，同年夏天史蒂芬．史匹柏的《A.I. 人工智慧》也在日本電影院播映，然而《手塚治虫之大都會》無可避免地被宮崎駿那部票房空前成功的《神隱少女》遮掩了不少光芒。隨後，2002 年初，《手塚治虫之大都會》在英語系國家上映時，名導詹姆斯．卡麥隆也盛情推薦：

「《手塚治虫之大都會》是日本動畫的新里程碑，神奇地融合電腦繪圖背景與傳統手繪角色。這部片相當美麗、具有力量、神秘，最重要的，極其動人。電影裡的畫面將讓你永難忘懷。我真誠祝賀林重行桑讓此傑作誕生。」

上：手塚治虫對大都會的想像，是基於戰時曼哈頓的繁忙景象，而林重行的電影版則做了與時俱進的詮釋。

延伸觀影

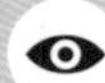

《手塚治虫之大都會》讓幾位有遠見的電影人交會——佛烈茲．朗、手塚治虫、林重行和大友克洋，因此你可以安排一場關於《手塚治虫之大都會》的馬拉松式延伸觀影。手塚日後在《原子小金剛》中延伸了《大都會》漫畫中的主題，不論在漫畫或大銀幕，他都得到了出色的突破。《手塚治虫之大都會》是日本動畫奇才林重行的早期創作，多年後他一頭栽入松本零士的創意世界：《銀河鐵道 999》與《宇宙海賊哈洛克》。至於《手塚治虫之大都會》中的蒸氣龐克風格，大友克洋日後則在《蒸氣男孩》創造了自己的氛圍，不過在此類型中，宮崎駿的史詩科幻冒險系列《未來少年柯南》絕對是強勁的對手。

影評：《手塚治虫之大都會》

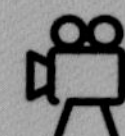

不要讓視覺欺騙了你。雖然大都會裡的市民看起來很可愛，但他們閃耀的目光下可隱藏了邪惡的思緒。這裡不是超人守護的城市，而是骯髒、法西斯主義、暴力橫行之處，亮晶晶的摩天大樓愈蓋愈高，但底下埋藏著他們想逃脫的事物。

故事從慶祝摩天大樓 Ziggurat 竣工開始，這座壯觀、以多層鋼筋鑄造的建築象徵了繁榮，並圍繞著隱藏起來的武器骨架而建造。它是閃閃發光的城市中心，而這壯麗的城市充滿了煙火、夢幻感十足的飛艇、潔淨的人行步道，與多彩的建築物，不過，那都是包裹著糖衣的毒藥。在外表之下是腐爛的核心：城市的許多構造被掩藏在地底下，留給那些被地表掃除、最貧困，而被剝奪公權的人。在最底層的地方，則是都市的腸道：下水道系統，只有被嘲笑的人才會在那工作……也就是機器人。

在富裕、奢侈、充滿階級落差和壓迫的樓層中穿梭的，是黑色電影中會出現的那種討喜偵探俊作，以及他的姪子健一。兩人在無意間捲入一場涉及反機器人革命者、戒嚴令、大規模殺傷性武器和蒂瑪的混戰之中。蒂瑪是超強大的機器人，擁有人類的外表，並以邪惡雷德公爵的已故女兒為原型製作而成。故事情節相當複雜，但很多時候都利用一名機器人來解釋劇情，這名機器人有時會來個靈光一閃的眨眼，緩解講解劇情的單調重複。當角色們逐漸深入城市時，飽覽大都會的城市規畫成為此片的一大賣點。在輕快的爵士樂伴隨下，穿著風衣的主角們鬼鬼祟祟地在小巷、巴黎風的地鐵門口、亮著霓虹燈招牌的酒吧前兜轉。城市裡滿是灰塵與蜘蛛網，牆壁上的海報早已褪色、剝落，城市裡的多數群眾與區域早已被拋下，只等待凋零。上層世界不願協助底層世界進步與擴展，昔日風景僅等待埋葬。

蒂瑪似乎給了大都會一個轉變的機會。蒂瑪代表最頂尖的科技，體現將人類與機器人合而為一的技術，同時，她也具備毀滅城市的力量。作為故事中唯一的非男性化角色，蒂瑪永遠被鬥爭兩邊的男人控制著，並逐漸找到了她的自主地位。最終，大都會的未來由蒂瑪決定，而非鬥爭的贏家或輸家：大都會被徹底炸毀，並獲得重生。

作為動畫作品，《手塚治虫之大都會》無疑相當傑出，雖然其神秘的中心敘事似乎為服務形式而存在，但這城市本身的凶險仍值得一探究竟。

下左：標誌性的眼睛。蒂瑪的外型，可回溯至手塚治虫那極具開創性的角色設計，幾十年來這些設計歷久不衰。

下右：階級機制。大都會骯髒的底層，暗示了這座閃閃發光的城市背後黑暗的、反烏托邦的基礎。

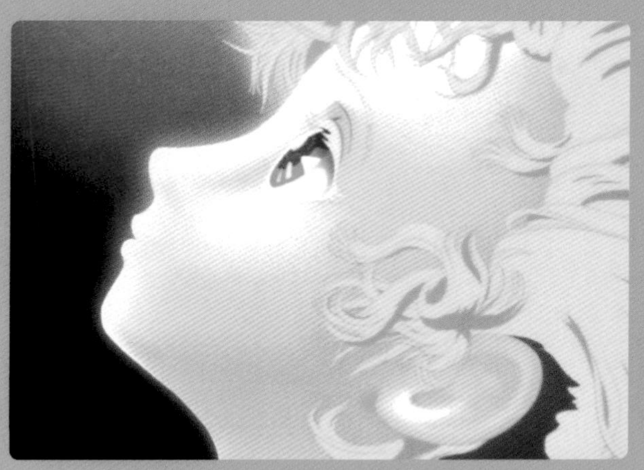

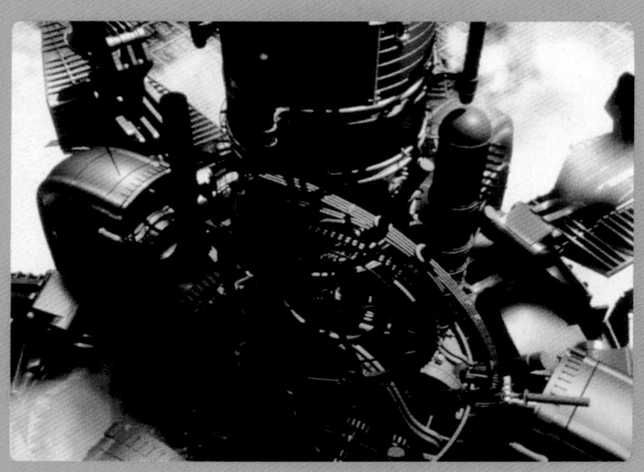

《千年女優》
（千年女優，2001）

MILLENNIUM ACTRESS
THE KEY TO ALL CINEMA

通往所有電影的鑰匙

一位電視台的工作人員為隱居女演員進行難得一見的採訪，她帶領劇中人物與我們重訪數十年來的電影史。當她講述自己的生活與演員生涯故事時，事實與虛構之間的界線開始變得模糊了。

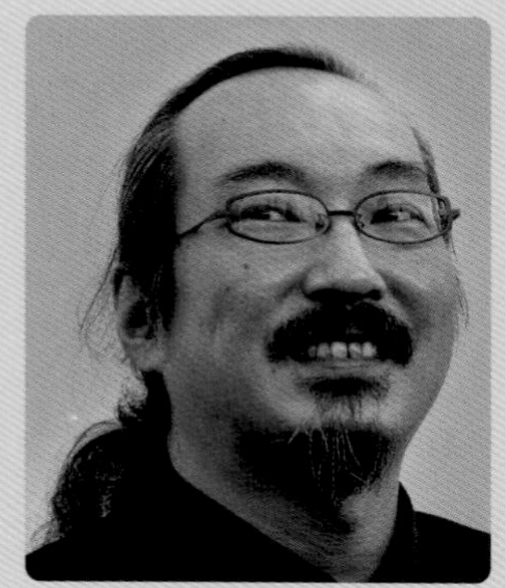

2001

導演：今敏 Satoshi Kon

87 分鐘

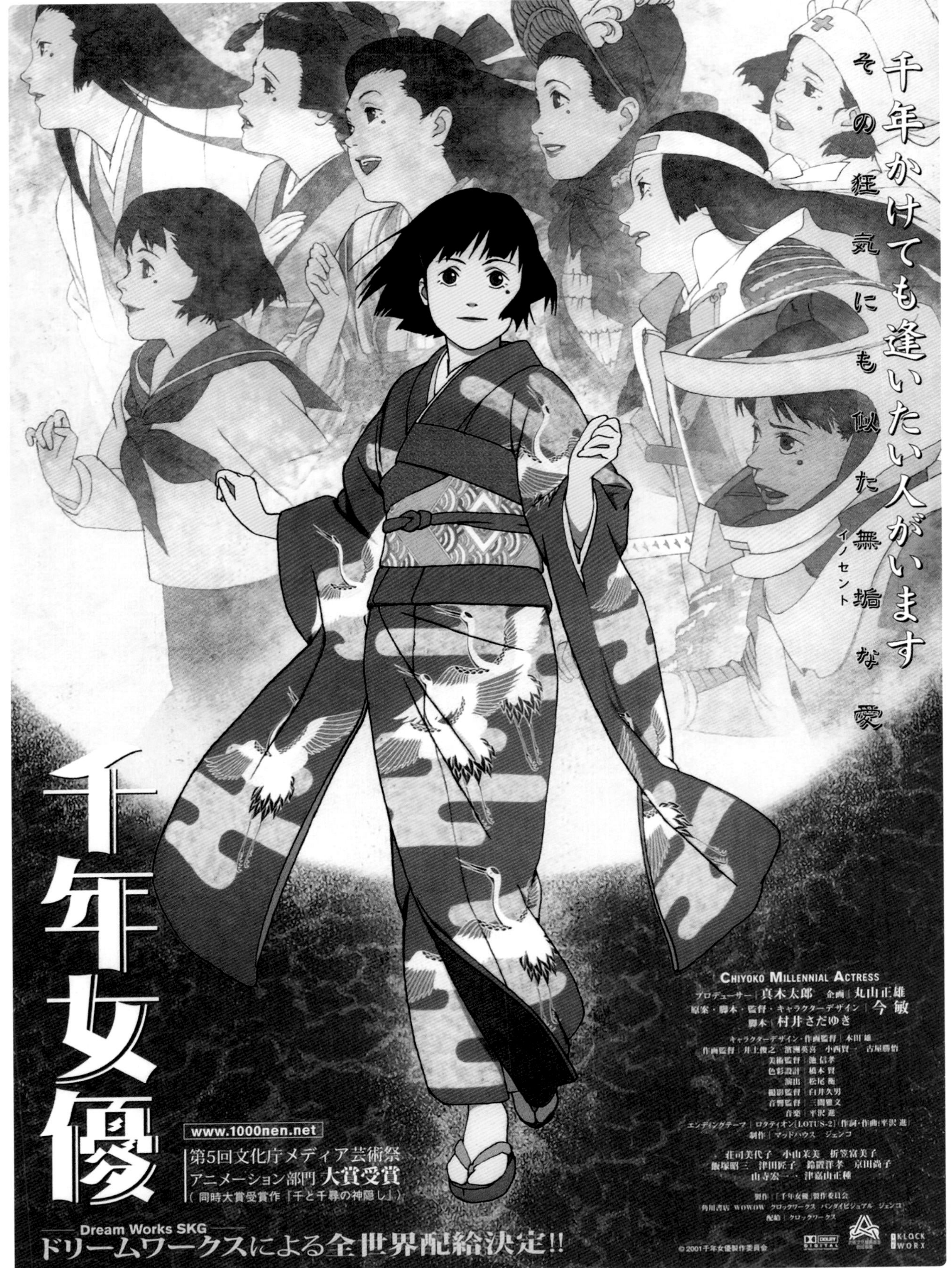
千年かけても逢いたい人がいます
その狂気にも似た無垢(イノセント)な愛
千年女優
www.1000nen.net
第5回文化庁メディア芸術祭
アニメーション部門 大賞受賞
(同時大賞受賞作『千と千尋の神隠し』)
Dream Works SKG
ドリームワークスによる全世界配給決定!!
CHIYOKO MILLENNIAL ACTRESS
プロデューサー｜真木太郎 企画｜丸山正雄
原案・脚本・監督・キャラクターデザイン｜今 敏
脚本｜村井さだゆき
キャラクターデザイン・作画監督｜本田 雄
作画監督｜井上俊之 濱洲英喜 小西賢一 古屋勝悟
美術監督｜池 信孝
色彩設計｜橋本 賢
演出｜松尾 衡
撮影監督｜白井久男
音響監督｜三間雅文
音楽｜平沢 進
エンディングテーマ｜ロタティオン[LOTUS-2](作詞・作曲:平沢 進)
制作｜マッドハウス ジェンコ
荘司美代子 小山茉美 折笠富美子
飯塚昭三 津田匠子 鈴置洋孝 京田尚子
山寺宏一 津嘉山正種
製作｜「千年女優」製作委員会
(角川書店 WOWOW クロックワークス バンダイビジュアル ジェンコ)
配給｜クロックワークス
© 2001千年女優製作委員会
DOLBY DIGITAL
KLOCK WORX

如果我們必須在人才濟濟的日本動畫世界中，選出一位導演來與全球電影史上最偉大的導演齊名，那人必非今敏莫屬。他的人生太過悲慘地終結在 46 歲，即使如此，他也創造了一小部分創新而影響力深刻的作品，這在動漫、動畫與電影世界絕對無人可及。

今敏出生於 1963 年，如同本書中討論的許多電影導演一樣，是日本動畫滋養長大的一代。他在遙遠的北方札幌長大，在看過當時流行的電視動畫後，夢想成為動畫師，其中包括宮崎駿和高畑勳的《小天使》、《未來少年柯南》以及《機動戰士鋼彈》與《宇宙戰艦大和號》。他也是瘋狂的漫畫迷，並正好在瞄準成人讀者的漫畫熱潮中度過青少年時期，這些作品包括大友克洋的《童夢》。

他前往東京武藏野大學學習藝術，並開始繪製自己的漫畫故事。他的其中一部作品贏得《週刊 Young Magazine》漫畫比賽的亞軍，並首度與大友克洋碰面。今敏日後加入大友克洋漫長的《阿基拉》計畫，並擔當美術助理。他從動畫世界的底層開始艱難攀爬，也為雜誌創作過短篇作品，如今這些作品都已翻譯，收錄於《夢的化石》當中。直到 1990 年，他才首次創作第一本單行本《海歸線》。

他與大友克洋維持著友好關係，並最終進入電影與動畫產業，他在 1991 年參與兩項絕佳的製作計畫：真人喜劇恐怖片《國際恐怖公寓》，此作由大友克洋執導，今敏撰寫劇本；動畫片《老人 Z》，由大友克洋編寫劇本，今敏參與背景繪製並擔任主鏡動畫師。接著，今敏開始與當時動畫界極具遠見的重要動畫大師押井守一起工作，並參與 1993 年《機動警察劇場版 II》的製作，負責背景繪製。1995 年，當大友克洋製作動畫選集《回憶三部曲》時，羽翼漸豐的今敏負責《她的回憶》的腳本、構圖設計與背景設計。如今回想起來，早在夢境般與充滿著不安感的恐怖短片裡，就已奠定今敏獨有的風格，他欠缺的只是執導的機會而已。

當大友克洋向動畫工作室 MADHOUSE 舉薦今敏導演改編竹內義和的小說《藍色恐懼》時，他的時機終於來臨。今敏接下任務，並協同村井貞之改寫劇本，他在預算相當精簡的情況下完成此片，而作品原本打算直接發行家用錄影帶，後來則成功躍升至院線放映。在電影製作過程中，今敏必須刪減分鏡圖裡數百個鏡頭，並精簡場景，以縮短片長；也因此，他創造了斷裂、非線性的敘事，並完美襯托電影情節：這是一部關於流行偶像轉型為演員的故事，身為年輕女性的女演員在聚光燈之下被一再剝削、被躲在陰影處的跟蹤者威脅，而瀕臨崩潰的邊緣。

《藍色恐懼》成為一部受到狂熱追捧的作品，在國際影展中廣受好評，並鼓舞了今敏以導演的身分進行更多計畫。改編筒井康隆《盜夢偵探》的機會慢慢浮現，但直到 2006 年才付諸實行。在此之前，製作人真木太郎向今敏提出創作的挑戰。真木太郎稱《藍色恐懼》的破碎式結構為錯視電影（trompe l'oeil film），他認為此種風格顧名思義為「欺騙眼睛」，好比讓 2D 圖像看似為 3D 畫面。他敦促今敏繼續保持錯視風格，用動畫來挑戰幻想和現實的概念，模糊兩者之間的界限。

在評估數個概念與執導方向後，今敏選擇了《千年女優》，他認為《千年女優》的正面能與《藍色恐懼》的黑暗、不安作為互補。他向「午夜之眼」網站表示，「《千年女優》與《藍色恐懼》就像一體之兩面，當我開始進行《千年女優》時……我透過描繪仰慕者與偶像間的關係，有意識地讓兩部片成為姐妹作品。」在《千年女優》裡，今敏探索的並非流行音樂世界，而是電影本身，透過一位絕代電影明星的生活與工作，穿梭日本電影史。

眾所周知，今敏是狂熱的影癡。他在部落格上發表啟發自己的 50 部電影清單，之後又發表第二份 50 部電影清單……接著，他又發表了「遺珠電影清單」。綜觀他所提供的電影清單，影響今敏的大師級導演有亞佛烈德・希區考克（Alfred Hitchcock）、比利・懷德（Billy Wilder）、約翰・福特（John Ford）以及幾部經典電影包括《星際大戰》（*Star Wars*）、《異形》（*Aliens*）、《銀翼殺手》（*Blade Runner*）與《火線追緝令》（*Se7en*），清單裡也有幾個怪怪的選擇，好比提姆・波頓（Tim Burton）的《星戰毀滅者》（*Mars Attacks*）、哈羅德・雷米斯（Harold Ramis）的《今天暫時停止》（*Groundhog Day*）、喬治・羅伊・希爾（George Roy Hill）改編自馮內果（Kurt Vonnegut）的《第五號屠宰場》（*Slaughterhouse-Five*），以及泰瑞・吉蘭（Terry Gilliam）的電影。

儘管如此，《千年女優》是對日本電影的致敬之作，其內容明確且細膩地摻雜了許多電影和演員，如黑澤明的《蜘蛛巢城》，以及經常出現在小津安二郎電影中、並如千年女優那樣退出影視圈隱居多年的演員原節子。

2001 年 7 月，《千年女優》在加拿大奇幻電影節（Fantasia Film Festival）首映，並且與之前的《藍色恐懼》一樣，在各大國際影展中表現出色。在日本，《千年

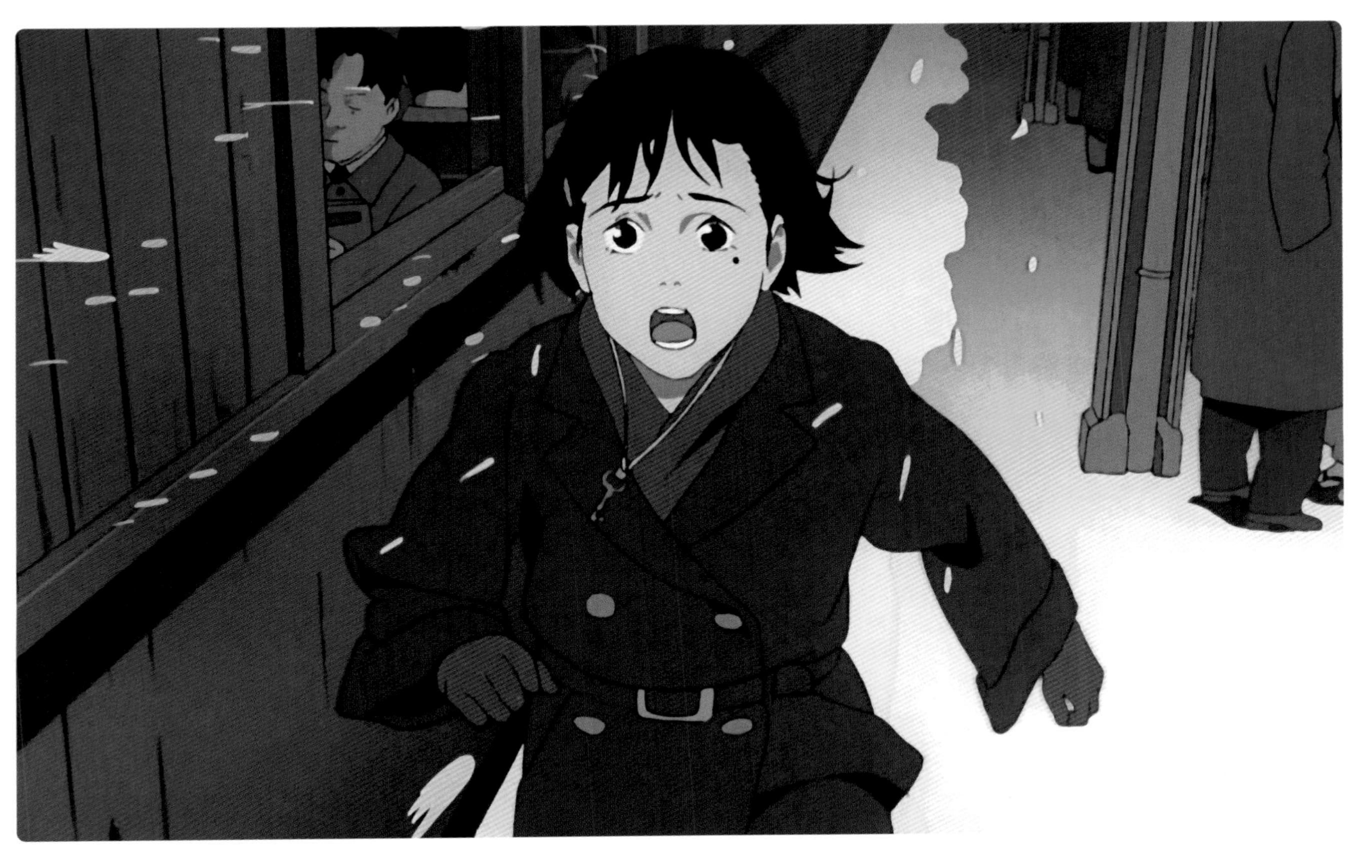

上：作為導演，今敏絕對是獨特、無可企及的動畫風格開創者。

女優》所獲得的評價遠超越票房所得，該片贏得每日電影獎的大藤信郎獎，此獎項向來頒予擁有「傑出動畫表現」的電影，並表揚創新、獨立的精神。

動畫製作人、MADHOUSE創辦人丸山正雄一直都是今敏最忠誠的支持者，守護他直到最後未完成的作品《夢想機械》。2017年他在蘇格蘭愛之動畫節（Scotland Loves Anime）的映後座談中回憶道，「我對今敏說，『我喜歡你。我喜歡你的作品。你擁有不凡的能力，只是主流世界看不懂。』今敏在世時，或許沒有像他的導師大友克洋或押井守一樣獲得商業成功，並受到大眾喜愛，但他的偉大至今仍引起共鳴。」

延伸觀影

在這本書裡，沒有任何導演讓我們惋惜自己訂下的「一位導演一部片」的規則，但今敏的每部作品都值得花時間觀賞，不論是關於流行偶像的心理驚悚砍殺片《藍色恐懼》；或是令人訝異的、以聖誕節為主題的犯罪冒險片《東京教父》；抑或令人眼花撩亂、夢幻感十足的科幻驚悚片《盜夢偵探》。今敏的迷你電視動畫系列《妄想代理人》也是相當重要的作品，其實這部作品在本質上是以動畫的形式，針對存在的焦慮與社會的不安，提出人類學式的探討；而他未完成的漫畫《OPUS》，如同《千年女優》，將藝術與藝術家的關係，變成了雲霄飛車般的跌宕旅程。

影評：《千年女優》

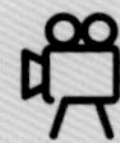

如果你還沒看過今敏的作品，那麼你最好趕快加緊腳步。但他的電影似乎很難讓人從容趕上。今敏的快節奏毫不猶豫、生動，並且讓故事充滿驚喜。幾乎在每個轉折點都充滿著智慧與靈光。他的角色、地點甚至電影本身的形式都可以在一瞬間轉換，如同個性、夢境與記憶也在銀幕上崩塌、變形，他讓觀者感到強烈的驅動力，追趕影片直至最後的鏡頭。他的電影近乎完美，只可惜往往太短。

他的第一部長片《藍色恐懼》透過一名流行偶像轉攻演員之路的故事，審視了名氣和粉絲圈的破壞性本質，當她成為跟蹤受害者時，她的現實世界開始崩解，而個人生活也與工作劇烈地合而為一。《藍色恐懼》相當寫實地探討了殘酷、聳動與令人痛苦的毒性偶像崇拜文化，儘管電影已上映25年，但觀者仍可感受到真實的共鳴。《千年女優》則相反，它以更為純真與愛慕的方式，呈現藝術與藝術才華之間的關係，今敏精巧地翻動了銅板的兩面。

電影講述引退近30年的傳奇女演員藤原千代子的故事，一組電影工作人員，包括身為千代子超級粉絲的導演，對她進行採訪。作為一部今敏的電影，對話場景的呈現方式不只是「正反拍鏡頭」那麼簡單。《千年女優》是一部關於「觀看與被觀看」的作品，其中作為演員的經驗被分享給觀眾，而觀眾們則會在故事裡找到自己。千代子描述年輕時曾協助一名藝術家逃避警察的追捕。藝術家給了她一把鑰匙，說「這是最重要的東西。」她帶著鑰匙，在追尋藝術家的路途上，自己也踏入了藝術的世界；她希望在不同的地點、造型與風格之間的電影中，找到他的身影。當她在講述故事時，畫面上出現了她所扮演的知名角色，而導演立花源也和攝影師井田恭二也掉入了千代子的電影情節中，一開始像是個偷窺者，後來成為手持武士刀的一分子。對今敏來說，要與電影產生連結，就是縱身其間；而《千年女優》不斷地在現實與虛構、藝術與藝術家、表演者與觀眾之間流動，像是寫給電影的長篇情書。

這種標誌性的蒙太奇表現存在於今敏的所有作品裡，也是他的電影如此吸引人的原因之一。在《藍色恐懼》裡，以這種手法捕捉精神病的驚悚流動感；在電視動畫系列《妄想代理人》中，創造了感知真實的波動性；而在他之後的《盜夢偵探》裡，則代表了真實與夢境之間，如薄膜般的存在。他的蒙太奇手法創造出讓主觀與客觀世界巧妙地融合在一起的空間，讓觀者從僵化的觀點中解放出來，提供他們刺激、自由的觀影經驗。場景之間很少有明確的分隔，因為他運用匹配剪接（match cut），

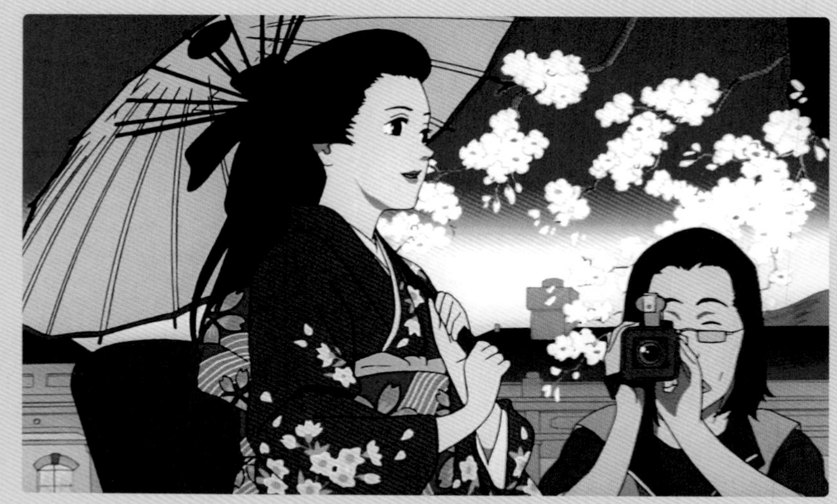

左：《千年女優》模糊了現實與虛構的邊際。紀錄片團隊跟隨著女演員穿梭在她的電影之中。

右頁：《千年女優》裡的紀錄片導演在今敏的鏡頭下，是比較健康的超級粉絲。

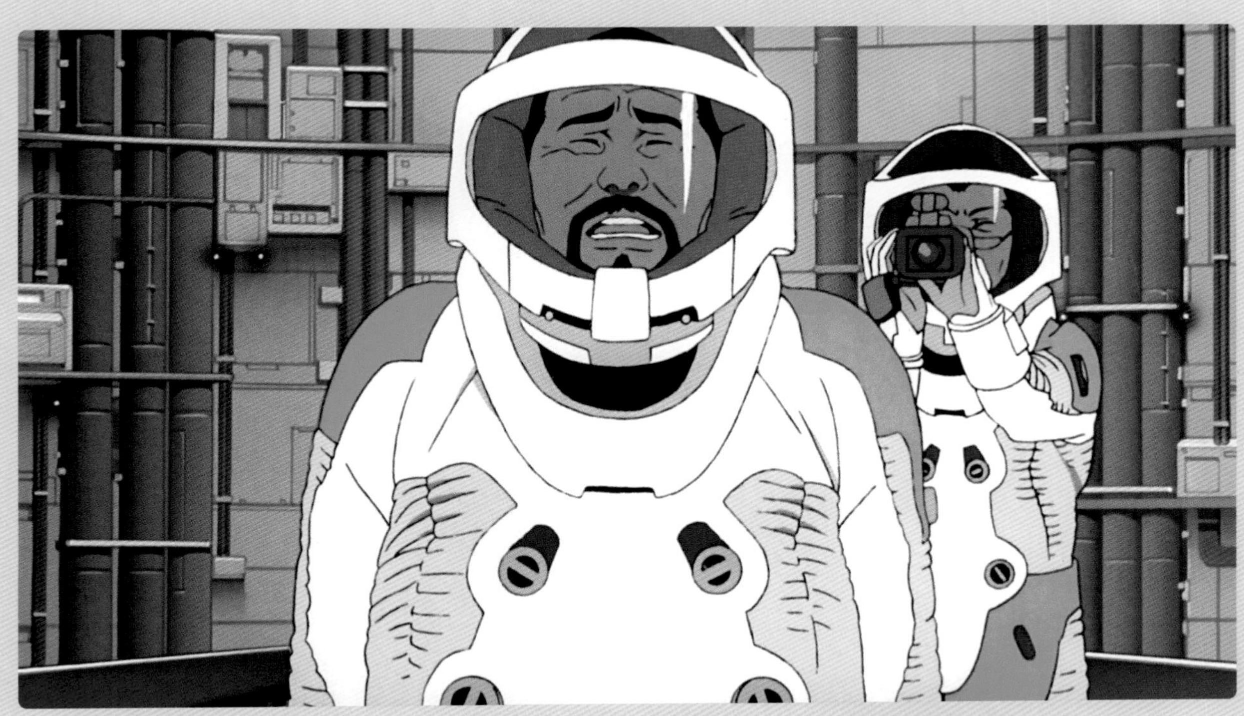

讓前一個場景的動作、顏色或設計聯繫到下一個場景，因此角色看似無縫接軌地從滿洲的火車車廂，穿越至富麗堂皇的圍城戰當中。在平澤進神秘、動感的合成器聲響配樂裡，《千年女優》不是鏡頭的拼貼，而是永恆綿延的催眠卷軸。

那麼，鑰匙到底是什麼呢？這支鑰匙貫穿整部電影，一開始，由一名看不清楚臉龐的男子交給千代子，他的面容始終躲藏在陰影中。這是因為他的身分一點也不重要，鑰匙能打開什麼，其實也不重要。如同「玫瑰花蕾」〔Rosebud，譯按：電影《大國民》（*Citizen Kane*）中主角的遺言〕與「馬爾他之鷹」〔Maltese Falcon，譯按：電影《梟巢喋血戰》（*The Maltese Falcon*）中，馬爾他之鷹象徵對真相的追尋。〕這只是我們的麥高芬（MacGuffin），用來展開整個故事。對千代子來說，重點是「追逐」本身，而不是追逐的結果。對她來說，那代表創意的追尋，透過一名難以捉摸的藝術家作為象徵，追尋本身才是最有意義的，而非潛在的結果。今敏在故事中融入了小津安二郎的電影、《哥吉拉》，其中最明顯的就是《蜘蛛巢城》，而《蜘蛛巢城》的故事即來自莎士比亞的名作《馬克白》（*Macbeth*），在這部改編自蘇格蘭戲劇的黑澤明電影，其中令人難忘的預言者幽靈人物多次現身與千代子互動，一邊轉動紡車一邊編織出她的命運故事，並透過齒輪與紡紗，映射出賽璐璐投影。在片中後段，當她回顧生活與事業時，她解釋自己總是在「追逐影子」，或許我們可解讀為她在尋覓消失的藝術家，不過也可解釋為追尋電影：如果我們不追逐著被投影的幻影，那觀影經驗又是什麼？

然而，今敏的觀點並非全然的浪漫。千代子所經歷令人不舒服的導演和產業中畸形的現象與裙帶關係，都是可悲的現實，而且陳腐不變。連電影核心的那組追尋千代子並要求她回溯一生的紀錄片團隊，都有令人質疑之處。從當代網路文化的眼光觀之，名人生活的私密細節往往被無止境地消費，而立花源與千代子某種單向的社會關係，也突顯了粉絲無法將喜愛的藝術家與他們所扮演的角色切割開來。

然而，對今敏來說，一切都與電影無可分離。儘管產業存在著缺憾、頻繁的剝削與心理傷害，但電影仍展現了藝術家如何對自己的工具與畫布感到興奮與迷戀。今敏的每部作品都嘗試突破動畫的限制，以及觀眾的感知，而我們也滿心歡喜地持續追尋。

《星際牛仔：天國之門》
（カウボーイビバップ 天国の扉，2001）

COWBOY BEBOP: THE MOVIE
RETURN OF THE SPACE COWBOY

星際牛仔的回歸

這部熱門動漫系列的衍生作品，講述賞金獵人史派克．史比格（Spike Spiegel）與太空船 Bebop 號的成員，一起追捕那些威脅要將火星上所有人類消滅的恐怖分子的故事。

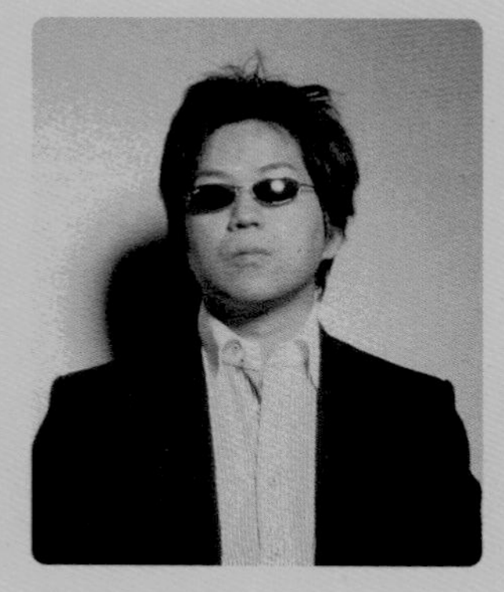

2001

導演：渡邊信一郎 Shinichirō Watanabe

115 分鐘

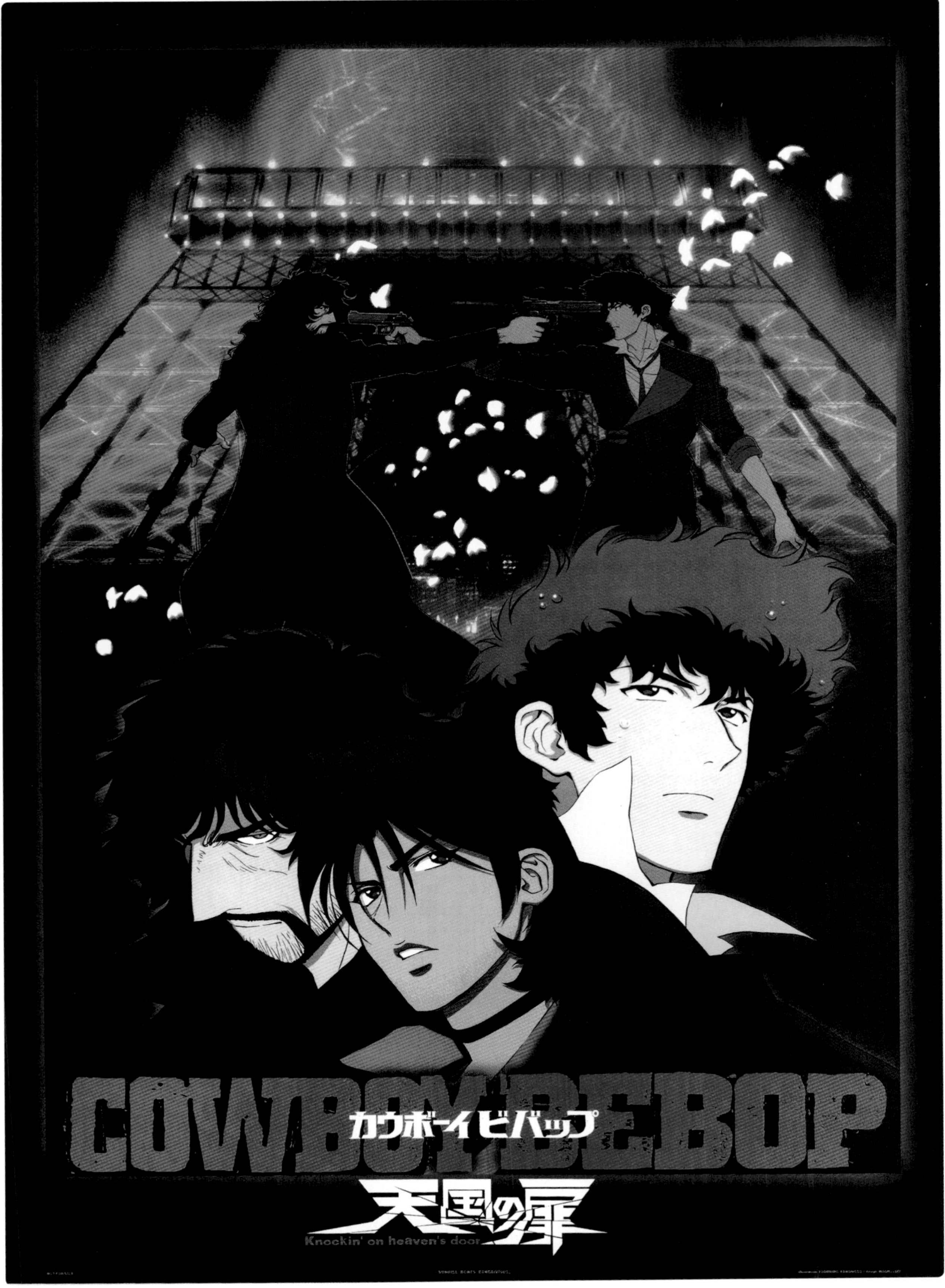
COWBOY BEBOP
カウボーイビバップ
天国の扉
Knockin' on heaven's door

渡邊信一郎總是戴著他著名的墨鏡，他應該也是動畫史上最酷的創作者之一。其劃時代的太空歌劇《星際牛仔》系列，是藝術風格與複雜情節的融合，該片在未來感十足的科幻設定中，混入美國西部式的狂野社會環境。而動感的背景音樂則由傑出的合作藝術家菅野洋子主導。

最初開發《星際牛仔》這部作品時，原本打算與萬代合作推出可動人偶，但該作品過於另類的概念，後來讓這家玩具商打退堂鼓。而當創作團隊擁有完全主導權時，該系列發展成真正強悍、具有超級風格與影像可能的獨一無二的作品。當《星際牛仔》推出時，立刻引起轟動，國際上尤其如此，該電視動畫在英語國家的 Cartoon Network 的青少年頻道上播放。對一整個世代的動漫迷來說，《星際牛仔》讓人上癮，並在發行近 20 年後，仍然是粉絲的心中最愛（儘管該系列歷經糟糕的翻拍事件，請見下方欄的相關說明。）

雖然這部電視動畫是一群極其互補的藝術家的合作成果，包含編劇信本敬子與作畫監督川元利浩等，但率領眾人前進的是渡邊信一郎的眼光。渡邊信一郎出生於 1965 年，他親眼目睹了影響深刻的動畫浪潮，在此大浪中，許多與他同時代的人都夢想成為動畫師。然而，渡邊信一郎的品味相當多元，他喜歡《魯邦三世》，也喜歡 40 年代的黑色電影、山姆・畢京柏（Sam Peckinpah）的暴力西部片、《緊急追捕令》（*Dirty Harry*）系列電影、李小龍的武打經典《龍爭虎鬥》以及雷利・史考特（Ridley Scott）的科幻片《銀翼殺手》。

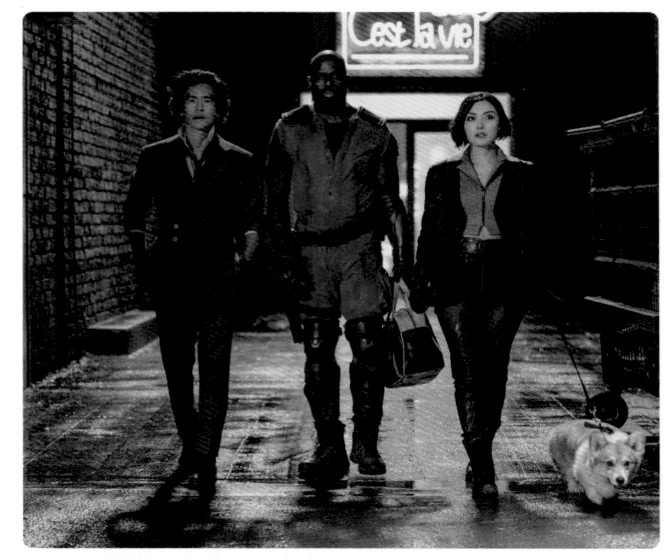

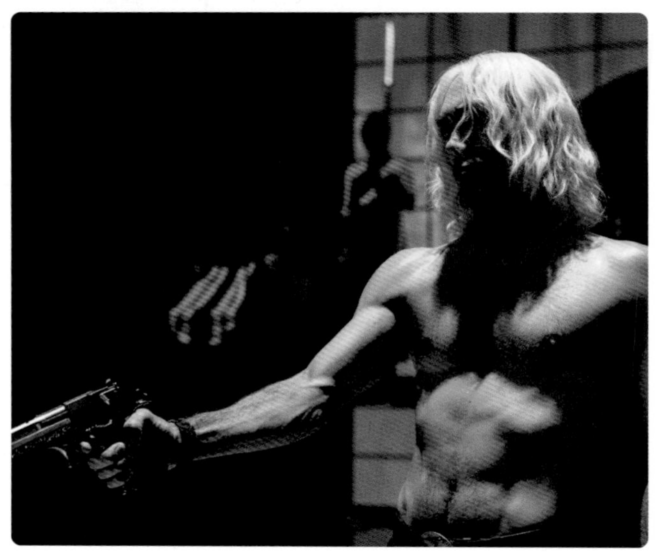

本頁二圖：趙約翰（John Cho）、穆斯塔法・沙基爾（Mustafa Shakir）、丹妮雅・皮內達（Daniella Pineda）主演飽受批評的 Netflix 翻拍影集，改編自備受喜愛的動畫；而艾力克斯・哈塞爾（Alex Hassell）則為主要的反派人物威夏斯。

右頁上：子彈列車。片中最出色的動作場面發生在未來化的單軌列車系統上。

右頁下：影片主角。星際牛仔由一群不合群的不良分子所組成。

受詛咒的英語版翻拍

如果你想惹動畫超級粉絲生氣，不妨問問他們對美國重製日本熱門動漫系列的感想。2021 年 Netflix 上映的《星際牛仔》真人改編版遭到粉絲的無情嘲笑，導致串流平台取消新一季的計畫。但《星際牛仔》真人版並非唯一被指責的英語製作系列，其他同樣有此命運的作品包括《死亡筆記本》（*Death Note*）、《七龍珠：全新進化》（*Dragonball: Evolution*）與《攻殼機動隊》（*Ghost in the Shell*）。不過有兩部作品似乎證明並非所有的美國動漫改編作品都非常誤判、可笑與缺乏創意——華卓斯基姐妹檔執導的色彩繽紛、活力充沛的《駭速快手》（*Speed Racer*），以及羅勃・羅里葛茲（Robert Rodriguez）引起粉絲膜拜的大作《艾莉塔：戰鬥天使》（*Alita: Battle Angel*）。

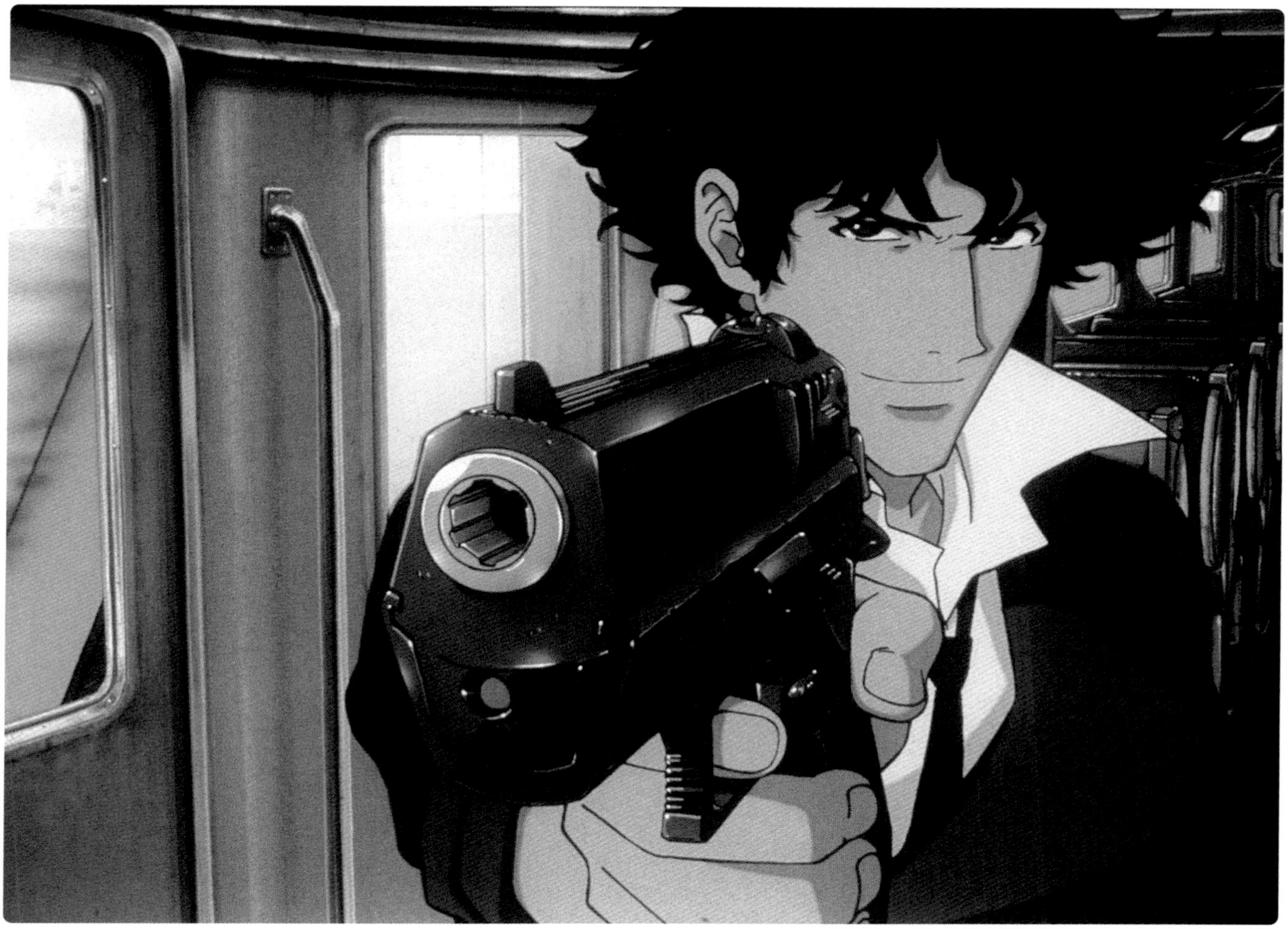

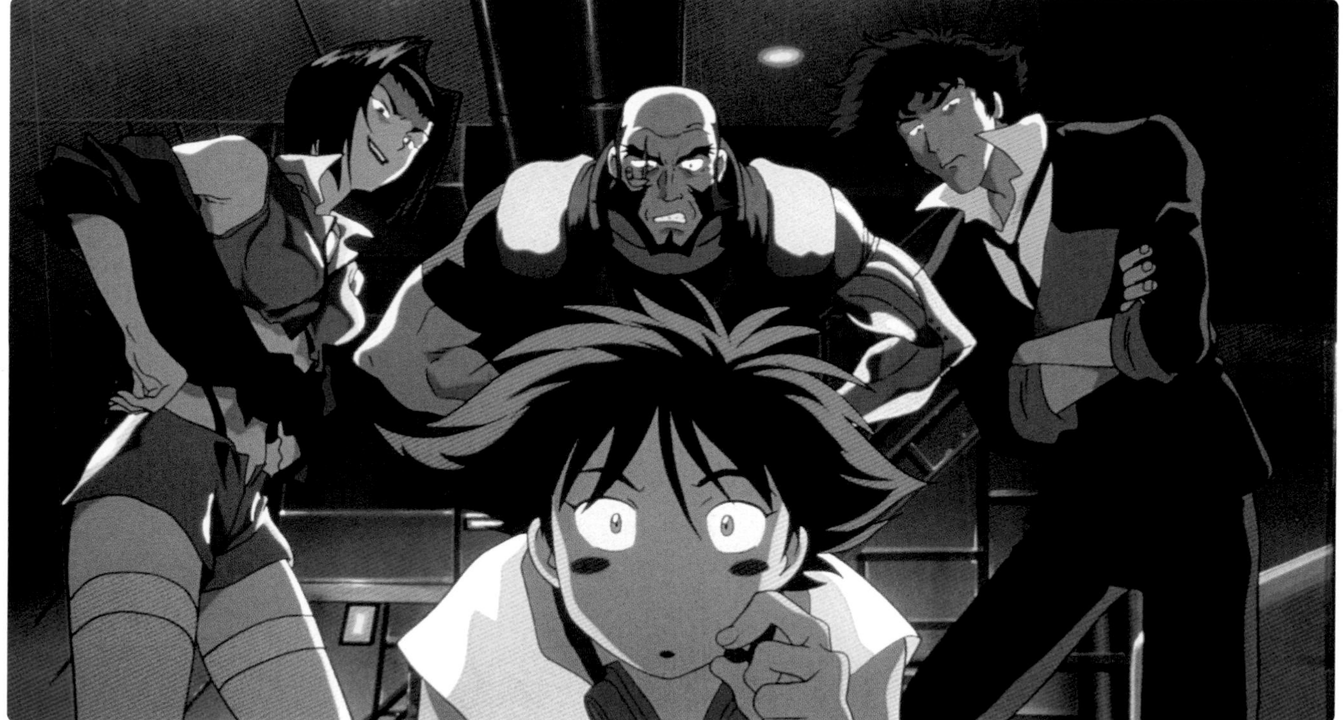

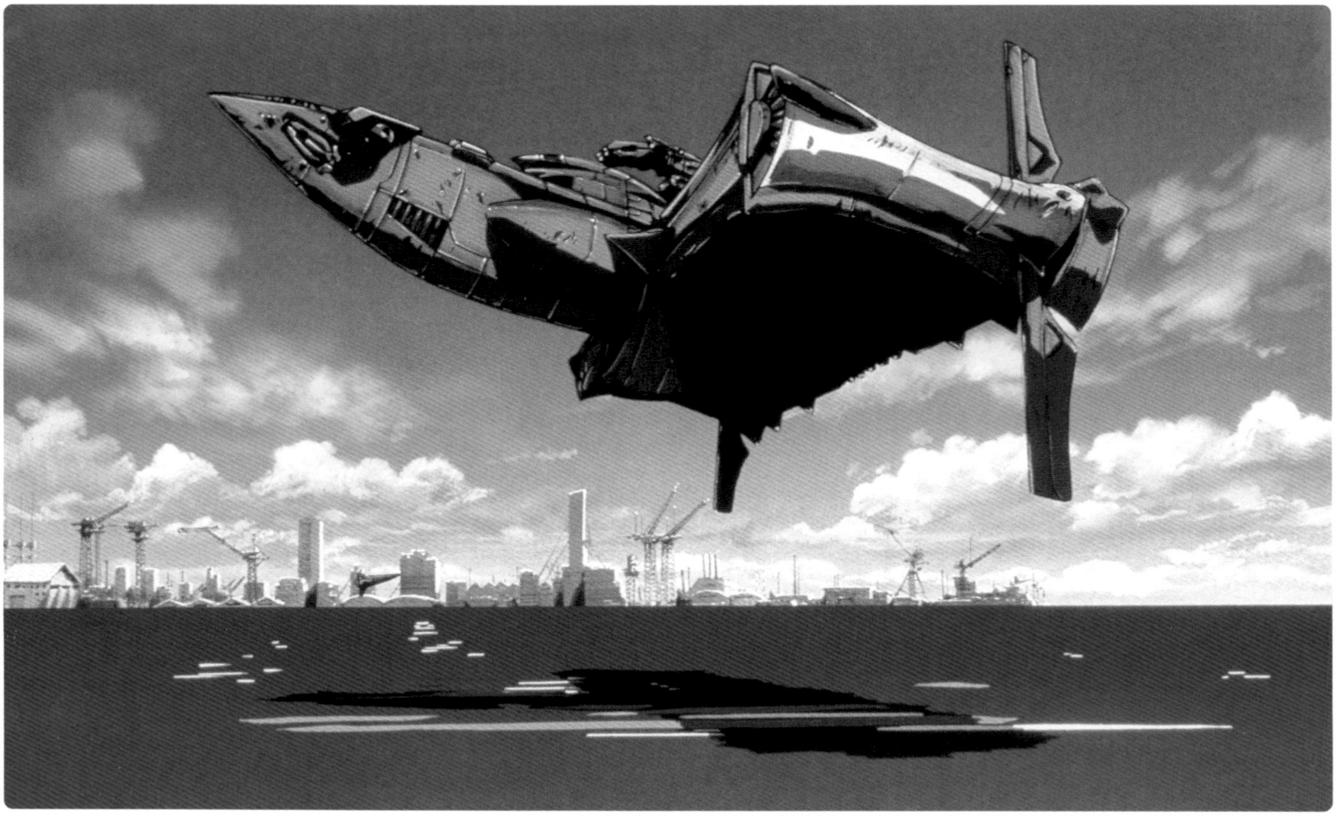

不過渡邊信一郎認為 1984 年正是他全心投入動畫創作的一年，當時日本推出三部重要動畫長片：宮崎駿的《風之谷》、押井守的《福星小子 2：綺麗夢中人》和《超時空要塞：可曾記得愛？》，日後他的導演處女作《超時空要塞 Plus》也接棒掌舵了《超時空要塞》系列。2020 年當渡邊信一郎與安德魯．奧斯蒙於「動畫大宇宙」（All the Anime）部落格進行訪談時，曾如此提及那關鍵的一年：

「當時這些動畫早已超越日本製作的任何真人電影。我一直都很想拍片，因此，當時我想，要拍片最好就走動畫這條路，而不是真人片。」

《星際牛仔》系列明顯受到電影的影響，而渡邊信一郎製作此系列時，也時時想著電影，因此當這部原創電視動畫結束時，很自然地就發展出衍生性的長片作品。當動畫演到第 22、23 集時，長片計畫開始滾動，並集結了整個核心創意團隊，這次擁有更多的時間與更大的預算，以期創造出可以吸引死忠粉絲與潛在新觀眾的長片。

上：Bebop 號，我們的英雄所居住的殘破的家，也是動漫世界所創造出的最強大的獨特艦艇之一。

延伸觀影

目前渡邊信一郎被視為日本動畫產業最頂尖的導演之一，他也是少數擁有國際發行機會並廣獲好評的日本動畫導演。《星際牛仔：天國之門》仍是他少數的動畫長片作品，不過他多變且融合各種類型的電視動畫系列確實廣受喜愛。他時常與《星際牛仔》系列的老戰友們合作這些系列作品，包括作曲家菅野洋子與編劇信本敬子。對那些害怕必須花太多精力去追長達 100 集左右的作品的動畫迷來說，謝天謝地這些系列都還滿短的，這點至關重要。我們當然推薦讀者追《星際牛仔》系列，不過嘻哈武士史詩故事《混沌武士》也值得一看，爵士樂團青春劇《坂道上的阿波羅》或甜美科幻劇《凱洛與塔斯黛》，也值得探索。

影評：《星際牛仔：天國之門》

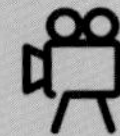

要下決心觀看《星際牛仔》這部極具代表性的電視動畫是滿有壓力的，就好比決定開始來看《雙峰》（*Twin Peaks*）一樣。大衛．林區（David Lynch）和渡邊信一郎一樣，前者的超現實謀殺催生出電影版《雙峰：與火同行》（*Twin Peaks: Fire Walk With Me*），對粉絲來說當然是好事，但對從未看過影集的人來說，他們可能會在不著邊際的樹林裡摸索出逃亡之路，而且永不回頭。但《星際牛仔》完成了令人印象深刻的壯舉，它完美滿足死忠觀眾與新觀眾的胃口。《星際牛仔》的專業粉絲如同挖到了金礦，他們熱愛的小螢幕世界主角被放大，並輕輕鬆鬆地被帶進了電影院；而新觀眾除了看到刺激、令人滿足的電影以外，也會欣喜地發現還可以探索無數個小時的電視動畫。

電影一開場就把觀眾丟入一場暴亂、輕鬆的超商搶劫案。渡邊信一郎受西部電影的影響顯而易見，他的鏡頭彷若透過保齡球瓶形狀的魚眼鏡頭拍攝，他將敵對雙方放在鏡框邊緣，空曠的商店地板將兩方分開。這是塞吉歐．李昂尼（Sergio Leone）行雲流水式的搶劫，全片都充滿這種明顯的影響，這只是其一。閃閃發亮的霓虹街道讓人想到《銀翼殺手》，不過懶懶散散、無禮的角色們，以及從街道仰拍的手持鏡頭，令人聯想到 90 年代的滑板影片，而不是反烏托邦科幻電影。這座火星上的城市建築近似紐約、巴黎與摩洛哥的混合體。當角色橫掃街角與特色邊境時，看起來像是環遊世界的印第安納．瓊斯探險，並有著印度女神迦梨（Kali Ma）的血腥風格，只是全部鏡頭都發生在同一座城市。打鬥風格有著李小龍的優雅、精準；笨拙地撫弄香菸的鏡頭則帶點菲力普．馬羅（Philip Marlowe）的痕跡。雖然《星際牛仔：天國之門》融合了多種風格與類型，但依然有著自己的性格。

故事講述 Bebop 號的獎金獵人：心不甘情不願的瘦長史派克、體貼但暴躁的傑特．布萊克、精明的賭徒菲與古怪而粗暴的青少年駭客艾德。值得慶幸的是，電影幫我們省去了角色的起源故事，光是 Bebop 號上的生活節奏就足以完美撐起所有的角色特質，讓他們發展關係，直到整個牛仔團被迫面對可能引爆的生化武器，及其神秘的使用者。全篇故事足以餵養出一部龐德電影，事實上劇情很近似 2021 年的《007：生死交戰》（*No Time To Die*），不過《星際牛仔：天國之門》高懸空中的單軌列車與艾菲爾鐵塔般的場景絕對完勝 007 系列，而其中打鬥場面的戲劇效果有時呈現近乎歌劇般的神聖美感。

在故事的細節上，如病毒的資訊、壞人的動機與情感戲的結局在電影最後三分之一時被搞砸了，也讓人摸不著頭緒。令人沮喪的是，在經歷了這麼多瘋狂的有趣情節之後，敘事並沒有被完整收起，而顯得臃腫、多餘。不過雖然離完美有點距離，《星際牛仔：天國之門》還是會讓老觀眾們願意一看再看，也讓新觀眾掉入牛仔獨特的世界。咿——哈！

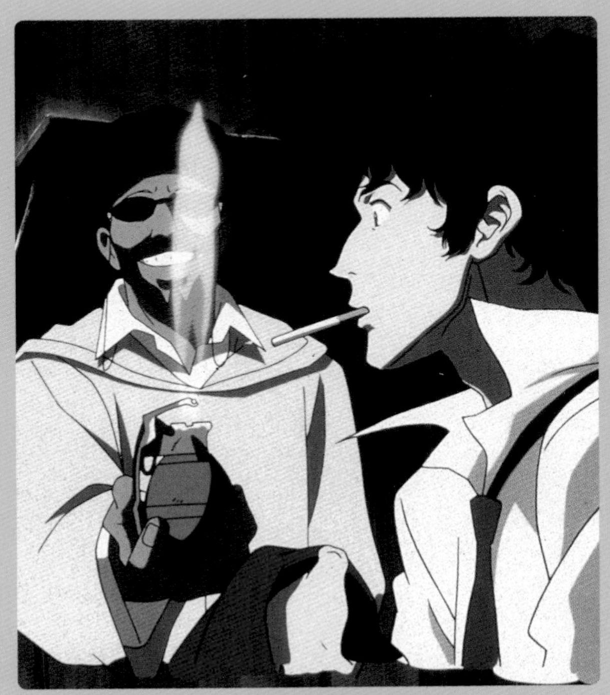

上：菸味飄散至眼前。居住在未來火星上的人，也和黑色電影裡的人物一樣老愛抽菸。

《銀河生死戀 5555》
(インターステラ 5555, 2003)

INTERSTELLA 5555
HARDER, BETTER, FASTER, STRONGER

更重、更棒、更快、更強

伴隨著傻瓜龐克（Daft Punk）專輯《迪斯可銀河大作戰》（*Discovery*）的曲調，一個外星流行樂團被一個打算用音樂統治宇宙的邪惡主謀綁架並洗腦。

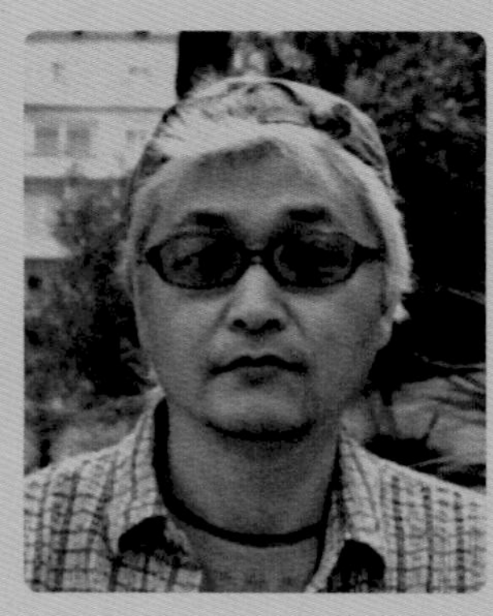

2003
導演：竹之內和久 Kazuhisa Takenouchi
65 分鐘

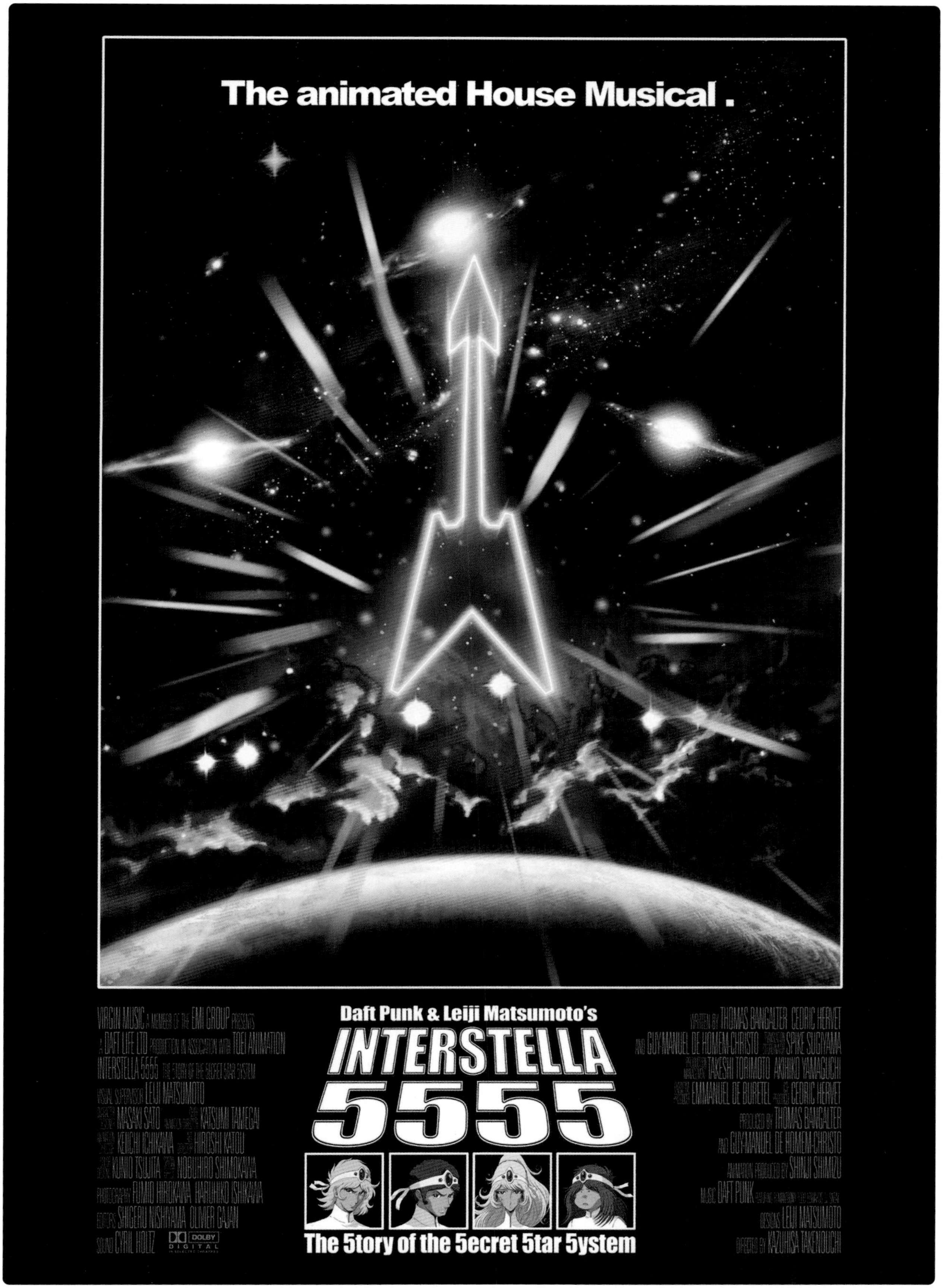

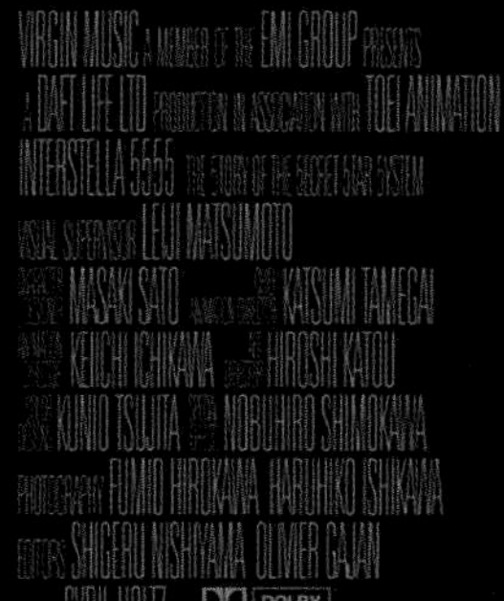
VIRGIN MUSIC A MEMBER OF THE EMI GROUP PRESENTS
A DAFT LIFE LTD PRODUCTION IN ASSOCIATION WITH TOEI ANIMATION
INTERSTELLA 5555
VISUAL SUPERVISOR LEIJI MATSUMOTO
MASAKI SATO KATSUMI TAMEGAI
KEIICHI ICHIKAWA HIROSHI KATOU
KUNIO TSUJITA NOBUHIRO SHIMOKAWA
PHOTOGRAPHY FUMIO HIROKAWA HARUHIKO ISHIKAWA
EDITORS SHIGERU NISHIYAMA OLIVIER GAJAN
SOUND CYRIL HOLTZ
DOLBY DIGITAL

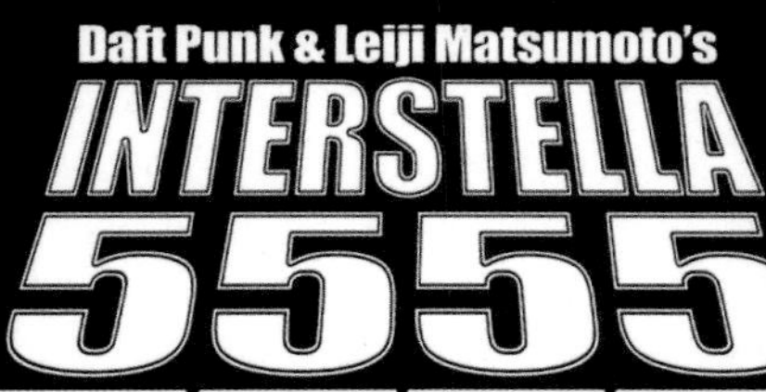
Daft Punk & Leiji Matsumoto's
INTERSTELLA
5555

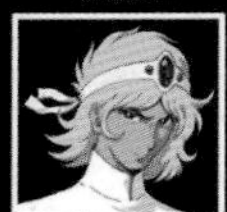

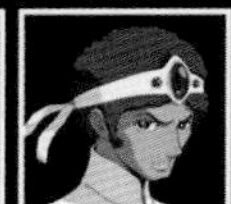

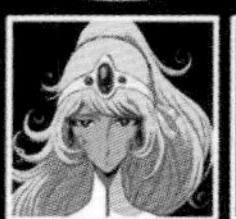

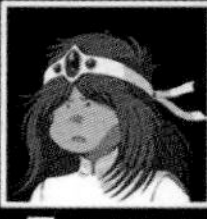
The animated House Musical .
The 5tory of the 5ecret 5tar 5ystem
WRITTEN BY THOMAS BANGALTER CEDRIC HERVET
AND GUY-MANUEL DE HOMEM-CHRISTO SPIKE SUGIYAMA
TAKESHI TORIMOTO AKIHIKO YAMAGUCHI
EMMANUEL DE BURETEL CEDRIC HERVET
PRODUCED BY THOMAS BANGALTER
AND GUY-MANUEL DE HOMEM-CHRISTO
ANIMATION PRODUCED BY SHINJI SHIMIZU
MUSIC DAFT PUNK
DESIGNS LEIJI MATSUMOTO
DIRECTED BY KAZUHISA TAKENOUCHI

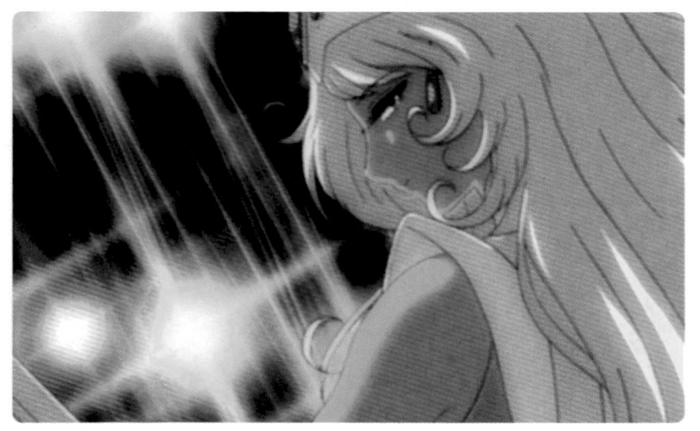

當法國浩室音樂雙人組合「傻瓜龐克」準備推出第二張即將創下百萬銷售佳績的流行舞曲史詩專輯《迪斯可銀河大作戰》時，大量取樣的素材顯然是要向70年代中期至80年代初期的音樂，做某種帶有未來感的致敬。更確切地說，這張專輯傳遞了蓋—馬努爾．德．霍曼—克里斯托（Guy-Manuel de Homem-Christo）與湯瑪斯．巴格爾特（Thomas Bangalter）所認為代表那個年代的開放樂觀主義，兩人在當時都還是青少年。

在錄製專輯時，他們曾想過製作一部電影，並以專輯作為電影配樂，他們很自然地想到年輕時看過的法國電視台日本動畫節目。兩人想到的正是由殿堂級漫畫家暨編劇松本零士創作的《宇宙海賊哈洛克》、《銀河鐵道999》等太空歌劇系列。

他們與朋友賽德列克．哈維特（Cedric Hervet）合作寫了一個「混合科幻、頹廢的演藝圈、加長型轎車與宇宙飛船」的故事。2000年夏天，他們飛到東京，並將故事與完成的專輯親手交給松本零士。當松本零士答應合作時，對他們來說，簡直是兒時的美夢成真。他們在專輯最後的附錄中寫道，「《銀河生死戀5555》正是五星級明星夢幻隊，我們已經準備好要進入松本零士絢麗浩瀚的巴洛克星際宇宙了。」

本片由常與松本零士合作的清水慎治擔任製片，執導過《美少女戰士》與《七龍珠》的資深動畫人竹之內和久擔任導演，角色設計與美術概念則由松本零士本人親自籌劃。2000年10月，在東映動畫的支持下開始進行此「視覺專輯」（visual album）電影，並花費兩年時間完成作品。2003年5月《銀河生死戀5555》在坎城影展的「導演雙週」單元舉行世界首映。

此時，全世界都聽過《迪斯可銀河大作戰》專輯，也看過片中幾首歌曲的MV片段，好比2000年、2001年期間發行的單曲〈One More Time〉、〈Harder, Better, Faster, Stronger〉、〈Aerodynamic〉與〈Digital Love〉。此時，也正是MV盛世的巔峰，許多具有遠見、非常實驗而古怪的MV作品拓展了流行音樂樂迷的心靈，而導演好比米歇爾．岡瑞（Michel Gondry）與史派克．瓊斯（Spike Jonze）也都處於個人藝術生涯的頂峰。而概念動畫樂團「街頭霸王」（Gorillaz）也正要發跡。不過即使在當時，《銀河生死戀5555》仍舊光彩奪目、美麗而刺激，特別是對英語系國家的年輕觀眾來說，他們和法國觀眾不同，對他們來說，璀璨神奇的松本零士作品根本是前所未見。

左：藍色是主要的顏色，動畫是他們遊戲的天堂。《銀河生死戀5555》成為神秘音樂團體傻瓜龐克的最佳化身。

下：把超級歌迷變成英雄，電影把歌迷與傻瓜龐克都擺在很高的位置。

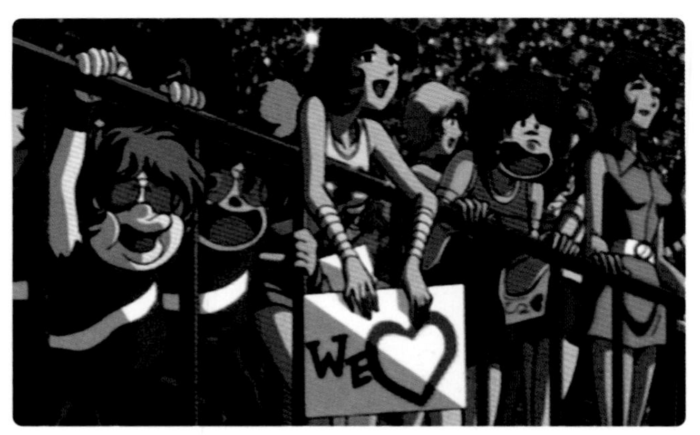

延伸觀影

以動畫製作的「視覺專輯」電影真的非常稀少，雖然許多美國製作的MV早已深受日本動畫的影響，最著名的就是麥可與珍娜．傑克森（Michael and Janet Jackson）的〈Scream〉與肯伊．威斯特（Kanye West）模仿《阿基拉》的〈Stronger〉（該曲也取樣了傻瓜龐克的聲音樣本）。而披頭四的《黃色潛水艇》動畫音樂劇雖不是日本動畫，但對於數個世代的日本動畫師產生影響，並與《銀河生死戀5555》有點雷同，一部片是帶觀眾進入迷幻旅程，另一部片則是星際航程。上述作品都可說是寫給松本零士的情書，雖然研究松本宇宙最好的方法應該是從《宇宙海賊哈洛克》或《銀河鐵道999》開始。

影評：《銀河生死戀 5555》

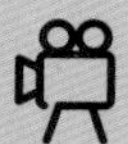

如果你也是在 2000 年代左右會在放學後跑回家不停轉音樂頻道的小孩，你肯定看過《銀河生死戀 5555》的許多片段，而這或許是你與動畫的第一次親密接觸（如同本書作者一樣）。真是個超強大的宇宙啊！松本零士輕鬆橫掃不同類型並融合色彩拼貼，雖然他的音樂劇常被拆成單曲觀看，但其背後所蘊含的企圖與深度絕對適合當作長片來觀賞。

早在詹姆斯．卡麥隆拍攝《阿凡達》（*Avatar*）之前，《銀河生死戀 5555》就用一群藍色外星人，為社會的物質主義和剝削提供了一面鏡子。由四名外星人——奧谷托夫、阿珮吉斯、貝洛與史戴拉——組成的樂團「肯斯敦娃娃」（The Crescendolls），從自己的星球被綁架到地球，還被噴上人類的皮膚。他們從悲劇的受害者變為銀河救世主；《銀河生死戀 5555》融合科幻冒險、黑色間諜故事與哥德式神秘事件，它與《史酷比》（*Scooby-Doo*）的差別可能只是有沒有帶橡皮面具罷了。電影隨著時間的推進不斷轉變風格，從發光的外星夜總會、無縫接軌地掉入可怕的奇幻地牢與夢魘般的稜柱隧道，種種場景可能會讓威利．旺卡（Willy Wonka）相當興奮，不過故事的節奏卻從來不會被打斷。然而，電影真正的神髓不在視覺風格，而是故事的反思性。當這些被誤解的外星人展開他們的故事時，從未以真面目示人、以神秘出名的傻瓜龐克團員們講述了一個關於自己的故事。

影片中的簽名旋風、加長型轎車與豪華飯店房間，讓我們很難不把蓋—馬努爾．德．霍曼—克里斯托與湯瑪斯．巴格爾特當成肯斯敦娃娃的一員。在傻瓜龐克急速、焦慮竄升的工業電子歌曲〈Harder, Better, Faster, Stronger〉中，我們看到透過微觀管理、商業包裝與銷售販賣，藝術家如何被商品化。當外星人被迫進入這種物質主義的人類生活時，那兩位躲在機器人面具後方的敘事創造者，似乎也在傳達自己對鎂光燈的焦慮，以及反映大眾媒體所創造的不安現狀。

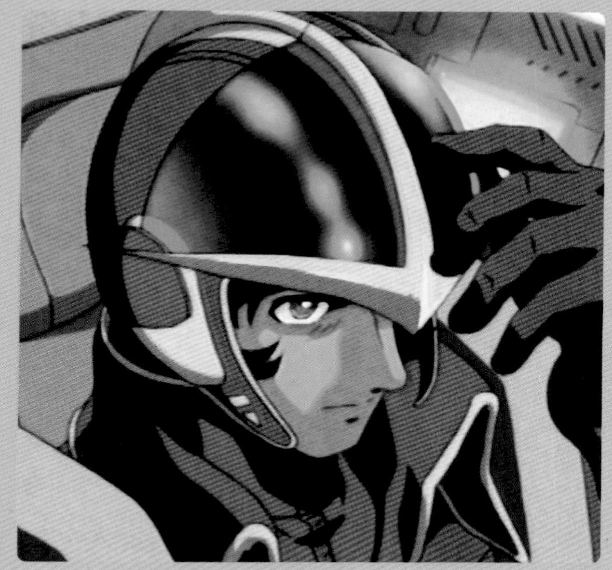

上：音樂家現身。《銀河生死戀 5555》捕捉了音樂人在商業壓力下的感受。

由於電影把《迪斯可銀河大作戰》專輯中許多爆紅歌曲放在前面，包括〈One More Time〉、〈Aerodynamic〉、〈Digital Love〉 與〈Harder, Better, Faster, Stronger〉，因此在電影中間點似乎有點後繼無力，很難單憑音樂節奏將故事走下去。不過，幸好一名邪惡的唱片主管變成了超級反派，還有一位超級粉絲昇華了自己的精神，逐步升高的風險與令人驚訝的深厚情感讓後半場像星星般閃爍著。

在此，動畫成為傻瓜龐克自我神話的絕佳媒介。《銀河生死戀 5555》讓傻瓜龐克可以自由地變成自己想要的樣子，他們與那群可以將自己的想法視覺化的藝術家們合作，並揭示傻瓜龐克畢竟也只是平凡人而已。

《駭客任務立體動畫特集》

（アニマトリックス, 2003）

THE ANIMATRIX
A WORLD WHERE ANYTHING IS POSSIBLE

一切都可能的世界

這部選集與《駭客任務：重裝上陣》（*The Matrix Reloaded*）同步上映。此選集收錄許多短片，主要由日本工作室製作，深入探索《駭客任務》的世界，並向最初啟發《駭客任務》導演的那些拓展心靈的日本動畫致敬。

2003

導演：安迪・瓊斯（Andy Jones）、前田真宏、渡邊信一郎、川尻善昭、小池健、森本晃司、彼得・鐘（Peter Chung）

101 分鐘

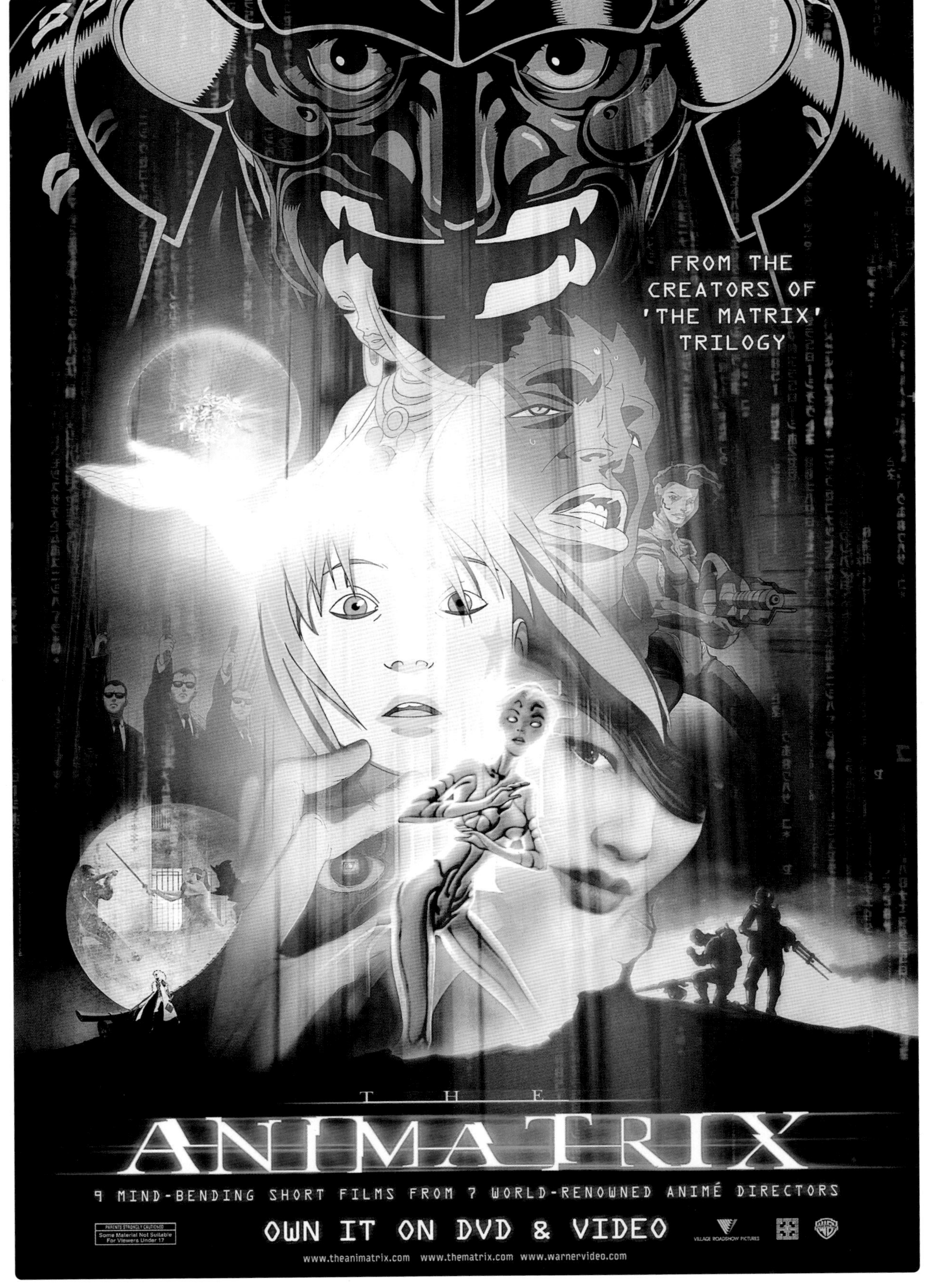
FROM THE
CREATORS OF
'THE MATRIX'
TRILOGY
THE
ANIMATRIX
9 MIND-BENDING SHORT FILMS FROM 7 WORLD-RENOWNED ANIMÉ DIRECTORS
PARENTS STRONGLY CAUTIONED
Some Material Not Suitable For Viewers Under 17
OWN IT ON DVD & VIDEO
VILLAGE ROADSHOW PICTURES
www.theanimatrix.com www.thematrix.com www.warnervideo.com

在《駭客任務》中，華卓斯基姐妹對日本動畫的愛一覽無遺；也因此，毫無意外地，當姐妹檔導演有機會在 1999 年 9 月與《駭客任務》一同巡迴至日本時，她們立刻把握機會拜訪許多影響她們至深的動畫導演與電玩遊戲工作室。以日本為發展基地的美國籍導演麥克．阿里亞斯（Michael Arias），是《駭客任務》視覺特效總監約翰．加塔（John Gaeta）的朋友，他為華卓斯基姐妹安排日本行程，最後醞釀出一系列動畫短片，延展《駭客任務》的世界。此選集電影有著雙關語英文片名：Animatrix（編按：此字即由 Anime 與 Matrix 複合而成）。阿里亞斯擔任「短片製作人」（segment producer），而曾經一度擔任吉卜力工作室《魔女宅急便》與《龍貓》的執行製片田中榮子也加入團隊，田中榮子也是 4°C 工作室的共同創始人。

除了由美方工作室製作的兩部短片以外，《駭客任務立體動畫特集》中的另外七部短片分別由 4°C 工作室與 MADHOUSE 工作室製作。而執導導演有些是資深導演、有些是剛猛烈竄起的動畫新星；包括《星際牛仔》的渡邊信一郎、《獸兵衛忍風帖》的川尻善昭（他同時為 MADHOUSE 的共同創始人）、川尻善昭的門徒小池健（他也是未來《超時空甩尾》的導演）、4°C 工作室的共同創始人暨資深動畫家森本晃司，以及另一位業界資深人士前田真宏，他參與的作品包括《風之谷》、《新世紀福音戰士》系列以及《瘋狂麥斯：憤怒道》（Mad Max: Fury Road）的美術概念與設計。

延伸觀影

2003 年，對很多影迷來說，《駭客任務立體動畫特集》是他們一窺日本動畫世界的窗口，至今仍如此，你可從中選出你最愛的短片，跟著導演一頭掉入兔子洞。其他讓日本動畫在好萊塢大放異彩的計畫還有：如同《駭客任務立體動畫特集》，2008 年的《蝙蝠俠：高譚騎士》（*Batman: Gotham Knight*）也是衍生自華納兄弟旗下的重要 IP，即克里斯多福．諾蘭（Christopher Nolan）的「黑暗騎士三部曲」（*Dark Knight Trilogy*）；或更近一點，2021 年的《星際大戰：視界》（*Star Wars: Visions*）將星際大戰的宇宙交由日本年輕世代的動畫工作室發揮，包括今石洋之的扳機社〔《普羅米亞》（*Promare*）〕。

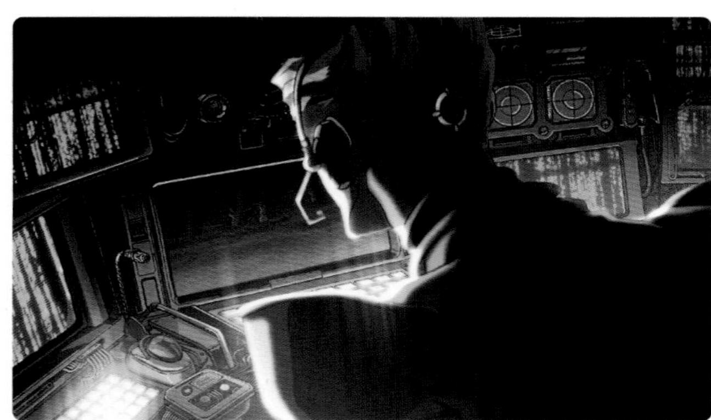

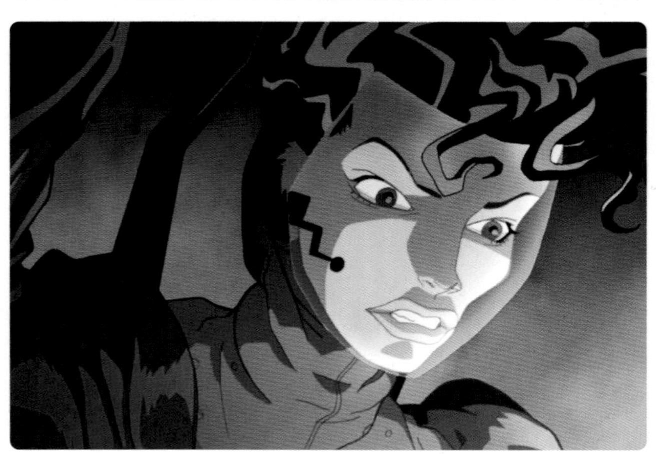

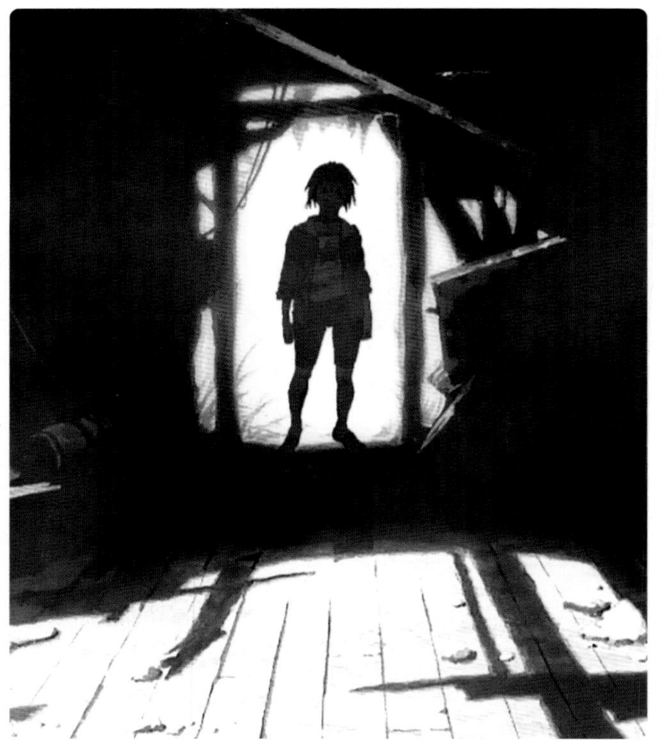

本頁三圖：日本最傑出、聰明的動畫創作者，以三種截然不同的方式探索《駭客任務》的宇宙。

影評：《駭客任務立體動畫特集》

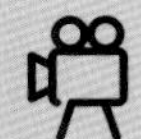

可怕的電影續集往往排斥展開新的故事，反而硬鑽牛角尖，不停地在原故事徘徊、重現，最後把原本精彩的故事給毀了。而《駭客任務》系列總是避免犯此錯誤。不論是顛覆業界規則的《駭客任務》裡的「子彈時間」，或是《駭客任務：復活》（*The Matrix Resurrections*）裡對 IP 文化的自省式審問，這些作品都找到新的方向，並創造了屬於自己的黯黑、清新真誠的、注入新金屬樂的世界。

《駭客任務立體動畫特集》在《駭客任務》與《駭客任務：重裝上陣》兩部片之間上映，並且如同令人興奮的一片片拼圖般，完整了華卓斯基姐妹不凡的賽博龐克系列。《駭客任務立體動畫特集》和電影一樣，奠基於可無限延展的現實（雖然此選集動畫從超真實的 CGI 角色轉往手繪的 2D 動畫，與看似像是以生鏽傳真機製作的黑色故事），但仍保有該系列變化性極高的真實感。

前田真宏的篇章為〈第二次文藝復興〉（The Second Renaissance），這是由兩個篇章所組成的微型史詩，描繪出人類在享樂主義盛行的二十紀晚期，從剝削機器的一方變成了一顆顆「人類電池」，以餵養《駭客任務》中由機器主導的反烏托邦世界。〈第二次文藝復興〉擁有噩夢感的復古未來主義風格，這部傑出的動畫闡述了人類的醜惡，他們強迫機器人成為奴隸、或暴力的工具。前田真宏的意象來自吉薩金字塔群、天安門廣場、硫磺島；並為過去與未來的《駭客任務》系列提供了強烈的視覺脈絡，質問被世人稱為英雄的，究竟是何等人物，這個主題也在所有的續集裡面被挖苦地審視過。

不過，《駭客任務立體動畫特集》不僅僅是在填補《駭客任務》的空白，當中的每部短片，都為華卓斯基姐妹的宇宙，豐富並擴展了理論性或視覺性的深度。渡邊信一郎的〈少年故事〉（Kid's Story）是一則黏稠、令人作嘔的焦慮夢境，起伏不已的鉛筆素描人物，衝向刺眼、發出綠光的新千禧年科技。渡邊信一郎之後的篇章〈偵探故事〉（A Detective Story）則完全不同，其未來型黑色電影（future-noir）式的黑白畫面，看起來就像是刻在硬漢主角的列印紙上。而在川尻善昭的〈程式〉（The Program）中，虛擬訓練程式的視覺元素有著廣泛的靈感來源，好比木刻版畫或《攻殼機動隊》。在一場令人血脈賁張的武士循環戰鬥場景裡，血腥天空下傾斜的石墨屋頂為其背景；而在章節最後，場景轉變成骯髒、高對比的賽博式基地，將古老歷史與當代經典元素都收攏在一起。

在小池健的〈世界紀錄〉（World Record）裡，我們跟隨一名衝過終點線的短跑選手進入現實世界，這部短片有著強烈的肌肉線條畫面；所有厚重、扭曲的身體線條，都帶有痛苦的觸感，並用來刻畫主角與觀眾身體與存在上的痛苦。安迪·瓊斯的〈歐西里斯號最後航程〉在風格上大為不同，如果你誤以為這部動畫是真人實拍，絕對不會有人會怪你，其 3D CGI 畫面令我們置身於熟悉的宇宙中（其中也有一點令人尷尬的情色橋段），儘管最後終將轉向不可思議的洞穴系統之中。

森本晃司充滿吸引力的〈異度空間〉（Beyond）則顯得比較輕盈；故事描述在鬧鬼的建築物裡的一場冒險，其中的元素，不論是零重力與局部降雨，都被揭露與「母體」的故障有關。〈異度空間〉的年輕角色與鮮明的城市環境背景，讓這個企圖心較小的作品給予觀眾建構駭客任務世界的愉悅感受。

彼得·鐘的〈變節〉（Matriculated）或可被視為最能重塑《駭客任務》宇宙的動畫作品，這是《駭客任務》的延伸場景，有著卡通式的刺激，並時而染上金色調、進入到林區式的臨界狀態中，進而揭露機器與人類可以站在同一陣線（這也在 18 年後成為《駭客任務：復活》的重點）。

《駭客任務立體動畫特集》是動畫的奇幻世界，擁有大膽、殊異的風格，以及敘事上的企圖。不過可惜的是，沒有人能明確地描述這部片究竟是什麼。建議讀者們自行探索吧。

《心靈遊戲》
（マインド・ゲーム, 2004）

MIND GAME
CHECK YOUR HEAD

摸摸你的腦袋

故事描述一個想成為漫畫家的阿西，他那瘋狂且令人困惑的人生。阿西與人生的最愛重遇，卻被熱愛足球的黑道混混殺死。當他與上帝相遇時，擁有了重新來過的機會。

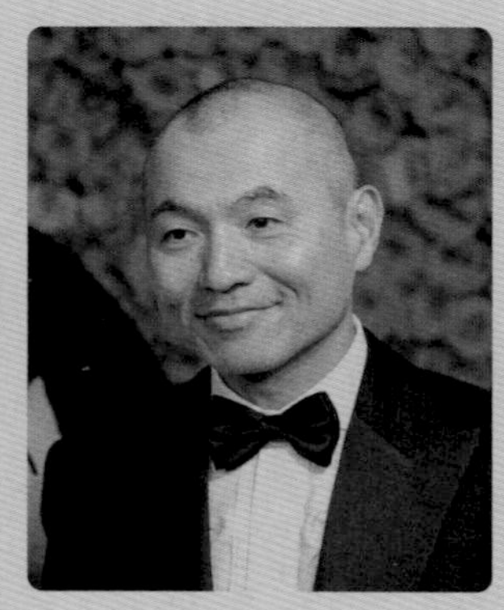

2004
導演：湯淺政明 Masaaki Yuasa
103 分鐘

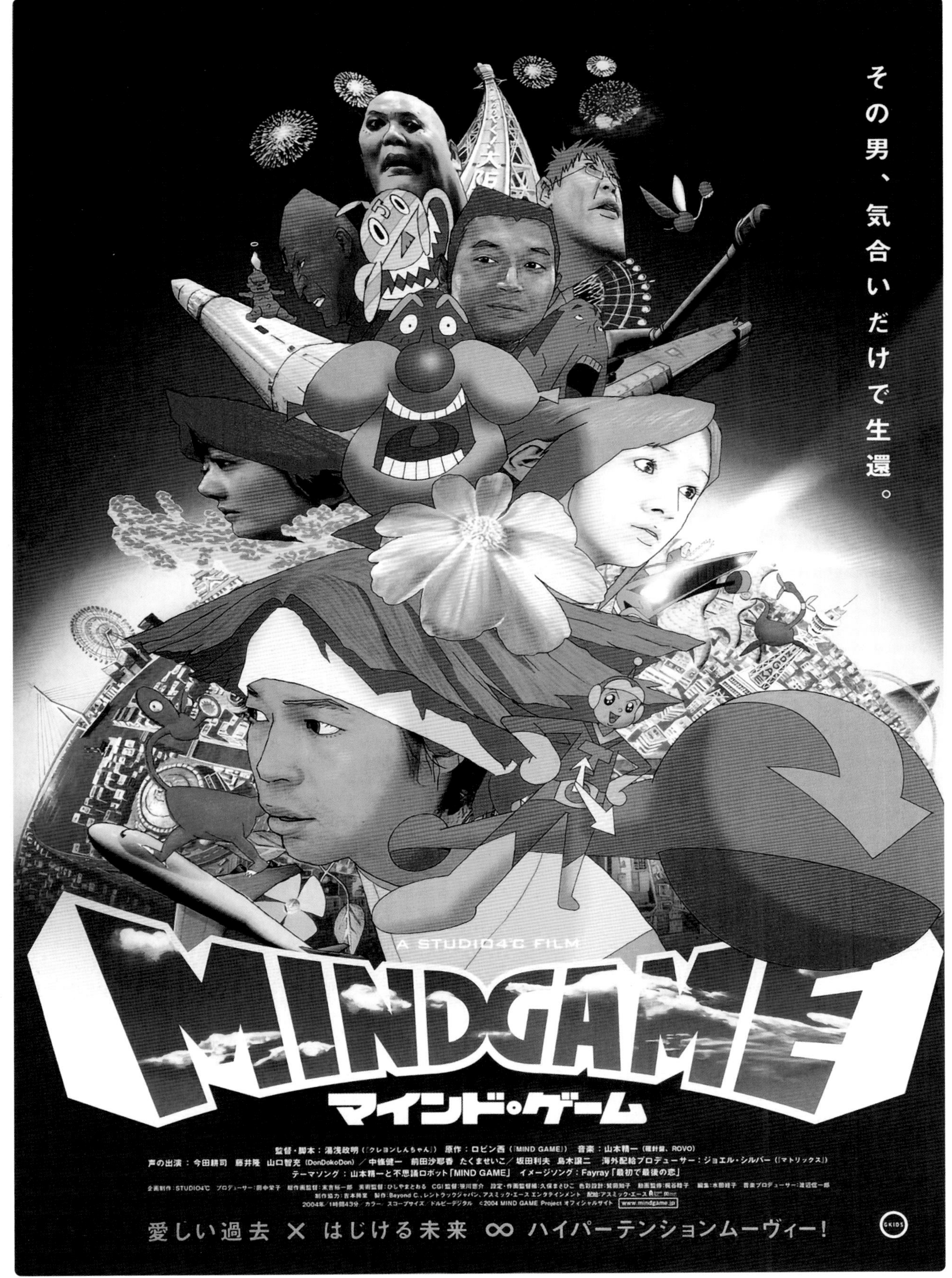

その男、気合いだけで生還。
A STUDIO4℃ FILM
MINDGAME
マインド・ゲーム
監督・脚本：湯浅政明（『クレヨンしんちゃん』） 原作：ロビン西（『MIND GAME』） 音楽：山本精一（羅針盤、ROVO）
声の出演：今田耕司 藤井隆 山口智充（DonDokoDon）／中條健一 前田沙耶香 たくませいこ／坂田利夫 島木譲二 海外配給プロデューサー：ジョエル・シルバー（『マトリックス』）
テーマソング：山本精一と不思議ロボット「MIND GAME」 イメージソング：Fayray「最初で最後の恋」
制作協力：吉本興業 製作：Beyond C.、レントラックジャパン、アスミック・エース エンタテインメント 配給：アスミック・エース
2004年／1時間43分／カラー／スコープサイズ／ドルビーデジタル ©2004 MIND GAME Project オフィシャルサイト www.mindgame.jp
愛しい過去 × はじける未来 ∞ ハイパーテンションムーヴィー！
GKIDS

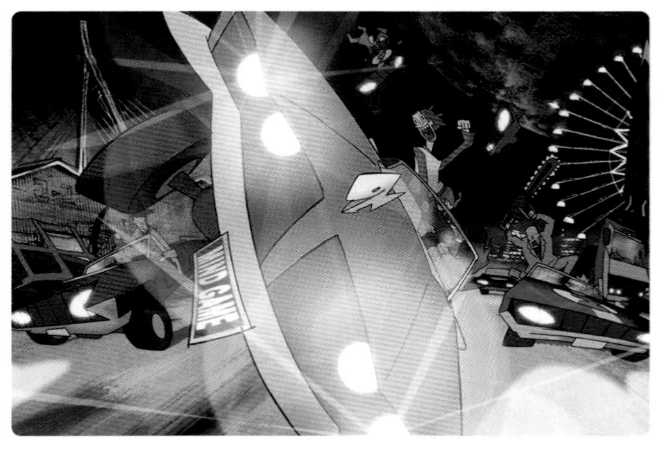

注意啦，你即將登入湯淺政明天馬行空、充滿原創性的創意世界。

湯淺政明出生於 1965 年，他在最好的年紀觀賞到《宇宙戰艦大和號》以及宮崎駿的早年作品《未來少年柯南》、《魯邦三世：卡里奧斯特羅城》；但對他影響最大的還是 1981 年的迪士尼動畫《狐狸與獵狗》（*The Fox and the Hound*）。動畫師格倫・基恩（Glen Keane）大膽的畫技，開啟了他的想像，而他也開始動手打破動畫藝術的邊界，並重新創造自己的風景。

他的啟發相當多元、來自世界各地，包括塔克斯・艾佛利（Tex Avery）的奇怪卡通、保羅・葛林莫的《國王與鳥》、披頭四迷幻動畫音樂劇《黃色潛水艇》以及赫內・拉魯的科幻奇片《奇幻星球》，一切形塑了湯淺政明的特有風格。

湯淺政明富有表現力、古怪的畫風，讓他完全不適合擔任傳統動畫工作裡較為初階的中間格動畫師：所謂的中間格動畫師通常由初階的藝術家擔任，負責模仿資深主鏡動畫師的風格。不過湯淺政明很快以分鏡師與主鏡動畫師出師，並與致力於風格化的日常喜劇系列《櫻桃小丸子》與《蠟筆小新》。接著他開始自由接案，並參與數個工作室的許多製作，包括由吉卜力工作室製作、改編自高畑勳在報紙上連載的脫俗漫畫《隔壁的山田君》。

最後時機終於來了，他受 4°C 工作室的田中榮子邀請，一起執導改編自羅賓西的另類漫畫《心靈遊戲》。湯淺政明將他實驗性和風格多變的傾向推到高潮，在該片中融合大量截然不同的風格（很多人或許會認為相當衝突），其中甚至包含了後製真人實像攝影（manipulated live-action photography），這種手法源於漫畫本身的粗獷畫風，湯淺政明向《日本時報》解釋：

> **「（原漫畫）畫風粗獷，很像搞笑漫畫。當我考慮如何保留那種粗糙的感覺時，我有了將各種風格幾乎隨機地混入其中的想法。這可能聽起來很怪，但我想要有種看起來絲毫不費力的輕鬆感覺，但當然，我們其實花了很多心血。」**

這種方法與當代動漫的標準做法形成鮮明的對比。湯淺知道自己沒有製作精美作品的預算，因此傾向用這種奇怪手法，以便「用現有的預算，拍出最有趣的電影」。

當然，《心靈遊戲》對主流品味來說，顯得太過特別，不過這部動畫絕對擁有經典 cult 片的地位，並在全球影展巡迴播映且廣受讚譽；參與影展的動畫家如比爾・普林頓（Bill Plympton）與今敏都形容該動畫「相當出色」。

上：《心靈遊戲》中很特別的一幕。一輛奇怪並有彈性的車子在城市裡追逐。

延伸觀影

在《心靈遊戲》上映後的幾年裡，湯淺政明被認為是日本動畫產業中最有成就且最多產的電影導演之一，並將他標誌性的獨特藝術風格應用於電影和電視等類型媒材。2013 年在他與韓國籍製作人、導演暨動畫師崔恩映共同成立獨立工作室科學猴（Science SARU）後，湯淺政明的產量進一步提升。他的作品包含《宣告黎明的露之歌》（對吉卜力工作室的《崖上的波妞》進行古怪的演繹）、獲得日本電影學院獎的狂夜浪漫喜劇《春宵苦短，少女前進吧！》（兩部片都於 2017 年上映）、更為精練的《乘浪之約》（2019 年上映）與 2021 年在重要的威尼斯影展舉辦全球首映的《犬王》。但他的最高成就可能是歡樂、並且享譽國際的電視動畫系列《別對映像研出手！》，故事講述三個高中女生努力成立動畫社團，並拍出自己的短片，有著充滿感染力的青春熱情、想像力，並擁抱動畫這門藝術。

影評：《心靈遊戲》

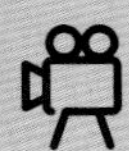

電影中的神可以有多種形式，從《王牌天神》（*Bruce Almighty*）中穿著炫目的上帝摩根．費里曼（Morgan Freeman）；到1990年代在《怒犯天條》（*Dogma*）中閃閃發光的另類搖滾女神艾拉妮絲．莫莉塞特（Alanis Morissette）；或是《風雲人物》（*It's a Wonderful Life*）裡掛在天上的星星。在《心靈遊戲》裡，當年輕漫畫家阿西被黑道分子爆頭殺死，他遇見了上帝，而上帝的形式也讓人驚奇連連。這個上帝變幻多端，在其中一幕裡，上帝有糞便形狀的頭與蛇信，接著是逼真的金魚缸臉，祂以1980年代摔角手風格出現，然後又有梅杜莎的頭。甚至在這場神的隨機變形大賽裡，祂一度以放屁豬的造型示人。《心靈遊戲》是個有趣、完全無法讓人疲倦的旅程，不過你可以在其中察覺，對於可以無限變化的形式，導演湯淺政明是多麼崇拜並致力鑽研。

觀看《心靈遊戲》有點像是看一本剪貼簿動起來。電影裡的人物都很潦草、參差不齊的身體看起來還算像人，然後他們會在瞬間膨脹到令人驚訝的比例，最後可能演變成畢卡索式的照片拼貼風格。伴隨著瘋狂的風格變化的則是阿西的冒險，他從幼稚的少年長成為備受尊敬的社會的一分子；你會看到阿西在餐館與黑道爭吵、死亡、爭取重生的機會、陷入激烈的飛車追逐，並開始佔據巨大鯨魚的胃的一角求生。電影的前半段是令人陶醉、興奮和無休止的體驗。阿西提供我們審視有毒的男性幻想的機會。他的故事核心是不斷盯著大胸部的女性、並將自己的錯誤歸咎於他人。但在異性戀男性最終被閹割的一刻、在那無法保護他心愛女性的一刻，他被射穿肛門而死。

《心靈遊戲》是在2002年日韓世界盃足球賽之後製作的，該作將美麗的足球賽化為有點可怕的故事。阿西對死亡煉獄式的反省被播放到大型銀幕上，他被迫從不同角度的特寫與慢動作觀看自己的失敗，像是球賽中輔助裁判的回放畫面一樣，只不過，主題是阿西的死亡。在他爭取到再重生的機會後，阿西決定向黑道復仇，他將餐廳裡的兩名女性綁架到車上，並展開死亡追逐，「連席丹（Zidane）與菲戈（Figo）都跟不上的速度，」他的眼神仍舊挑釁、幼稚，直到他飛出橋外、掉進鯨魚的肚子裡時，他才改變。

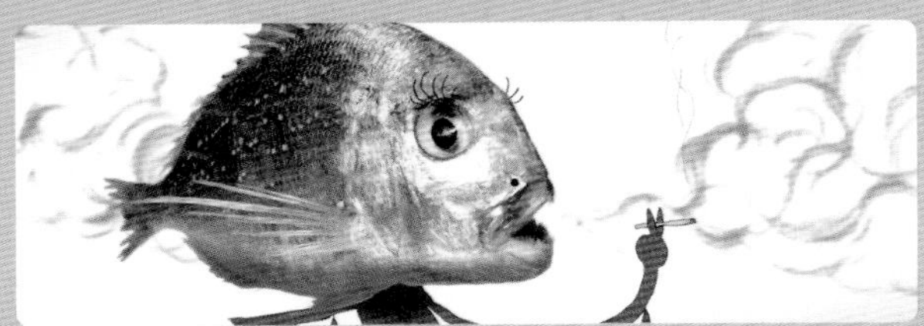

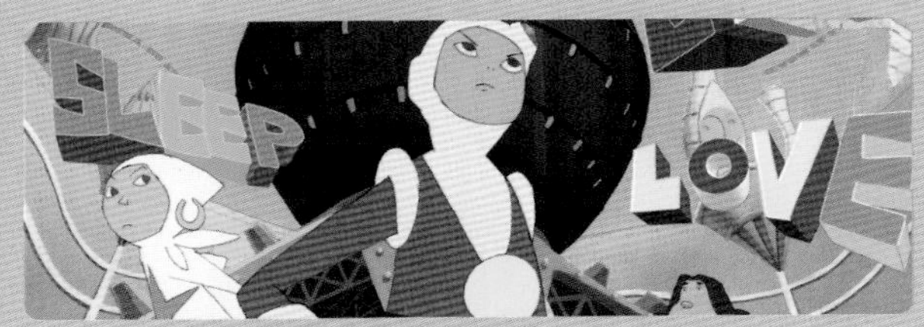

上：全能的鱈魚。阿西在《心靈遊戲》的開場場景遇到製造他的神，並受到神性啟發。

下：你需要的只是……湯淺政明電影的畫面視覺參考了披頭四動畫音樂劇《黃色潛水艇》。

在鯨魚的肚子裡，阿西和他的乘客遇到了一名老人，他在鯨魚的胃裡建造了一個樹屋村。在這一分為二的電影裡，《海角一樂園》（*Swiss Family Robinson*）式的嬉鬧風格讓後半段的腳步慢了下來。有時電影有點慢，但這絕對有必要，不僅讓觀眾們有時間慢慢咀嚼電影，也強迫阿西去反省、對話，並開始視其他人為真實存在的個體。當他和身邊同伴開始打成一片時，一場迷幻、用陽具跳繩的舞蹈展開了，並讓觀眾感到驚訝；不過，此時，一個不羈、開放的阿西誕生了，他可以成為這裡的一分子，並且不再是個忿忿不平、可以被永久取代的角色。

《心靈遊戲》是一場多變與精彩的拼貼畫，雖然敘事上的刺激程度不見得能匹配風格上的起伏，不過湯淺政明純粹的野心與絕對獨一無二的呈現方式，絕對能帶給觀眾無窮的樂趣。

《惡童當街》
（鉄コン筋クリート, 2006）

TEKKONKINKREET
STREET FIGHTERS

街頭玩家

兩個孤兒要與當地的流氓及其他惡勢力開戰，以保衛他們充滿活力的寶町。

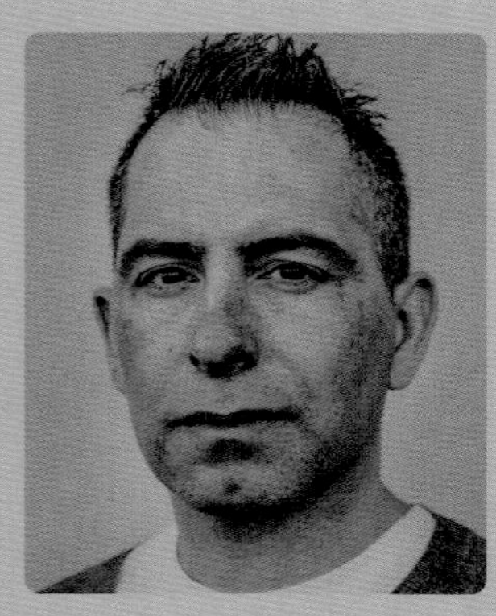

2006

導演：麥克·阿里亞斯 Michael Arias

110 分鐘

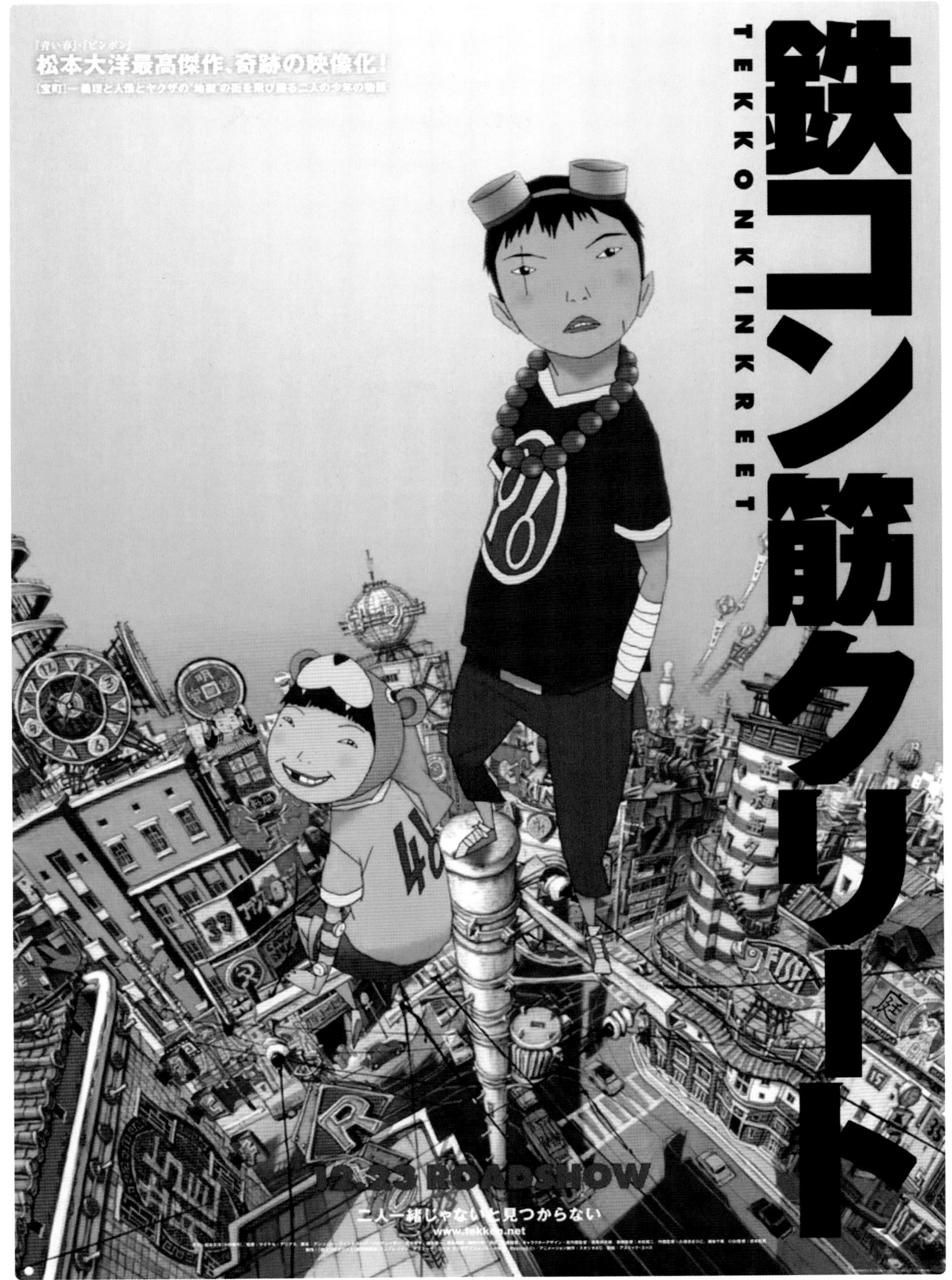
「青い春」・「ピンポン」
松本大洋最高傑作、奇跡の映像化！
鉄コン筋クリート
TEKKONKINKREET
12.23 ROADSHOW
二人一緒じゃないと見つからない

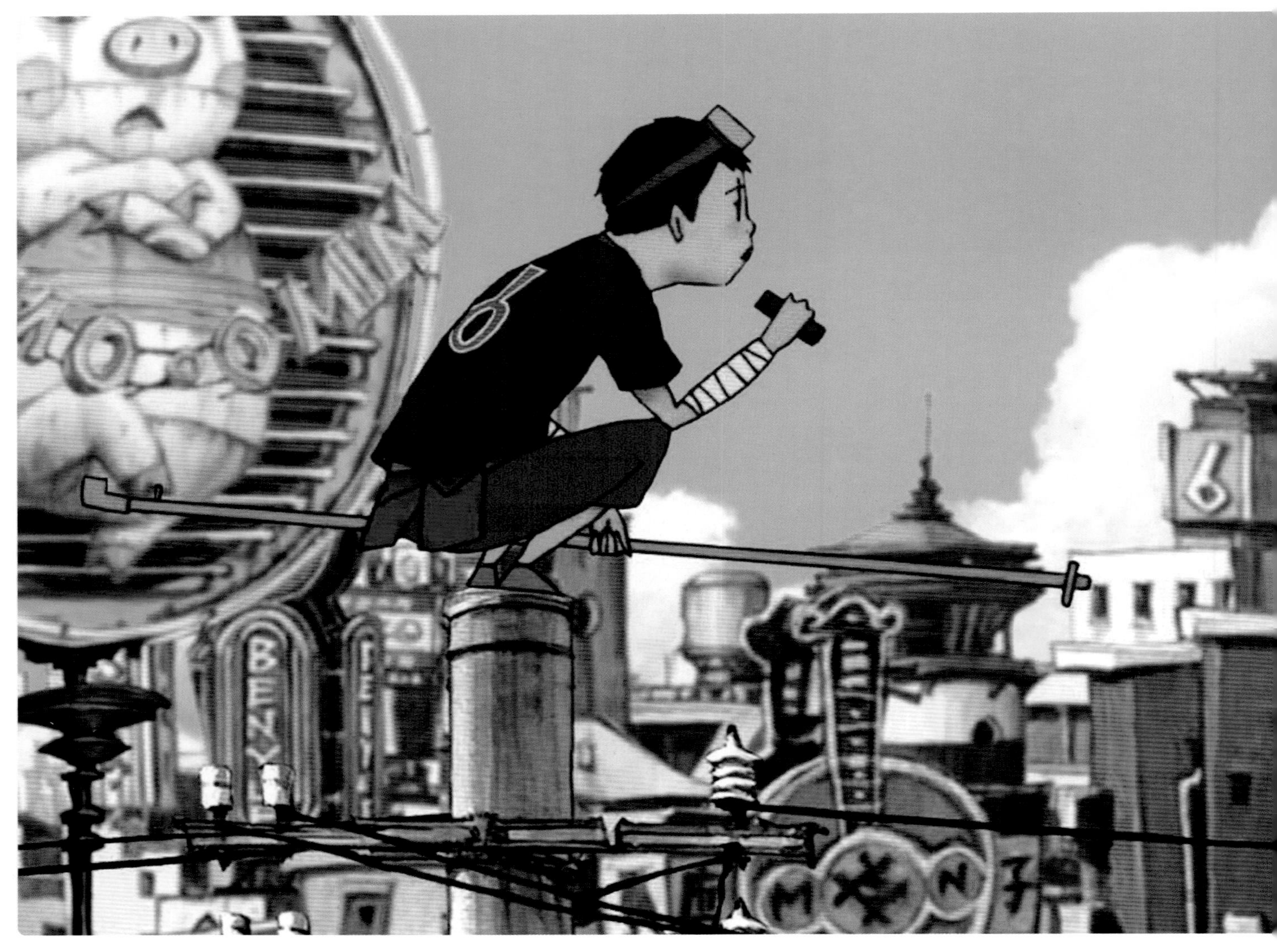

大部分的日本動畫導演都是終生以此為職。他們在年少時期深受動畫或漫畫啟發，大學畢業後一腳踏入動畫產業，從此再也不回頭。這是個十幾年來不斷吸引、吞噬人才的體系。不過，有一個人和整個體系背道而馳，那就是出生在洛杉磯的麥克．阿里亞斯——第一位執導日本動漫電影的美國人。

至少我們可以說，麥克．阿里亞斯的動畫之路相當特別。一開始他是視覺特效公司夢想探索圖像（Dream Quest Images）的攝影助理，為《魔鬼總動員》（*Total Recall*）、《無底洞》（*The Abyss*）等級的電影，製作奧斯卡獎規格的特效畫面，後來他與業界傳奇道格拉斯．川布爾（Douglas Trumbull）合作「回到未來：The Ride」（Back To The Future: The Ride）的主題樂園專案。他的工作帶他來回穿越太平洋，並與電玩公司世嘉（SEGA）工作，參與史派克．李（Spike Lee）、大衛．柯能堡（David Cronenberg）、勞勃．阿特曼（Robert Altman）的電影計畫。接著，他開發了將手繪和 CG 動畫結合起來的軟體；宮崎駿打破票房紀錄的鉅片《魔法公主》、《神隱少女》都用了阿里亞斯的這套軟體。

那部即將成為他導演處女作的計畫在 1996 年出現，當時他的室友推薦他神級漫畫家松本大洋的《惡童當街》系列。室友說，「這一定會讓你爆哭。」結果還真的是。阿里亞斯在為《惡童當街》的英文版漫畫寫序時，當時自認還是漫畫新手的他坦承：「我從來沒想到漫畫會有此威力。」他在別處形容《惡童當街》為「人道主義傑作」，並且絲毫不遜於他喜愛的電影，好比費德里柯．費里尼（Federico Fellini）的《大路》（*La Strada*）、黑澤明的《電車狂》與今村昌平的《豚與軍艦》。

過了十多年，《惡童當街》才登上大銀幕。一開始，

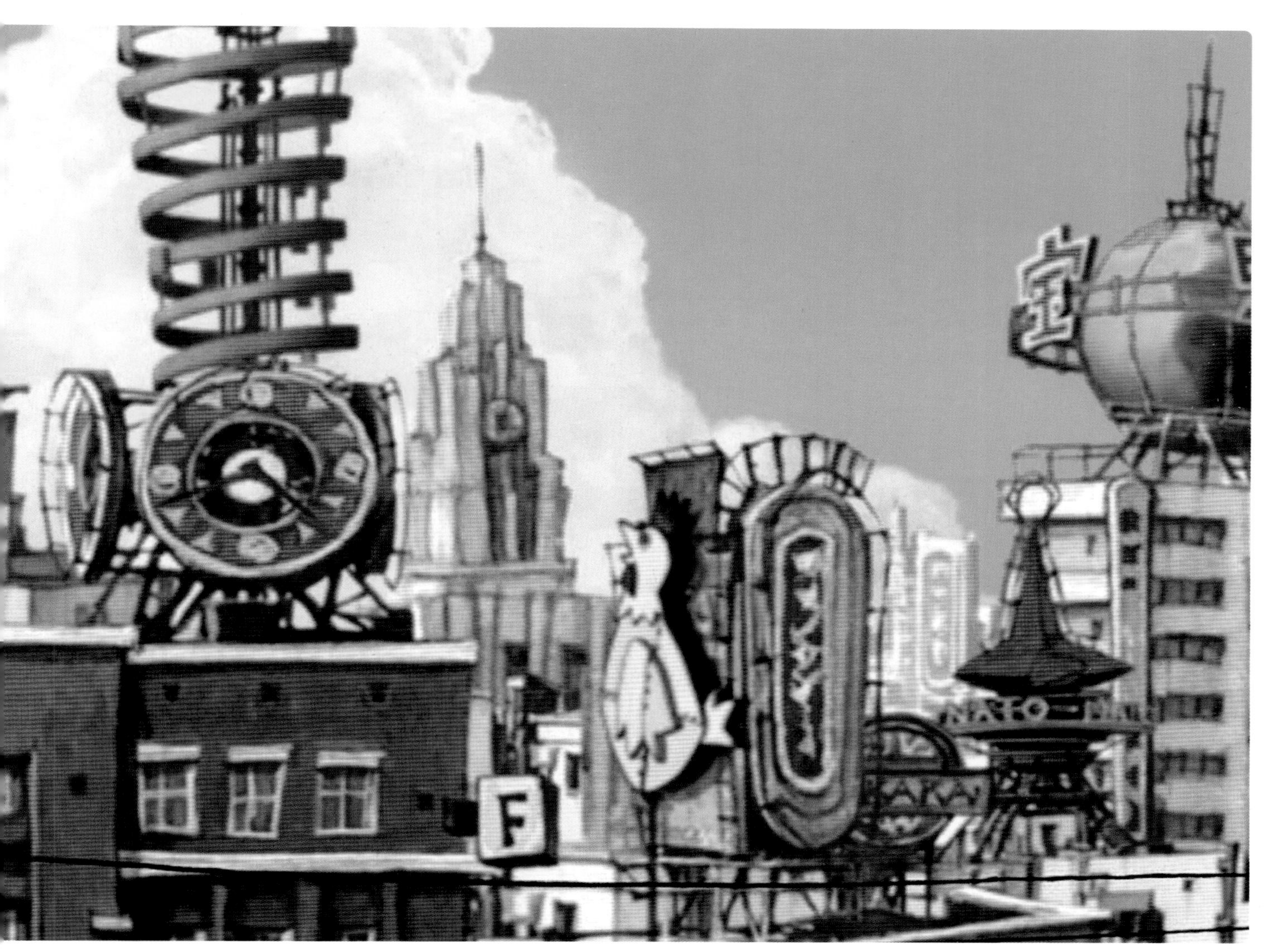

先有 12 人團隊製作 CG 動畫的前導影片，阿里亞斯擔任 CG 指導、森本晃司為導演。不過，雖然影片反應熱絡，但未能繼續發展下去。不過至少整個計畫起了頭，阿里亞斯也在某些方面持續堅持，好比為此前導影片配樂的英國電子音樂雙人組「Plaid」，因為受到阿里亞斯喜愛，也繼續擔任日後《惡童當街》的配樂。當阿里亞斯在製作前導影片時，一位負責為團隊辦公室打造家具的年輕木匠給了他一張 Plaid 樂團演唱會的門票，以及《Not for Threes》專輯。「Plaid 樂團的音樂烙印在我腦海裡，」阿里亞斯在該樂團 2013 年於倫敦巴比肯藝術中心演奏時寫道，「也深深融入《惡童當街》的肌理之中。」

阿里亞斯的身分特殊，是不同文化與不同業界之間的橋梁，也因此在華卓斯基姐妹訪日時，他得以在中間穿針引線，讓她們可以與崇拜不已的動畫大師及電玩設計師相見歡。這些拜訪促成了《駭客任務立體動畫特集》，而阿里亞斯則為製作人。此片的成功讓《惡童當街》也終於獲得首肯，當然，4°C 工作室製作人田中榮子也有不小功勞，因為她的推動與鼓勵，計畫得以順利進行，而阿里亞斯也接下重任，擔當導演一職。

上：寶町。《惡童當街》的故事發生在複雜、美麗的都市裡，讓觀眾有無限的驚奇。

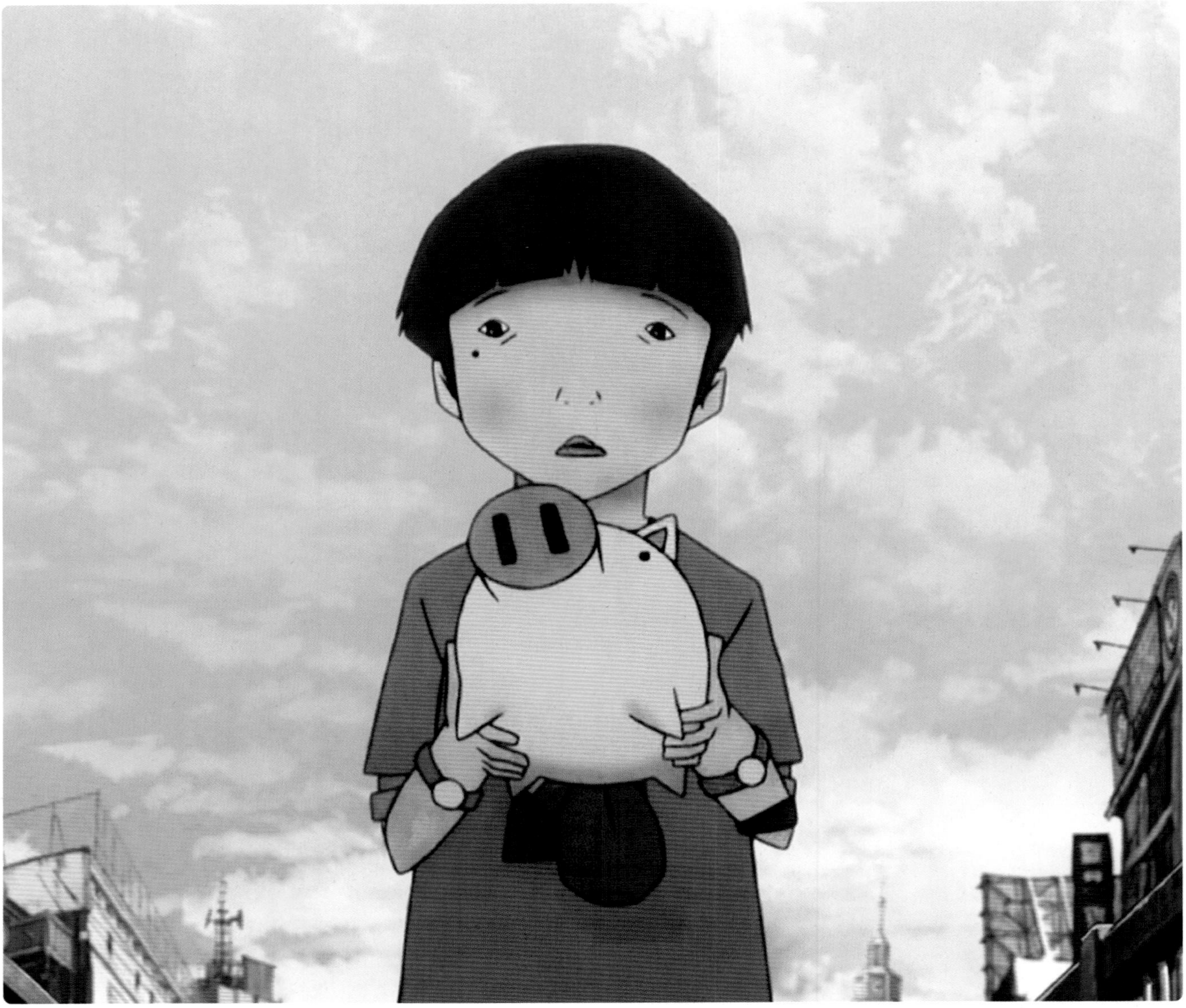

延伸觀影

《惡童當街》在阿里亞斯不拘一格的藝術生涯中仍可視為巔峰之作，後續他作為導演還拍攝了真人電影《天堂之門》（*Heaven's Door*）與動畫長片《和諧》（*Harmony*），不過並沒有引起相同等級的讚譽。近年，阿里亞斯兼任漫畫的英文翻譯，並且收穫頗豐，他特別專注翻譯《惡童當街》創作者松本大洋備受歡迎的作品系列，好比《Sunny》與《乒乓》，後者不久前則被湯淺政明導演改編為電視動畫。

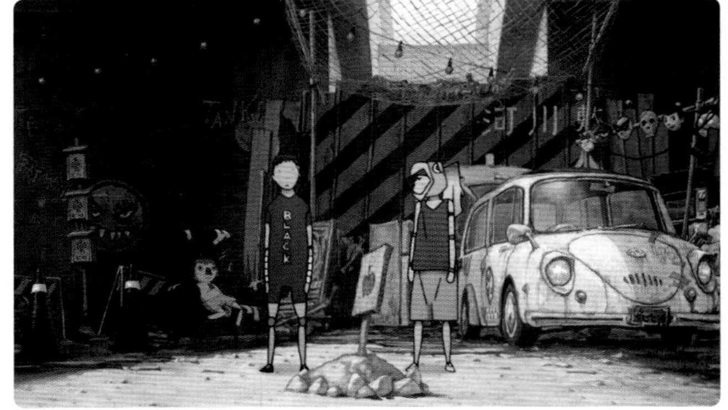

上：小撲滿。阿里亞斯曾經說日本動畫的預算，通常僅有西方類似製作案的十分之一。

下：活力二人組。暴力、又有保護欲的青少年小黑（左），喜歡保護他稱之為家的寶町，以及他的朋友小白（右）。

右：小小司機。幼稚與天真的小白活在他們想像的奇幻世界裡。

影評：《惡童當街》

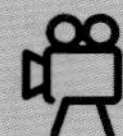

《惡童當街》不是那種透過一點一滴堆疊、鋪展脈絡，並引誘你進入它的世界的電影。《惡童當街》讓你直接降落在現場。觀眾們在高空俯衝，一覽寶町的城市網絡，參差不齊的建築顯得雜亂無章、色彩斑斕，彷彿孩子想像力的遊樂場已經突破城市規劃法規，並得以實現；最後觀眾噗通一聲，降落在嘈雜的街道正中央。《惡童當街》創造出動畫世界中結構最複雜、奇異美麗而情感充沛的小地方，它將讓你胃口大開，大呼過癮。當你降落時，會看到眼前的小孩，搖搖晃晃地走著，嘴裡抱怨著內衣的事。

這是小白，他擁有幾頂漂亮的帽子，個性過度認真，有著狂野的創意，他也是路見不平雙人組「貓」的一員。另一位是小黑，他有點問題、暴力，而且有過分的保護慾；兩人在寶町獨自長大。他們被社會辜負，因此把整個城市當成自己的遊樂場，飛翔著奔來跑去的兩人把自己當作超級英雄。當他們心愛的寶町被黑道分子盯上，成為縉紳化（gentrification）與商品化的目標時，「貓」決心阻止一切，但是當他們行動時，彼此的陰陽互補的關係也發生悲劇性的失衡。

在這場地盤爭奪戰中，寶町這群角色略顯誇張的外型一覽無遺：他們的輪廓纖細、四肢線條俐落、五官迷你，經常像是以波利斯．卡洛夫（Boris Karloff，編按：以「科學怪人」一角聞名的英國演員）式的縫線聯繫起所有部位。雖然電影中有些超自然的元素（如狂放的紫色保鑣，他看似來自其他電影），但故事主要與街頭犯罪、遺棄、心理健康有關。他們的身體與所感受到的痛苦，似乎都反應在造型設計裡。這則由美國人所講述的航髒黑幫故事，讓人聯想到美國最偉大的黑幫電影大師馬丁．史柯西斯（Martin Scorsese）。阿里亞斯的長鏡頭在他悉心構築的世界裡優雅、夢幻地移動。這個世界像亨利．希爾（Henry Hill）或法蘭克．謝蘭（Frank Sheeran）的世界，暴力有其誘人魅力，但其後果都對身體與心靈產生致命影響。

《惡童當街》不乏誇張的場面，但本質上仍是相當安靜的悲劇。電影刻畫了消費主義結構的弊端和成功、無可逃避的債務所帶來的磨難、不同家庭的危難、童年純真的喪失、心理健康的破裂，以及為度過上述一切所造成的心靈破裂。雖然沒有完整的解決方法，但是電影給了我們一線希望，讓我們對角色擁有大量同情和理解，並對社會的邊緣生存者有更多理解。他們的缺點沒有被仔細描述、他們的問題也沒有被解決，不過導演以刺激與優雅的方式詮釋他們的故事，這就是寶町。

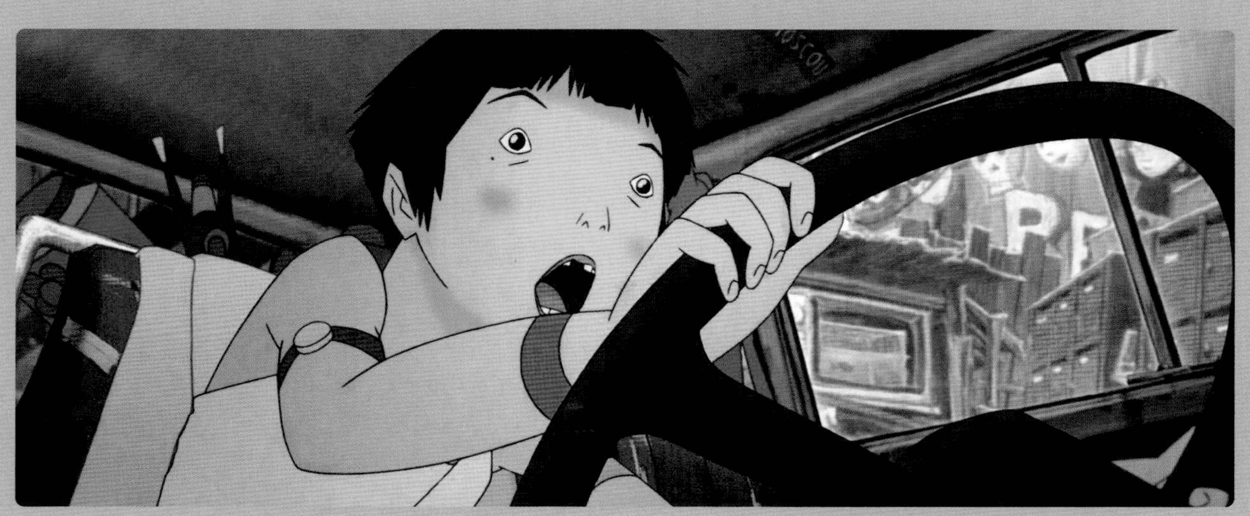

《福音戰士新劇場版：序》
（ヱヴァンゲリヲン新劇場版：序, 2007）

EVANGELION: 1.0 YOU ARE (NOT) ALONE
RIP IT UP AND START AGAIN

打掉重練

少年碇真嗣與疏遠的父親重遇，他的父親是最高機密計畫的領導者，負責開發巨大生物機器人以對抗外敵，這些被稱為「使徒」的神秘敵人將消滅人類的存在。

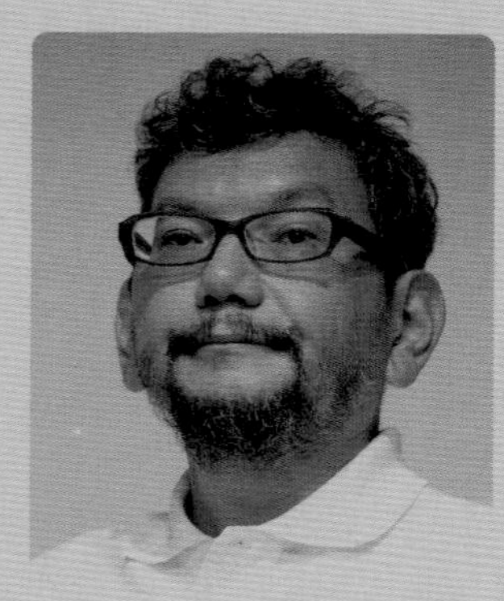

2007
總導演：庵野秀明 Hideaki Anno
98 分鐘

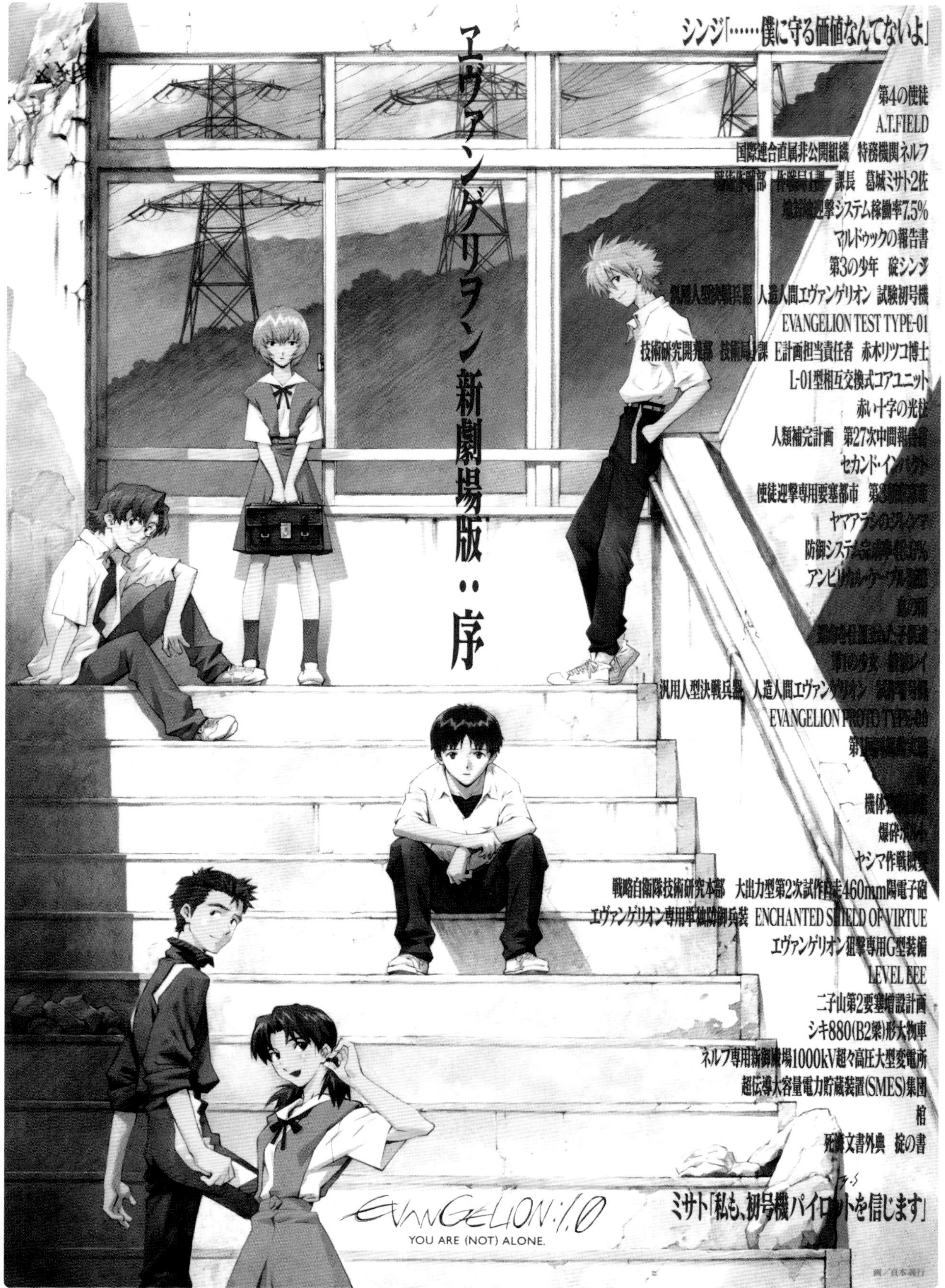
エヴァンゲリヲン新劇場版：序
シンジ「……僕に守る価値なんてないよ」
第4の使徒
A.T.FIELD
国際連合直属非公開組織　特務機関ネルフ
マルドゥックの報告書
第3の少年　碇シンジ
EVANGELION TEST TYPE-01
L-01型相互交換式コアユニット
人類補完計画
使徒迎撃専用要塞都市
EVANGELION
ヤシマ作戦
エヴァンゲリオン狙撃専用G型装備
LEVEL EEE
二子山第2要塞増設計画
シキ880(B2梁)形大物車
超伝導大容量電力貯蔵装置(SMES)集団
棺
ミサト「私も、初号機パイロットを信じます」
EVANGELION:1.0
YOU ARE (NOT) ALONE.

要有機會實現自己的創意願景不是容易的事，如果可以有機會處理同樣的素材兩次以上，就更不可思議了。不過，有幾位幸運的導演可以一再回首自己的作品。好比喬治・盧卡斯（George Lucas），原初的《星際大戰》三部曲無法滿足他，他永遠都在構思新的電影院或家庭播映版本的可能，無視於影迷們的一致抗議……直到他最後認輸，並於 2012 年將此計畫賣給迪士尼。然而，在電影製作史上，可能只有另外一位創作者與其作品及觀眾有著同樣令人焦慮的關係，那就是庵野秀明。

庵野秀明為動漫界所帶來的突破，堪稱傳奇。他出生於 1960 年，是日本第一代「宅宅」動畫師中的代表人物，成長環境圍繞著動畫、漫畫與真人演出的類型電影。他生長於日本南部的山口縣，並用八釐米攝影機拍攝了自製電影。一開始他大學考試落榜，並選擇成為送報員，一邊維持自己的嗜好，不過後來進入大阪藝術大學就讀。他在那裡遇到了日後將一起組成 Gainax 工作室的同學；由於太過熱中自己的素人動畫計畫，庵野秀明甚至忘了繳大學學費，最終被大阪藝術大學退學。

不過庵野秀明已經在成名之路上了，他和未來將一起組成 Gainax 工作室的朋友們創作了兩部深受粉絲熱愛的作品：《DAICON III 開幕動畫》與《DAICON IV 開幕動畫》（*DAICON III & IV OPENING ANIMATIONS*），並因此得到了在《超時空要塞》系列擔任主鏡動畫師的工作。而在宮崎駿為奇幻史詩《風之谷》尋找動畫師時，庵野秀明的重大機會來了。他端著自己的作品集，前往東京，走進吉卜力工作室，並直直走到宮崎駿辦公室的門口。庵野秀明向宮崎駿展示自己的作品。宮崎駿對他所看到的東西印象深刻，並指派這個新人為《風之谷》的片尾段落，設計一段突出的動畫場景，其中最重要的就是巨大、怪物般的巨神兵。

《風之谷》在 1984 年上映，同年《DAICON》系列的元老成員成立了 Gainax，讓他們的分工更為專業化。他們的首部高規格長片《王立宇宙軍》票房慘敗，但自此開始，庵野秀明以 Gainax 工作室為家，展開近 20 年的工作。當然，他偶爾也會參與其他工作室的作品，好比擔任高畑勳的《螢火蟲之墓》的主鏡動畫師。他在 Gainax 工作室推出《飛越巔峰》和《海底兩萬哩》，後者原由宮崎駿的提案，自 1970 年代中期起就堆在東寶積灰塵。根據官方紀錄，在《海底兩萬哩》製作過程中，庵野秀明「首度明瞭到製作電視動畫系列潛在的恐怖」，並讓他對動畫感到筋疲力盡和幻滅。

庵野秀明花了幾年時間才帶著新的系列回歸，激烈地融合宗教神秘主義、精神分析理論、含蓄的個人自傳與駕駛巨大機器人的笨拙青少年，也就是 1995 年所推出的一共 26 集的鉅作：《新世紀福音戰士》。他獲得了空前成功，並為當時艱難的日本動畫產業打下一劑強心針。《新世紀福音戰士》開創一系列多媒體衍伸商品，以及狂熱的粉絲群，不論在日本或海外，都深受推崇。不過，事情並非毫無波瀾。構成終局的最後兩集相當混亂並飽受爭議，撕裂了死忠粉絲圈，而部分過激的粉絲們甚至向導演祭出死亡威脅。

一開始，庵野秀明表示自己對結局非常滿意。不過在一次美國動漫展的 QA 環節中，發生了那場惡名昭彰的交流，一名觀眾表示自己對結局感到失望與困惑，庵野秀明表示：「真可惜。」不過，觀眾的激動之情似乎慢慢發酵，而庵野秀明也陷入了嚴重的沮喪之中。過了一陣子，他才被說服回到團隊中，做出幾個劇場版來為結尾做修正；而其中的高潮正是《新世紀福音戰士劇場版》，這是一部步步進逼、挑戰觀眾的作品；

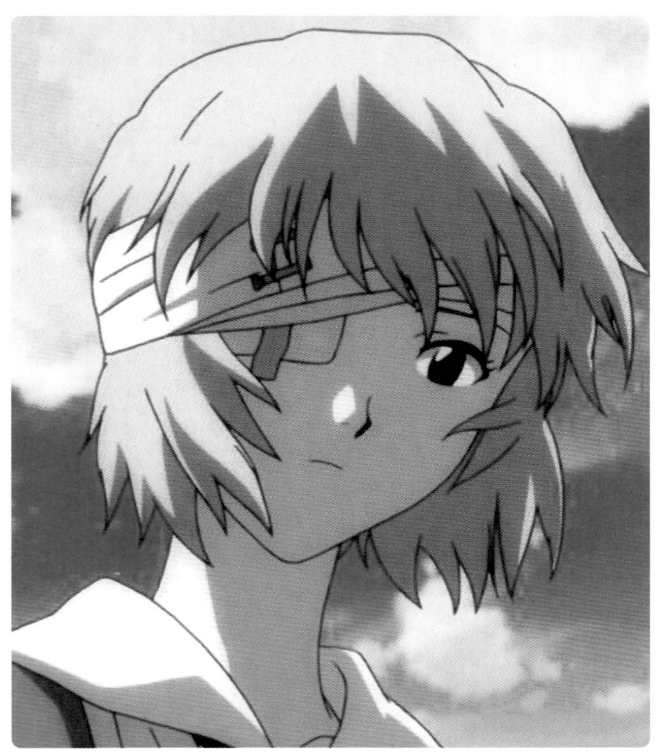

左：駕駛員計畫。一路上，碇真嗣遇見其他駕駛 EVA 的年輕人，包括神秘的綾波零。

延伸觀影

如上所述，《新世紀福音戰士》是一部龐大、令人困惑且就許多層面來看皆自我矛盾的系列。《福音戰士新劇場版：序》是《福音戰士新劇場版》的第一部，庵野秀明以嶄新的方式重述故事，並與後續幾部巧妙銜接，該系列每一部都有著令人費解的片名（編按：此指英文片名）：《福音戰士新劇場版：序》（*Evangelion: 1.0 You Are (Not) Alone, 2007*）、《福音戰士新劇場版：破》（*Evangelion: 2.0 You Can (Not) Advance, 2009*）、《福音戰士新劇場版：Q》（*Evangelion: 3.0 You Can (Not) Redo, 2012*）和《福音戰士新劇場版：終》（*Evangelion: 3.0+1.0 Thrice Upon a Time, 2021*）。除此之外，最初的 26 集與那部咄咄逼人的長篇終章《新世紀福音戰士劇場版》，雖有瑕疵，卻實實在在地培養出一派狂熱粉絲，影響力延續至今。每當談到庵野那漫長且兼容並蓄的職業生涯時，《福音戰士》往往會攫取所有目光焦點。但其早期的作品，有令人讚嘆的《風之谷》巨神兵登場，也有令人享受的宮崎駿致敬之作《海底兩萬哩》電視動畫。他的實驗性真人電影《狂戀高校生》、《式日》和《甜心戰士》，更是他獨特創作欲的完美展現，近期的《正宗哥吉拉》則顛覆性地將官僚世界的繁文縟節與怪獸電影做連結，並同時收穫評論與票房上的巨大成功。

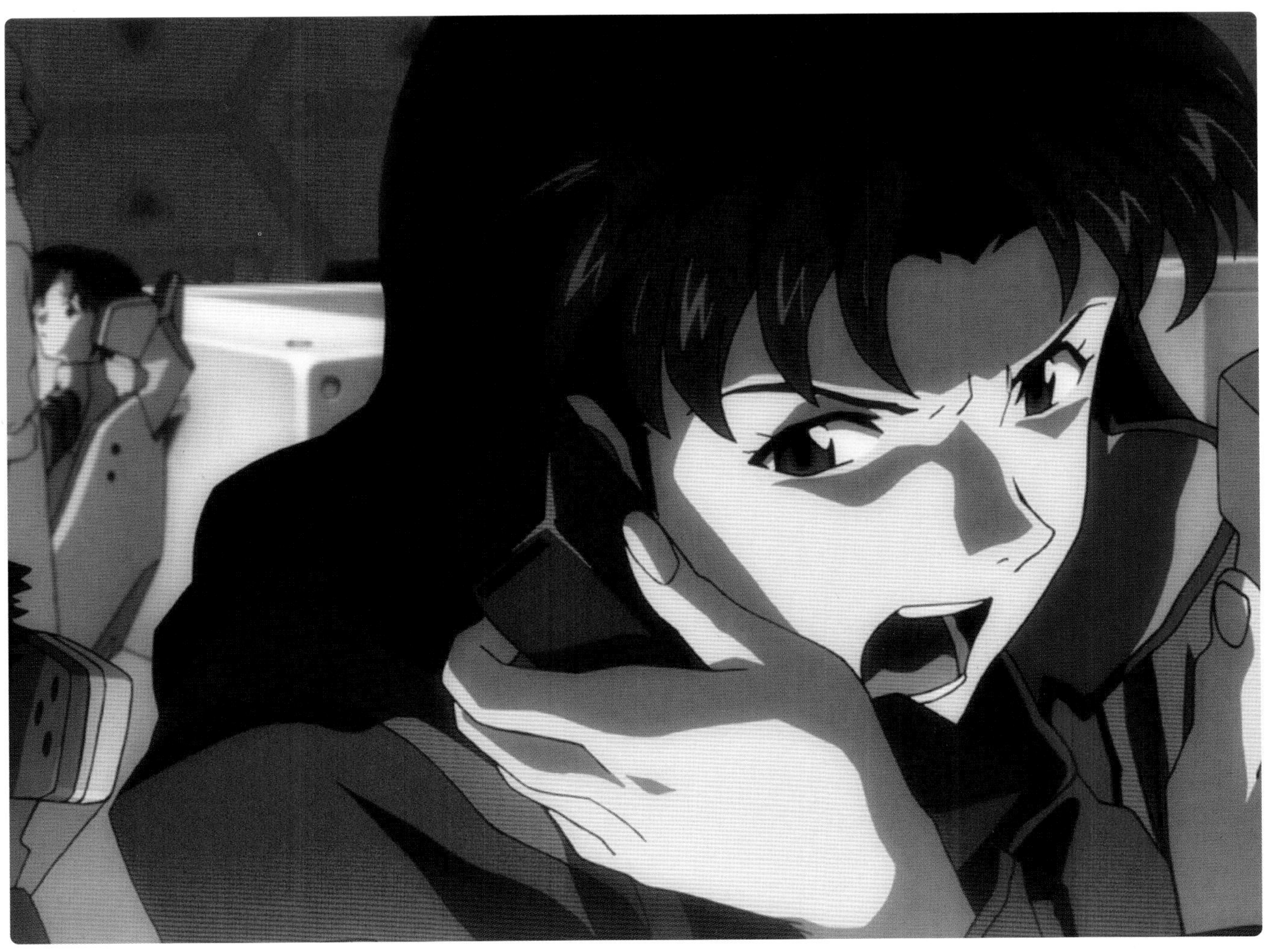

上：紅色警戒。《新世紀福音戰士》不僅是爆炸性的動作故事，也探討人類溝通的困難。

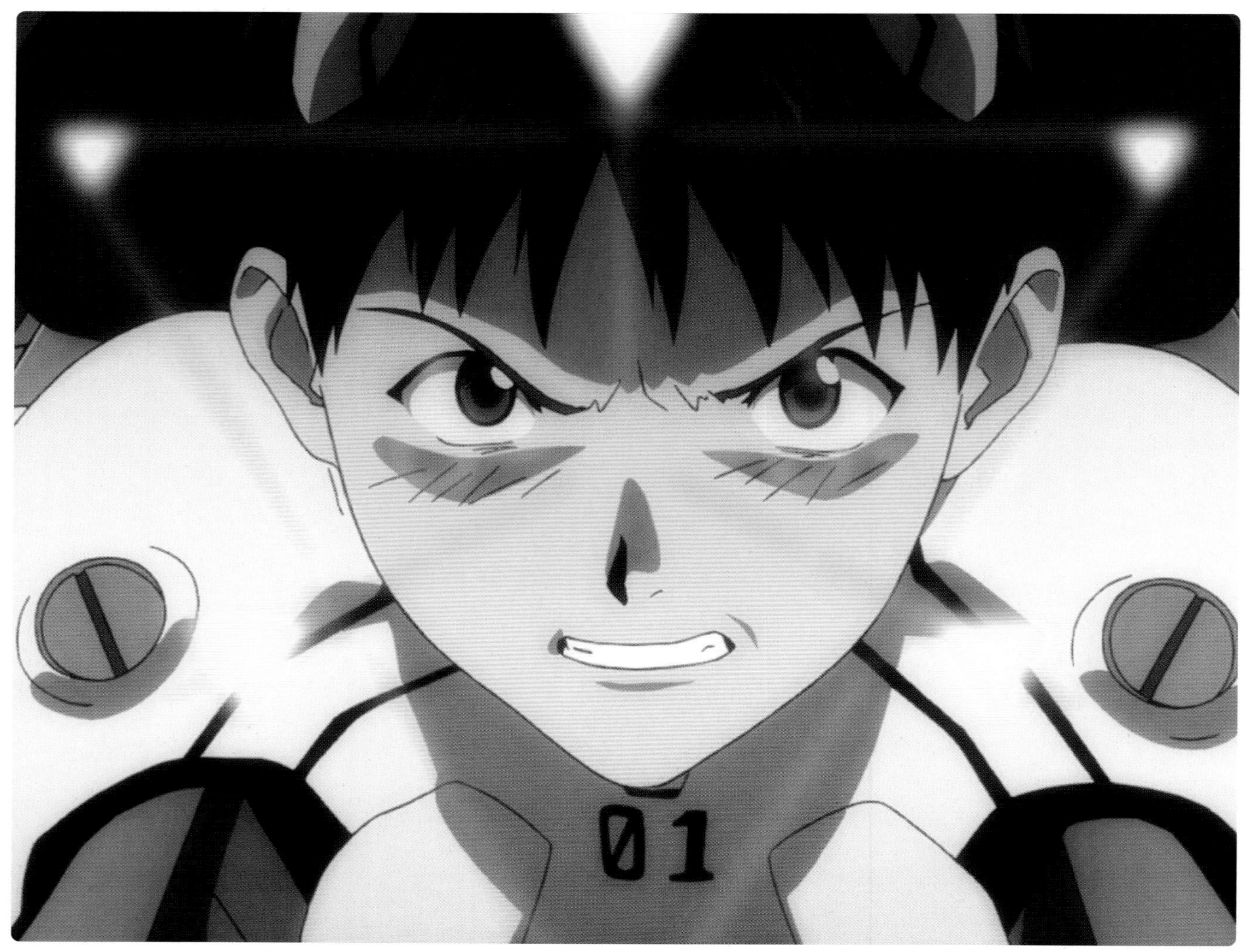

電影將鏡頭轉向創作者與粉絲，提供一個「真實」、確定的結尾。

然而，在該系列十週年之後不久，庵野秀明再次重返該系列；一開始是因為，在日本流行文化產業中，許多系列都必須要永保長新，才能向新世代重新講述故事（包括《哥吉拉》、《假面騎士》與《超人力霸王》，庵野後來也負責監督這三部真人電影，並讓這些作品共享同一個電影宇宙：「新・日本英雄宇宙」）。但《新世紀福音戰士》可以符合要求嗎？《福音戰士新劇場版》系列用四部長片來進行探問，庵野秀明以新的眼光回顧角色、設定與主題。「時代已經變了，」他這樣向對撞機頻道（Collider）表示，「現在的世界和以前已經不一樣了。我也變了。」

為了紀念這個新階段，庵野秀明離開 Gainax 工作室，另創新的 Khara 工作室；此字源自希臘文，代表「快樂」。此時庵野秀明擁有更大的自由度與預算，並從《福音戰士新劇場版：破》開始著手，這部與原始系列的前幾集中所勾勒出的敘事，大體上相當一致。庵野秀明認為這是個安全、熟悉的起點：對新觀眾來說夠新鮮，對死忠的粉絲來說也有足夠吸引人的差異點（高畫質數位動畫技術、暗中致敬與影射）；此作成功號召影迷們，並迎接未來未知的發展。常言道，過程往往比終點更精彩，《福音戰士新劇場版》系列於 2021 年迎來高潮並完結，那就是《福音戰士新劇場版：終》，不但獲得高度好評，並得到日本電影學院獎，還獲得年度票房冠軍。也由於此系列與串流平台 Amazon Prime Video 簽約，《福音戰士新劇場版》成為庵野秀明作品中，在國際上獲得最大規模映演的作品。

上：碇真嗣，快登入機器人。《新世紀福音戰士》中主角們追逐認可與幸福的過程，反映了庵野秀明自己的奮鬥。

影評：《福音戰士新劇場版：序》

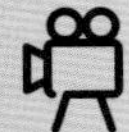

《新世紀福音戰士》系列充滿了基督教意象：有形狀像十字架的大爆炸、一支以刺殺耶穌的長矛命名的長矛，還有一大群看似取自舊約聖經名字的人物。這些聖經知識對這整個系列有多少實際意義，又有多少僅僅只是裝飾點綴，一直備受討論。不過在新的系列裡，很明顯地，庵野秀明對復活略知一二。

《福音戰士新劇場版：序》是初嚐此龐大系列的入門教材，因為不是每個人都適合如此混亂、磅礴但極致美麗的故事。在小螢幕裡，這是一則關於少年碇真嗣的故事，講述他如何像薛西弗斯般，一次又一次地進出巨型機器人，對抗入侵的外來勢力，這樣的故事似乎非常怪異、重複與前衛。該電視動畫的前半部分以城市的破壞為主軸，而後半部分更著重於將角色的心理世界夷為平地。故事展開的方式相當迷人，該動畫在短短26集內，每週都會有新怪物登場的奇觀，最後轉變成關於存在主義、自省的獨白。

《福音戰士新劇場版》系列的首部曲，以長片的規格重新講述故事，並有新的人物、細節登場，而部分敘事也稍有更動。此片是極其出色的娛樂大片，觀者不但將擁有豐富的情感體驗，也能對原有的《福音戰士》世界有更豐富、深刻的了解。由於沒有受到電視需要時時吸引觀眾眼球的限制，《福音戰士新劇場版：序》對比電視版開頭的幾集，絕對是更為享受、愉悅的觀影體驗。庵野秀明花了許多時間雕琢《福音戰士》的世界，那不僅只是口白的堆疊（當然，口白量還是相當龐大），並更鉅細靡遺地描繪了他的反烏托邦世界。如此長篇幅耐心構築其宇宙觀的方式帶來了巨大的樂趣。第三新東京市建造於地球的巨大空洞之上，並擁有可伸縮的摩天大樓；觀者可以飽覽如此獨特的工程奇觀，而且不虛此行。觀者同樣可以細微觀察NERV的操作系統，該組織負責迎戰外來敵人；其所使用的軟體與操作介面都設計精良，操作方式也相當繁複。由於預算的限制，電視動畫系列往往重複使用大樓與電腦螢幕的畫面，並縮限了規模。但在劇場版裡，觀者對城市與其運作所產生的沉著好奇心，不但帶來新奇、沉浸的體驗，也讓城市所受到的破壞威脅更加顯得強烈。

這部不乏碇真嗣與其他問題少年駕駛EVA（機器人）與使徒（外來勢力）大量戰鬥的情節，這種插曲式的片斷情節，在電視版中自然合情合理；但作為電影，不免顯得結構重複。然而，上述戰鬥場面彰顯了庵野秀明創作角色與動畫的精湛技術。他曾經在《風之谷》創造了令人難忘、黏糊糊、夢魘般的巨神兵，但在此，他更為觀眾創造了更高聳、驚悚的怪物。EVA的特徵與人類異常相似，它們會鼓脹，有著強壯的肉體與金屬部件；在戰鬥時，它們的身體會發出嘎吱聲、爆烈聲與肌肉擠壓聲，並讓城市染上紅色的血雨。使徒們的形態則較為不定，它們那未知、近乎液態的形式，以及尖銳的嚎叫聲，讓他們駭人地神秘，此處也展現出動畫師創造迷人動態效果的技巧。

在角色上，真正的主角仍是碇真嗣，其他角色就僅僅只是棋盤上的一子而已，但碇真嗣卻幾乎未被深入探索——至少到目前為止。碇真嗣是個沮喪、壓抑的年輕男孩，他對父愛、柏拉圖式情感與愛情的追求，都受到阻礙，他偶然的爆發則相當適合作為武器。不過，在對電視動畫的故事結構進行調整後，真嗣在結局中罕見地獲得滿足感和認可感，這為原本應走上截然不同結局的故事，帶來了出乎意料的圓滿發展。單以《福音戰士新劇場版：序》而論，觀者很難被說服承認《福音戰士》是日本動畫神作，但作為一部引發好奇的入門作品，部分觀眾必然會在未來成為絕對忠誠的粉絲。

《超時空甩尾》
（レッドライン, 2009）

REDLINE
FASTER AND FURIOUSER

究極速度與激情

請繫好安全帶啊！這部全力飛馳的汽車迷動畫中，描述勇敢的車手 JP 在地下賽車世界的生存之戰，夢想參加、甚至贏得全宇宙最受歡迎、充滿致命風險的比賽「REDLINE」。

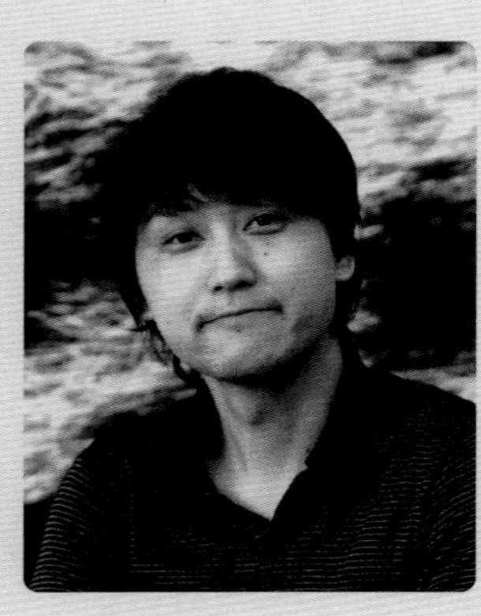

2009

導演：小池健 Takeshi Koike

102 分鐘

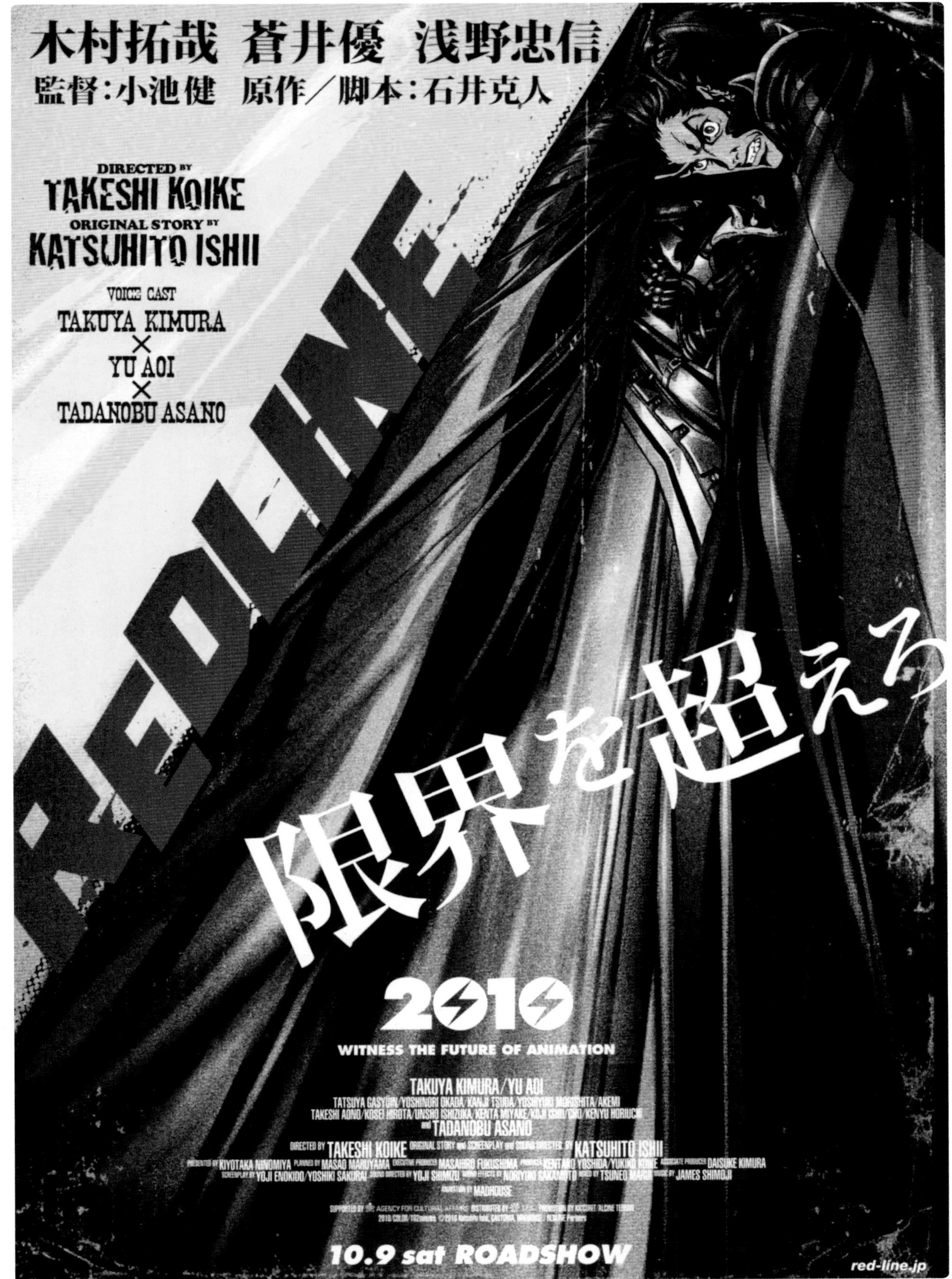
木村拓哉 蒼井優 浅野忠信
監督：小池健 原作／脚本：石井克人
DIRECTED BY
TAKESHI KOIKE
ORIGINAL STORY BY
KATSUHITO ISHII
VOICE CAST
TAKUYA KIMURA
×
YU AOI
×
TADANOBU ASANO
REDLINE
限界を超えろ
2010
WITNESS THE FUTURE OF ANIMATION
TAKUYA KIMURA/YU AOI
and TADANOBU ASANO
DIRECTED BY TAKESHI KOIKE
KATSUHITO ISHII
ANIMATION BY MADHOUSE
10.9 sat ROADSHOW
red-line.jp

當昆汀・塔倫提諾（Quentin Tarantino）決定在他充滿致敬的風格武打片《追殺比爾》（*Kill Bill Vol.1*）中加入一段日本動畫時，他立刻找上 I.G. 動畫製作工作室委製此動畫片段，此時該工作室已推出許多引發全球狂熱的作品如《攻殼機動隊》。他的導演好友石井克人的風格，帶有超現實、怪異感，有時近似真人動畫；石井克人被賦予人物設定之大任。離開該計畫的石井克人期望能創造出類似《追殺比爾》的表現力量的動畫長片，並希望能吸引像塔倫提諾這樣的西方觀眾。「一開始我們在構思這部片時，」石井克人回想，「我們想像的觀眾是那些住在美國中西部、沒什麼好玩事可做、只能玩車的小孩。我們想給他們一些訊息……最好是他們根本沒有察覺到這部動畫並不是產自他們的國家。」

成品就是《超時空甩尾》，一部狂熱、油門狂催，讓人緊張到喘不過氣來的科幻賽車片。石井克人與創造《獸兵衛忍風帖》、《手塚治虫之大都會》的 MADHOUSE 工作室合作，他最愛的導演小池健為該工作室的明星動畫師，小池健剛以《駭客任務立體動畫特集》中的〈世界紀錄〉短片作為導演處女作；當時，小池健在 MADHOUSE 領導著放眼全球的專案《爆炸頭武士》。石井克人擔任製作人，亦負責人物設定、世界構建，並以無限創意激發小池健；而小池健本人則是好萊塢瘋狂賽車喜劇《炮彈飛車》（*The Cannonball Run*）的粉絲。「通常這種計畫都不會通過，」石井克人告訴《日本時報》，「不過當時 MADHOUSE 的負責人丸山正雄非常重視小池健的意見，而小池確實很想進行這個計畫。」

《超時空甩尾》完全無視 2000 年代早期的動畫潮流，採取全手繪製作，據說在漫長的製作過程中創造了近十萬張獨立繪稿，為了完成如此龐大的繪製，也讓

下：寵物站。《超時空甩尾》的世界風格強烈、包羅萬象；在此科幻世界裡，外星人、擬人化動物與人類角色共同存在。

右頁上：奇異的比賽。《超時空甩尾》的車手名單相當精彩，不乏色彩繽紛、有趣的角色，好比索諾西・瑪格雷。

右頁下：極速快感。透過拉長車體製造高油耗的極速飆感。

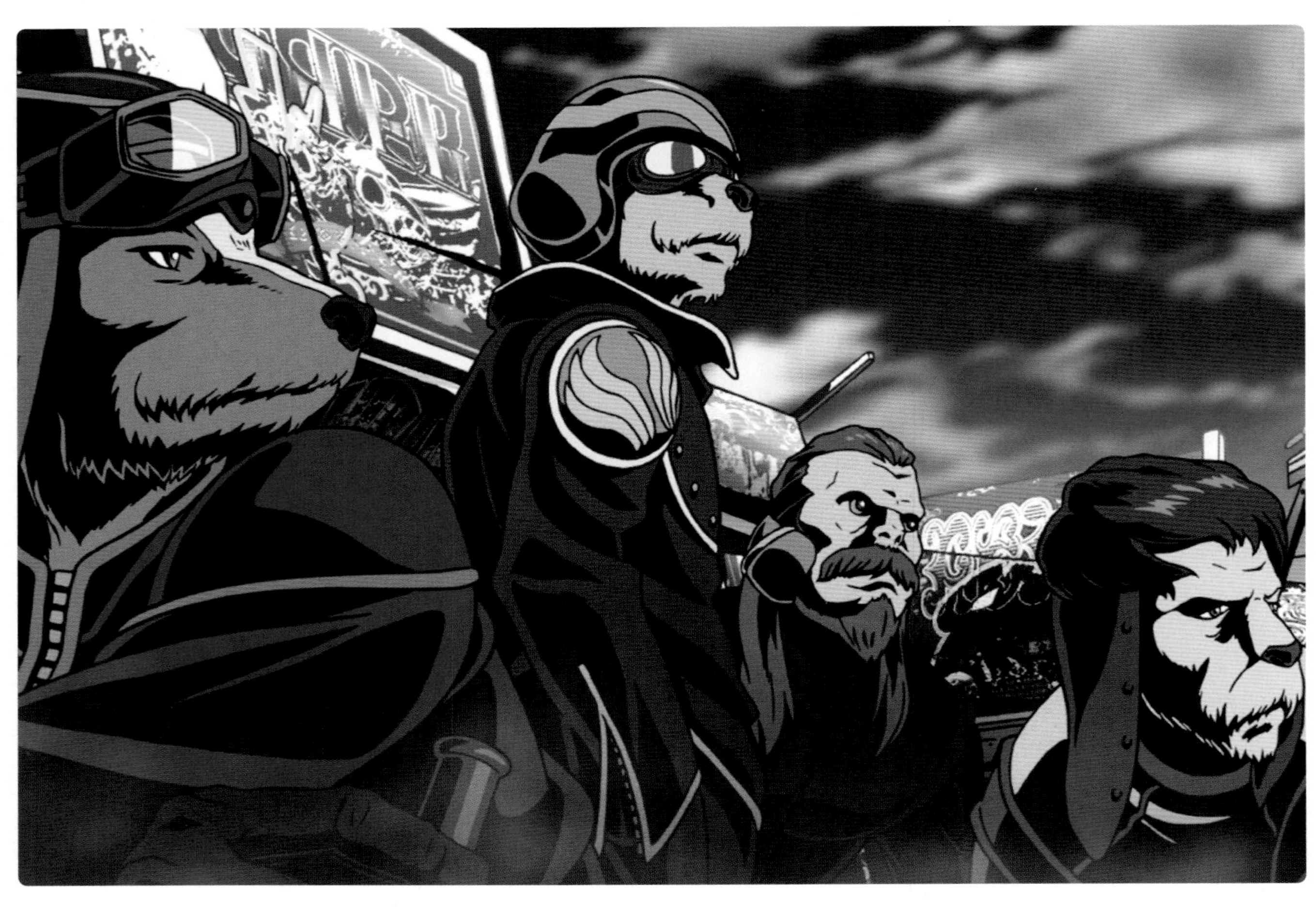

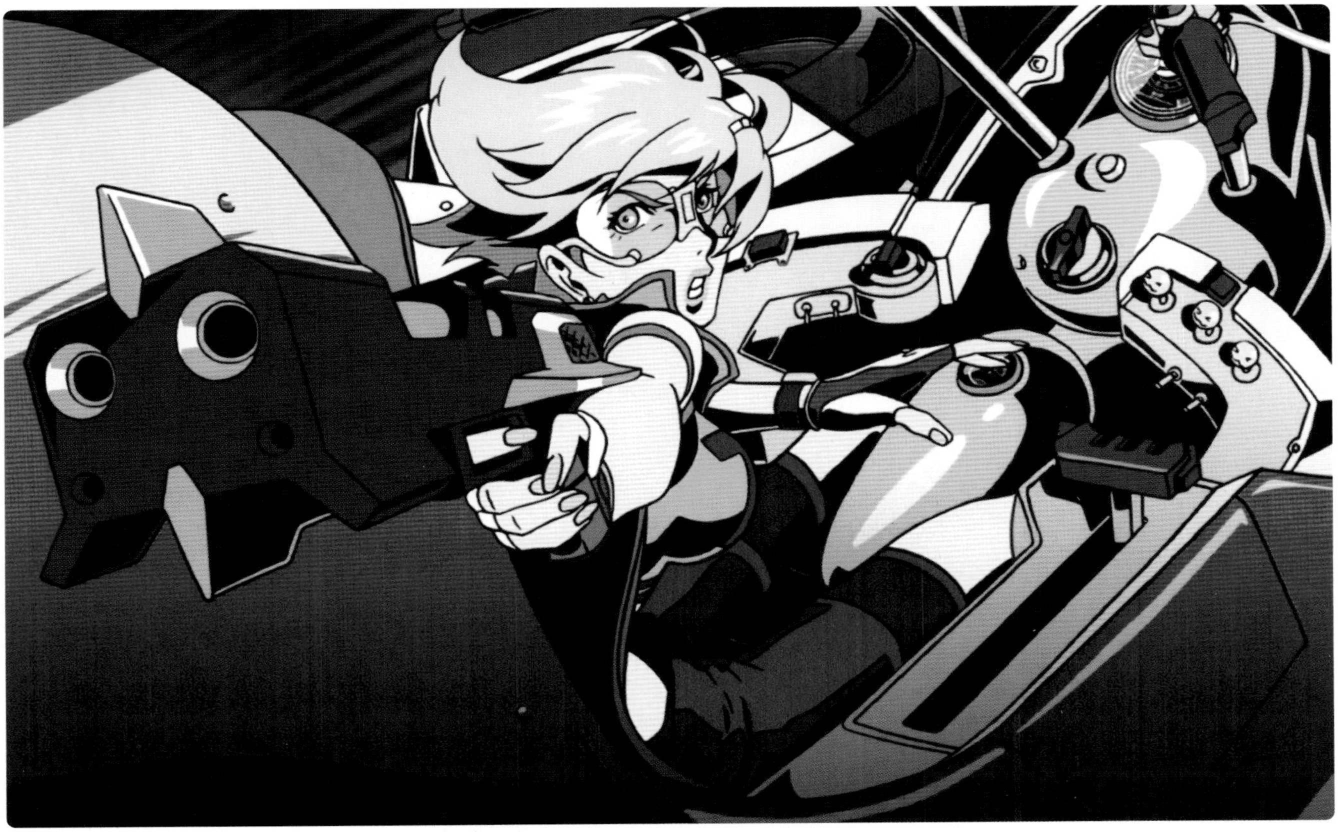

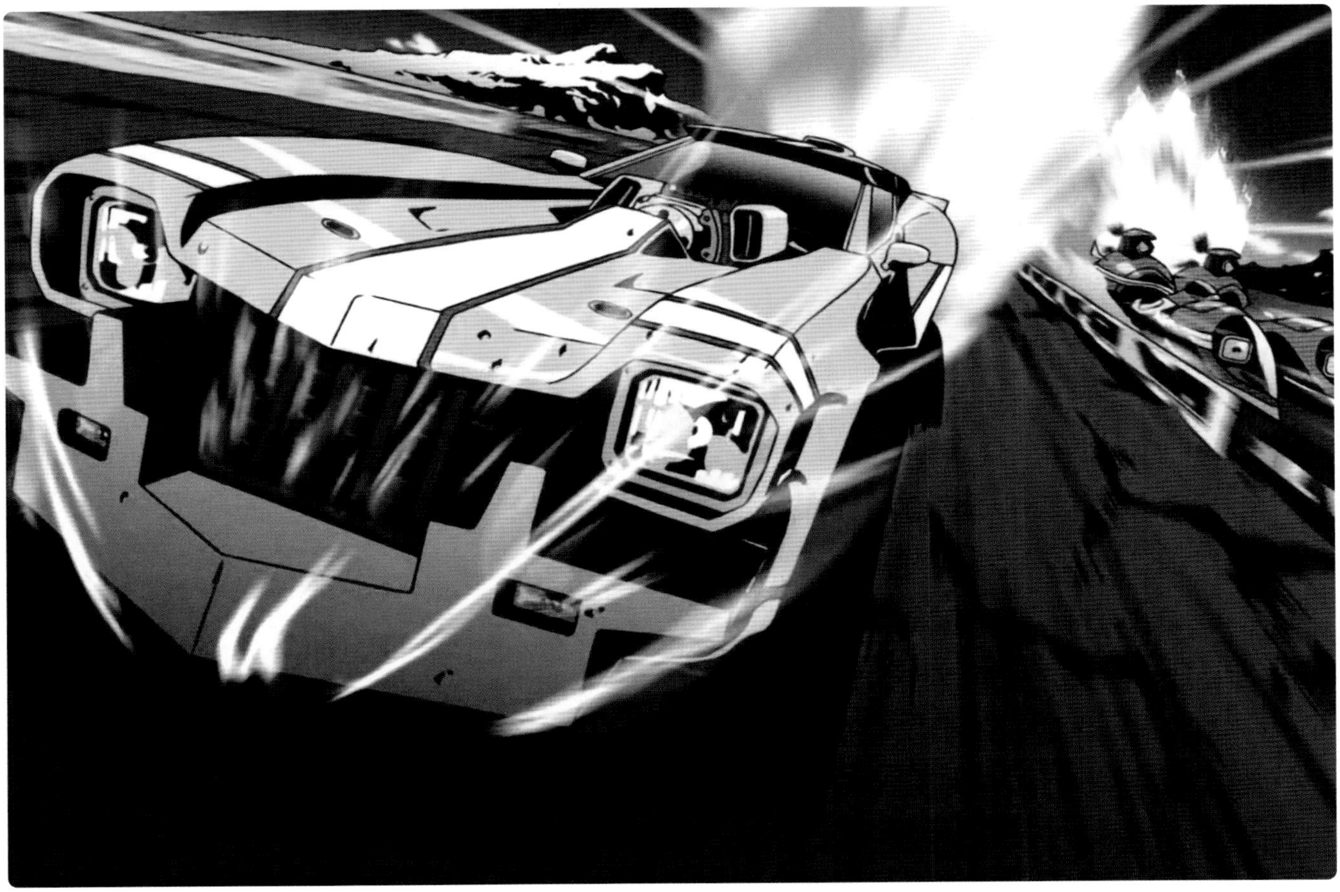

延伸觀影

《超時空甩尾》裡的延伸線條與扭曲視角在《駭客任務立體動畫特集》的〈世界紀錄〉也曾出現過，那是小池健在該動畫選集的貢獻。在《超時空甩尾》之後，小池健成為《魯邦三世》系列背後的主要創作者，並主掌人物設定；小池健擔任《魯邦三世：名為峰不二子的女人》動畫導演；並執導衍生作品《魯邦三世：次元大介的墓碑》、《魯邦三世：血煙的石川五右衛門》、《魯邦三世：峰不二子的謊言》；他在上述作品中也與《超時空甩尾》的配樂詹姆士・下地繼續合作。順帶一提，片裡有不少彩蛋都與《魯邦三世》系列與其角色有關，因此觀者可以思考一下其中的命運。

工作期程延宕數年。然而，一切努力都是為達成小池健與石井克人期望的效果：他們希望整個銀幕都鼓動著能量，透過車子與角色的變形與扭曲，呈現高速狀態，並配上詹姆士・下地（James Shimoji）熱血沸騰、激昂的配樂。「CG 動畫很難給你這種感覺。那種感覺你看完後就會感受到，有點像是喝醉了。」石井解釋道。小池很同意並表示，「手繪所帶來的刺激感，絕對是我創作中的必要元素。這是透過雙手繪製才能創造的。」

下：燃盡所有。為達到終點線，不論是 JP 或是導演小池健都用盡全力。

右頁：引擎蓋下。除了賽車以外，《超時空甩尾》也充分描繪奇異外星世界的黑暗面。

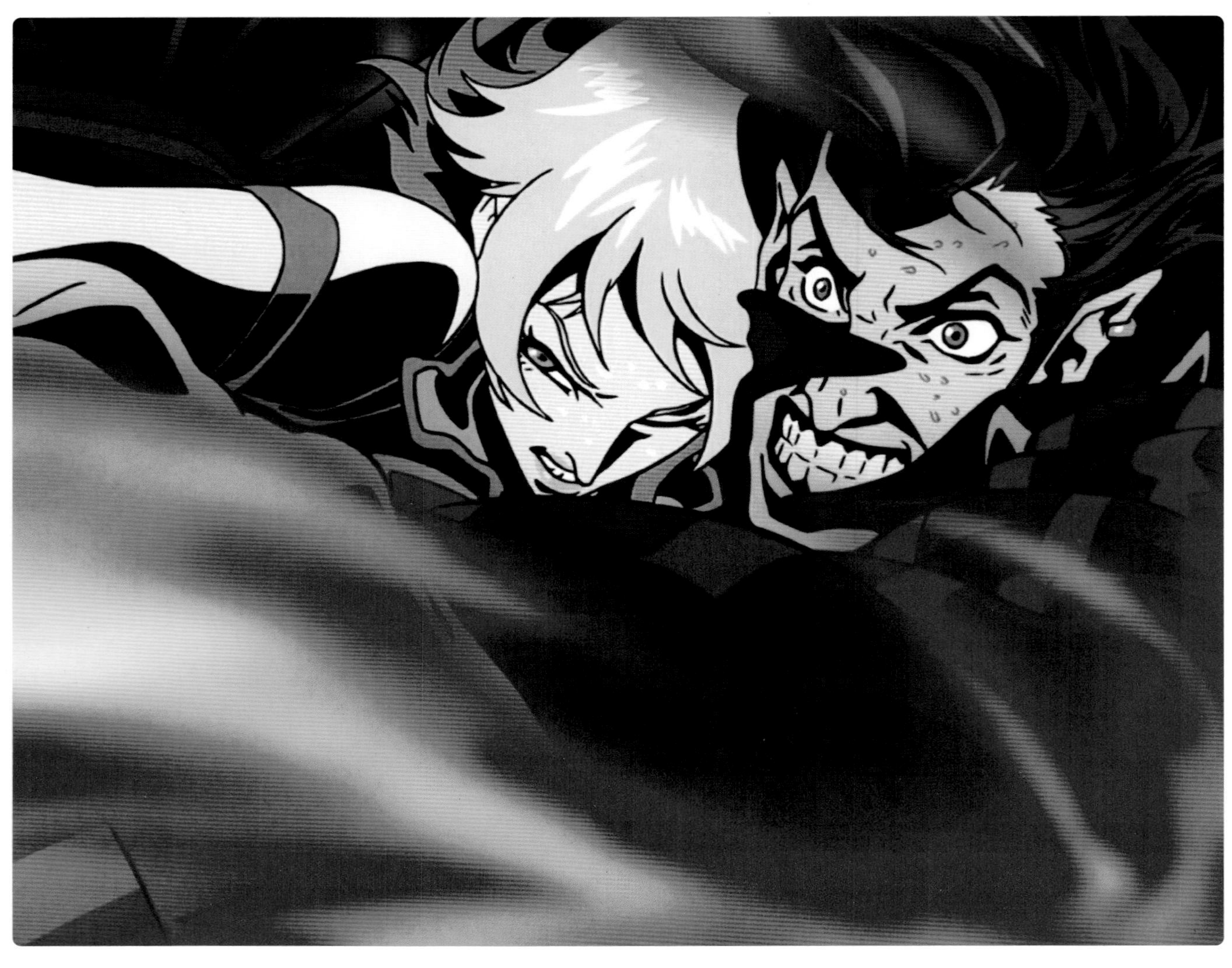

影評：《超時空甩尾》

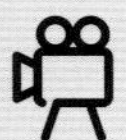

本書介紹的有些電影需要用類似冥想般的開放狀態去觀看，有些需要鋼鐵般的專注力。《超時空甩尾》則需要你繫緊安全帶。它是一場毫無保留的動能大爆炸，有著《星際大戰》陰暗的銀河地下世界，以及《瘋狂麥斯：憤怒道》（*Mad Max: Fury Road*）的線性 G 力。只要緊緊跟隨著主角們，你將像是坐在賽車前座，享受二十一世紀動畫史上最激狂、有趣的動畫電影，全身投入到狂暴、具有實感與驚人美麗的畫面中。

「超溫柔男」JP 想要贏得宇宙間最大的賽車比賽，這個故事相當複雜，卻也極其簡單。《超時空甩尾》提供了豐富的世界建構，並構築絕不會讓科幻迷失望的銀河世界傳說，但這些細節從未干擾敘事，反而強化敘事的核心，也就是誰可以得到那面冠軍格子旗。片中的星球並非光滑、打磨得亮晶晶的烏托邦，而是骯髒、汙穢，聚集不法之事的地方，甚至可說是為此而存在的地方。我們可在賽車引擎聲之外飽覽外星生活、次文化、電視新聞、夜生活；電影描繪出生動的星際景觀，充滿熟悉的賽車情誼與競賽；一切都前所未見。

每當踩下踏板，電影裡的賽車輪胎就在銀幕上燃燒。每當引擎聲轟隆作響，高對比、粗厚手繪線條所炮製的角色與車輛就開始延展與擠壓，像是超越了時間一樣。JP 和其他賽車手們在每個彎道衝撞彈跳，他們用酷炫多彩的顏色與煙霧佔滿整個銀幕；其古怪的比賽既瘋狂又令人著迷，也因為設計精巧，因此觀者從不感到困惑。在距離比賽稍遠的地方、在側邊觀眾席與觀賽塔上，故事被更深刻地描繪著。車手們被媒體馬戲團包圍著，透過鏡頭，他們原本就變形的臉變得更加扭曲，並且不斷地在新聞節目與廣告中被複製、利用；而角色們則陷入自身的鬥爭中，擺盪在正直與貪婪之間。

撇除 JP 過度配載裝備的賽車、龐巴度髮型，及一些有意識的無端暴露（這在分鏡腳本階段時就不該出現），本片有種奇怪的青春魅力與單純。即使它有極度卡通化並與現實完全脫節的特點，觀者還是很容易投入其中。一組法西斯風格的軍隊鑄造了巨型的活體武器（直接從《風之谷》挪用），為整體故事帶來毫無必要的破壞性，不過最後結尾的契訶夫（Chekhov）式引人發笑的轉折，讓人很快就忘掉前面發生的事。《超時空甩尾》激狂、令人屏息，並且絕對特立獨行。只要看一點片段，你就會因為賽車焰火而感到激昂。

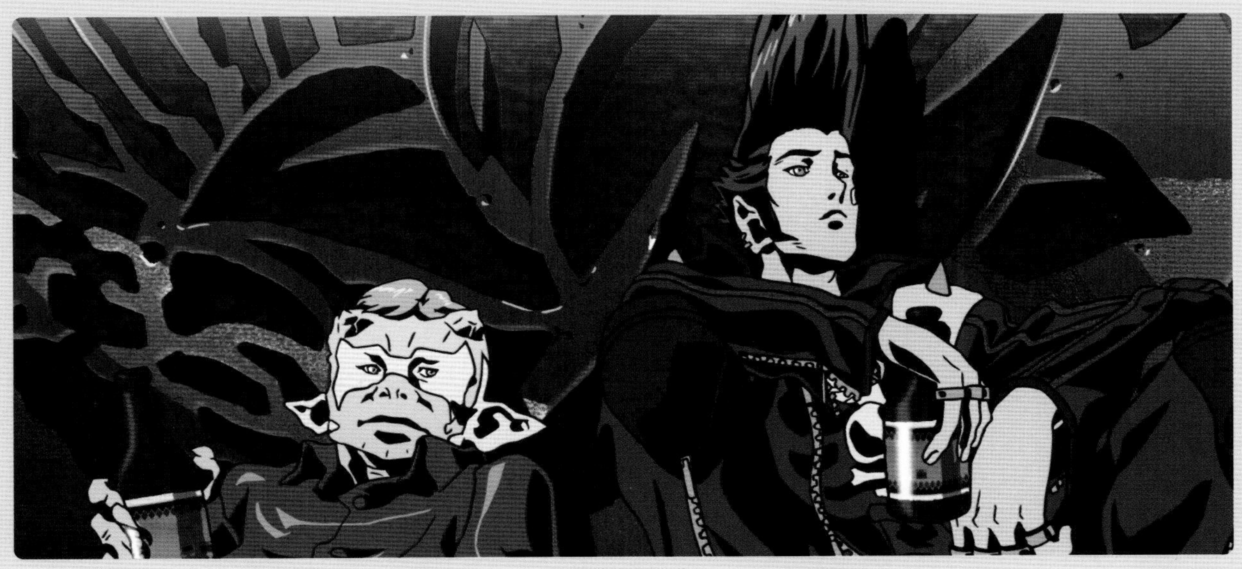

《喬望尼之島》
（ジョバンニの島，2014）

GIOVANNI'S ISLAND

COME AND SEA *

看看海

隨著第二次世界大戰接近尾聲，兩位小兄弟居住的色丹島遭蘇聯軍隊佔領，他們的生活發生了不可逆轉的變化。

＊編註：原文標題 Come and Sea，向 1985 年蘇聯經典反戰電影 *Come and See* 致敬（「自己來看」之意，該片台灣譯名為《見證》）。

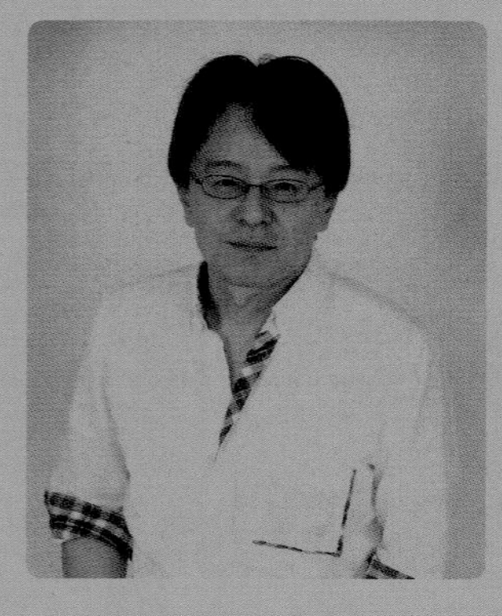

2014

導演：西久保瑞穗 Mizuho Nishikubo

102 分鐘

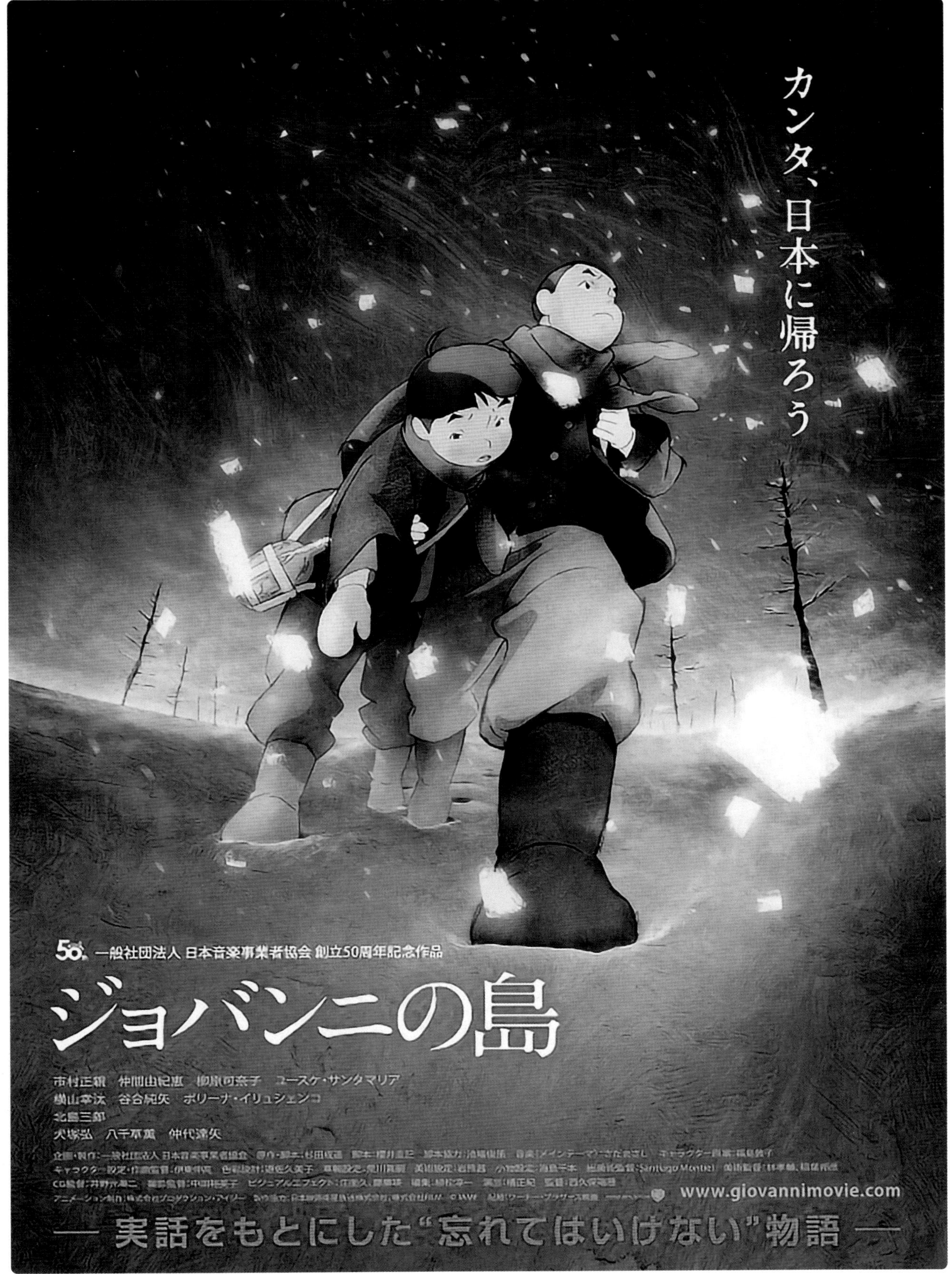
カンタ、日本に帰ろう
50 一般社団法人 日本音楽事業者協会 創立50周年記念作品
ジョバンニの島
市村正親　仲間由紀恵　柳原可奈子　ユースケ・サンタマリア
横山幸汰　谷合純矢　ポリーナ・イリュシェンコ
北島三郎
犬塚弘　八千草薫　仲代達矢
www.giovannimovie.com
— 実話をもとにした“忘れてはいけない”物語 —

西久保瑞穗導演的事業可追溯至 1970 年代，他顯赫的資歷包括參與歷史史詩《凡爾賽玫瑰》系列及跨國製作的《太陽之子》。然而，即使在他職業生涯的 30 年裡，他仍然對其中一種類型動畫躍躍欲試。他向「動畫新聞網」（Anime News Network）表示，「我一直對 1930 年代以降時期相當有興趣，當時日本毫不留情地一步步將自己推入衝突之中。坦白說，我一直想說一個發生在那個時期的故事。」

終於，有個故事出現在他的辦公桌上，時間設定在二戰的尾聲，故事描述一段很少被提及的歷史，那就是千島群島在蘇聯佔領時期；該群島自 1945 年以來，頻繁發生日俄間的衝突。這個概念一開始由編導杉田成道提出，原為小說形式，後來一度演變為真人電影，最終由 I.G. 動畫製作工作室接手，期望發展成動畫《喬望尼之島》。故事的靈感來自一位名叫得能宏的男子的童年回憶，講述一位十歲男孩淳平在蘇聯佔領時期，居住在色丹島上的故事。

以動畫改編故事，讓西久保瑞穗可以在處理極具爭議的領土問題時，避開棘手的政治問題，並提供導演發揮想像的廣闊創意空間。為了補充電影非常真實的歷史細節，導演添加了奇幻的元素，大量借鑑宮澤賢治形而上的童話故事《銀河鐵道之夜》。宮澤賢治的故事不但提供《喬望尼之島》中閱讀此書角色的「某種內心動力」，也為整部片的主題刻劃出紋理，讓西久保瑞穗理解宮澤賢治故事的核心，那就是：什麼才是屬於所有人的真正幸福？

下：年輕女孩達妮亞，是佔領者蘇聯指揮官的女兒；她與色丹島島民淳平和寬太成為好朋友。

右頁上：兄弟攜手同心。淳平和寬太合力度過艱辛的時期。

右頁下：腳踏石頭。若讀者想讓《喬望尼之島》的觀影體驗更豐富，推薦之後也將哲學幻想之作《銀河鐵道之夜》找來看看。

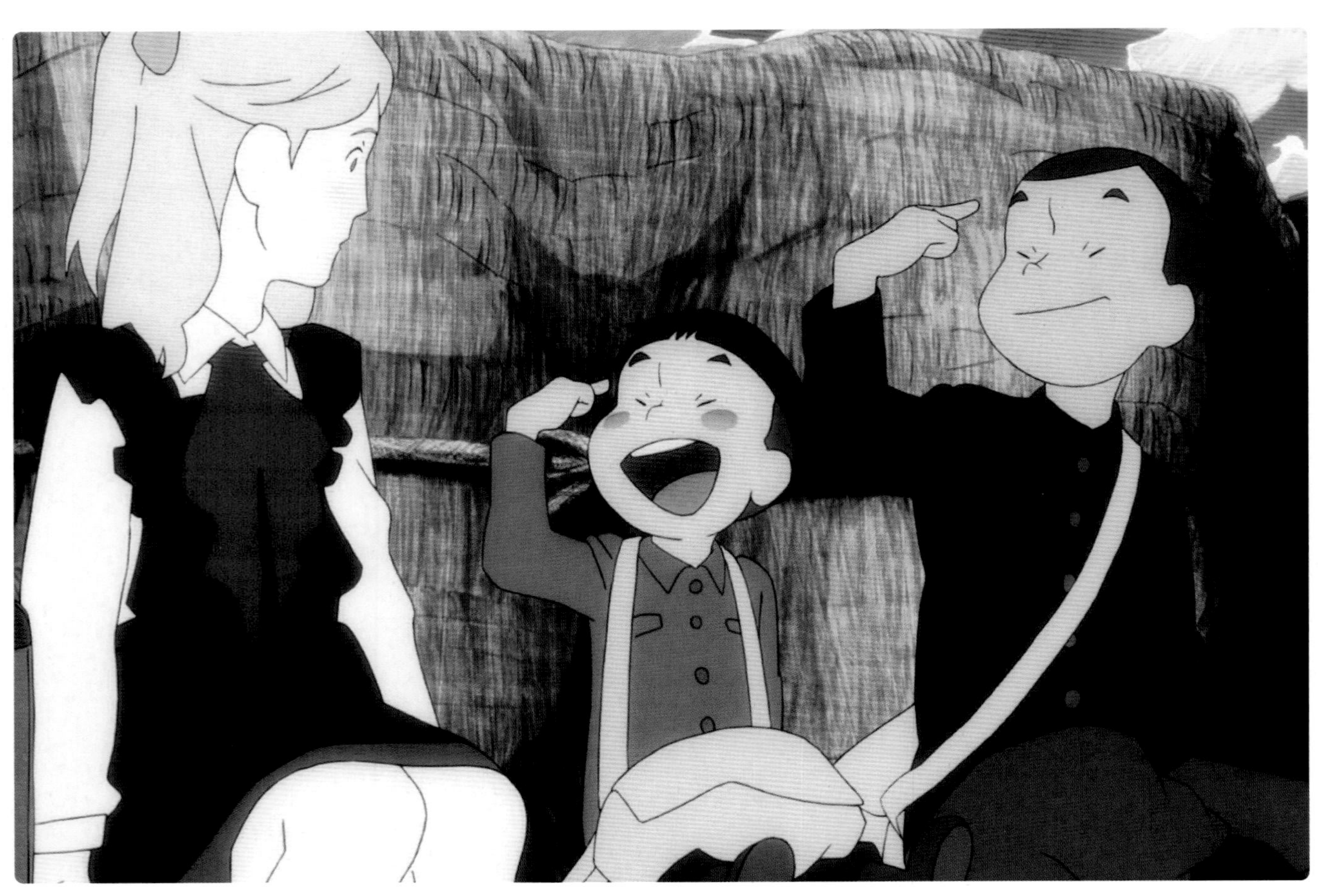

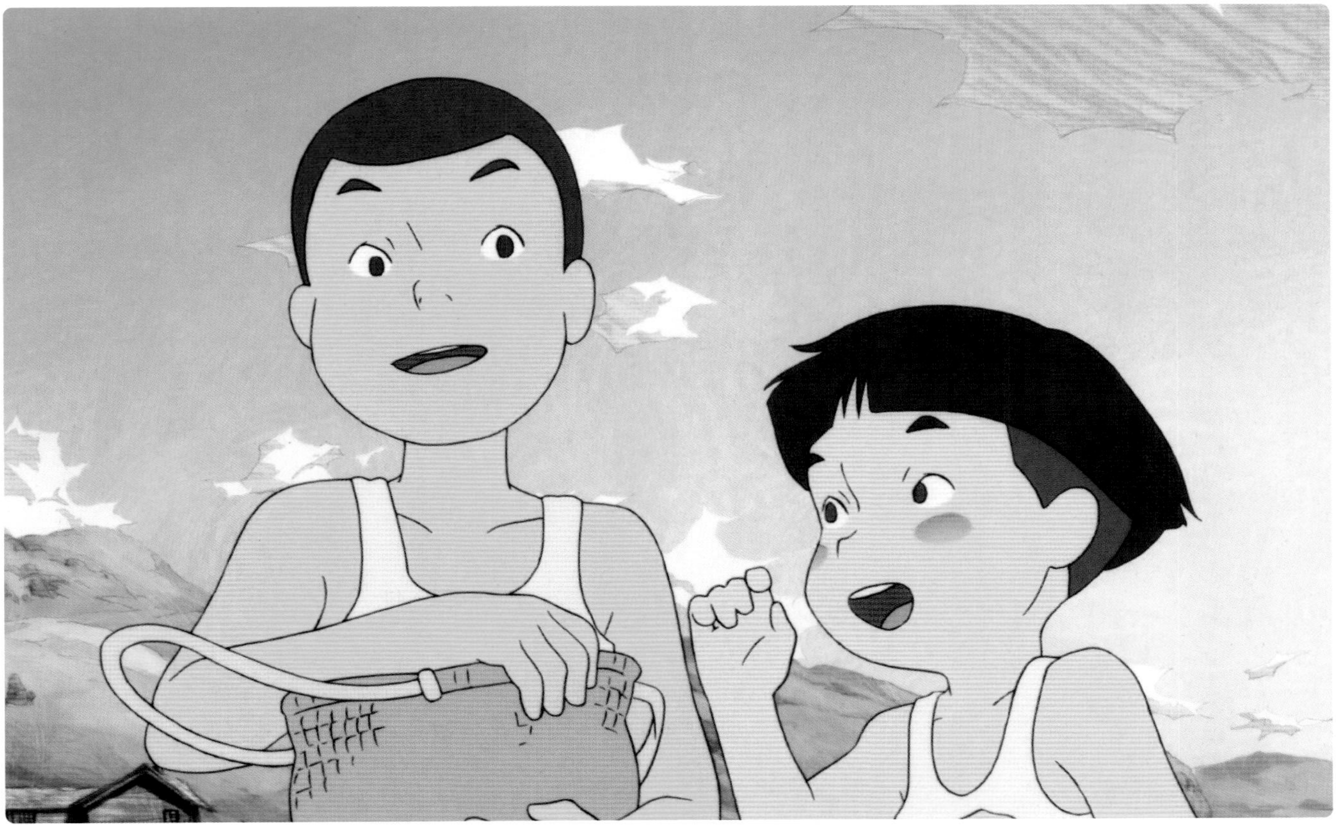

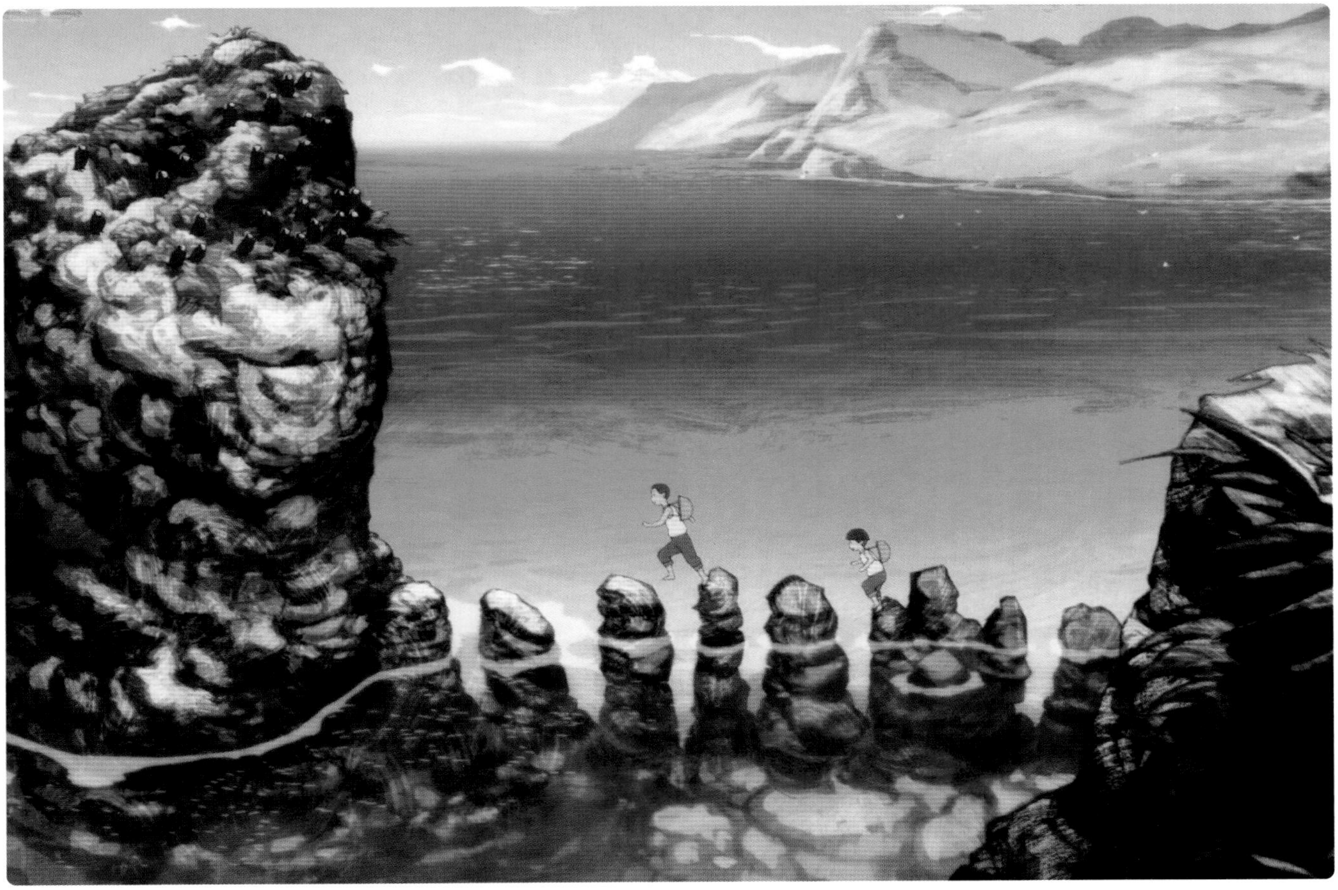

延伸觀影

若要充分欣賞《喬望尼之島》和其中的互文性，可以觀看杉井儀三郎的《銀河鐵道之夜》，《喬望尼之島》從片名（編按：喬望尼即《銀》片主角的名字）開始就處處可見《銀河鐵道之夜》的影響。此外，《喬望尼之島》處理二戰末期一對小兄弟的故事，完美對照高畑勳在吉卜力工作室的作品《螢火蟲之墓》。除了動畫之外，也有不少描繪兒童在戰爭時期故事的動人電影作品，媲美史匹伯的《太陽帝國》（*Empire of the Sun*）、約翰・鮑曼（John Boorman）的《希望與榮耀》（*Hope and Glory*）與塔可夫斯基（Andrei Tarkovsky）的《伊凡的少年時代》（*Ivan's Childhood*）、路易・馬盧（Louis Malle）的《童年再見》（*Au revoir les enfants*）。

如此充滿野心地貫穿過去、現在及幻想的手法，也反映在本片的動畫混合風格之中。電影中的主觀敘事是較為寫實的動畫世界，以數位技術打造而成，兒時回憶則擺盪於鮮明與褪色的影像之間。自由寫意的角色設計與鉛筆式蠟筆勾勒的背景，與想像世界形成對比，這座想像世界在超現實靛藍色的銀河列車之旅與充滿活力的塗鴉畫面之間交替。為了成功混合這些風格與色調，西久保需要一組強悍的動畫師團隊；他與最優秀的動畫師合作，包括傑出的井上俊之，他是相當多產且廣受歡迎的藝術家，作品幾乎無懈可擊。據報導，井上俊之被押井守形容為「完美的動畫師」，他在本書的許多電影中都留下自己的印記，包括《阿基拉》、《王立宇宙軍》、《攻殼機動隊》、《人狼》、《百日紅》與《千年女優》。

下：階級／班級鬥爭。該電影描述了被佔領的色丹島，日本與俄國家庭如何被迫生活在一起。

右頁：動畫的媒材特質，讓導演西久保瑞穗得以重建千島群島極具爭議的佔領時期。

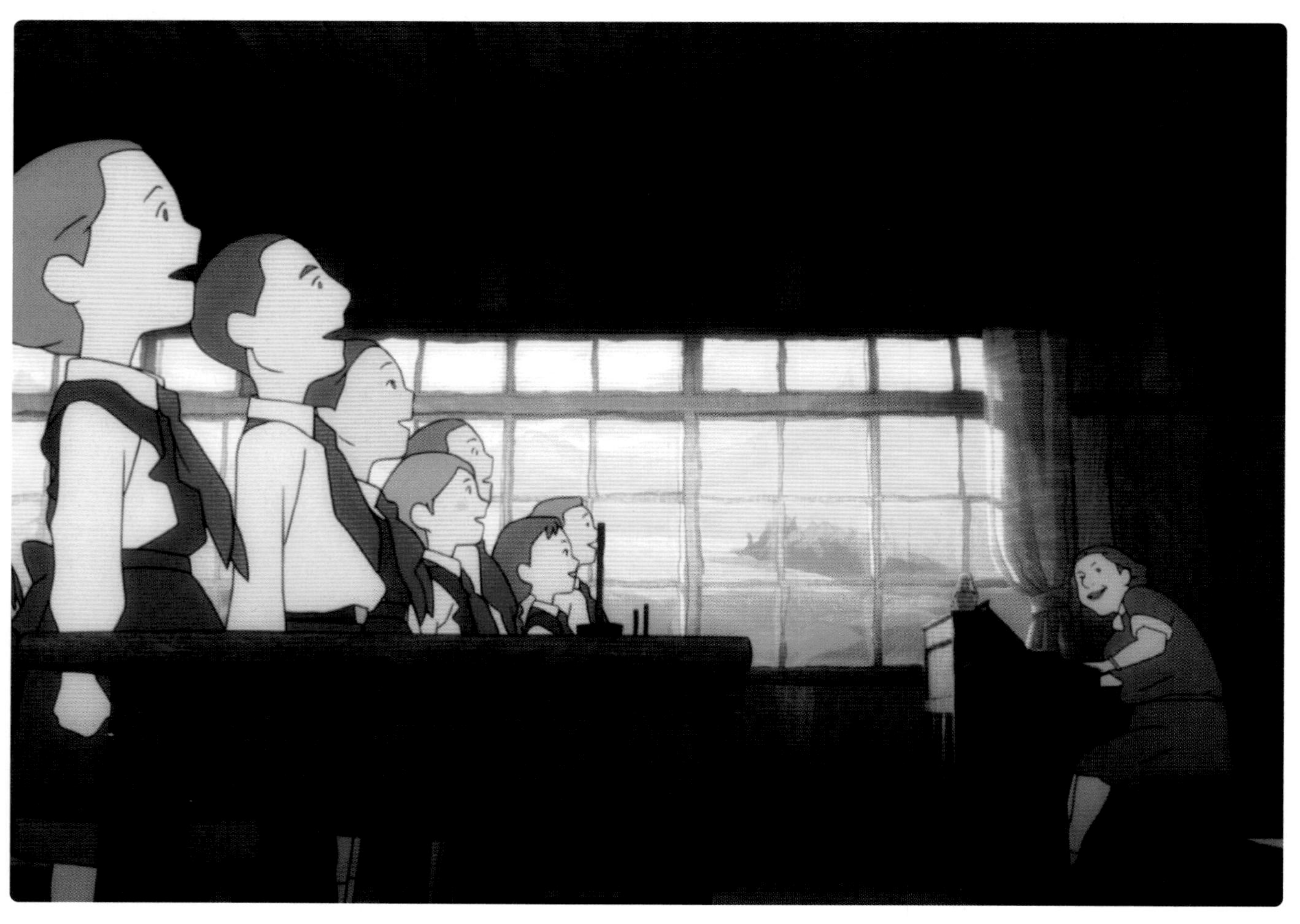

影評：《喬望尼之島》

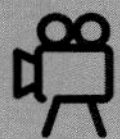

《喬望尼之島》是本書推薦影片中最溫柔、觀察入微且鼓舞人心的作品。時間設定在二戰末期，當時蘇聯佔領了色丹島；故事充滿了喜悅與對生命的珍惜，即使在所有的快樂都被摧毀時，對的故事仍然能讓它再次萌芽。

《銀河鐵道之夜》的改編在本書中有一章討論，但宮澤賢治最著名的作品影響如此之大，若沒有它，《喬望尼之島》就不會存在。西久保瑞穗的電影，就和宮澤賢治的著作以及杉井儀三郎的改編動畫一樣，跟隨兩名年輕角色，探索陌生與混亂的世界，並在路途上面對自己的死亡。他們的父親是島上的消防局局長，也負責抵禦俄軍的勢力。他為兩個男孩朗讀《銀河鐵道之夜》，甚至連他們的名字都來自書中角色。在這兩個故事裡，在星月夜乘坐神奇火車的機運，都給予角色人生的指南，以及療癒家庭創傷的途徑。

這部電影發生在戰爭的餘波中，聚焦於兒童主角身上，讓人想起《螢火蟲之墓》和《赤腳阿元》系列等經典作品，但這部電影卻在戰墟中以自己的方式前行。在藝術風格上，輕柔的配色與圓潤的主角線條被配置在強烈的蠟筆背景之上，使得視覺效果十分突出。人物的純真反映在他們的簡單中，而帶有明顯線條的風景創造出一種懷舊感和吸引人的藝術質地。對比於充滿細節的現實世界，當男孩們回憶起想像的鐵道時，銀幕上盡是輕盈的奇幻色彩與違背物理學的移動，讓他們在逃亡的時空裡忘卻自身。

電影的前半部分花費巨大的心血，捕捉色丹島的生活細節，從鳥類的生活到學校集會的聖歌。紙飛機與火車模型連結了蘇聯與日本的孩童，他們很快就超越國界與語言隔閡，而成為朋友；正是這種純真的行為讓後半段顯得如此令人心痛。戰爭龐大的陰影籠罩著整個故事，直到徹底淹沒一切。在這座美好的遊樂場上，國家之間的競爭關係消失了，口糧被偷走、家庭被撕裂，而無辜的孩子們逃入幻想的銀河列車中，盡其所能地逃走。這是一個美麗的故事，在擦乾眼淚之後，你仍然難以整肅心情再次重訪。

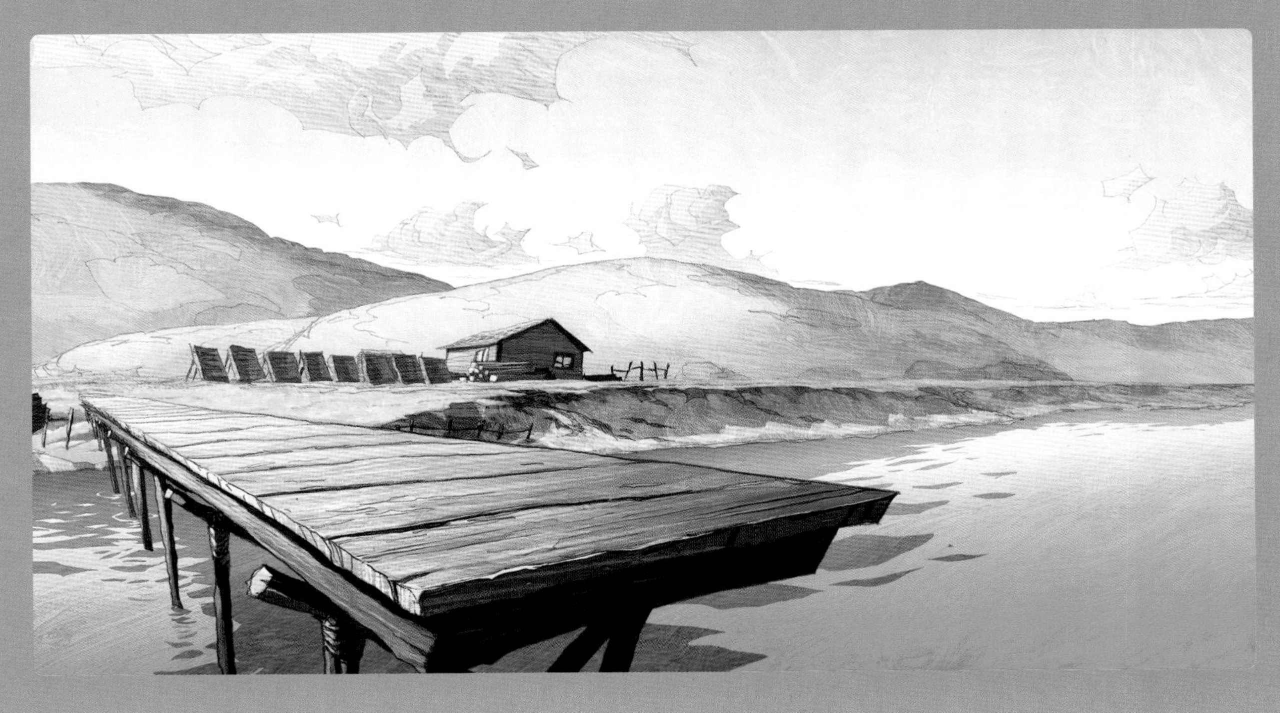

《百日紅》
（百日紅，2015）

MISS HOKUSAI
STATE OF THE ART

最傑出的藝術

生活於十九世紀日本的天才藝術家葛飾應為，受到傳奇、深具影響力的藝術家父親葛飾北齋的支持，但也被其鋒芒所掩蓋。

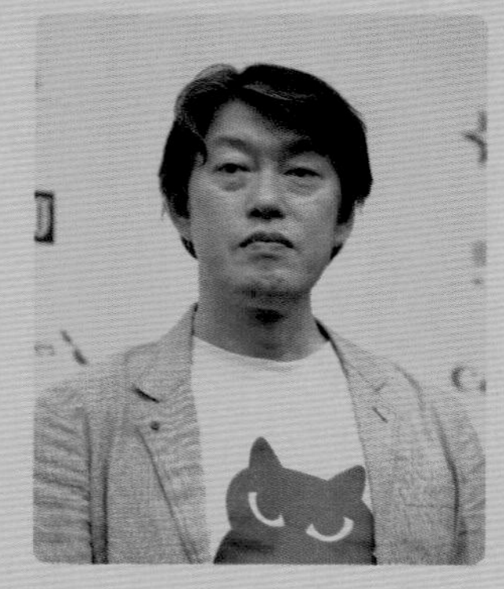

2015

導演：原惠一 Keiichi Hara

90 分鐘

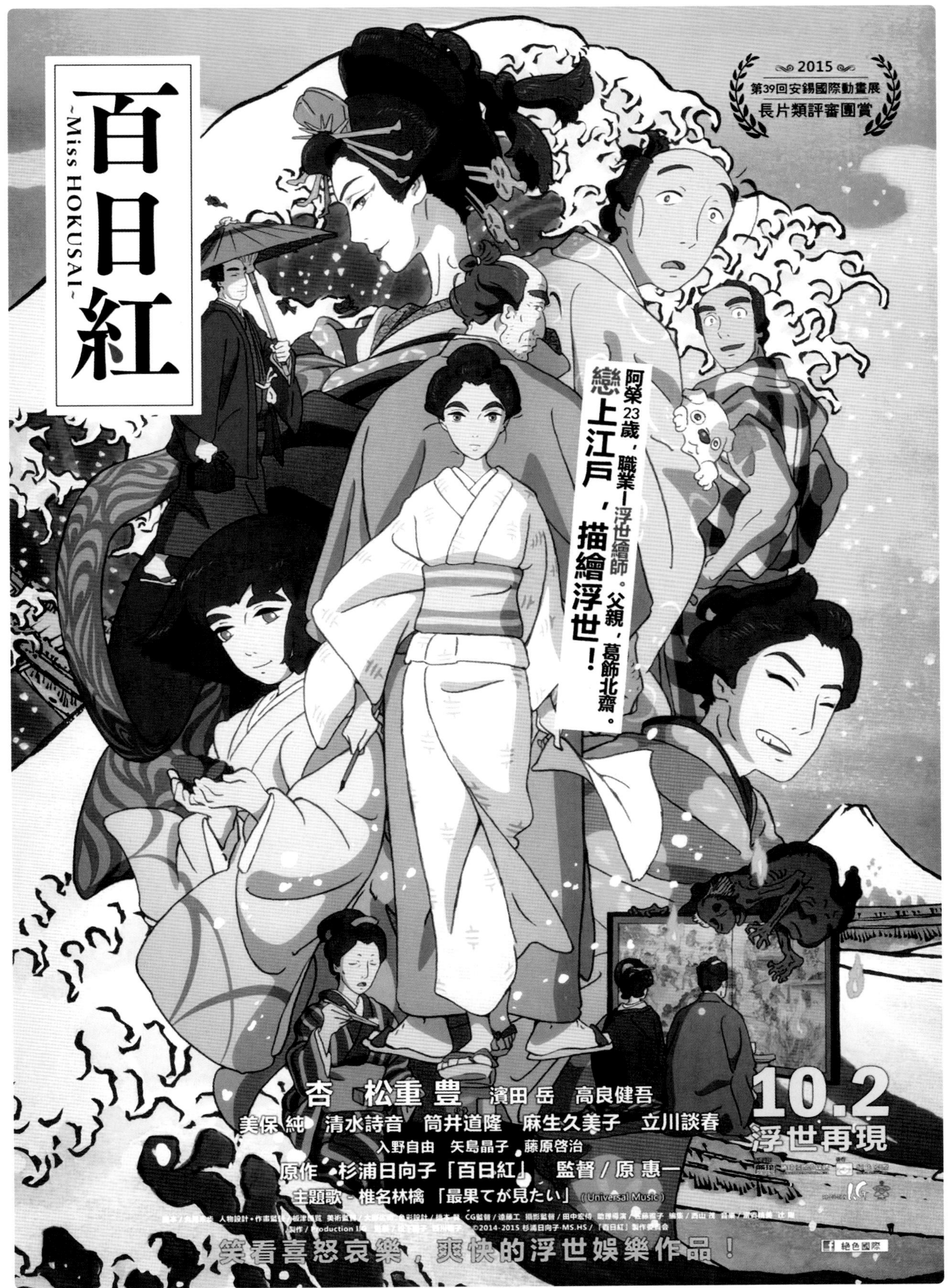
百日紅
~Miss HOKUSAI~
2015
第39回安錫國際動畫展
長片類評審團賞
阿榮23歲，職業—浮世繪師。父親，葛飾北齋。
戀上江戶，描繪浮世！
杏　松重豐　濱田 岳　高良健吾
美保 純　清水詩音　筒井道隆　麻生久美子　立川談春
入野自由　矢島晶子　藤原啓治
原作　杉浦日向子「百日紅」　監督／原 惠一
主題歌　椎名林檎「最果てが見たい」(Universal Music)
©2014-2015 杉浦日向子·MS.HS／「百日紅」製作委員会
10.2
浮世再現
笑看喜怒哀樂，爽快的浮世娛樂作品！
絕色國際

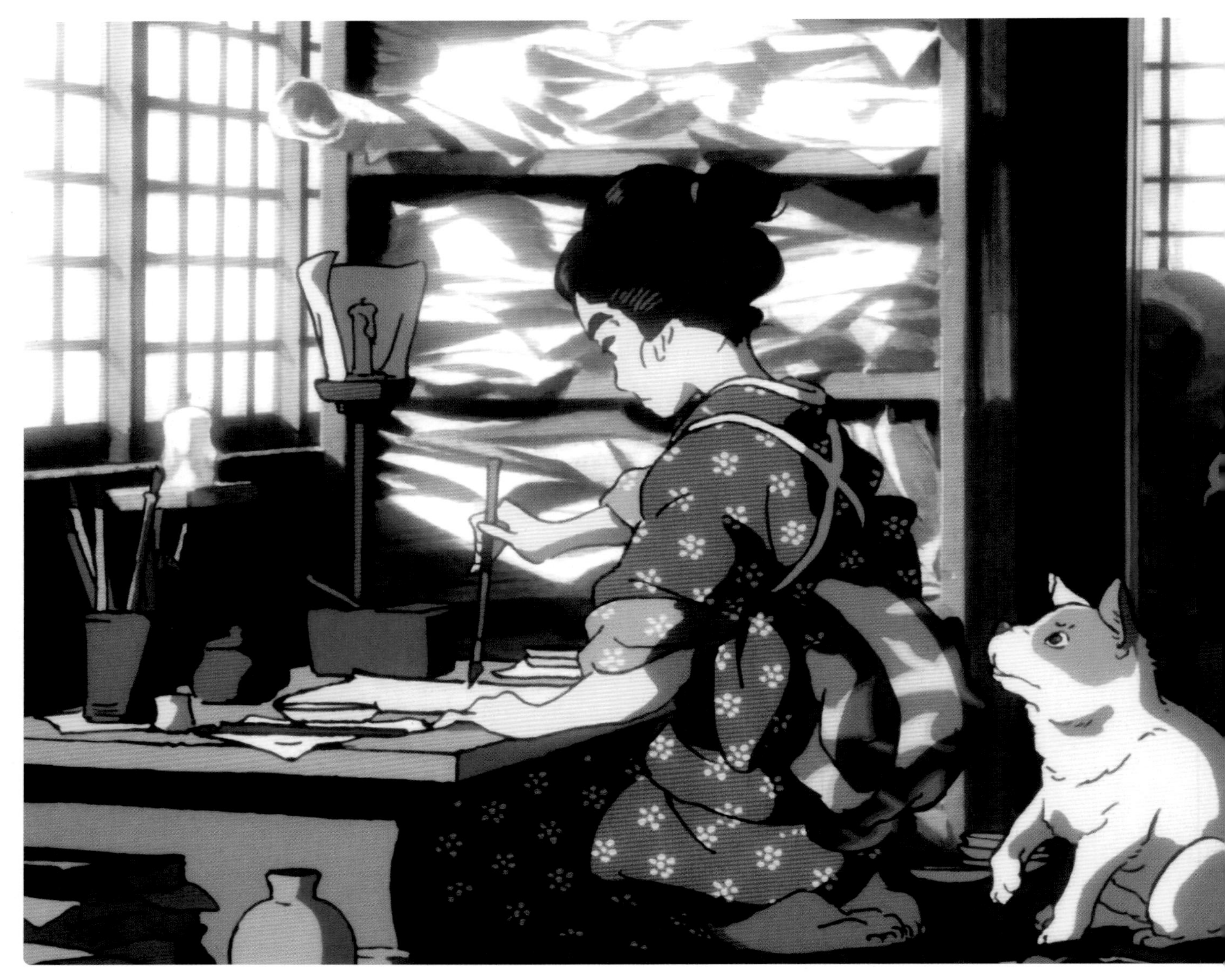

自 1982 年起，出生於 1959 年的原惠一開始在新銳動畫工作室工作。他花了近 20 年的時間製作工作室的熱門家庭系列作品《哆啦 A 夢》與《蠟筆小新》，多年來他負責執導《蠟筆小新》的電視版與電影版。這兩部動畫在日本都被視為國寶級作品。而原惠一是《蠟筆小新》核心創意力量之一，負責編寫與執導幾部動畫長片，包括 2001 年備受好評的《蠟筆小新：風起雲湧！猛烈！大人帝國的反擊》，這部片被受尊崇的日本電影雜誌《電影旬報》譽為「史上最重要的動畫電影之一」。

在為系列動畫服務近 20 年後，原惠一進入獨立製片的領域，並很快以自己獨特的風格在國際舞台上綻放光芒。2007 年的《河童之夏》與 2010 年的《Colorful 多彩奇幻之旅》被日本電影學院獎提名為當年最佳動畫，並在世界各大影展巡迴播映；《Colorful 多彩奇幻之旅》贏得安錫國際動畫影展（Annecy International Animation Film Festival）特殊榮譽獎與觀眾票選獎。接著他轉換跑道，執導真人傳記電影《木下惠介：微光中的電影路》，講述木下惠介導演早年的故事（他曾執導《楢山節考》、《二十四隻瞳》）；原惠一清楚表示，他的靈感來自日本導演木下惠介與同時代的導演小津安二郎。

他的下一部長片《百日紅》追溯更久遠的日本文化史，講述葛飾應為一直活在浮世繪畫家的先驅與版畫家父親葛飾北齋陰影下的故事。故事改編自杉浦日向子 1980 年代中期在《週刊少年 Sunday》連載的歷史漫畫《百日紅》。數十年來，原惠一是杉浦日向子的粉絲，

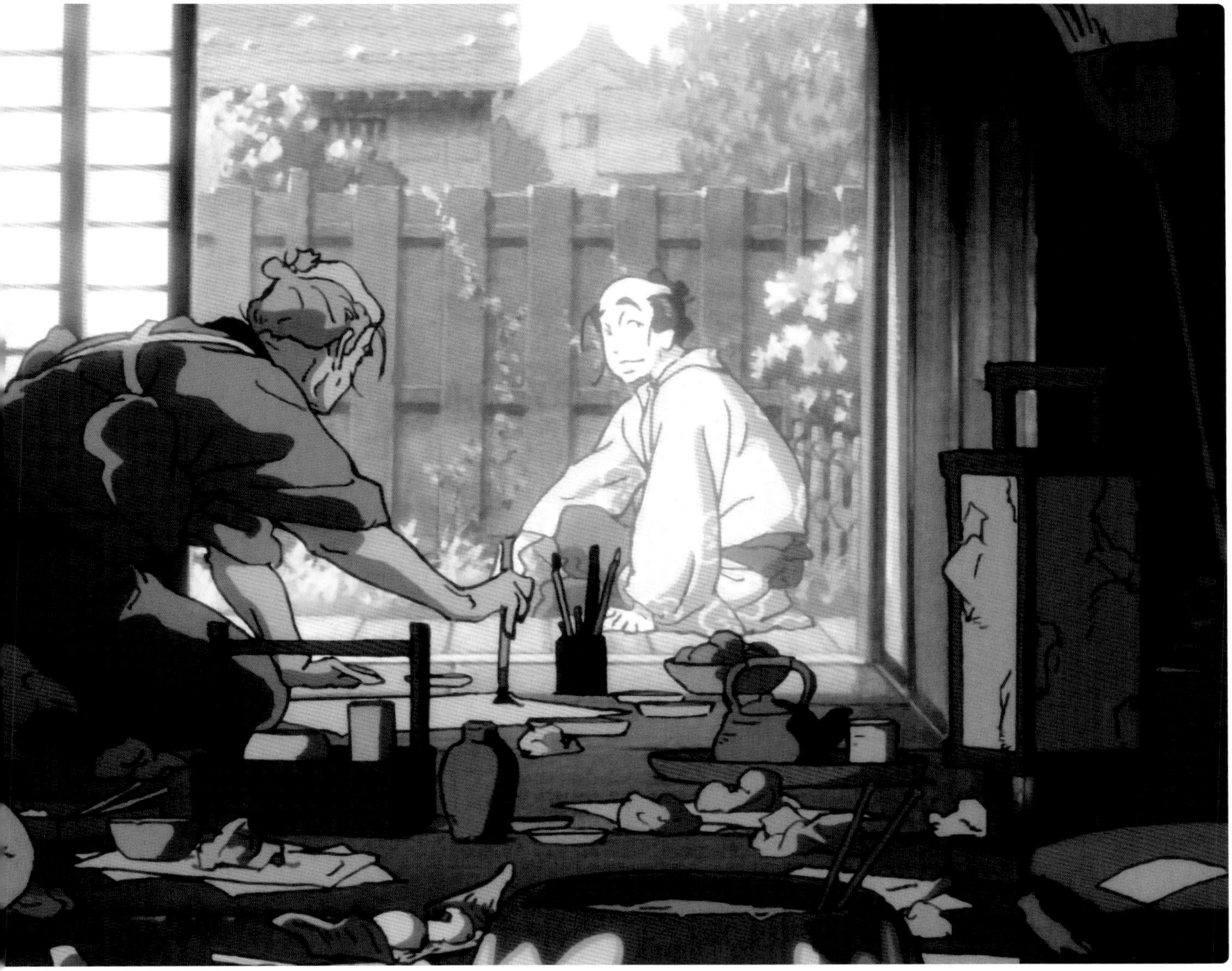

他向「動畫新聞網」表示，「我在 20 多歲時發現杉浦日向子的作品，我一直覺得她的漫畫非常有電影感。其中我最愛《百日紅》。我喜歡她輕盈地在日常與超現實之間切換，她對人類情感的揣摩及角色間的互動之刻畫，都是大師等級的。」幸運的是，當他在各計畫之間忙碌，並期望將漫畫搬上大銀幕時，這個計畫直接找上了他。I.G. 動畫製作工作室負責人石川光久邀請他導演這部動畫。「我當然沒拒絕啦。」

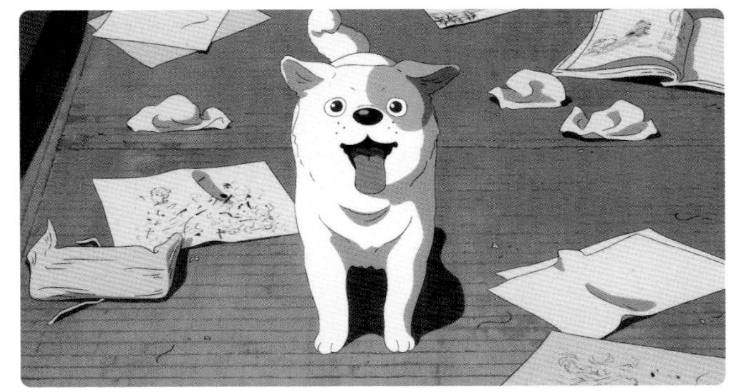

上：年輕女藝術家的肖像。《百日紅》探索十九世紀畫家的技藝與生活方式。

下：有想法的爪子。《百日紅》栩栩如生的動畫讓藝術家的工作室（和其中的小動物）有了生命。

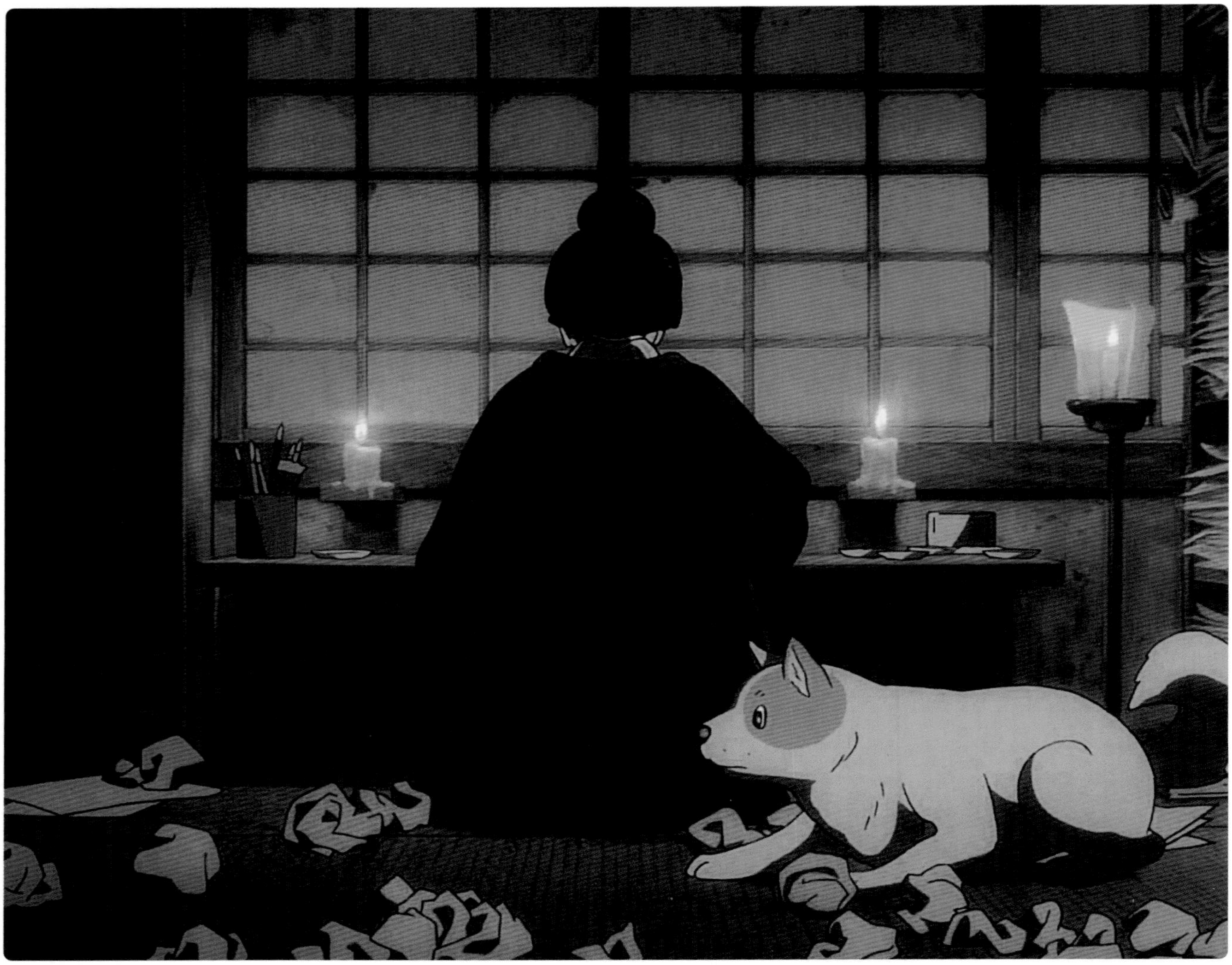

延伸觀影

如果你想關注更多以年輕女性尋找自己藝術之路的當代電影作品，可以觀看細田守的《龍與雀斑公主》；或由吉卜力工作室製作、近藤喜文執導的美麗而慧黠的《心之谷》；如果你喜歡電影以歷史為背景的藝術家之旅，請觀賞《謝謝你，在世界的角落找到我》和《風起》，兩部片的主角都在戰爭的陰影下磨練他們的技藝（一為繪畫、一為工程）。若想要更特別的選擇的話，我們建議今敏的《千年女優》，這部片以相當有創意的方式，把隱居女演員的生活與她主演的電影交織在一起。

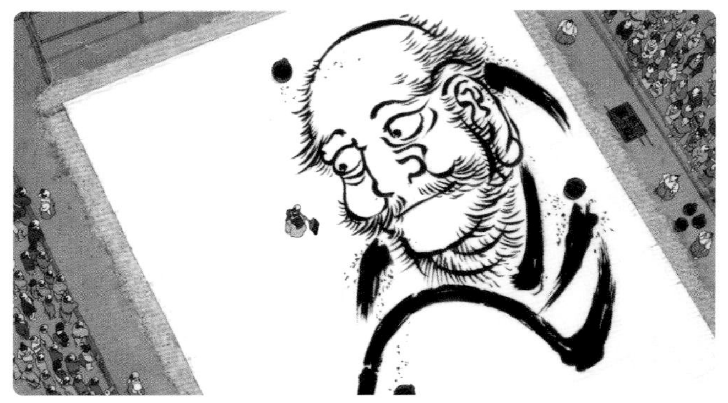

上：強調耐心、奉獻精神和無止境的重繪，以任何形式創作的新銳藝術家都應該看這部電影。

下：精進技藝。《百日紅》重現了那個時期的日本繪畫作品，向此歷久不衰的魅力致敬。

右頁：挑戰葛飾應為的不只是父親的傳奇，還有十九世紀江戶時代女性所面臨的壓力和期許。

影評：《百日紅》

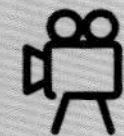

很遺憾的是，此片英文片名 Miss Hokusai 為「北齋小姐」之意，但這部電影是關於葛飾應為，她是日本最著名畫家的女兒，電影講述她的人生如何超越父親的名字、如何離開〈神奈川沖浪裏〉的故事。她是鼓舞人心的藝術家和政治人物，拒絕世人對女性與藝術家的期望，以畫筆超越父權社會，她的成就遠遠不只是個「北齋小姐」。

不過，請原諒英文片名的背叛，畢竟電影本身相當傑出。《百日紅》的結構以情節為主，講述粗魯但體貼的葛飾應為在父親繁忙的工作室工作的故事。她被眾多藝術家包圍，在創意與個人情感之間探索，她有著務實的工作方式，偶爾也會被神秘的藝術啟靈事件觸動。葛飾應為不小心弄壞了一幅龍的繪畫，因此必須快速地模仿父親的風格，而窗外的暴風以神秘的方式幫助她，讓巨龍現身。另一個奇怪的插曲則是描繪一個受盡折磨的女人，在夜晚時脖子會膨脹，一個發光的靈體從她的脖子蛇行出來，並讓畫家們聚精會神地觀察。這就是藝術家的心靈，他們看到大自然的幻影，並且明晰地共感他人的痛苦。

最強的敘事線索則是在葛飾應為與同父異母的妹妹阿猶之間。阿猶是個體弱多病、失明的孩子，葛飾北齋根本不願意探視她。電影透過阿猶探索了十九世紀的江戶（現在的東京）：街上的小販、車輪的轉動聲、指尖上河水的觸感，在在觸動阿猶的感官，比任何其他畫家面對自己的作品都還要強烈。當阿猶第一次體驗到雪花從樹上掉落到她頭上時發出的柔和墜落聲，她的喜悅令人聯想到宮崎駿《龍貓》裡，那隻毛茸茸的森林守護者透過雨傘感受到雨滴的時刻。葛飾應為與阿猶共同度過的時光，讓她了解到觀察世界和體驗世界是不同的；電影也告訴我們，這就是葛飾北齋從未理解的道理，而這也讓葛飾應為的作品有著不同而極具意義的藝術方式。

在風格上，《百日紅》有著許多向北齋致敬和參考的畫面，若換作不夠自信的作品，恐怕會用力過多。葛飾應為作品中的江戶時代細緻而樸素，也保留了熟悉的意象：如姐妹的船駛入眼熟的大浪之中，並因此擁有絕對且成功的效果。這部動畫最強大的部分在其細節，展示筆觸的複雜性與技巧，如在工作室無聊打呵欠或是跑來跑去的小狗。電影在最後幾秒出現了一個令人驚訝的亮點，江戶的天際線轉眼間變成與現代東京相同的視角。電影提醒我們，為當代大城市創造藝術認同的文化偶像，不見得是你期待的那樣。

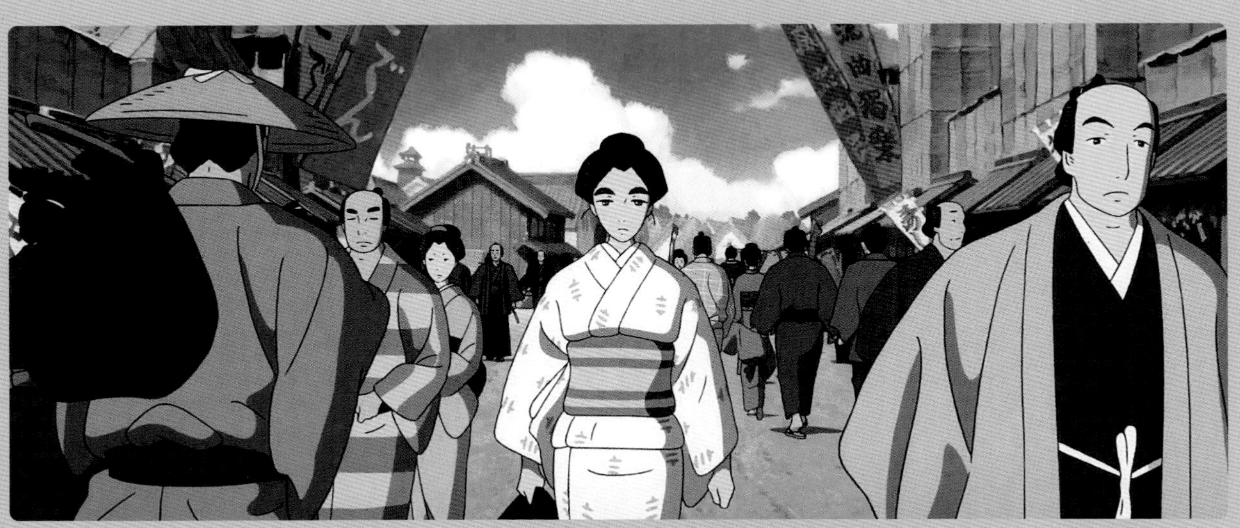

《你的名字》
（君の名は，2016）

YOUR NAME
YESTERDAY, TODAY AND FOREVER

昨日、今日和永遠

一對高中生因為隨機發生的身體互換，而產生了奇妙且難以言喻的連結。在對方的身體裡度過一段時日後，他們決定試著見面，卻發現這件事有多麼困難。

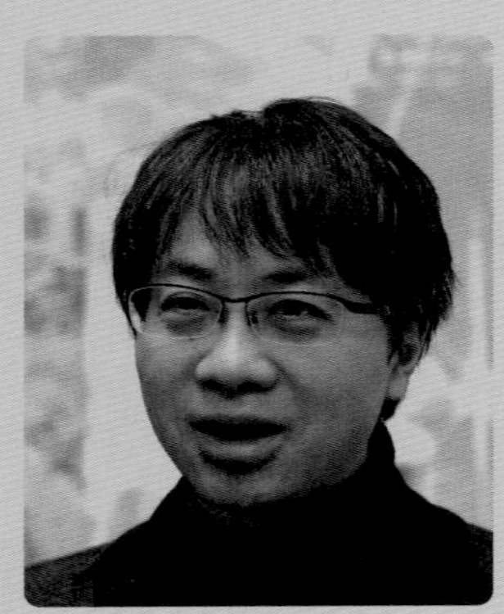

2016

導演：新海誠 Makoto Shinkai

107 分鐘

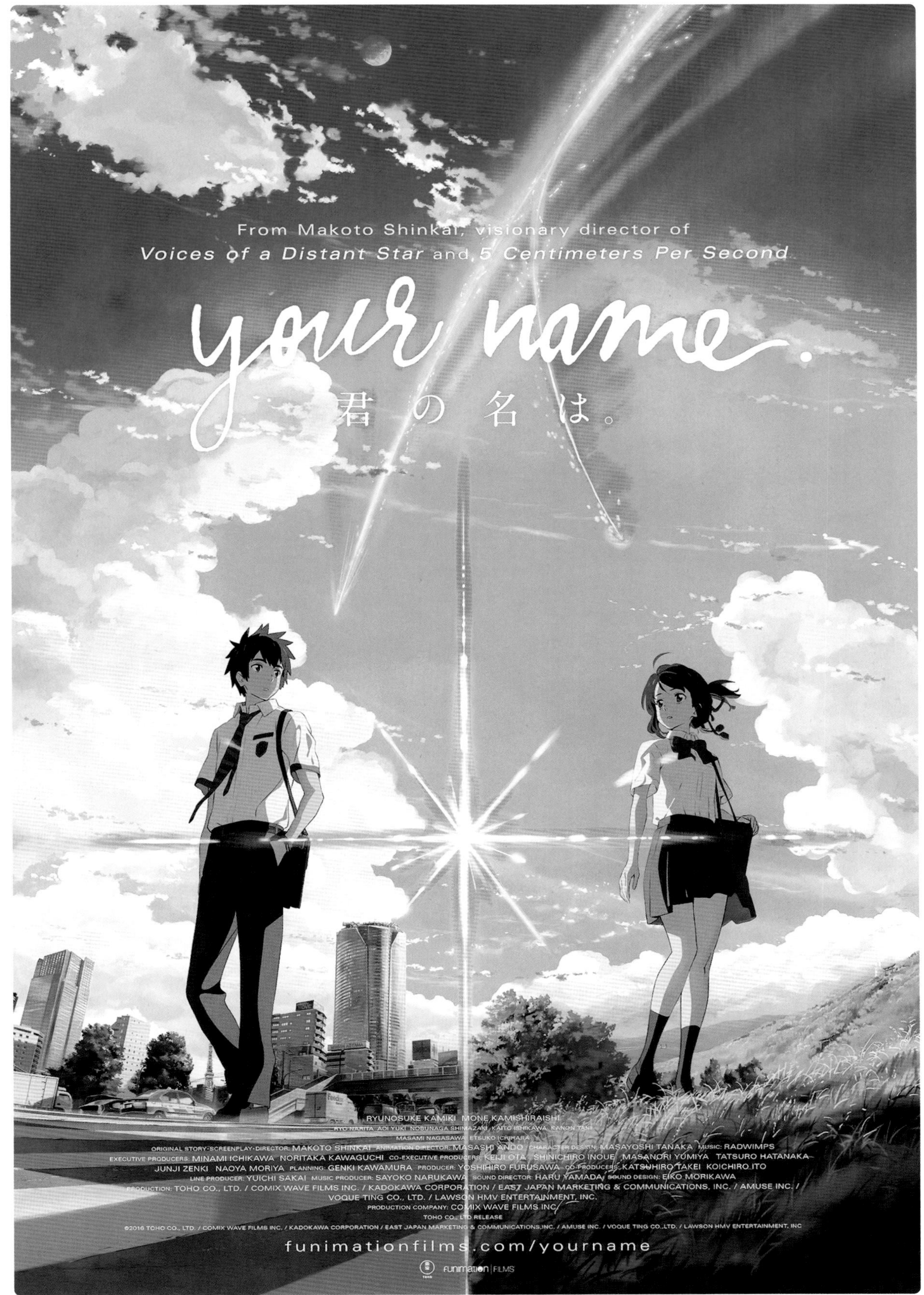
From Makoto Shinkai, visionary director of
Voices of a Distant Star and 5 Centimeters Per Second
your name.
君の名は。
RYUNOSUKE KAMIKI MONE KAMISHIRAISHI
RYO NARITA AOI YUKI NOBUNAGA SHIMAZAKI KAITO ISHIKAWA KANON TANI
MASAMI NAGASAWA ETSUKO ICHIHARA
ORIGINAL STORY·SCREENPLAY·DIRECTOR: MAKOTO SHINKAI ANIMATION DIRECTOR: MASASHI ANDO CHARACTER DESIGN: MASAYOSHI TANAKA MUSIC: RADWIMPS
EXECUTIVE PRODUCERS: MINAMI ICHIKAWA NORITAKA KAWAGUCHI CO-EXECUTIVE PRODUCERS: KEIJI OTA SHINICHIRO INOUE MASANORI YUMIYA TATSURO HATANAKA
JUNJI ZENKI NAOYA MORIYA PLANNING: GENKI KAWAMURA PRODUCER: YOSHIHIRO FURUSAWA CO-PRODUCERS: KATSUHIRO TAKEI KOICHIRO ITO
LINE PRODUCER: YUICHI SAKAI MUSIC PRODUCER: SAYOKO NARUKAWA SOUND DIRECTOR: HARU YAMADA SOUND DESIGN: EIKO MORIKAWA
PRODUCTION: TOHO CO., LTD. / COMIX WAVE FILMS INC. / KADOKAWA CORPORATION / EAST JAPAN MARKETING & COMMUNICATIONS, INC. / AMUSE INC. /
VOQUE TING CO., LTD. / LAWSON HMV ENTERTAINMENT, INC.
PRODUCTION COMPANY: COMIX WAVE FILMS INC.
TOHO CO., LTD RELEASE
©2016 TOHO CO., LTD. / COMIX WAVE FILMS INC. / KADOKAWA CORPORATION / EAST JAPAN MARKETING & COMMUNICATIONS,INC. / AMUSE INC. / VOQUE TING CO.,LTD. / LAWSON HMV ENTERTAINMENT, INC
funimationfilms.com/yourname
TOHO
funimation | FILMS

那時，這似乎是無法想像的。在長達 15 年的時間裡，宮崎駿的《神隱少女》一直稱霸全世界，成為有史以來最賣座的日本電影，而唯一遭遇過的威脅，也是來自他自己的後續作品《霍爾的移動城堡》與《崖上的波妞》。接著，來自動畫界的新秀——一開始只是在閒暇時光將作品製作成動畫的新海誠，推出了相當有藝術性的青春浪漫電影，並瞬間在國內外掀起熱潮，最後在國際上推翻了《神隱少女》的領先地位。

儘管《你的名字》登上王位的時間並不久——《神隱少女》透過厲害的重新發行再次奪回寶座，而緊接著是掀起意外大成功的超強製作《鬼滅之刃劇場版：無限列車篇》，該片的成功極具歷史意義，象徵動畫產業的轉型是非常必要的，無論是對動畫的創作者或觀眾。

1973 年出生的新海誠，在他描述為「鄉下」的長野縣長大。年輕時的他深深為動畫所感動。初中時，他到電影院看宮崎駿的《天空之城》，從此拓展了他的視野。他在 2017 年回首這段時光時表示：「那是我用自己的零用錢看的第一部電影——真是太棒了。沒有什麼比得上《天空之城》。」之後，他透過錄影帶重溫宮崎駿較早期的作品《風之谷》和《魯邦三世：卡里奧斯特羅城》，看了一遍又一遍，埋下了數十年之後開花結果的種子。

從那時起，他的動畫之路曲折恣意。熱愛閱讀的他在大學時期修讀日本文學，是當代小說的狂熱愛好者，尤其偏愛村上春樹及其對日常生活的獨特描繪。畢業後，新海誠到「日本 Falcom」電玩公司工作，該公司是老字號的電玩開發商和發行商，作品多為角色扮演冒險遊戲，以《伊蘇》及《英雄傳說》系列聞名。在這裡，新海誠得以盡情施展自己的才華，在公司數款遊戲的美術、圖像與動畫上有所貢獻。

與新海誠同時期進入公司的近藤季洋，後來成為公司的社長，他對歐遊者（Eurogamer）網站表示，這是一個能讓年輕的勤奮工作者留下自己印記的時代：

下：手臂上的字。《你的名字》的年輕主角在交換身體時，以不尋常的方式彼此交流。

右頁：《你的名字》中動人的一幕，穿越時空的戀人終於相會，儘管只是短暫的一刻。

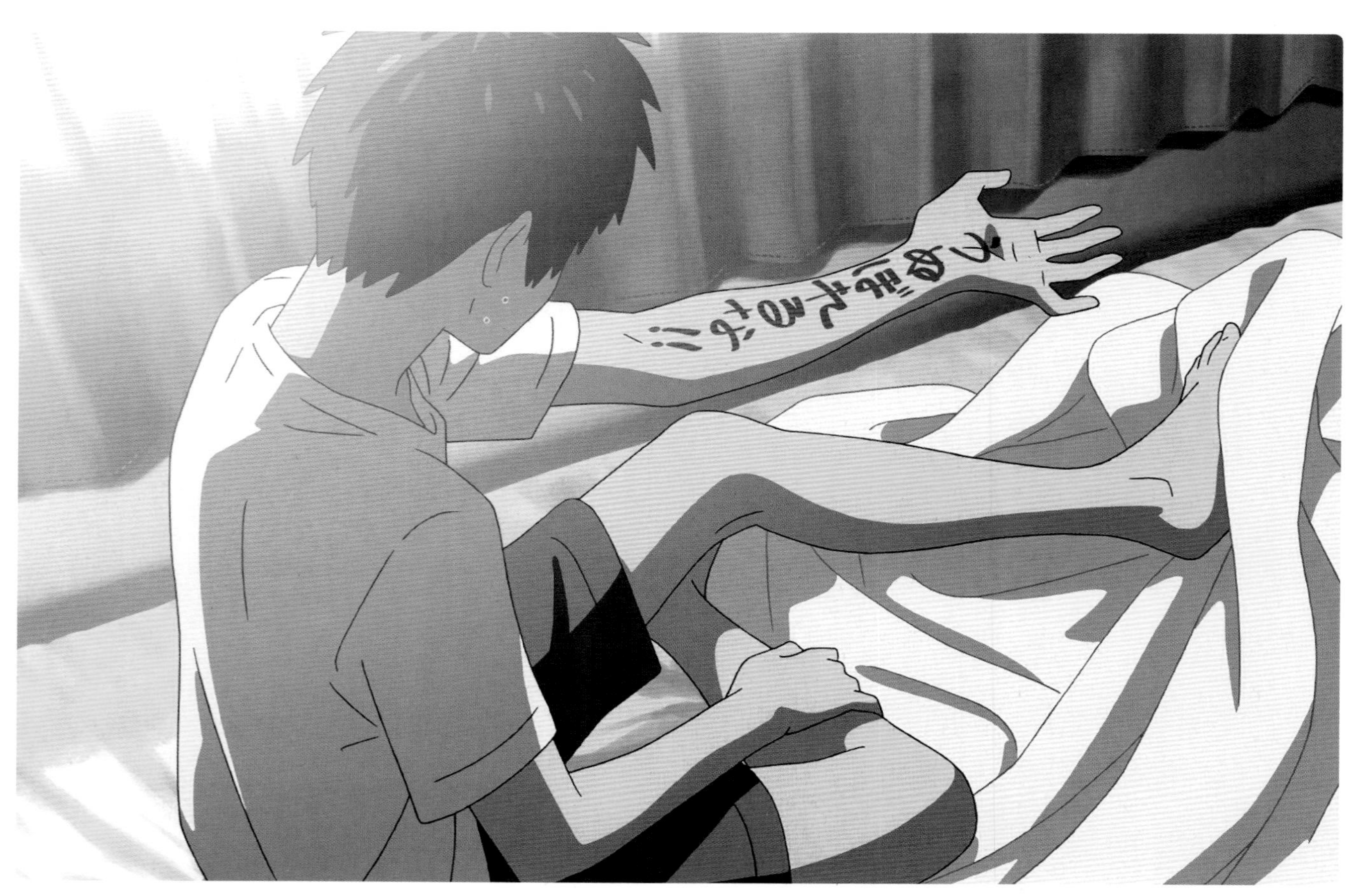

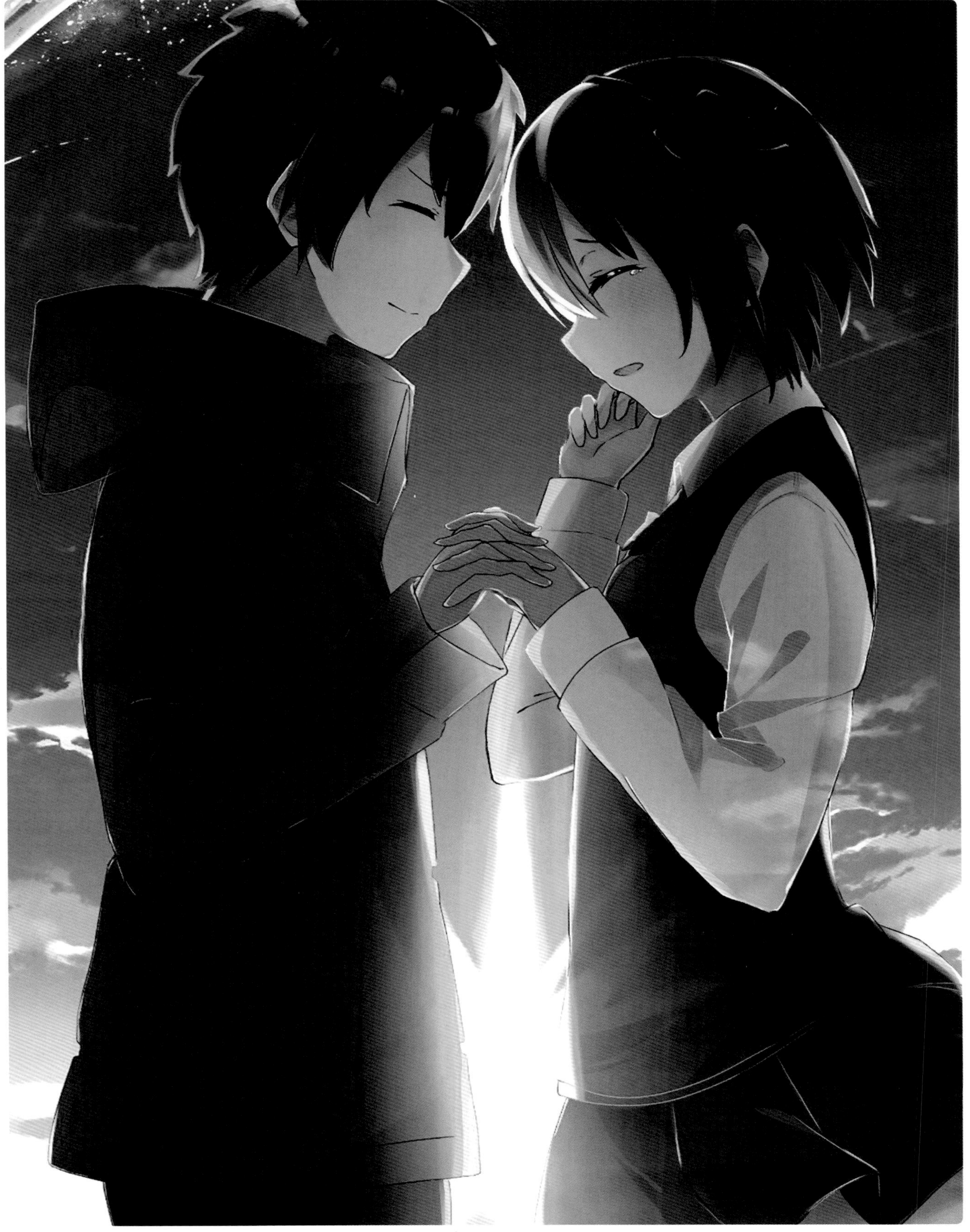

延伸觀影

新海誠在《你的名字》之後推出的作品《天氣之子》，同樣是關於男孩遇見女孩的藝術性故事，只不過是發生在環境變異之下——在這個故事中，一名女孩與東京的天氣出現奇異的連結。從新海誠的《秒速五公分》，到以時空旅人為主的《跳躍吧！時空少女》、《回憶中的瑪妮》及《煙花》，在許多地方都可看到生命片刻的浪漫所製造出強烈、令人為之心碎的美好。然而，或許《你的名字》的死忠粉絲更想身歷其境：感謝新海誠在電影製作時採用了攝影寫實主義，觀眾可以在東京找到許多片中的關鍵場景，需要時還可重現該場景（就像我們在 2019 年時做的那樣）。

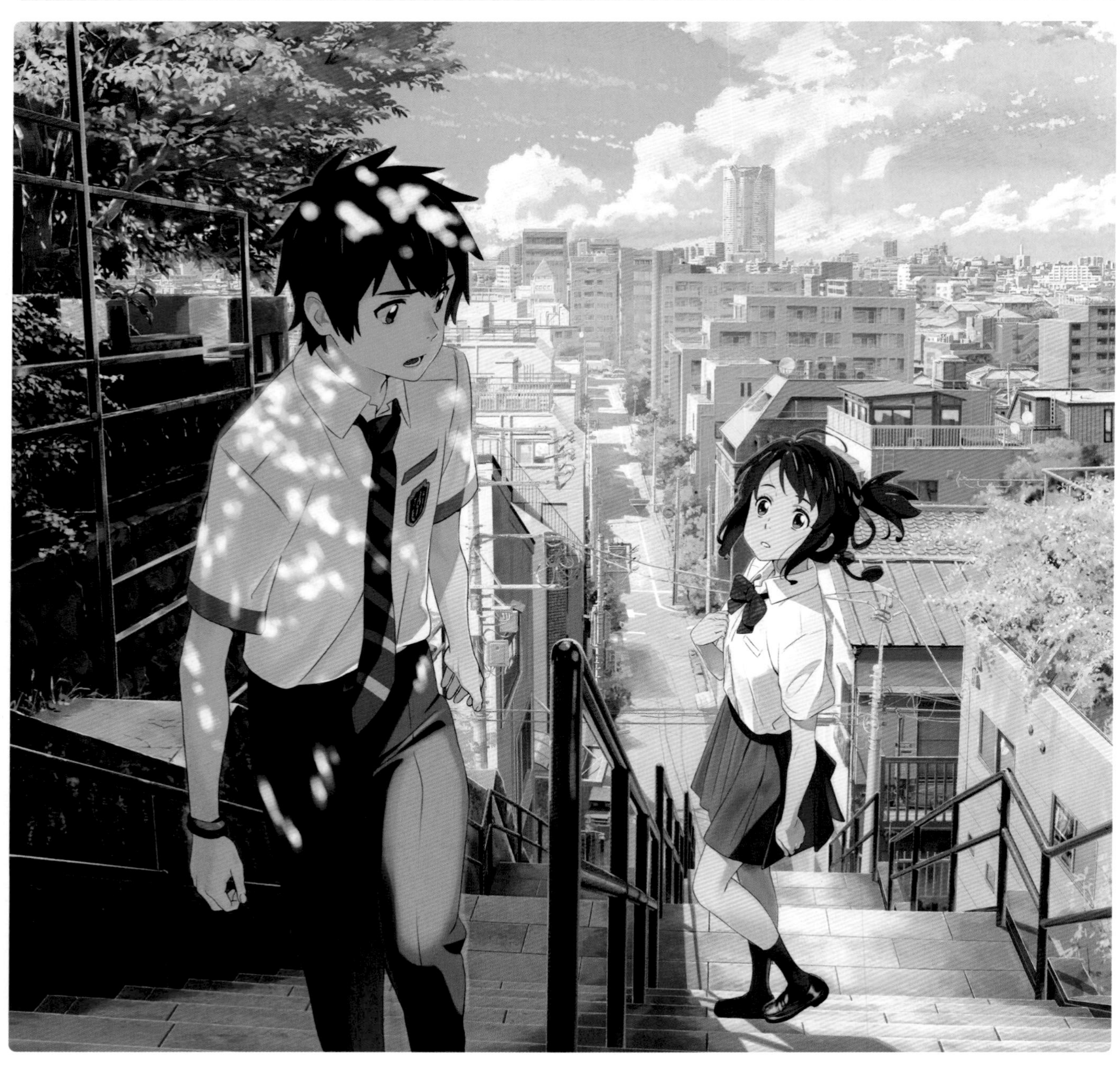

「在我和新海誠進入公司時，我們兩人什麼技術都不懂。但公司卻看到我們和其他員工身上的潛能，進而培育這份能力，使之茁壯成長。」

正是在新海誠任職於日本 Falcom 期間，他開始兼職創造自己的作品，如那部幾乎由他一人獨力完成的短片《她與她的貓》。最終影片的片長為五分鐘，而他選擇燒錄五千張 CD-R，透過粉絲圈與同人展進行販售。這樣的 DIY 方式也延續到片長 25 分鐘的《星之聲》——這部歷時七個月、只靠新海誠家中的 Power Mac G4 創作出來的作品，也造成極大的迴響，更被視為新一代動畫師的分水嶺：非業界人士也可以使用家用電子設備，以自己的方式進行創作與創新。

在這個備受矚目的突破之後，2004 年新海誠首度發表自己的長篇作品，以虛構歷史為背景的科幻愛情故事《雲之彼端，約定的地方》。儘管這部片與較大的製作團隊共同創作，但他還是將某些關鍵創作的主導權留給自己，像是剪接、分鏡製作與電影攝影——在往後的許多作品中，在這些工作他也持續親自操刀。

然而，就如同他的偶像村上春樹，新海誠也時常在短篇與長篇作品間來回跳躍，包括粉絲最喜愛的選集故事《秒速五公分》；宮崎駿風格的奇幻冒險長篇《追逐繁星的孩子》；以及高畫質實驗中長片《言葉之庭》，該片捕捉下雨時東京美得令人屏息的細節。

與其他導演不同，新海誠仍舊維持獨立，持續與小型動畫公司 CoMix Wave Films 合作，並將自己的作品改編為漫畫及散文小說，創造出反映當今多媒體口味的作品（經常落在傳統電視動畫系列與動畫長片間的狹縫中）。當新海誠被「動畫新聞網」問到關於《言葉之庭》的院線上映時，他表示自己不預期這部片會上大銀幕：「我希望這是一部人們可以在自己的電腦、平板或個人家庭劇院欣賞的作品；就像在閒暇時享受音樂那樣，獲得些許放鬆。」

接著，《你的名字》誕生了，這部奪走宮崎駿王位的超賣座票房巨獸。該片於 2016 年上映時，票房上的成功歸因於於五年前日本剛經歷了東北大地震及其引發的福島核災，此時大家亟需宣洩的出口。這部電影原是互換身體的歡樂浪漫劇，然而當我們發現分隔主角的不僅僅是物理距離，更存在著時間差——此時兩位主角身處悲劇性災難的兩端，觀眾的情緒瞬間被直擊人心的悲傷所取代。「我變了，社會也變了，因此拍攝此片的初衷也不再相同，」新海誠說道，「我想創作一個療傷的故事。在現實中，你無法改變過去，但在電影中，你可以做到。」

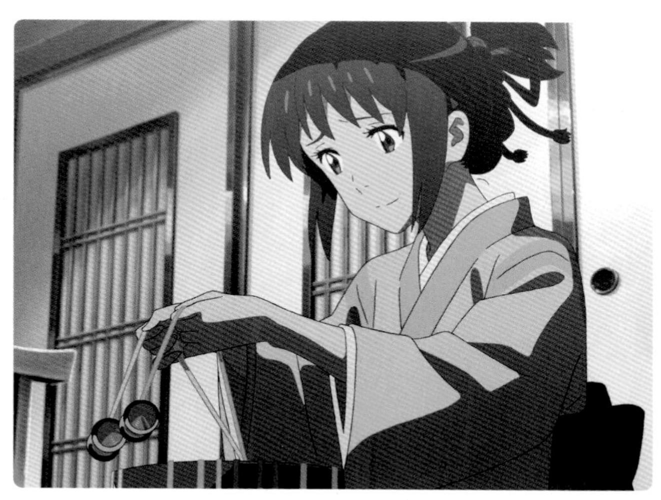

左頁：「你的名字是？」——該片最後一幕和現實中的地點，已在動畫粉絲之間成為傳奇。

上：在《你的名字》中，都會與農村、當代與傳統的撞擊，創造出許多觀察入微、微小的美麗片段。

下一位宮崎駿

這是困擾動畫界超過一個世代的問題：誰是下一位宮崎駿？本書討論到的電影導演包括庵野秀明、細田守、米林宏昌、沖浦啟之、片渊須直，都曾在吉卜力工作室那個傳奇退休後，被譽為王座的繼承者。憑藉《你的名字》史無前例的成功，新海誠成為其中的領先跑者，但最好這樣的辯論還是當作閒聊的話題，因為新一代截然不同的藝術家之崛起，會讓動畫變得更好。「這是免不了的，畢竟宮崎駿如此出名。」新海誠曾經這麼說，「但你不可能成為宮崎駿，你只能成為宮崎駿第二，而這不應該是你的目標。」

影評：《你的名字》

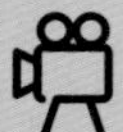

東京無疑是世界上最大的觀光勝地之一。成千上萬的人來到此地，無論是為了歷史悠久的文化、令人垂涎三尺的美食，還是那讓人眼花撩亂、耳膜躁動的迷宮般的商場。當本書作者終於有幸來到東京時，不但走訪了歷史名勝，掃光超過兩位數的壽司盤，更因為夾娃娃機而損失了大量金錢。但其中一天，我們選擇讓自己迷失在東京西邊那狹窄、灰色的巷弄間，因為東京縱使有無窮盡的大都市體驗等著我們，但對我們而言，一座毫不起眼的水泥公共樓梯是絕對要去的。這就是《你的名字》的魅力。它以奇異而瘋狂的浪漫、鉅細靡遺的細節，讓你不遠千里橫越半個地球，只為了更靠近那奇蹟的一刻，然後淚眼汪汪地看著那灰色的階梯。

新海誠的鉅作以身體互換、搖擺不定的時間軸和彗星毀滅為主題，讓人看得不敢喘息，而這些階梯就是那美妙而溫柔結局的發生地。就是在這裡，該片以簡單、溫和的方式為自己的敘事繫上一條絲帶（如字面般的意思），然後牽引絕大多數觀者的情緒，一起迎向動畫史上的經典橋段。這是一個關於兩名青少年男女——居住在鋼筋水泥之間的男孩瀧和生長於鄉下的女孩三葉，莫名其妙地遭遇身體互換的故事。《你的名字》不但是一部出色的動畫片，更是一個野心勃勃、內容豐富且充滿意義的推理故事。

瀧身處的東京，是一座耀眼的城市——明亮、時髦且細膩入微到令人無法相信這居然不是真實的電影場景。該片的影像風格運用了傳統攝影的技法——如縮時攝影（time lapse）、焦點轉移（racking focus）和鏡頭耀光（lens flare），都進一步增強場景的超真實感。從高樓大廈的鋼筋與窗戶間折射回來的夕陽，以如夢似幻的七彩流光洗滌整座城市。相較之下，三葉所在的農村場景，卻看不到城市的犀利線條與對比。高樓的冷冽藍光與灰調景緻，被大地的色調及筆觸柔和的樹林、田野所取代。主角們所身處的環境細節，與場景一樣令人著迷。當兩人終於明白彼此身體互換後，他們在彼此的手機中留下訊息，好讓換回身體的對方知道發生了哪些事，也因此不經意地擦出更強烈的火花。

智慧型手機是當代生活不可或缺的一部分，其款式與軟體可瞬間讓人明白故事發生的年代，而靜靜地在手機螢幕上打字，似乎不太可能成為電影的一幕。然而，新海誠令人耳目一新地呈現當代人對電子設備的依賴，更在使用的細節與動作上投注大量的心力。切換應用程式所發出的咻咻聲、構圖完美的美食照、認真使用大量表情符號的情緒化青少年，在大銀幕上恰到好處地展開；每一次的身體互換、睡覺與滑手機，都加速推動著劇情。負責擔任神社巫女的三葉，在其行為也可看到相似的質感。倘若以尊敬且充滿人類學好奇心的角度來觀察新海誠所精心打造的動畫，觀眾便可看到三葉對歷史習

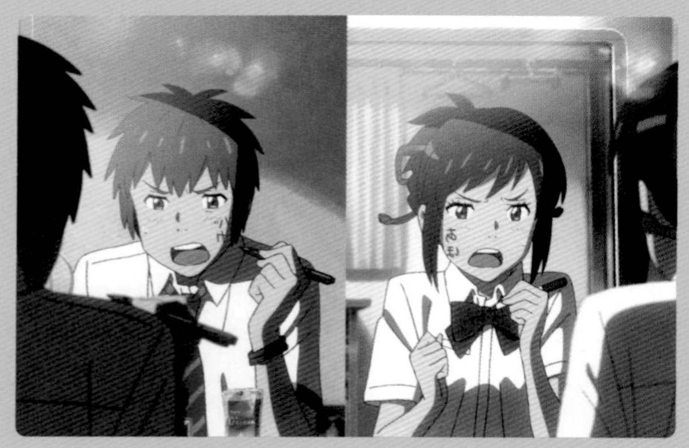

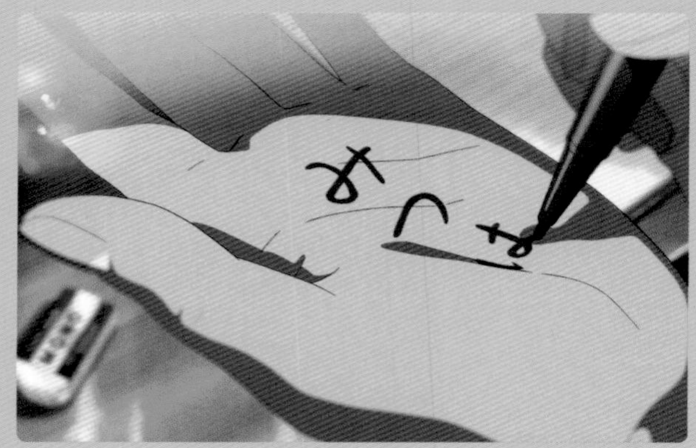

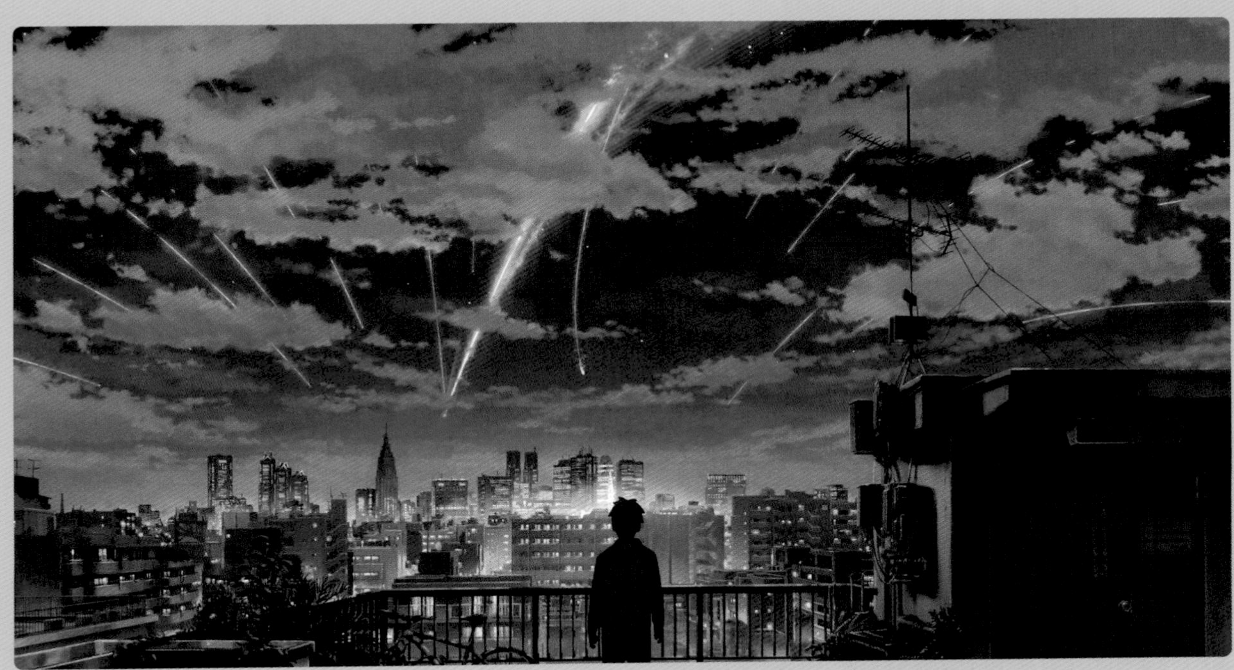

俗的依循，像是利用唾液與大米製作傳統清酒，或耐心地使用象徵著「時光流逝」的色線來結繩。無論是現代或古代，三葉與瀧的都市和鄉間活動交織在一起，超越時間的束縛，在在突顯了他們那迷人而強大浪漫情愫的永恆。

《你的名字》之所以引人入勝，是因為它總是讓人驚喜連連。一場超高畫質的場景，在充分展示動畫師複製現實的高超能力之後，接下來很可能突然是危機時刻，畫面逐漸腐蝕成燃燒的、帶有顆粒感的賽璐璐膠捲；或者清澈的晴空突然間因為主角的思緒流，而被嚇人一跳的卡通化氣泡所填滿。在激烈、迴路般的敘事中，也可看到同樣的自信。該片頭 20 分鐘裡，全是對三葉生活模式與性格的描述，緊接著從瀧的觀點與世界做出驚人的逆轉，進而發展到交換身體的古怪情節。然後，在故事進入中段時，表層的敘事核心消失了，由某種更具末日色彩的發展所取代。這是一個緊湊且振奮人心的故事，構築在由優雅堆砌而成的根基上，那些於匆忙鏡頭間留下的伏筆，又在另一個故事中展開。更重要的是，每一個發展都牽動著情緒，而不是理智。一場自然災難迫在眉睫，但最令人感到心跳停止的並不是那怵目驚心的斷垣殘壁，而是那在緊密交織與豐富環境塑造與襯托下，顯得可愛又獨特的人的命運。讓新海誠感興趣的，並不是奇幻概念的敘事機制，而是透過它們以另外一種觀點去看世界的能力，並藉由此種體驗來引發共感。至於過程是如何發生的，或許並不重要。

如同瀧和三葉似乎注定無視於一切科學原理而在一起，他們的故事與配樂也緊緊相依。由日本搖滾樂隊 RADWIMPS 負責譜曲，充滿活力的樂曲以鮮明的電吉他獨奏開始，到細膩而憂愁的鋼琴音符，完美地與劇情的動靜平衡，並結合在一起。《你的名字》絕妙地將魔力傾灑於平凡之上，以奇幻為背景，優美地將戲劇性與平凡生活編織在一起，進而讓親至小巷間一睹水泥階梯的旅行，成為重要而神聖的朝聖之旅。

左頁左：反之亦然。《你的名字》中身體互換奇想，讓觀眾目睹兩名青少年男女是如何體驗對方的人生，並引發各種趣事。

左頁右：得心應手。《你的名字》獲得驚人的票房，並牢牢抓住觀眾的心。

上：觀星。新海誠標誌性的風格，就是在現代場景中發現宇宙及令人狂喜的奇蹟。

《聲之形》
（聲の形，2016）

A SILENT VOICE
SHADES OF GREY

灰色地帶

改編自大今良時的漫畫《聲之形》，描述從霸凌者變成被孤立者的石田將也，如何面對自己因小學時欺負聽障女同學西宮硝子而萌生的罪惡感。有一天，石田因為與西宮重逢，有了修補過去錯誤的機會。

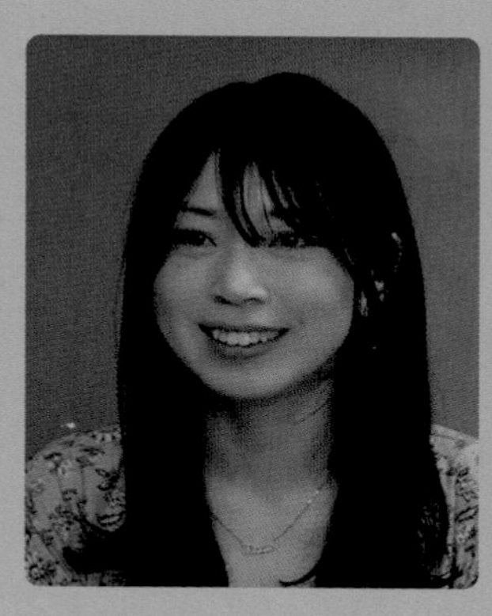

2016
導演：山田尚子 Naoko Yamada
130 分鐘

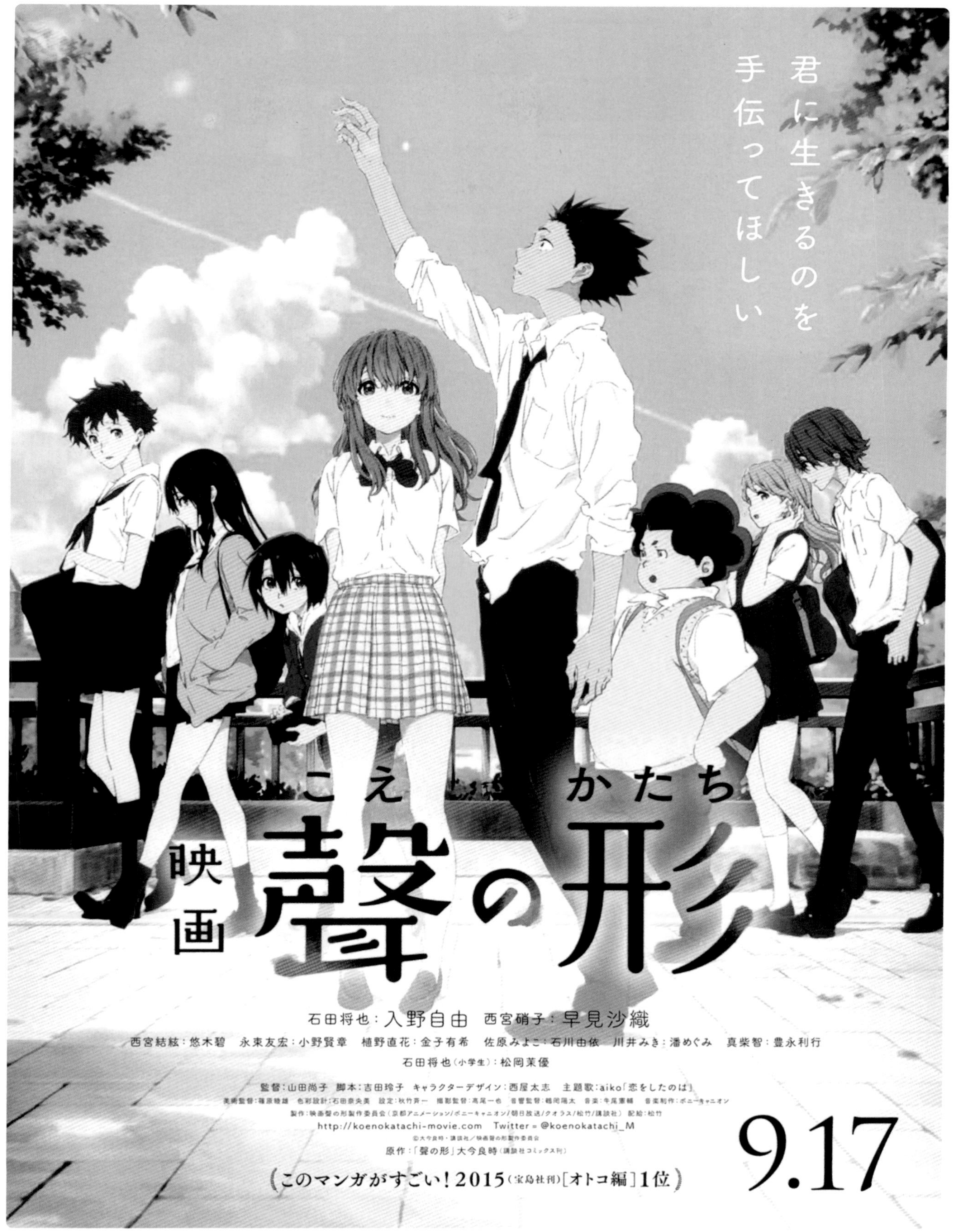
君に生きるのを
手伝ってほしい
映画
こえ かたち
聲の形
石田将也：入野自由　西宮硝子：早見沙織
西宮結絃：悠木碧　永束友宏：小野賢章　植野直花：金子有希　佐原みよこ：石川由依　川井みき：潘めぐみ　真柴智：豊永利行
石田将也(小学生)：松岡茉優
監督：山田尚子　脚本：吉田玲子　キャラクターデザイン：西屋太志　主題歌：aiko「恋をしたのは」
美術監督：篠原睦雄　色彩設計：石田奈央美　設定：秋竹斉一　撮影監督：髙尾一也　音響監督：鶴岡陽太　音楽：牛尾憲輔　音楽制作：ポニーキャニオン
製作：映画聲の形製作委員会(京都アニメーション/ポニーキャニオン/朝日放送/クオラス/松竹/講談社)　配給：松竹
http://koenokatachi-movie.com　Twitter = @koenokatachi_M
©大今良時・講談社／映画聲の形製作委員会
原作：「聲の形」大今良時(講談社コミックス刊)
(このマンガがすごい！2015(宝島社刊)[オトコ編]1位)
9.17

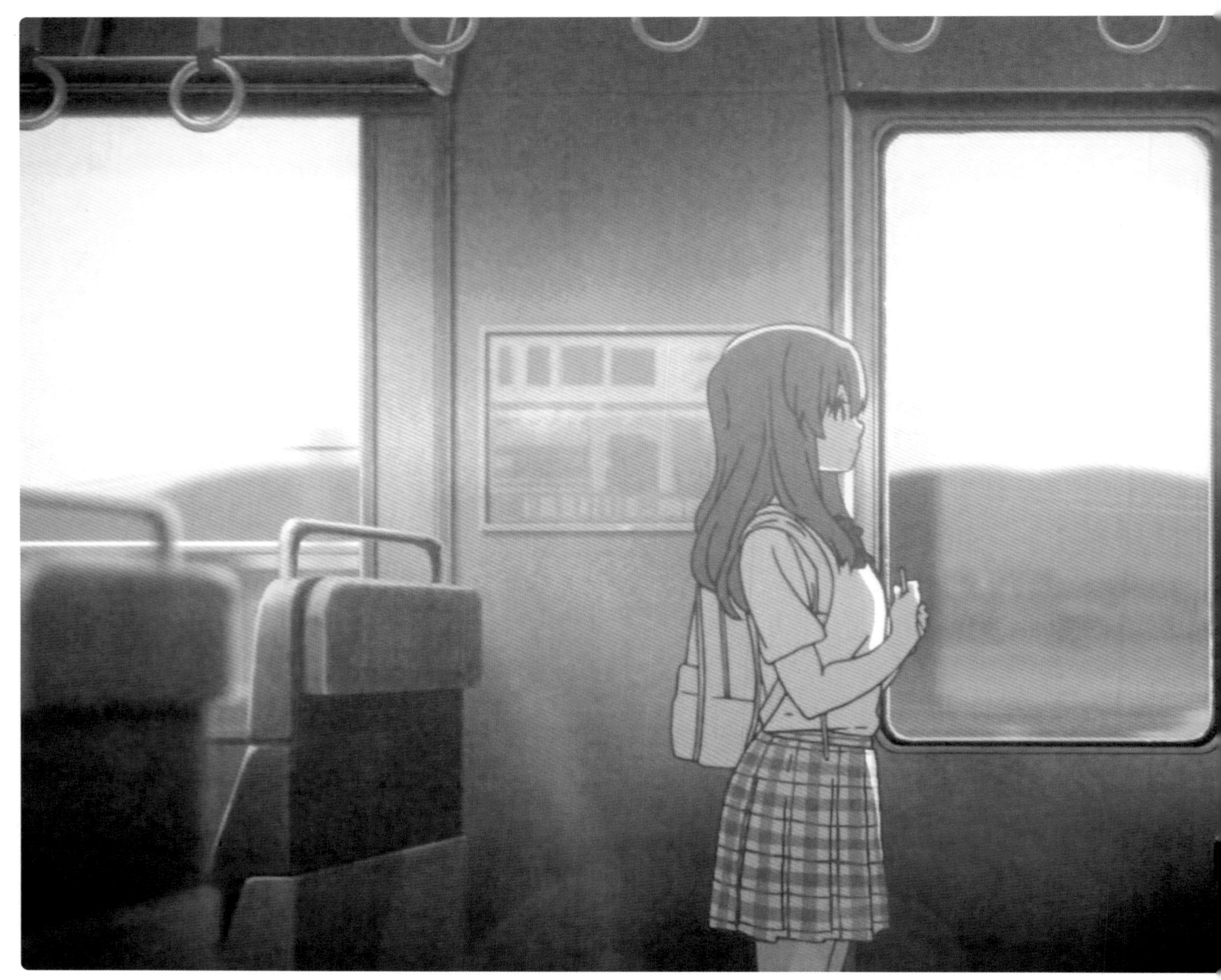

在研究動畫時（日本動畫長片尤其如此），往往只有極少數女性導演能脫穎而出，這事實令人悲傷，卻也無法避免。在極大程度上，動畫領域是由男性所主導，這也導致電影製作者經常發表粗心的言論，強化過時或顯得荒謬的性別刻板印象。儘管如此，還是有女性電影製作者突破重圍，其中以明星動畫師暨導演山田尚子尤其知名，她也是其世代最傑出的動畫製作者之一。

1985 年出生在京都的山田是年輕的動漫迷，她會邊看著電視上的《七龍珠》與《機動警察》邊臨摹圖像，更無法自拔地愛上《哆啦Ａ夢》、《蠟筆小新》和吉卜力工作室的電影。後來她觀賞了藝術動畫電影《悲傷的貝拉朵娜》，在心中留下深刻的印象。大學時，她的主修為油畫，並懷抱著踏入真人電影製作的雄心壯志。這時候的她興趣還很多元，以電影為主並放眼全世界，她最欣賞的導演有小津安二郎、尤佐杜洛斯基（Alejandro Jodorowsky）、帕拉贊諾夫（Sergei Parajanov）、蘇菲亞・柯波拉（Sofia Coppola）和露西・哈茲哈利洛維克（Lucile Hadžihalilovic）。

但山田似乎注定走入動畫界，她偶然在大學的求職中心看到一則京都動畫徵求入門動畫師的廣告。一開始，她擔任高橋留美子《犬夜叉》動畫的中間格動畫師，後來很快就當上了主鏡動畫師，在製作該公司熱門作品《Air》和《涼宮春日的憂鬱》時迅速晉升，最終成為《CLANNAD》、《日常》和大受歡迎的高中樂團動畫系列《K-On！輕音部》的導演。後者讓她有機會首度與吉田玲子（動漫界資深人士，有各種出色

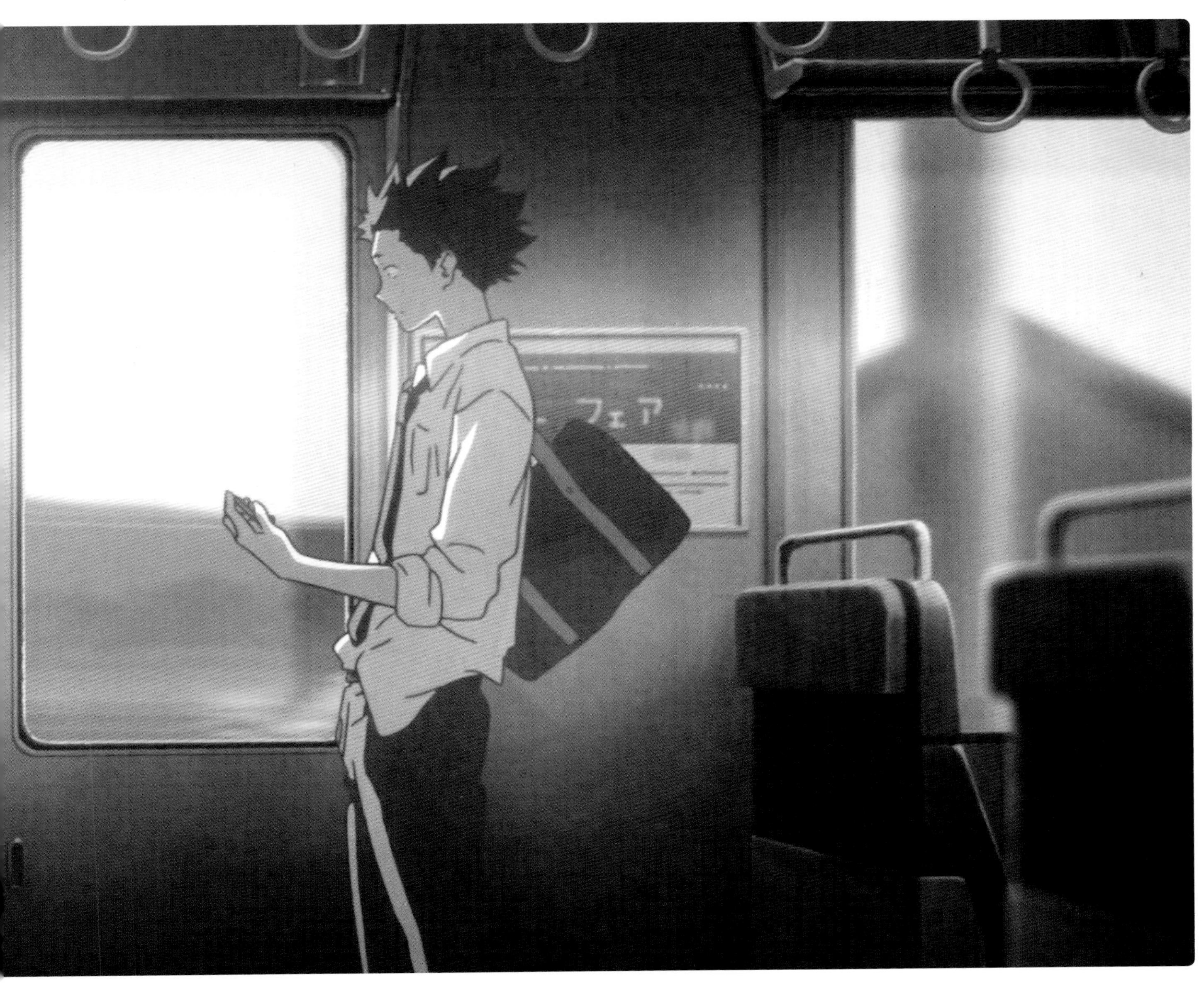

經歷，更為吉卜力《貓的報恩》撰寫電影劇本）合作。作為拓荒者，山田在 23 歲首度執導電視動畫，並在 25 歲首度執導電影。

《聲之形》是她發表於 2016 年的第三部長片（也是她首部非衍生自其他動畫系列的劇場版電影），在海內外都獲得讚譽。該部片與打破紀錄的《你的名字》同時期在電影院上映，並與《你的名字》和《謝謝你，在世界的角落找到我》共同角逐該年動畫獎項，獲日本電影學院獎及每日電影獎的提名，最終獲得東京動畫大賞與日本電影影評人大獎的獎座。

現在山田或許是日本動畫界的重要人物，但其對真人電影的熱愛一直影響著她的導演風格。當《新雜誌》（*Neo Mag*）的安德魯・歐思蒙（Andrew Osmond）問到她對動畫的熱愛、及她的多部作品顯然都很適合透過真人演出來呈現時，她如此回答：

「在製作這部動畫電影時，對我來說極為重要的一件事，就是我能全權掌握：色調、使用哪種鏡頭、角色……每個人、每件事的細微變化，即使是一個眨眼，我也能隨心所欲地控制。在這部電影裡，我可以掌控一切事物。」

上：火車情結。從《聲之形》到《銀河鐵道之夜》，火車成為動畫的重要場景。

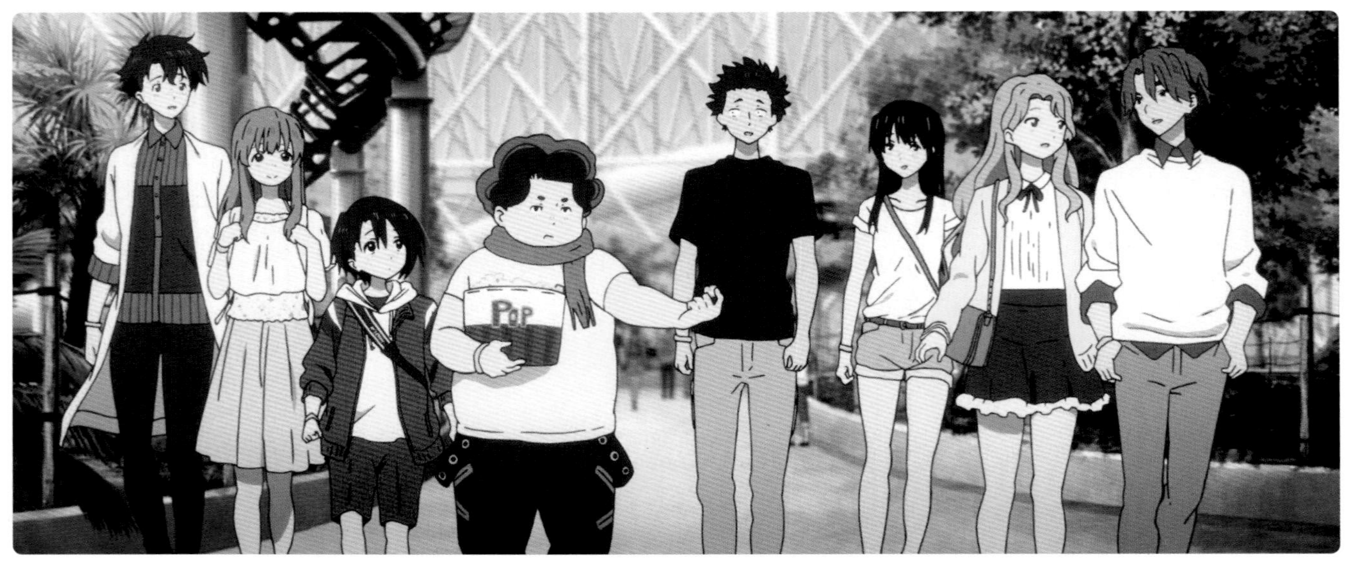

延伸觀影

《聲之形》裡動人而日常的筆觸，打開了全新的「日常生活」動畫世界，這是山田、吉田與京都動畫同事都非常擅長的子類型動畫。《日常》和《K-On！輕音部》是《聲之形》的最佳後繼者，而山田近期的《利茲與青鳥》也獲得相同程度的讚譽與海外的認可。另一位在男性主宰的動畫產業中異軍突起的女性電影製作者及多產的劇作家岡田麿里，其首度執導的作品是 2018 年上映的奇幻電影《道別的早晨就用約定之花點綴吧》，本片審視了母性的苦樂參半。至於動畫系列，請見 MADHOUSE 的老手山本沙代擔任《駭客任務立體動畫特集》中〈世界紀錄〉的設計，以及《超時空甩尾》的分鏡協力。在執導《魯邦三世：名為峰不二子的女人》與 LGBT 主題的花式滑冰動畫《Yuri!!! on ICE》系列之前，她執導了《混沌武士》等電視動畫。

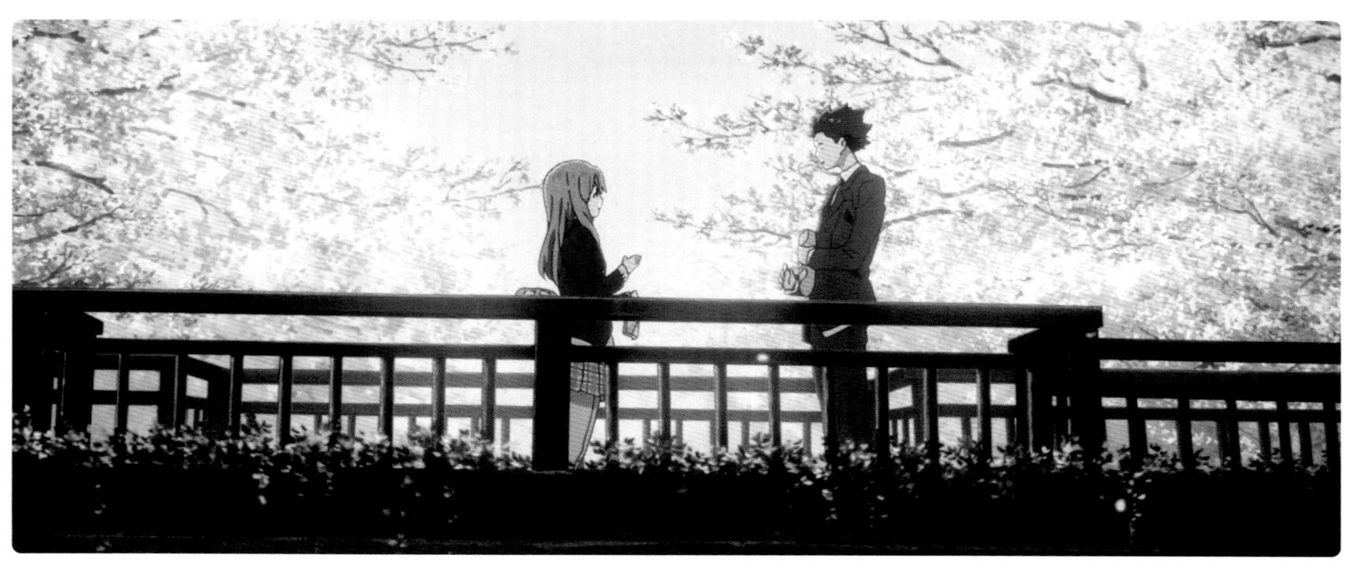

上：超級團體。儘管以單一關係為中心，但《聲之形》的配角全都是令人難忘的角色。

下：一段感情的綻放。儘管歷經童年時期的霸凌事件，硝子與將也的人生依然交織在一起，共同成長。

影評：《聲之形》

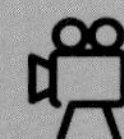

山田尚子那情緒飽滿、對人生觀充滿永無休止辯駁的《聲之形》，是青少年焦慮的完美縮影，卻又不僅止於呈現青少年的世界觀。作為一部勇敢直接、動人又時而令人不適的作品，這是一個色彩繽紛但只存在於灰色地帶的救贖故事。

開場是一場自殺未遂事件，接著鏡頭立即拉回到主角更年輕的時候，暗示著即將展開一場令人同情的悲劇，卻也讓主角將也成為一個令人難以饒恕的人。這些回憶所構成的第一幕，毫不留情地描繪了將也對聾啞同學硝子進行的身心霸凌，這些畫面極度令人感到不適。從拿水沖對方到血淋淋地扯下助聽器，與將也相處著實令人痛苦，更遑論原諒他。但這正是電影的目的，將觀眾置身於校園霸凌者此一罕見且令人反感的視角，然後一同尋求救贖。

將也因為自己極端的行為而遭到排擠，他意識到自己的行為殘忍，但他沒有自殺，而是企圖彌補這一切。透過他猶如賤民般的地位與飽受煎熬的身心，開展了本片變幻的風格，從標準的日常生活片段，切換到更抽象且更具表現主義的空間。眾人臉孔上那大而顯眼的十字形，阻礙了將也與他人的對視。在對話中，即使他站在其他人的身邊，卻鮮少與他人出現在同一畫框中；相反地，他總是處在畫面的邊緣向外看，格格不入的虛無感籠罩著他。片中運用了斜角鏡頭和真人電影的膠捲技術，如雙重曝光和漏光，強化了此一扭曲，卻同時讓故事構築在一個可辨識（儘管扭曲）的真實之上。

在風格上，《聲之形》確實令人印象深刻，但更難能可貴的是，它為片中青少年角色賦予了主題上的深度。將也的救贖之路並不容易，而且毫無疑問地，這些罪惡永遠都無法泯除，那麼試著去消除又有何意義呢？該片探討了努力懺悔是否能讓一個人變成好人，而這樣的奮不顧身是否又存在著自私與利己主義，而寬恕又是否真的能實現？儘管聽起來很沉重，但在每位青少年的極端情緒中都有著情感的深度，導演以尊重他們的方式，從各自的角度予以探討。將也和他的同學全都處於青少年身上少見的道德陰暗面裡，但所有令人反感的特質最終也讓他們變得更易於貼近人心。

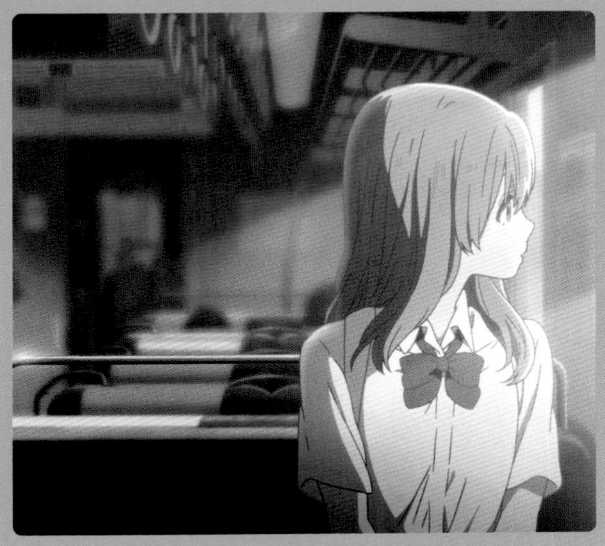

上：《聲之形》的硝子，是動畫界對聾啞社群展現關注罕見且極為深刻的例子。

在這趟救贖之旅中，還有一群將也的同學們，所有的人都以自己的方式尋求寬恕，隨著那張笨重的贖罪網不斷擴大，有時電影予人凌亂又瘋狂的感受。然而，每個人都讓將也學習到新的一課，認識自己好與壞的各種面向。電影中充滿著接踵而至的戲劇化情節，而其中最動人的時刻莫過於那安靜而溫柔的訊號：共享食物、在雨中為別人打傘、凝視、傾聽。角色必須透過重大的行動才能找到救贖，但充滿支持感的日常舉動，也同樣了不起。動人、極具表現張力與赤裸裸的黑暗，讓山田尚子的電影展現了大膽、充滿同理心與獨特的電影聲音。

《謝謝你，在世界的角落找到我》（この世界の片隅に，2016）

IN THIS CORNER OF THE WORLD
THE ART OF WAR

戰時的藝術

在二次世界大戰爆發之際，身懷插畫與繪畫天分的女子正值成年，而她的家鄉就在離廣島不遠的鎮上。我們知道，毀滅性的命運正在逼近。

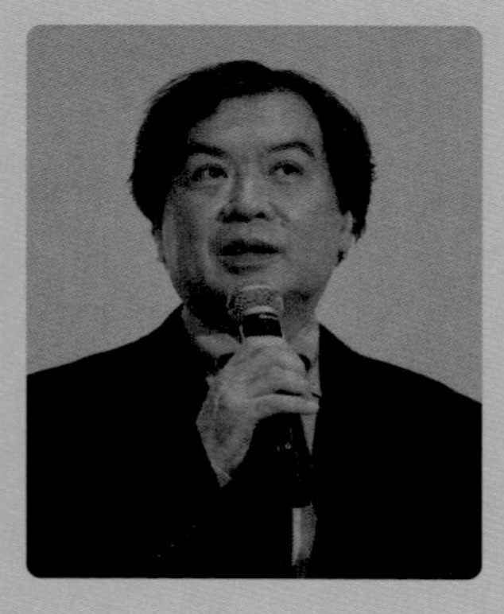

2016

導演：片渕須直 Sunao Katabuchi

129 分鐘

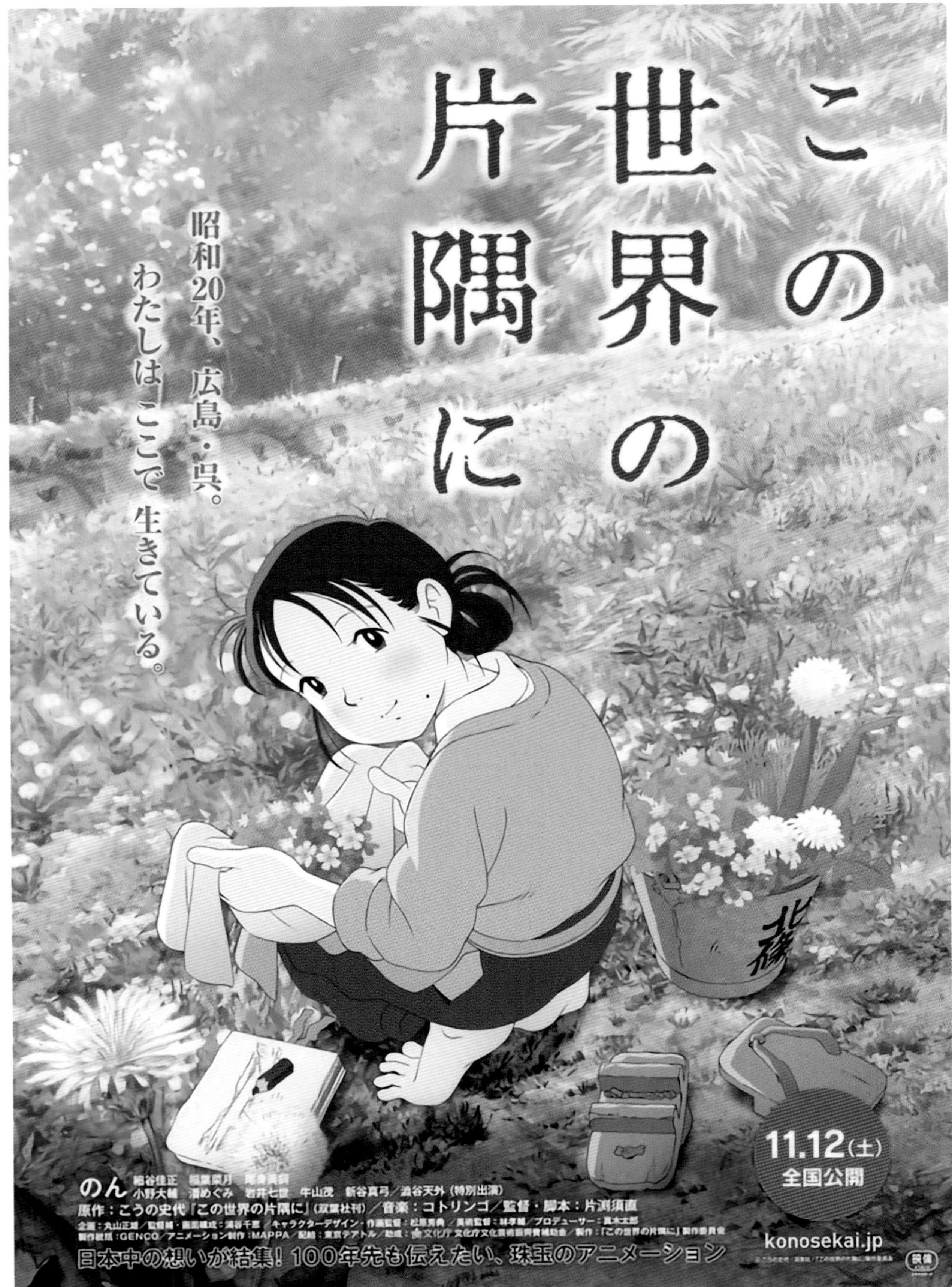
この世界の片隅に
昭和20年、広島・呉。
わたしはここで生きている。
北條
のん
原作：こうの史代「この世界の片隅に」（双葉社刊）／音楽：コトリンゴ／監督・脚本：片渕須直
日本中の想いが結集！100年先も伝えたい、珠玉のアニメーション
11.12（土）
全国公開
konosekai.jp

或許，從事動畫工作是一段漫長而艱辛的旅途。薪水如此微薄，工作時數又如此嚇人，想追求穩定或成功更是艱難。當群眾集資的動畫劇情片《謝謝你，在世界的角落找到我》登上 2016 年日本電影票房前十名、之後又獲得日本電影學院獎的最佳動畫獎時，導演片渕須直在動畫界已默默耕耘 30 年以上。片渕經常在業界龍頭下工作，卻從未自我突破，他曾經在 Reddit 網站的訪談中說道：「我的成就不是聲譽，而是那些形塑了我職業生涯的人際關係。」

片渕須直生於 1960 年，當他還是稚嫩的兩歲半時，就在爺爺經營的電影院裡接觸到動畫，觀看了東映動畫的劇情長片《淘氣王子戰大蛇》。這部電影是動畫師大塚康生的突破之作，他成為片渕年輕時的偶像。後來，片渕回憶起觀賞 1978 年極具里程碑意義的動畫系列《未來少年柯南》，而該系列在作畫監督與角色設計大塚的參與下，充滿了刺激感。直到後來，他才明白該系列的導演宮崎駿將成為他職業生涯中的關鍵人物。

在片渕加入動畫系列《萬能小偵探》的編劇團隊時，他正在大學修讀電影，而這份工作讓他有機會近距離接觸到宮崎駿，直到該企畫因為作者柯南．道爾（Conan Doyle）的遺產糾紛而不得不終止。接著，他在日本與好萊塢之間來回奔走，致力於橫跨太平洋的雄心壯志之作——《小尼莫夢鄉歷險記》的早期版本。在他參與期間，《小尼莫夢鄉歷險記》原本計畫由《星際大戰》資深製片蓋瑞．寇茲（Gary Kurtz）製作，導演人選為宮崎駿和高畑勳，並根據科幻小說傳奇雷．布萊伯利（Ray Bradbury）的劇本進行製作。然而，好景不常，隨著創意的更迭，這個企畫在長達十年的開發地獄中，逐漸萎靡。該片最終變成《小尼莫夢鄉歷險記》，於 1989 年慘澹上映。

該片票房徹底被《魔女宅急便》輾壓，《魔女宅急便》也是宮崎與高畑那羽翼未豐的吉卜力工作室的首部大賣座電影。在宮崎駿於《龍貓》之後進行休息的期間，片渕被指定為宮崎駿的繼位者，因此《魔女宅急便》本該是他首度執導之作。然而，再一次地，事情沒能如預期般發展——根據報導，唯有宮崎駿親自執掌導演位置，贊助商才願意付錢。無論原因為何，片渕在製作中期被降職到副導演的位置上。

1990 年代，片渕在幕後工作留下了自己的足跡，一開始是負責培訓自《魔女宅急便》大獲成功後、工作室擴張所招進來的新吉卜力員工們，後來則與製作人田中榮子（也是吉卜力老將）一起進入 4°C 工作室。

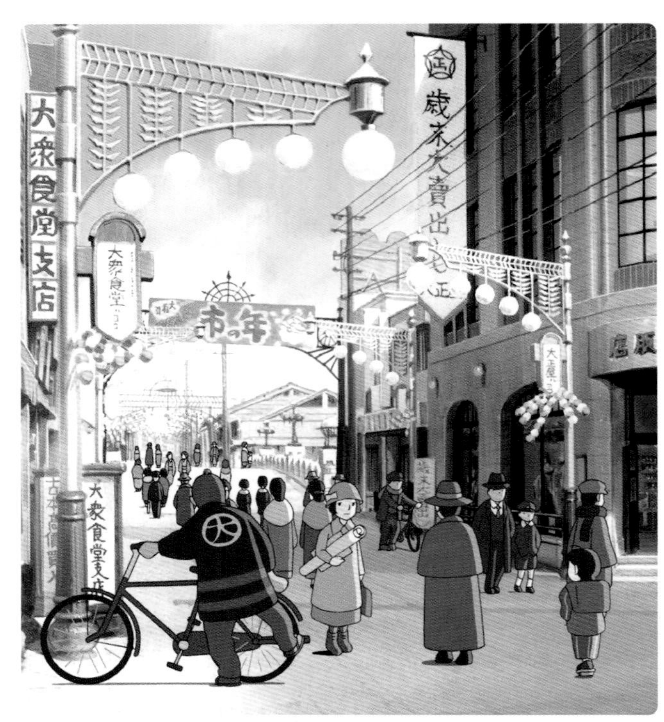

上：街角。《謝謝你，在世界的角落找到我》的地點與背景細膩重現了 1940 年代的廣島。

右頁：不同的視角。《謝謝你，在世界的角落找到我》以嶄新的角度來切入戰爭劇。

在此受到鼓勵的他創作了後來於 2001 年成為自己首部執導長片的《阿萊蒂公主》。《阿萊蒂公主》改編自黛安娜．柯爾斯（Diana Coles）的英文小說《機智公主》（*The Clever Princess*）。然而，製作過程極為緩慢，因為整個製作團隊只有兩個人：他與他最信賴的夥伴——妻子浦谷千惠。浦谷千惠參與的作品幾乎無所不包，從《魔女宅急便》到《心靈遊戲》，從《駭客任務立體動畫特集》到《惡童當街》，在與先生一起共事時，她負責擔任作畫監督與副導演。片渕曾在「動畫世界新聞」（Anime World News）的訪談中說道：「我已經不畫畫了。我的妻子浦谷千惠負責畫畫。而我的靈感源自試圖理解究竟是什麼啟發了妻子的想像力。」

在《阿萊蒂公主》之後，片渕的創作範圍從替南夢宮的電玩遊戲《空戰奇兵》系列撰寫劇本並執導動畫片段，到為 MADHOUSE 執導充滿動作場景的《企業傭兵》（該動畫改編自廣江禮威以現代海盜為主題的漫畫）。也就是在此時，他第二部經歷長期構思、類似宮崎駿風格的電影《新子與千年魔法》在 2009 年誕生了。這部大受好評並在世界各地影展熱映的動畫，

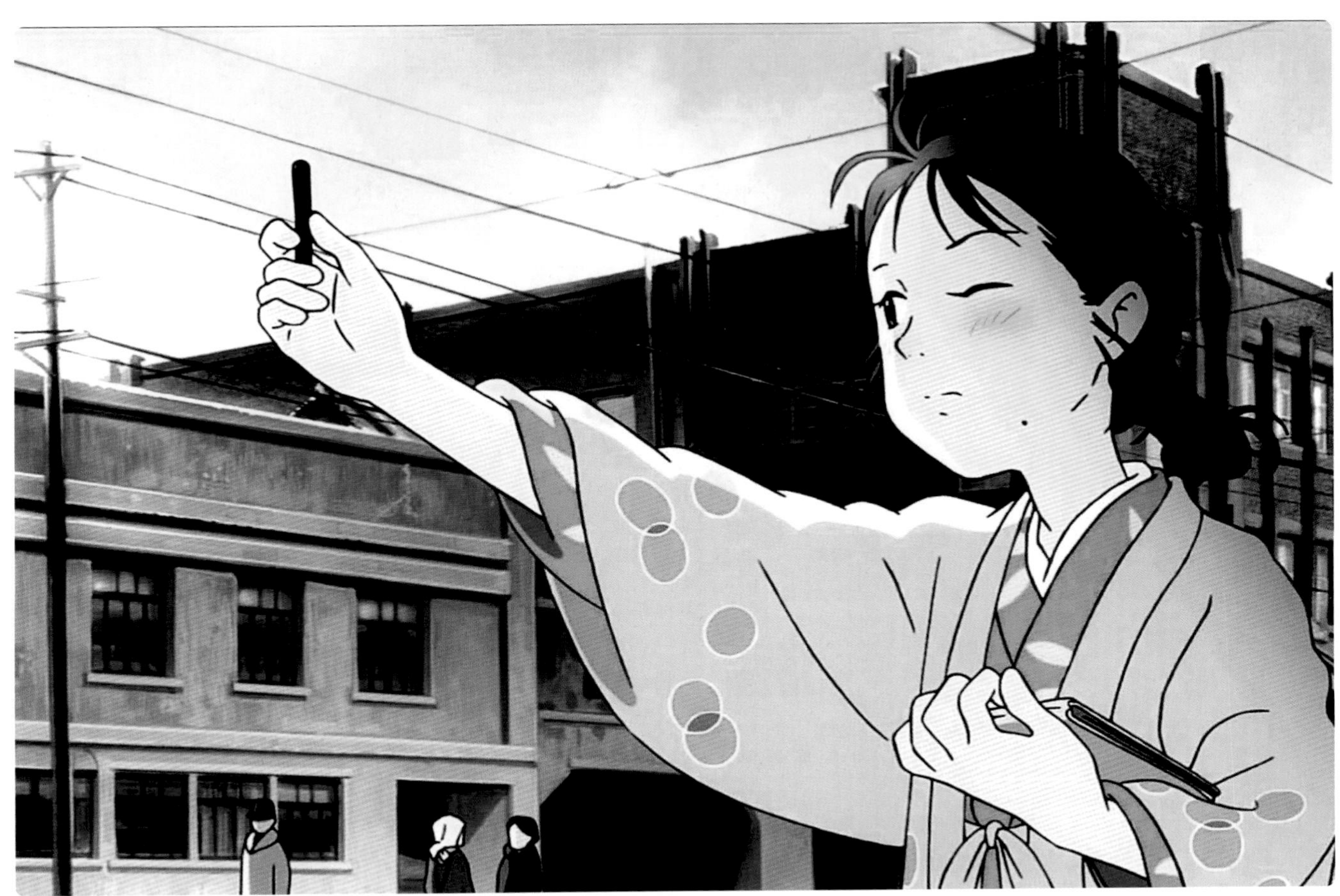

在日本首度上映時卻票房慘澹。

片渊曾經說，這次的失敗導致他作為導演的名譽受影響，並讓他在構思並研究下一部作品——改編自河野史代的漫畫《謝謝你，在這世界的一隅找到我》時，轉而採取群眾集資的方式，並且精省成本。經歷六年的製作，並經歷從 MADHOUSE 跳槽到製作人丸山正雄的新公司 MAPPA 的改變，該片在 2016 年 10 月在東京國際影展中首映，一個月後於日本上映。本片廣受大眾與評論家的好評，最終更獲得高達預算十倍的票房收益，日本知名電影雜誌《電影旬報》更評選為年度電影——這是繼《龍貓》後第二部榮獲此殊榮的動畫。

延伸觀影

《謝謝你，在世界的角落找到我》完美地代表了日本動畫的一個子類型，從年輕無辜者的角度來觀察第二次世界大戰。《赤腳阿元》及其續作是此類型的開創者，至今仍深具影響（即使其動畫風格或許有些過時）。接著是高畑勳的《螢火蟲之墓》，一部關於兩兄妹在經歷東京燃燒彈轟炸後，逐漸因營養失調而逐漸死亡的令人哀傷之作。這部作品無疑是偉大的動畫電影。然而，請小心觀賞：這部讓無數觀者崩潰的作品，其惡名可追溯至首映時竟然與吉卜力另一部作品——宮崎駿經典的《龍貓》——聯映，以致許多幼年觀者再也不願相信吉卜力這個名字。

影評：《謝謝你，在世界的角落找到我》

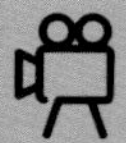

《謝謝你，在世界的角落找到我》中充滿藝術氣息而討人喜愛的主角鈴，當她的家鄉遭轟炸襲擊而化為灰燼時，她將頭頂上的爆炸視作水彩顏料的色彩迸裂，點亮厚重而陰鬱的天空。她與這部電影一樣，在駭人而暴力的世界中找到美好，並展現看似無足輕重的創造力，可以創造出必要的自我保護。鈴的故事發生在接近二戰尾聲的廣島附近，因此隨著那場即將帶來無以名狀可怕影響的悲劇，直直朝她襲來，整篇故事浸淫在難以閃避的陰鬱之中。但是，說真的，這部片太棒了，即使帶著無比焦慮、早有預期的心情觀影，我們卻發現自己置身在無與倫比的快樂、想像力和良善之中。儘管周圍的事件受戰爭所侷限，但戰爭卻侷限不了鈴。

故事從鈴的童年開始講起，異想天開而又笨拙憨直的鈴，用童話般的思維模糊了現實的界限。對她而言，食人魔就和哥哥沒兩樣，同樣是她筆下漫畫的最佳主題，讓她和妹妹澄發出歡笑。身為年輕的藝術家，鈴被色彩與生命力所包圍，日常生活的魔力滲透進她的畫作與世界觀。隨著戰爭逼近，她嫁給一位在海軍工作的男子，她的顏料與畫紙消失了。然而，就是在探索新生活的過程中，更多藝術表達的巧思源源不絕地湧現。

在家庭生活中，那股靈巧的創意思維從畫筆與圖紙移轉到針線與鍋碗瓢盆間。當她必須修改一件和服以搭配新褲子時，布料佔據畫面的全部焦點，並在鈴的拆解下重新變得令人驚艷。在戰爭最激烈且糧食緊縮之際，鈴準備了一場場令人屏息的盛宴，那猶如交響樂般的烹調過程，烘托出每一口料理所飽含的巧思與鮮明的情感。她對周圍永無止境的好奇，穿梭於每一幕的舉手投足之間：當她探索四周時，她的腳步輕盈而緩慢，深怕驚擾到周遭。隨著戰爭的演進，鈴失去了許多親人，包括年輕的外甥女，她更因轟炸而失去右前臂，原本緩慢的凝思也逐漸蛻化為寂靜的痛苦與堅忍。

電影開頭洋溢著溫暖而自然的色調，前半段的故事是無憂無慮的。但在線條柔美的人物與淡淡的地平線間，闖進了軍艦刺眼的單調色塊。在鈴失去手臂後，她的背景便失去所有清晰度，徒留粗糙而凌亂的筆觸。然而，即使她的臉龐似乎失去了一切色彩，但她還是挺過來了。戰爭結束後，燈火管制結束了，鈴家裡套在餐廳燈泡上用來遮光的罩子也取下了，好讓餐桌前的每位家人都可欣賞到鈴精心準備的白米飯。這是一個看似平淡卻直擊人心的時刻，當鈴與家人沐浴於共享的明亮之下，我們可以感受到他們集體的痛苦與解脫，以及對家中那位藝術家細微卻無比珍貴的關懷之舉，抱持著感激。

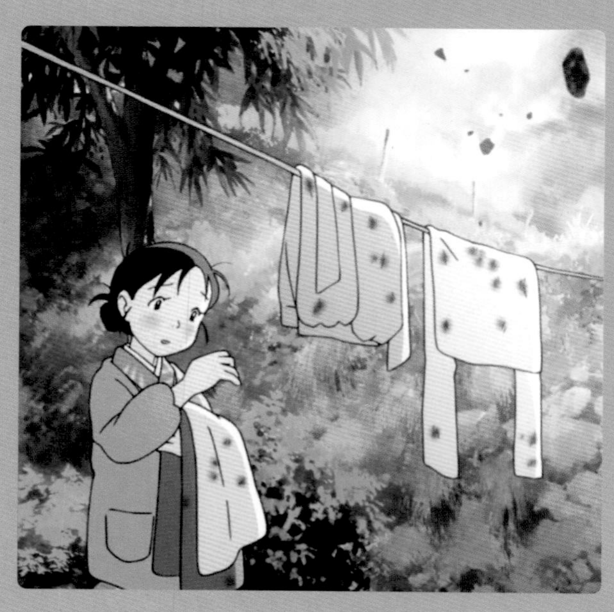

右：觸動人心。鈴的同情心與堅忍讓許多觀眾熱淚盈眶。

右頁：一起畫畫。《謝謝你，在世界的角落找到我》改編自知名藝術家河野史代的漫畫集。

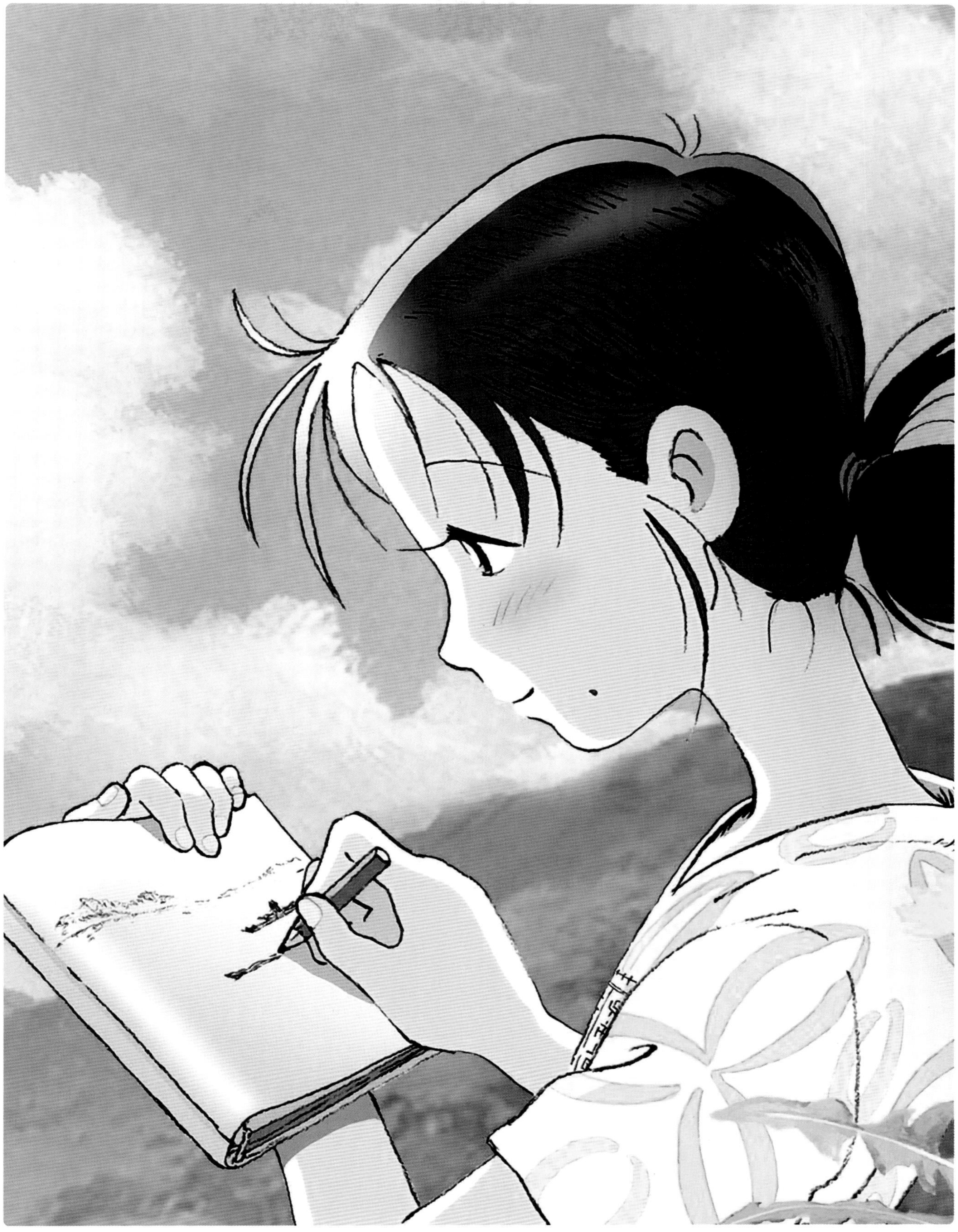

《謙虛的英雄》
（ちいさな英雄—カニとタマゴと透明人間，2018）

MODEST HEROES: PONOC SHORT FILMS THEATRE
SHORT AND SWEET

簡樸而甜美

由西村義明及旗下的午夜工作室製作的三部短片集錦，每一部都展示前吉卜力工作室資深動畫師們的才華。

2018

導演：米林宏昌、百瀨義行、山下明彥

53 分鐘

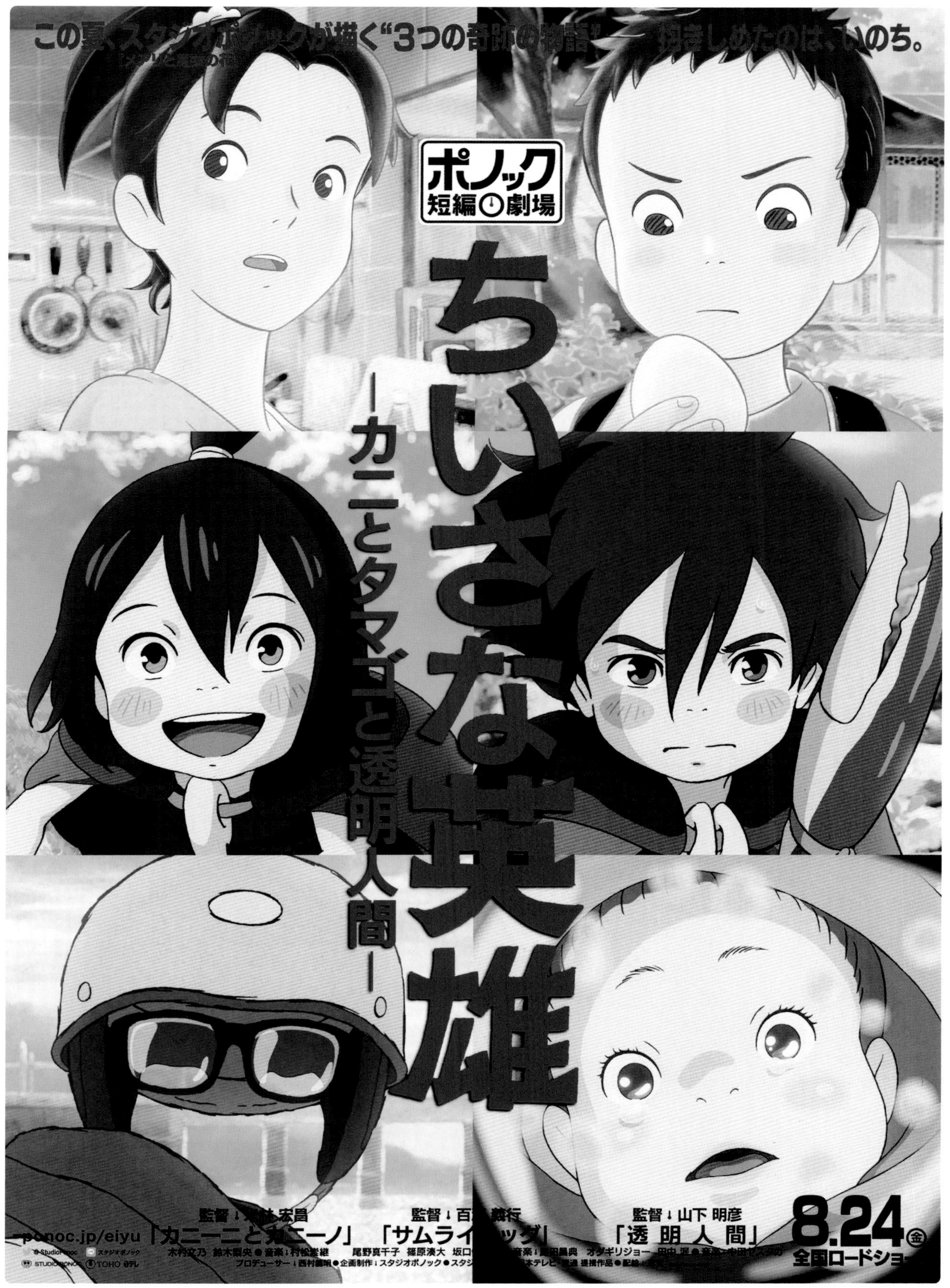
この夏、スタジオポノックが描く“3つの奇跡の物語”——抱きしめたのは、いのち。
ポノック短編劇場
ちいさな英雄
—カニとタマゴと透明人間—
監督：山下明彦
「透明人間」
8.24(金)
全国ロードショー
ponoc.jp/eiyu

當你工作的動畫工作室似乎要永久關閉時，你會怎麼做？答案當然是自立自強。當 2014 年宮崎駿再次宣布退休、吉卜力工作室也將暫停製作後，西村義明面臨了如此的處境。這位年輕的製作人在極短的時間內，奠定自己身為吉卜力明日之星的地位，並在曠日費時的製作中，守護著高畑勳的最終遺作《輝耀姬物語》。他也在動人的青春作品《回憶中的瑪妮》裡，與導演米林宏昌合作。就在《回憶中的瑪妮》於電影院上映僅僅一個月後，吉卜力宣布關門。

西村義明很快就踏出下一步，於 2015 年成立了自己的公司午夜工作室（Studio Ponoc），以克羅埃西亞語 Ponoc（午夜）一詞來暗示動畫界嶄新的開始。但他也同樣帶著雄心壯志，希望能延續吉卜力的目標，製作出讓兒童與成人皆同樣欣賞的高品質動畫。「我們希望可以繼續將那些重要、深具意義的作品帶到世人眼前。」西村解釋道。「這是我們的願景。」

午夜工作室網羅了許多因為吉卜力製作終止而陷入困境的資深藝術家，該工作室為了製作第一部長片——由米林宏昌執導、向宮崎駿致敬的成熟之作《瑪麗與魔女之花》，甚至從關閉的吉卜力工作室中偷走一套辦公桌。2017 年上映、獲得得好成績的《瑪麗與魔女之花》，在年末榮登該年度日本國產電影票房第六名，並進行全球放映，展現了西村與午夜工作室對全球觀眾的重視。

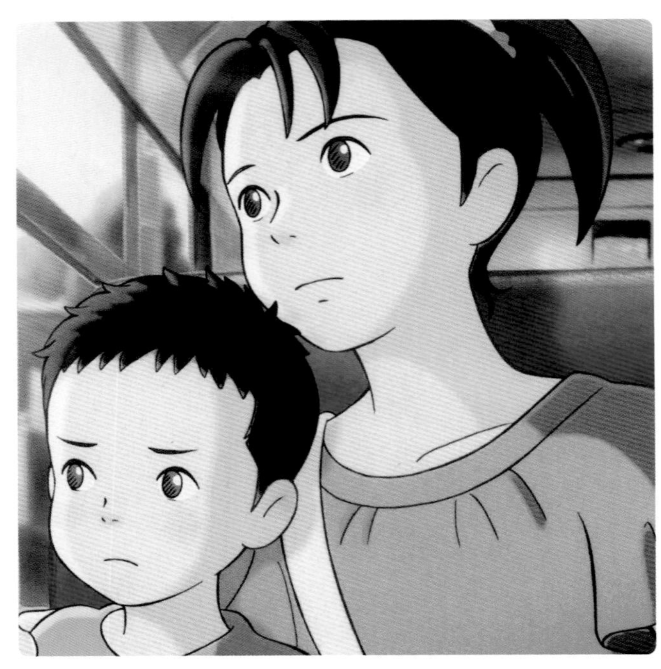

上：破繭而出。西村義明為其中一部短片選了一個不尋常的主題：雞蛋過敏者的生活。

右頁上：螃蟹世界。充滿野心的〈卡尼尼與卡尼諾〉為水中主角們創造了一種純屬虛構的語言。

右頁下：西村義明和導演米林宏昌首度合作的契機是吉卜力工作室的長片《回憶中的瑪妮》。

在證明自己確實可以在吉卜力工作室的框架下製作出一部電影後，午夜工作室的下一步就是進一步挑戰自己，透過一系列的短篇，讓這裡成為嶄新才華、故事與表達手法的孵育基地。這與用來展示全新、令人興奮的想法與願景的長篇動畫集錦——從《機器人嘉年華》到《回憶三部曲》，再到《天才狂歡派對》、《駭客任務立體動畫特集》——出發點並無太大不同。

身為事必躬親的製片，西村挑選了該計畫的導演，但每部片都未指定編劇，而是藉由丟出議題、主題或挑戰的方式，提供每個人關鍵靈感。

在《瑪麗與魔女之花》之後，米林宏昌又回來製作短篇〈卡尼尼與卡尼諾〉，並在西村的鼓勵下放棄自己素來鍾愛的女性角色，轉而探索與自身更貼近的主題，特別是家庭動態——當時的米林家正期待著新生命的到來。

至於〈武士蛋〉，則由吉卜力資深工作者與高畑勳最信賴的合作者——百瀨義行負責，他參與的作品包括《螢火蟲之墓》、《輝耀姬物語》。〈武士蛋〉處理的主題是極為日常、卻很可能威脅性命的雞蛋過敏事件，而這個靈感源自於西村童年時期的一位同學。

至於山下明彥——吉卜力工作室的重要藝術家及宮崎駿最堅定的合作者，西村則給了最具挑戰性的提示。身為《霍爾的移動城堡》、《崖上的波妞》、《風起》、《神隱少女》等作品的作畫監督與原畫，山下明彥絕對是繪製動態的大師。「我想，」西村後來說道，「一名如此擅長表達動態與情感的動畫師，是否能處理繪製隱形人這樣的挑戰。」據報導，山下首先回應這是不可能的，但西村並不放棄，最終我們得到了〈隱形人〉這個篇名如此純粹的短篇。

這三部短篇組成了一個名為「謙虛的英雄」的企畫，透過豐富而充滿生氣的動畫手法，來表達對「日常生活與存在」主題的探索。最初的計畫原本是安排四部短篇，其中一部由西村的老同事兼導師高畑勳執導，但這個計畫由於高畑勳於 2018 年 4 月逝世而中斷。

就某種程度來看，倘若說《瑪麗與魔女之花》是對宮崎駿的致敬之作，那麼《謙虛的英雄》就像是對高

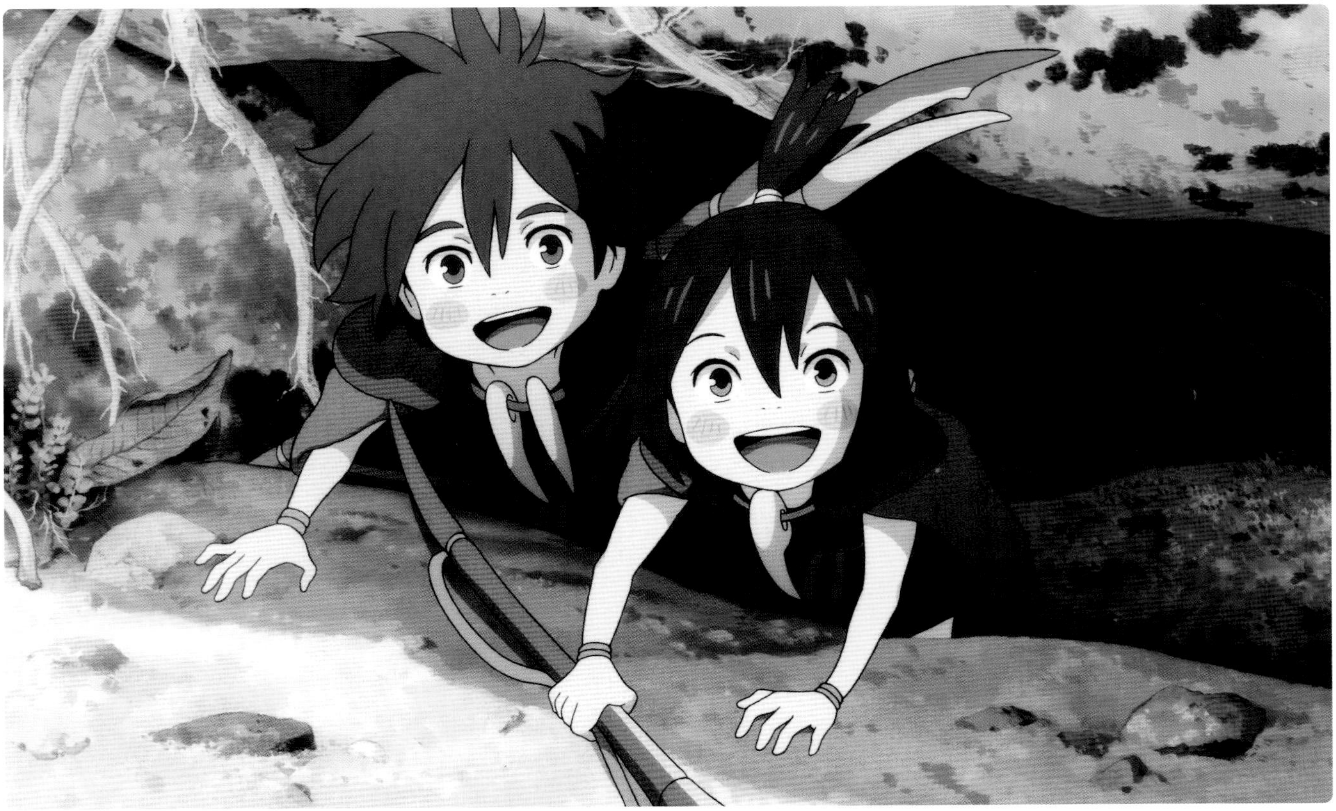

延伸觀影

條條大路似乎都能通往吉卜力，因此當我們發現《謙虛的英雄》三位導演都曾在此地磨練自己的才能後，或許就沒那麼驚訝了。因此，你可以輕鬆回顧經典好片如《神隱少女》、《紅豬》、《霍爾的移動城堡》和《風起》，或重新評價米林導演的作品《借物少女艾莉緹》和《回憶中的瑪妮》，甚至是欣賞百瀨作為設計與導演而製作的吉卜力 RPG 電玩《二之國》系列。除此之外，《天才狂歡派對》和《鬼・火・熊・武》也以易於消化的長度，展現了多樣化而令人眼花撩亂的想像力與創造力。

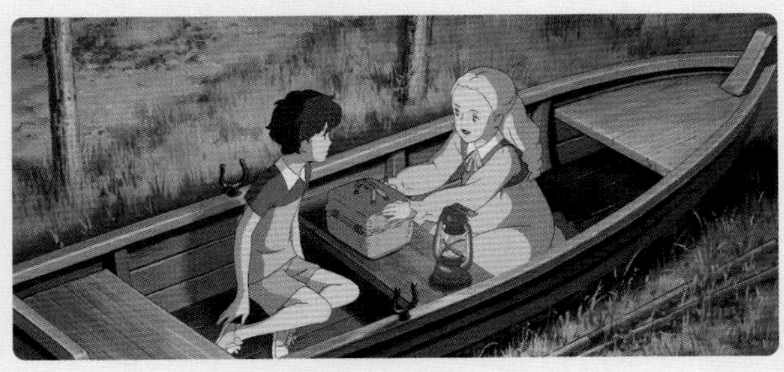

畑動那極具標誌性、風格多樣化的動畫手法進行喝采。該片也展示了西村希望透過小型工作室所具備的獨立性，來進行創新與改編，將重心從長片轉移到短篇等形式——最好的證據就是其隨後推出、由百瀨執導的 2020 東京奧運紀念短片《Tomorrow's Leaves》。

2018 年夏天，《謙虛的英雄》在日本上映，多虧他們與動畫專門公司吉玩（GKids）達成經銷協議，《謙虛的英雄》很快就在美國播映。不過，更了不起的是，該動畫集透過 Netflix 於 2019 年在世界各地播出，此舉領先吉卜力工作室的前輩們（後者一直猶豫是否要將電影版權授與線上平台），先一步邁入新領域。而吉卜力也在來年跟進。

影評：《謙虛的英雄》

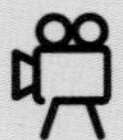

要做這種選集電影並不容易。風格迥異的作品，在策略性的包裝下作為單一作品推出後，這些作品總會無可避免地在觀者的主觀喜好下遭到排序，觀者會選出幾部心頭好，其他幾部較無感的則置若罔聞。但這樣的事情不太可能發生在《謙虛的英雄》中的任何一篇上。每一次觀看，這部短篇集錦總能一再展示不可思議的創造力與情感張力。

作為開場的〈卡尼尼與卡尼諾〉，帶領觀眾一同欣賞兩隻小小的居住在河裡的擬人化螃蟹，探索著波濤洶湧的水域。他們的母親為了產卵而離家，父親又被下游的水流捲走，兩兄弟只好自食其力，同時肩負尋找父親的任務。負責操刀吉卜力工作室電影《借物少女艾莉緹》與《回憶中的瑪妮》（還有午夜工作室的宮崎駿致敬之作《瑪麗與魔女之花》）的導演——米林宏昌，保有過去某些令人熟悉的主題與風格，並增添了無聲電影那令人興奮且極具實驗性的元素。

卡尼尼和卡尼諾的語言能力很原始，但他們說了什麼並不重要，因為米林將重點放在他們的世界與行為上。真人電影式的「移焦鏡頭」（racking focus，亦即焦點在拍攝過程中發生改變），凸顯了自然之美的層次；令人讚嘆的波光粼粼與線條銳利的森林簡直美不勝收，一切就只差大衛．艾登堡（David Attenborough）的旁白。正因為有這樣細膩入微的背景，才能凸顯出這趟奇幻冒險中的大自然是多麼令人敬畏。即便只是一小塊林間空地，那條拆散家庭的潺潺溪流也看似無比神聖。結合了村松崇繼那絕美、哀愁並讓人聯想到《魔法公主》的管弦配樂，這部電影對大自然的驚奇與感激之情，對吉卜力粉絲來說是再熟悉不過的了。由於他們的體型與視角是如此微小，卡尼尼與卡尼諾帶著敬畏與尊敬之情，享用著大自然中那小小一塊的美妙，而這或許是所有體型嬌小的人類都能充分體會且無需言說的感受。

倘若色彩豐富、被樹林環繞且極富幻想氛圍的〈卡尼尼與卡尼諾〉，是《謙虛的英雄》對宮崎駿電影的致意，那麼第二部短片——〈武士蛋〉，就是對高畑勳的致敬。從人類學般的好奇心到形式化

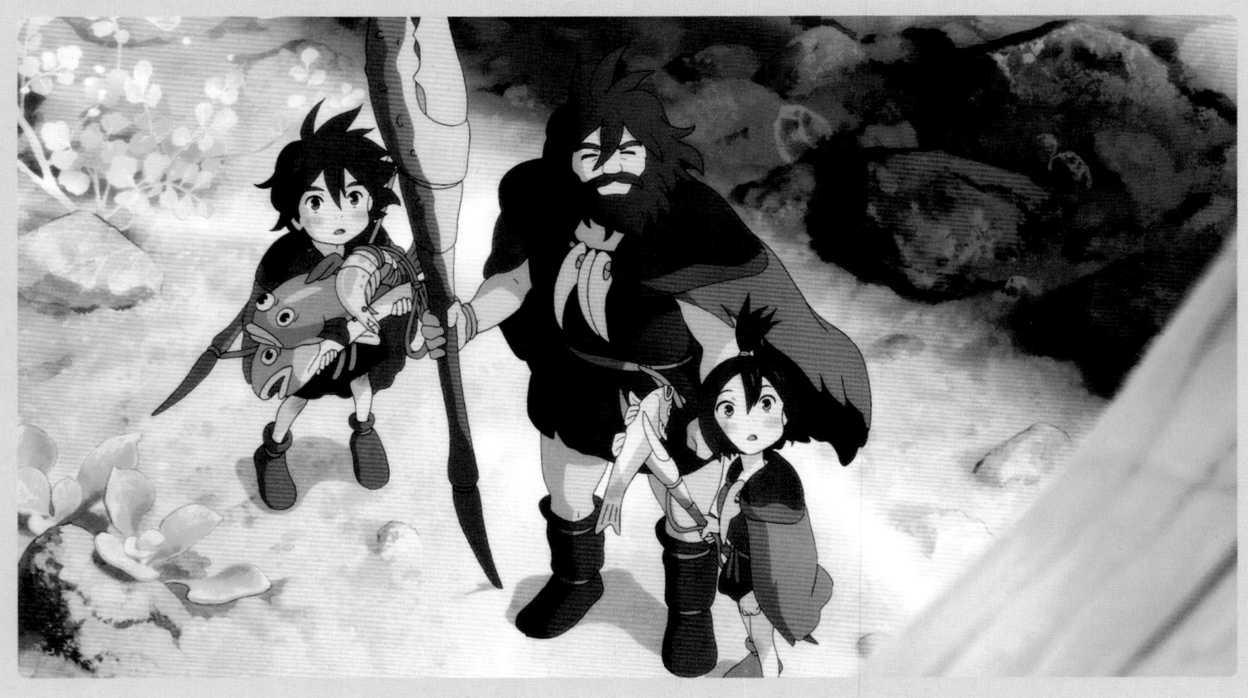

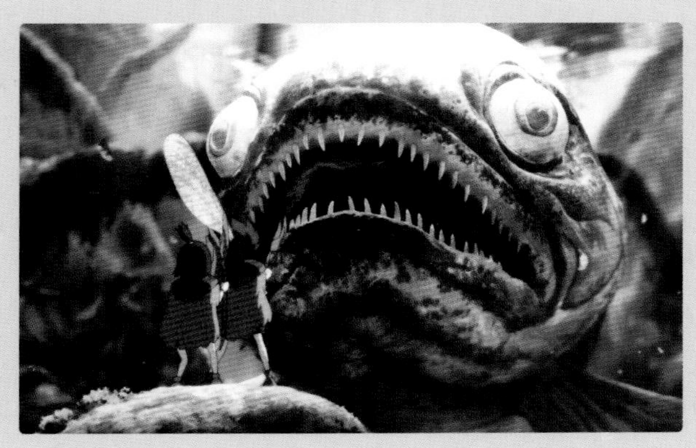

左頁：西村鼓勵在製作期間妻子正懷好孕的米林宏昌，將短片的主題放在家庭身上。

左：謙虛的英雄，大冒險。卡尼尼和卡尼諾面對令人害怕的尖牙巨獸。

的表現主義手法，在這部描述一名男孩對抗雞蛋過敏的故事中，充滿了吉卜力那名已故的共同創辦人的影子。

在《謙虛的英雄》裡，百瀨義行的影片在敘事上具有最強烈的現實主義色彩，但有趣的是，形式上也是最具實驗性的。這可不是普通的廚槽家庭生活劇（kitchen sink drama）——儘管冰箱後來確實變得很重要——而是以美麗而啟迪人心的方式，來表現做父母的與做孩子的所經歷的恐懼和奉獻。用灰色而非黑色所勾勒出來的平滑而細緻的圓臉，讓角色就像是被一股溫柔包裹著。如同高畑勳的經典之作《兒時的點點滴滴》，此片也著重於觀察與情感。電影中畫面的邊緣經常是留白的，讓角色與敘事重點集中在畫面中央。在這樣的畫面聚焦下，是對雞蛋有著致命性過敏的俊、他的母親、和以雞蛋為中心所進行的日常對抗賽。電影帶著好奇心與尊重，研究點刺測試（prick test，譯註：一種以皮膚進行的過敏源測試）的過程，也研究了學校的午餐與餐廳；電影不曾把俊當成局外者，而是凸顯他的個人體驗。

當無可避免的危機終於發生時，那一刻是如此驚人。在誤食了不該吃的冰淇淋後，無止境冒出來的紅色腫包開始滴落，然後瘋狂地噴濺在俊的周圍。他的動作原本只是被快速勾勒，後來逐漸變得清晰可見，俊的身影不顧一切地緊緊抓住那個正在崩解的世界。那是一個令人害怕的時刻，抽象地描繪出那看似無足輕重卻實則危及性命的威脅，並且，如同這部短片的其他情節一樣，這一幕也高歌著進行日常戰鬥的英雄，而這戰鬥對多數人而言只是平凡現實的一部分。

《謙虛的英雄》的第三部，也就是最後一部，就沒有如此清晰的吉卜力血統脈絡可尋。儘管身為吉卜力現代派的中流砥柱，山下明彥的〈透明人〉擺脫了傳奇工作室的影子，帶來一部令人耳目一新的頹喪、憂鬱之作。

影片捕捉隱形人每日必須經歷的惡意與挫折，山下明彥的作品有足夠的趣味和刺激性來捕捉年輕觀眾的注意力，而作為一種暗喻，也可以讓任何曾經感受過被忽視的成年人心有戚戚焉。在人生中磕磕碰碰，被同事忽視，這位透明人（穿著衣服卻無實體）必須無時無刻以重物來牽絆自己，以免飄到空中而真的消失。結局是一連串過於滑稽的悲劇，在多場充斥著社會焦慮的人際互動後，於觀眾的驚呼聲中，透明人被捲到空中，如同氣球般陷入風暴裡。在雷鳴閃電的包圍下，那沒有重量的身體，以令人難受的柔軟，拍打並扭動著，這無與倫比的動畫讓你感覺就像看著濕襪子在進行脫水般。〈透明人〉是物理動畫（physical animation，編按：運用物理引擎，以真實的力學原理模擬動畫中物體的運動效果）的一大勝利，但其令人印象深刻的風格是為凸顯故事主軸：對心理健康與孤獨感的細膩檢視，以及光是透過被觀看就能獲得的同理心的力量。

〈透明人〉在午夜工作室的系譜中難以明確找出其風格定位，將這部放在動畫選集的最後，就像是一種刻意的聲明。前兩部短篇展示了他們的出身，表露出他們傳承下來的吉卜力精神與蛻變。現在，即便他們仍然坐在舊日的辦公桌前，但〈透明人〉宣示他們已經準備好迎接新挑戰。這些故事各有所長，以無比和諧的方式結合，沒有任何一段是累贅。這是一只裝滿心中珍寶的珍奇箱。

《海獸之子》
(海獸の子供, 2019)

CHILDREN OF THE SEA
THE SEA OF LIFE

生命之海

一名年輕女孩在父親工作的水族館度過暑假。在那裡，她結識了兩名據說是儒艮撫養長大的奇怪男孩，但她的新朋友卻捲入了一場牽動全球海洋生物世界級的大事件之中。

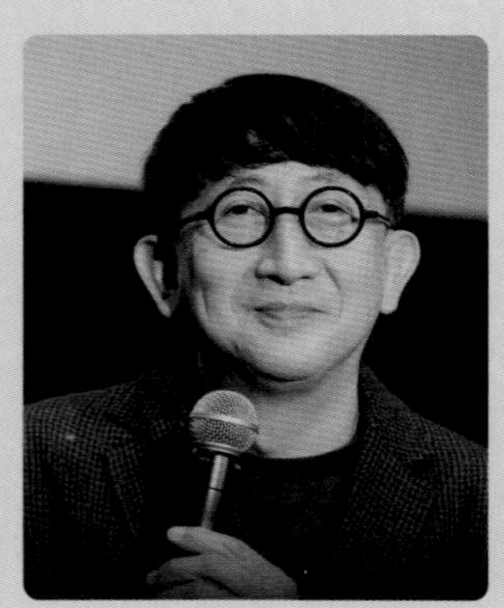

2019

導演：渡邊步 Ayumu Watanabe

111 分鐘

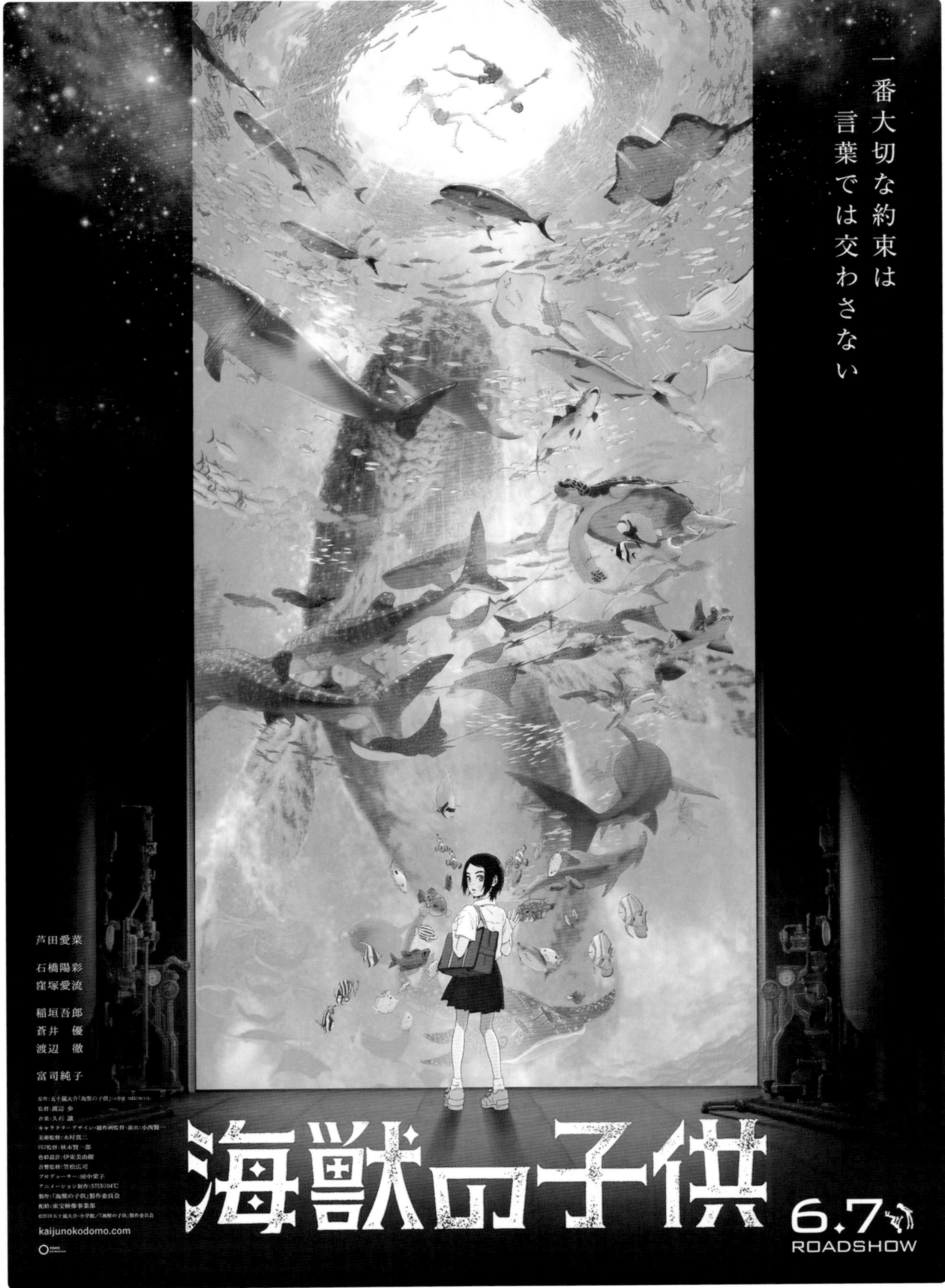
一番大切な約束は
言葉では交わさない
芦田愛菜
石橋陽彩
窪塚愛流
稲垣吾郎
蒼井 優
渡辺 徹
富司純子
原作：五十嵐大介「海獣の子供」
監督：渡辺 歩
音楽：久石 譲
キャラクターデザイン・総作画監督・演出：小西賢一
美術監督：木村真二
CGI監督：秋本賢一郎
色彩設計：伊東美由樹
音響監督：笠松広司
プロデューサー：田中栄子
アニメーション制作：STUDIO4℃
製作：「海獣の子供」製作委員会
配給：東宝映像事業部
©2019五十嵐大介・小学館／「海獣の子供」製作委員会
kaijunokodomo.com
海獣の子供
6.7
ROADSHOW

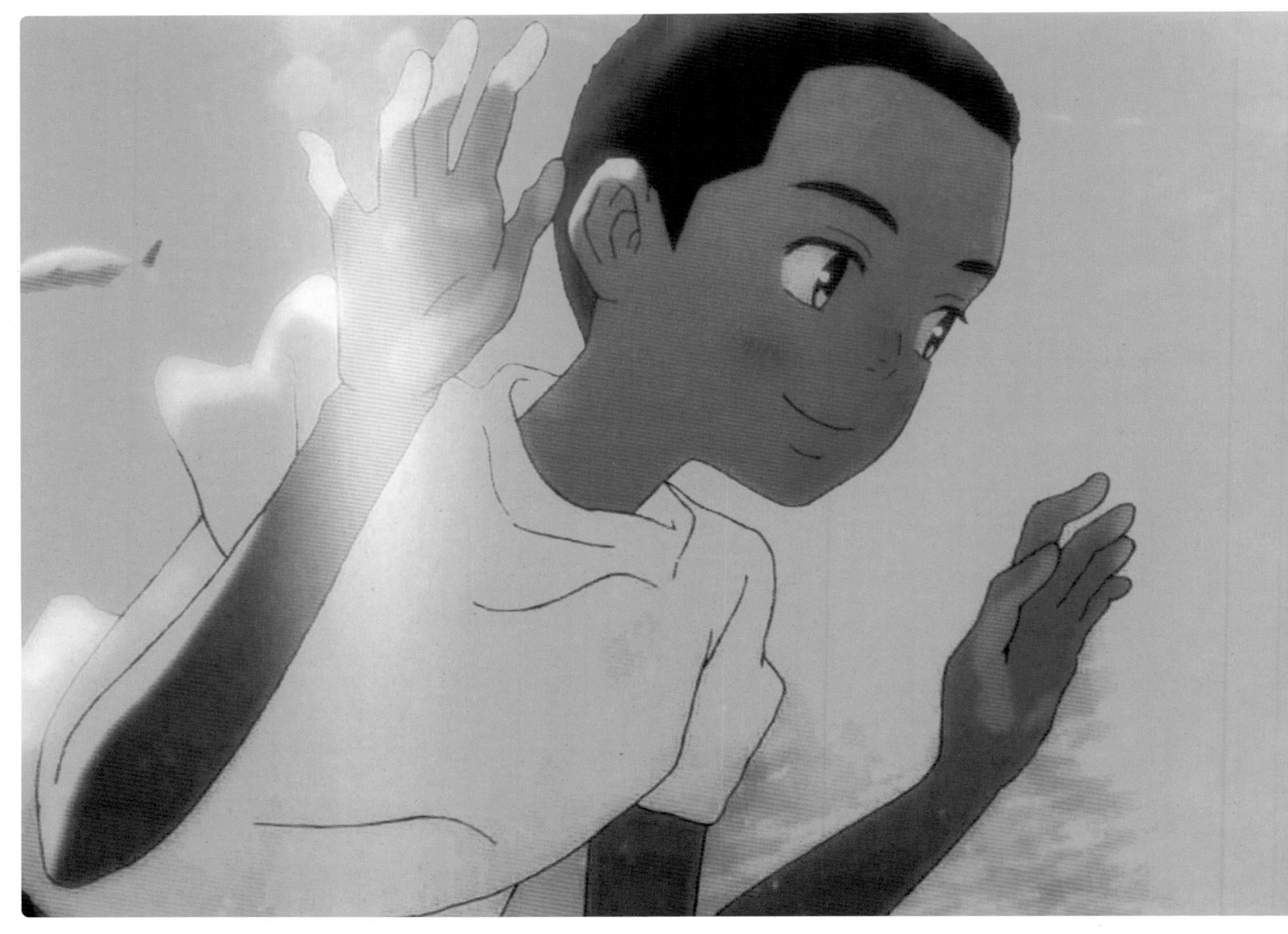

有時一則評論就能掀起熱炒。在 2019 年東京國際影展的報導中，《每日電訊報》（*Daily Telegraph*）評論員兼動畫愛好者羅比・柯林（Robbie Collin）給了環保主義幻想作品《海獸之子》五顆星的評價，並稱這部片「鋪天蓋地的創意與美麗，讓人喘不過氣……觀看這部片時，你感覺藝術形式的藩籬似乎被打破了一點」。溢美之詞令人留下深刻的印象。

儘管這樣的評論似乎有點突兀，但《海獸之子》確實系出名門。該片由 4°C 工作室的田中榮子所製作（其享譽國際的作品包括《惡童當街》與《心靈遊戲》），並由日本資深動畫人渡邊步執導。他領導一支以作畫監督兼角色設計師小西賢一為號召的團隊——小西賢一是吉卜力工作室的老將，在《千年女優》、《東京教父》和《盜夢偵探》中與今敏密切合作。

渡邊步生於 1966 年，在 1986 年踏入動畫界，以員工和自由接案者的身分與新銳動畫工作室建立長期的合作關係，最終為闔家歡的超級 IP《哆啦 A 夢》執導多部作品。回憶這些經歷，渡邊說道：

「我從《哆啦 A 夢》學到關於動畫電影我所需要知道的事。電影是有觀眾等著的，我有幸可以體驗到與他們共享情感的美妙時刻。同樣地，我也經歷了事情不如預期的艱苦現實。」

後來，隨著動畫系列如《宇宙兄弟》、《謎樣女友 X》與《愛在雨過天晴時》的成功，渡邊的聲譽開始奠定。改編自知名藝術家五十嵐大介長篇漫畫系列的《海獸之子》是他的第四部長片。

引起世界廣大動畫迷注意的是，該片配樂出自吉卜力老將久石讓之手。「我的夢想就是請久石讓為我譜曲，」渡邊在 Crunchyroll 網站的採訪時表示。「我是他的死忠粉絲。第一次聽到他的音樂時，我還只是個青少年，卻深受震撼。」久石讓的音樂所具有的獨特質感，幾乎可以成為電影的配角，渡邊將如此形容

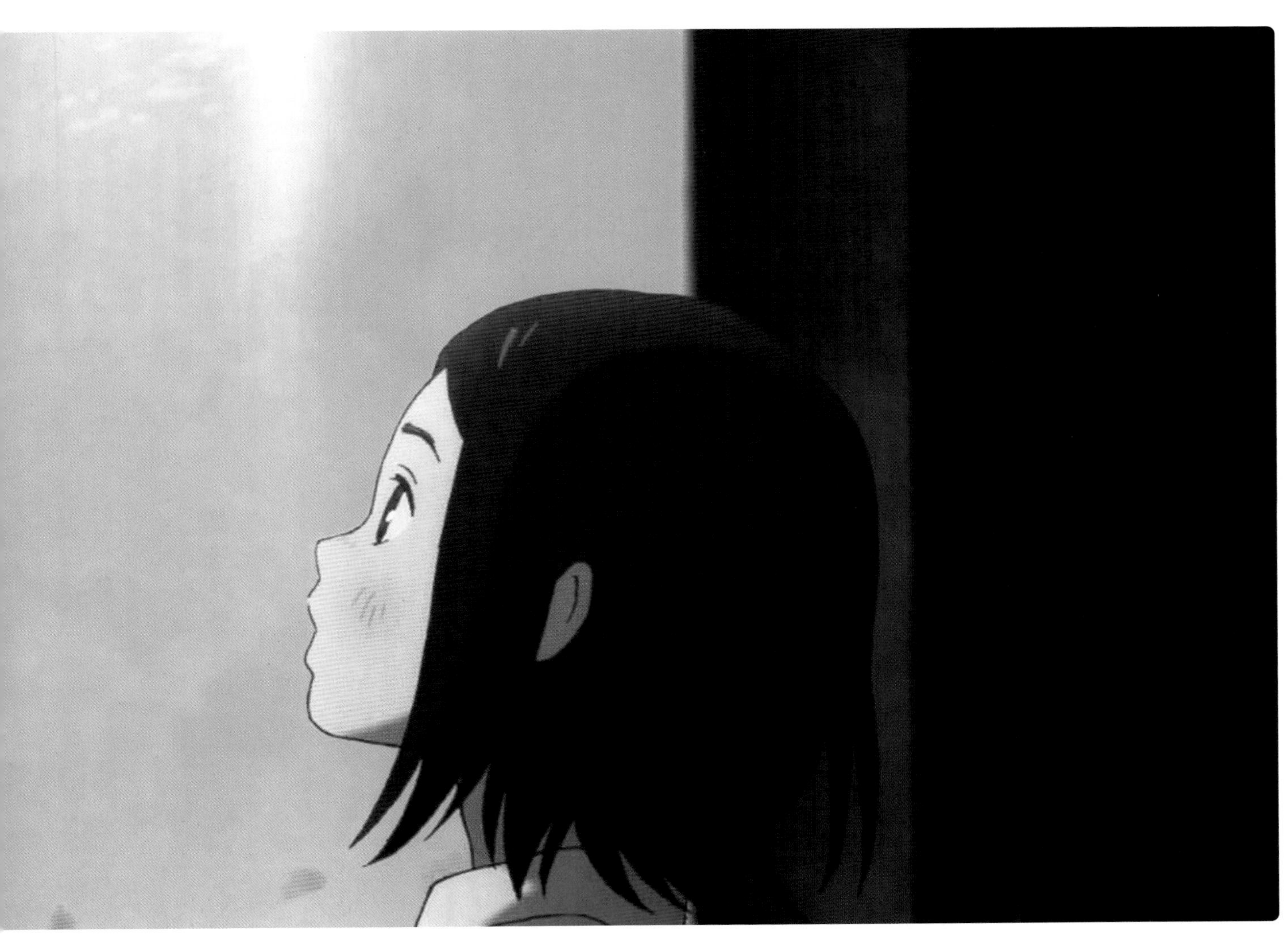

久石讓的音樂：「俯視整體故事的某種實體，主旋律單純地流淌著，搭配偶爾出現的寂靜，親暱地依偎在觀眾身旁。當你意識到這點，就會徹底浸淫於樂章中。這就是久石讓先生所創造的音樂。」

上：大大的水花。《海獸之子》是一個不尋常的女孩遇見男孩的故事。

延伸觀影

想看更多的水下冒險故事？千萬別錯過宮崎駿的《崖上的波妞》，該片對《小美人魚》（*The Little Mermaid*）有相當可愛的即興演繹。故事中的小魚神奇地化身為一名少女，不經意地顛覆了地球的自然秩序。湯淺政明的《宣告黎明的露之歌》也有類似的氛圍，並帶有更多奇異的感性；其後續之作《乘浪之約》則是一個較為直白的海邊愛情故事，關於年輕情侶如何因為衝浪而結緣。或者，如果《海獸之子》中的宇宙情節更合你胃口，那麼杉井儀三郎的《銀河鐵道之夜》，將實際帶領觀眾進行一場讓人大開眼界的星際之旅。

影評：《海獸之子》

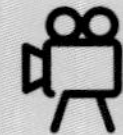

《海獸之子》帶給人一場耳目一新、如墜入迷霧中而且美不勝收的體驗。在班上遭受排斥的琉花，被一對神秘的水中男孩深深吸引，他們一同展開宇宙之旅，徜徉在宇宙的流動當中。本片充滿靈巧的視覺與傳遞故事的野心。《海獸之子》以相同的比重闡釋宇宙的奇蹟、海洋與簡單的都市生活，並呈現一段動人的友誼和一場耀眼、沉浸式的宇宙拼貼藝術。

琉花在父親的水族館裡工作，她遇見了孤兒海。他是那兩名由儒艮所撫養長大、深諳水性的雙胞胎之一，很快地，琉花也見到了比海更為憂鬱的哥哥——空。這些角色探索著人類與環境的關聯，卻同時受限於情感與肉身，在與奇怪卻又迷人的水生人類結識之後，主角因而與來自全世界的海洋生物一同舉辦了令人讚嘆的盛宴。電影中反覆出現的場景是水族館中巨大的玻璃牆，讓參觀者可以一覽所有的水中生物，也是在這裡，琉花欣賞海那精湛而美妙的水性。這堵牆成為我們銀幕中的銀幕，指出我們正在觀賞的內容：大自然劇場和悠游其中的人類。

我們可以從主角的表情中窺知這部電影對世界的讚嘆。佔據琉花面容一半的巨大瞳孔宛如玻璃彈珠，其不顧一切地盡覽著地球的燦爛。睫毛、眉毛與唇紋由細膩的線條勾勒出來；當琉花與海和空兩兄弟一同潛向水中深處時，這樣的細節全都照映在鯨魚、海豚、螃蟹那精雕細琢而絢麗的繁複之美中。當她擁抱這些生物時，粗獷、雜亂的藍色鉛筆線條擦過海浪，讓畫面瞬間充滿活力。相反地，當洶湧的潮水將死亡的生物屍體打上岸時，堆疊的灰色軀體讓人不禁想起吉格爾（HR Giger）超自然的恐怖作品。

導演以抒情的剪接手法，在敘事中加入更多家庭元素與反思元素，讓故事流暢地推進。在學校裡，琉花被空蕩蕩的課桌椅包圍，對比是海快樂地被魚群包圍；從洗衣機跳轉到卡車車輪的匹配剪接；花朵、街燈和雨傘的紅色連結在一起，並反覆

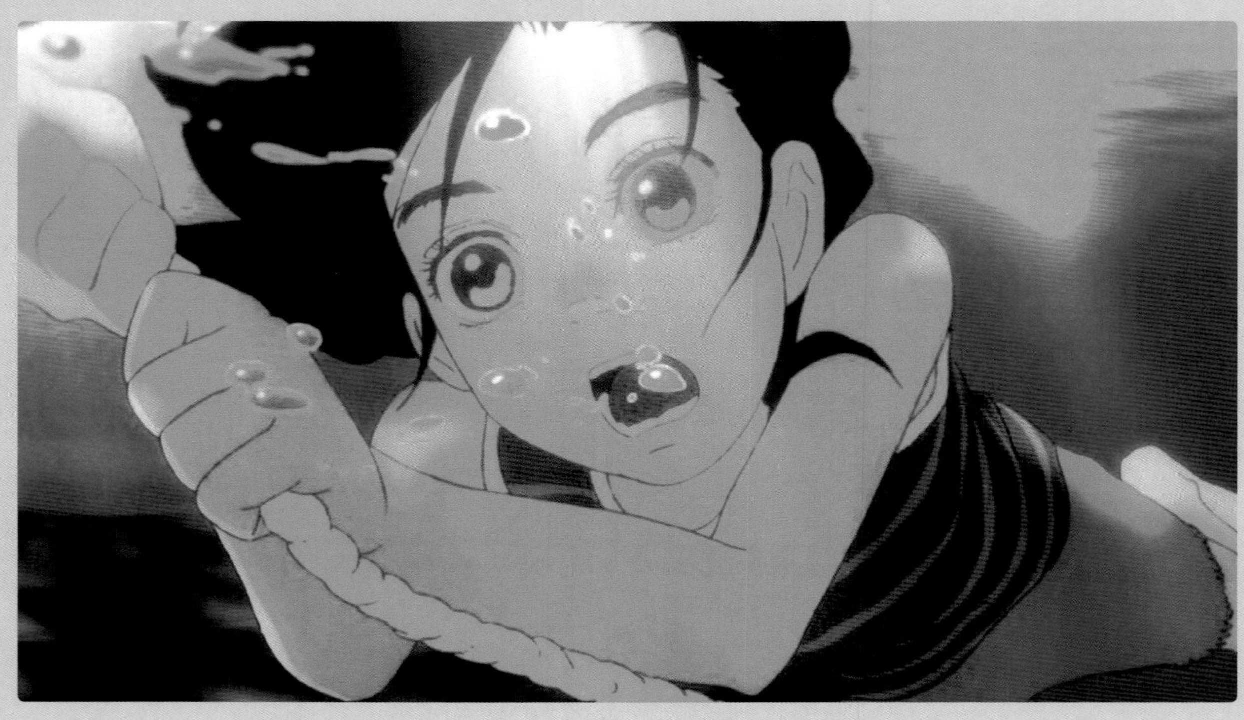

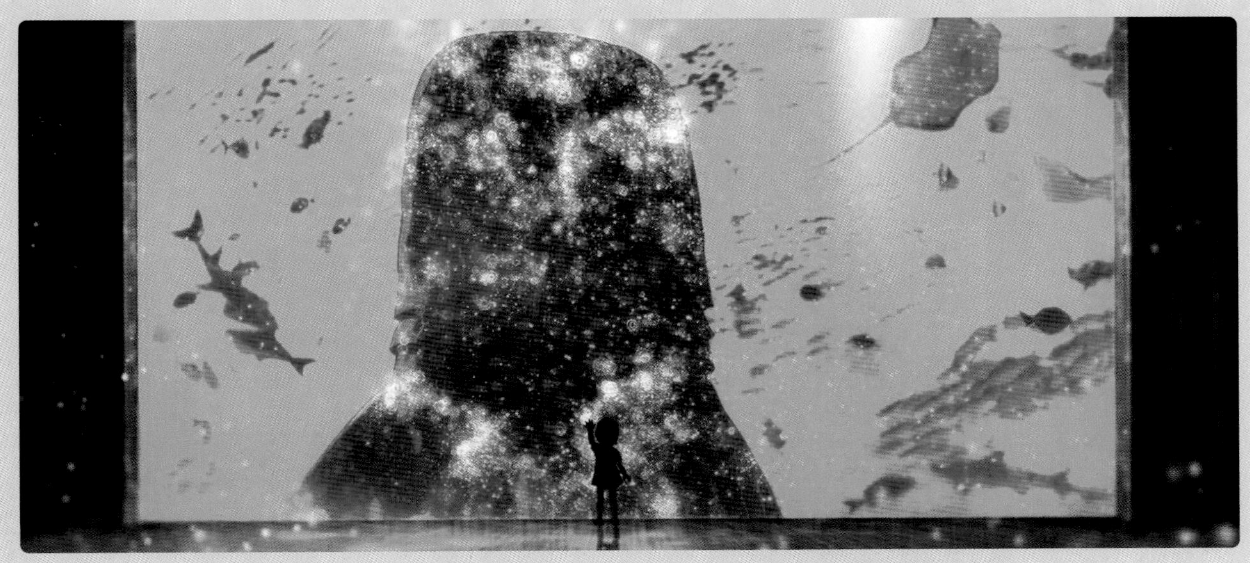

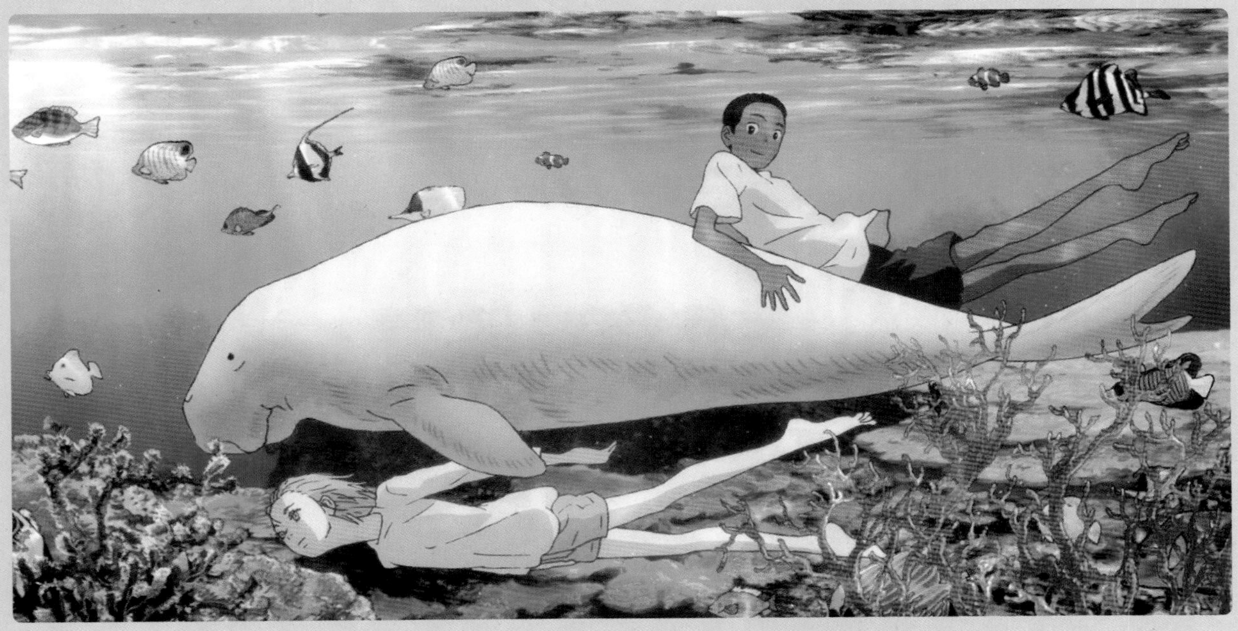

出現，用韻律創造觀看的體驗。這樣的韻律令人著迷，幫助觀眾流暢地觀賞較沉悶的說明性橋段，輕巧地迎來更抽象的優美結局。倘若泰倫斯．馬力克（Terrence Malick）執導動畫，想必也會是如此吧。

該片的最高潮是那片連接太空與海洋的閃亮馬賽克，在沒有對白的場景中，星系、地球微生物與大量的海水在重疊、撞色的漩渦中碰撞。若你不計較整體的敘事感，而擁抱《海獸之子》的衝擊，你將目睹一場超群絕倫的動畫盛宴。

左頁：《海獸之子》飽含宇宙般的視覺效果與醉人的節奏，在跳進這部電影前，請先深吸一口氣。

上：水族館時代：渡邊的電影讓觀眾一睹大自然劇院之美。

下：儒艮傳說。《海獸之子》突顯人與大自然難以磨滅的關係。

《普羅米亞》
（プロメア, 2019）

PROMARE
PLAYING WITH FIRE

玩火

一群具備控火能力的變種人「燃燒者」，讓全球陷入「世界大炎上」的災難中。未來派消防隊「烈焰救火隊」站在第一線，捍衛地球免於陷入更大的災難之中，但真正的危機可能藏在別處。

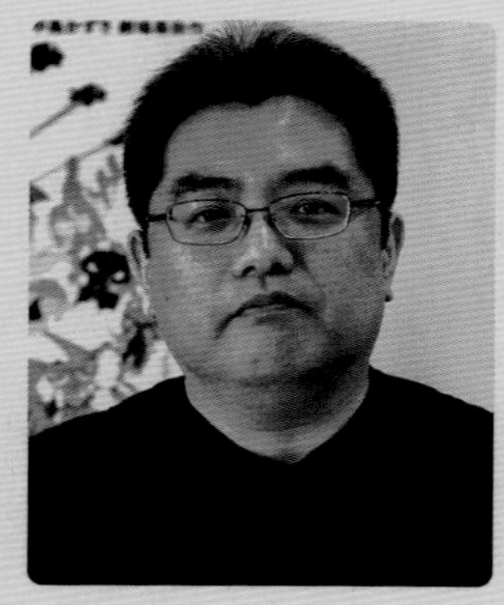

2019

導演：今石洋之 Hiroyuki Imaishi

111 分鐘

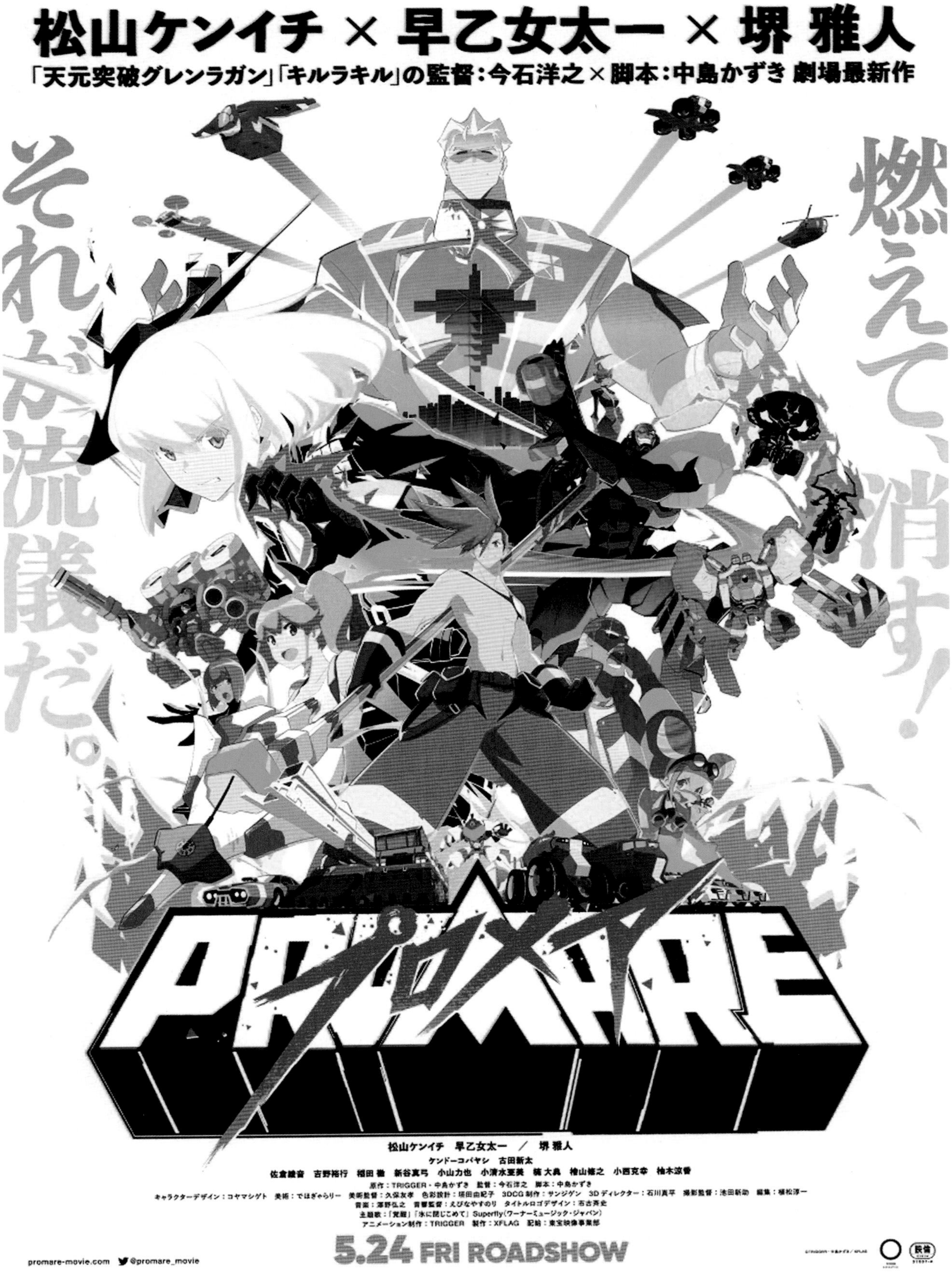

松山ケンイチ × 早乙女太一 × 堺 雅人

「天元突破グレンラガン」「キルラキル」の監督：今石洋之×脚本：中島かずき 劇場最新作

燃えて、消す！

それが流儀だ。

PROMARE プロメア

松山ケンイチ　早乙女太一　／　堺 雅人

ケンドーコバヤシ　古田新太

佐倉綾音　吉野裕行　稲田 徹　新谷真弓　小山力也　小清水亜美　楠 大典　檜山修之　小西克幸　柚木涼香

原作：TRIGGER・中島かずき　監督：今石洋之　脚本：中島かずき

キャラクターデザイン：コヤマシゲト　美術：でほぎゃらりー　美術監督：久保友孝　色彩設計：垣田由紀子　3DCG制作：サンジゲン　3Dディレクター：石川真平　撮影監督：池田新助　編集：植松淳一

音楽：澤野弘之　音響監督：えびなやすのり　タイトルロゴデザイン：市古斉史

主題歌：「覚醒」「氷に閉じこめて」Superfly（ワーナーミュージック・ジャパン）

アニメーション制作：TRIGGER　製作：XFLAG　配給：東宝映像事業部

5.24 FRI ROADSHOW

promare-movie.com　@promare_movie

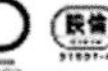

2011 年成立的扳機社，或許是動畫領域內一股清新的流派，但其員工的經歷可是大有來頭。在扳機社自立門戶之前，許多員工，如共同創辦人今石洋之和大塚雅彥，曾在 Gainax 動畫工作室工作，並在《新世紀福音戰士》、《FLCL》和《吊帶襪天使》等作品中施展自己的才華。Gainax 動畫工作室在 2007 年推出的動畫系列《天元突破 紅蓮螺巖》，既是今石洋之首度擔任導演的動畫專案，也讓許多扳機社的關鍵角色聚集在一起，包括製片若林廣海、編劇中島一基、角色設計小山重人（其作品除了《福音戰士新劇場版》系列外，迪士尼《大英雄天團》中的杯麵，也是出自其之手）；而今石洋之本人也是第一次擔任動畫系列的導演。

扳機社的目標是創造獨特且具原創性的動畫，最初推出的《小魔女學園》和《斬服少女》（後者集結許多《天元突破 紅蓮螺巖》的製作團隊成員）也確實達成目標。為籌措開發與製作作品所需的資金，這個年輕的工作室使用群眾募資平台如 Kickstarter 及後來的 Patreon，與觀眾建立牢固的關係。接著，他們獲得創作嶄新的原創電影的機會，由今石執導，中島編劇，而一切就從一個純粹的靈感源頭——火——開始。

在一篇由 Crunchyroll 網站翻譯的《Fami 通》訪談中，中島描述了早期緊張的發展過程，當時今石提出一個類似《馴龍高手》（*How to Train Your Dragon*）的劇本。直到核心團隊一起去吃晚餐後，靈感才突然迸發出來。當時他們正吃著那熟悉又美味的美食——漢堡。中島在訪談中回憶道，「在這之前，我們一直努力並限制自己，像是『我們必須拋開一切習以為常，做自己從未做過的事』，但我們的想法拐了彎，開始思索『用以前的方式去做，有什麼不對？』於是我們有了頓悟，『我們會做的就是漢堡，但我們卻忘了這件事，就好像企圖用米做漢堡一樣。』」

僵化的思路被打破了，今石立刻拿起餐廳的紙巾，開始構思角色。「在我們決定採用過往風格的當下，整部電影的概念就幾乎成形了。」中島向《Fami 通》說道。「我們打從一開始就決定卯足全力，展現最緊湊的動作場面。」

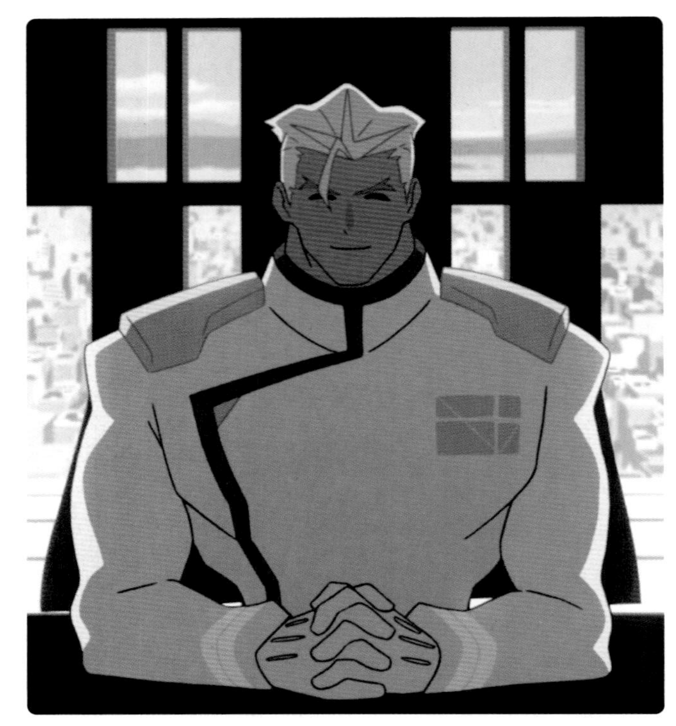

上：古雷．佛塞特，普羅米波利斯自治共和國的司政官，他因為對抗燃燒者而成為全民英雄。

右頁上：憑藉著輕盈的機器裝與控火能力，瘋狂燃燒者是《普羅米亞》的最大反派（至少最初是如此）。

右頁下：精彩對決。瘋狂燃燒者的首領里歐．弗提亞，是《普羅米亞》主角加洛．提莫斯神秘難纏的對手。

延伸觀影

《普羅米亞》那令人眼花撩亂、極度誇張的風格，延續自今石洋之過去所執導的兩部動畫作品：早在扳機社成立前就推出的機甲系列《天元突破 紅蓮螺巖》，以及工作室成立後的首部作品——動感十足的高校漫畫《斬服少女》。連看這三部動畫會讓你獲得感官爆棚的體驗，連喘一口氣的時間都沒有。扳機社在動畫選集系列《星際大戰：視界》中製作的短篇，是完美的後續。接著，我們不妨回顧今石的電影，重溫他擔綱主鏡動畫師的《超時空甩尾》，這部由小池健導演、交織速度與激情的賽車電影，是另一部激發腎上腺素、風格勝過內容的典型動畫，而且充斥著驚人的畫面與獨特的誇張角色，最重要的是，一點都不嚴肅。

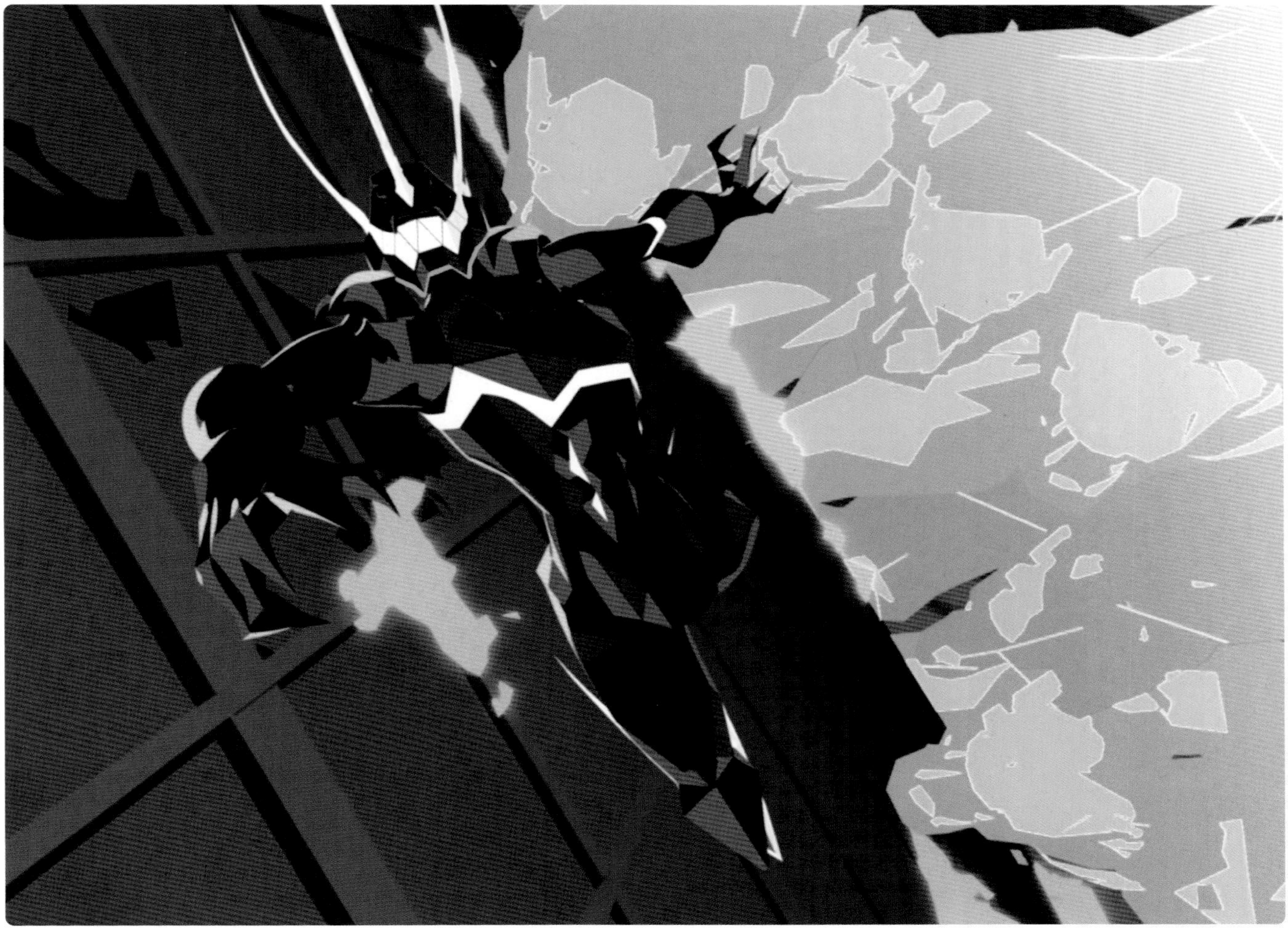

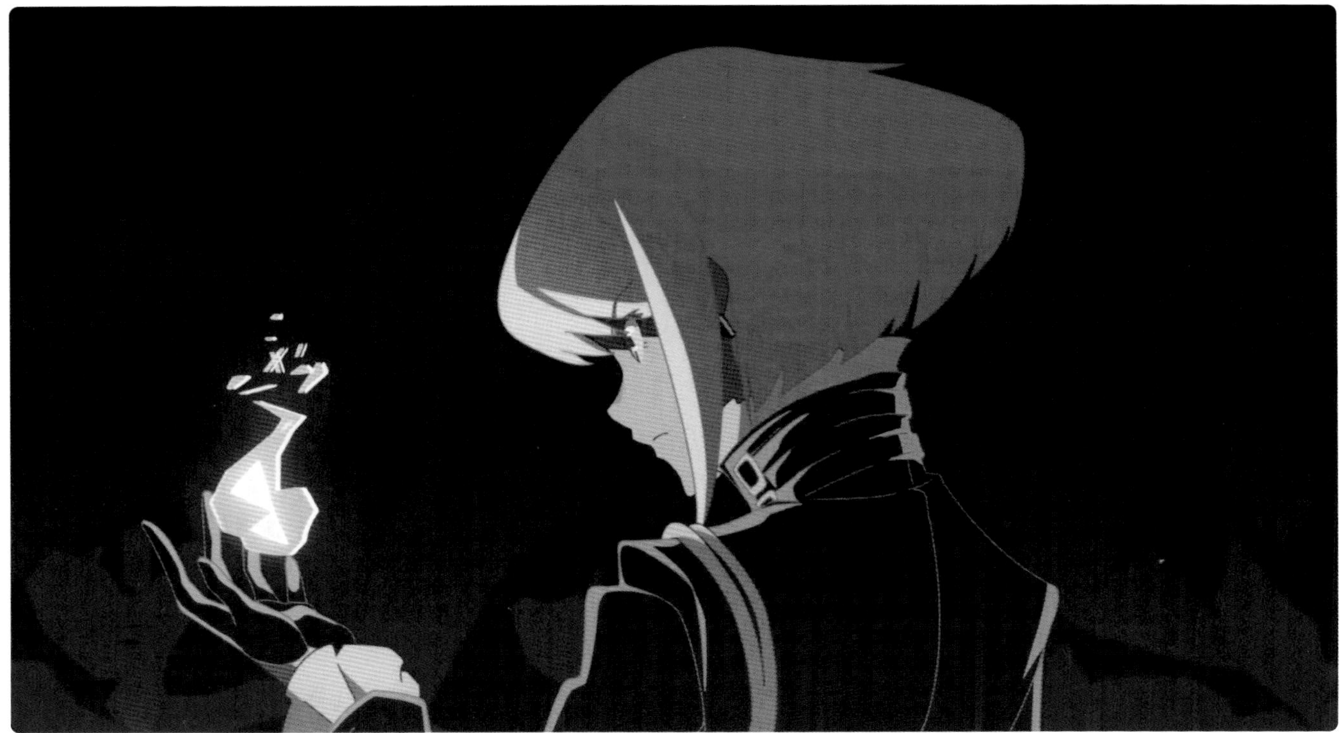

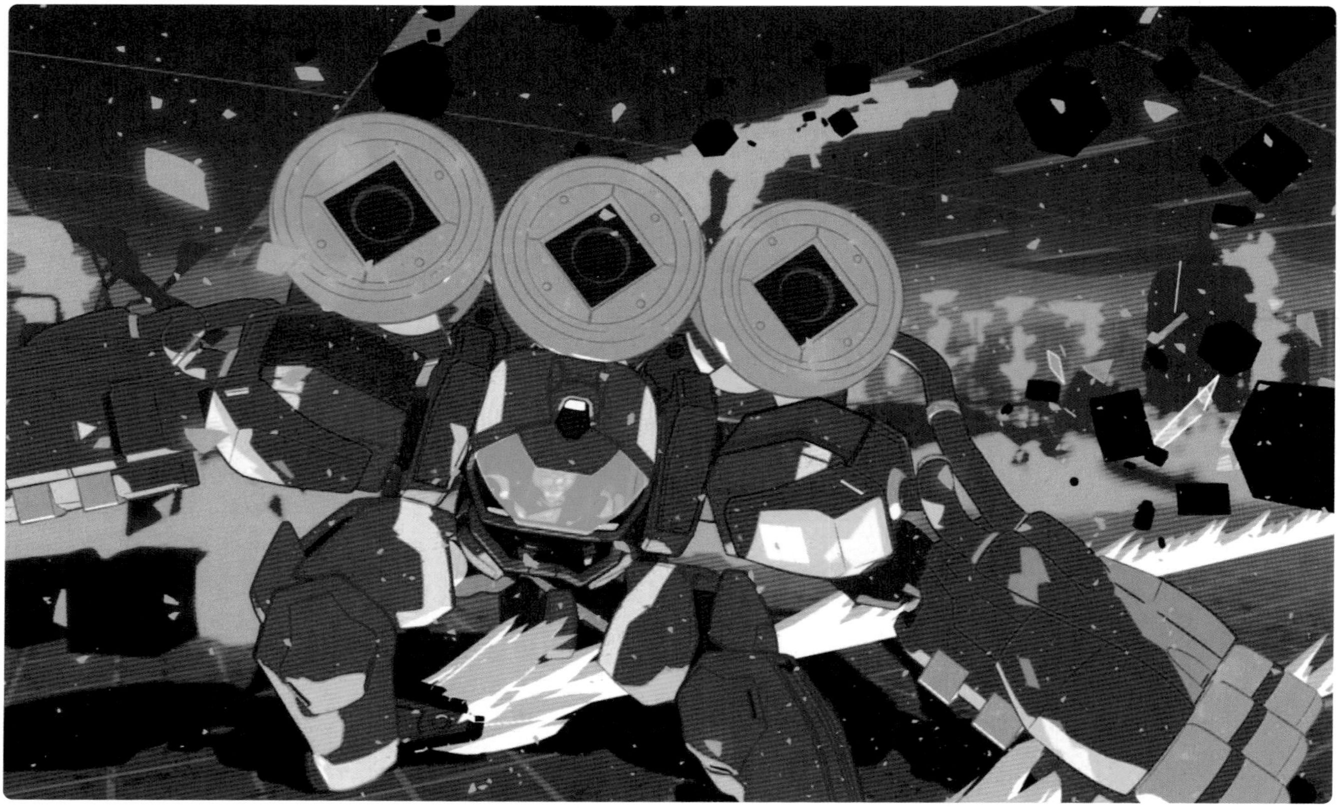

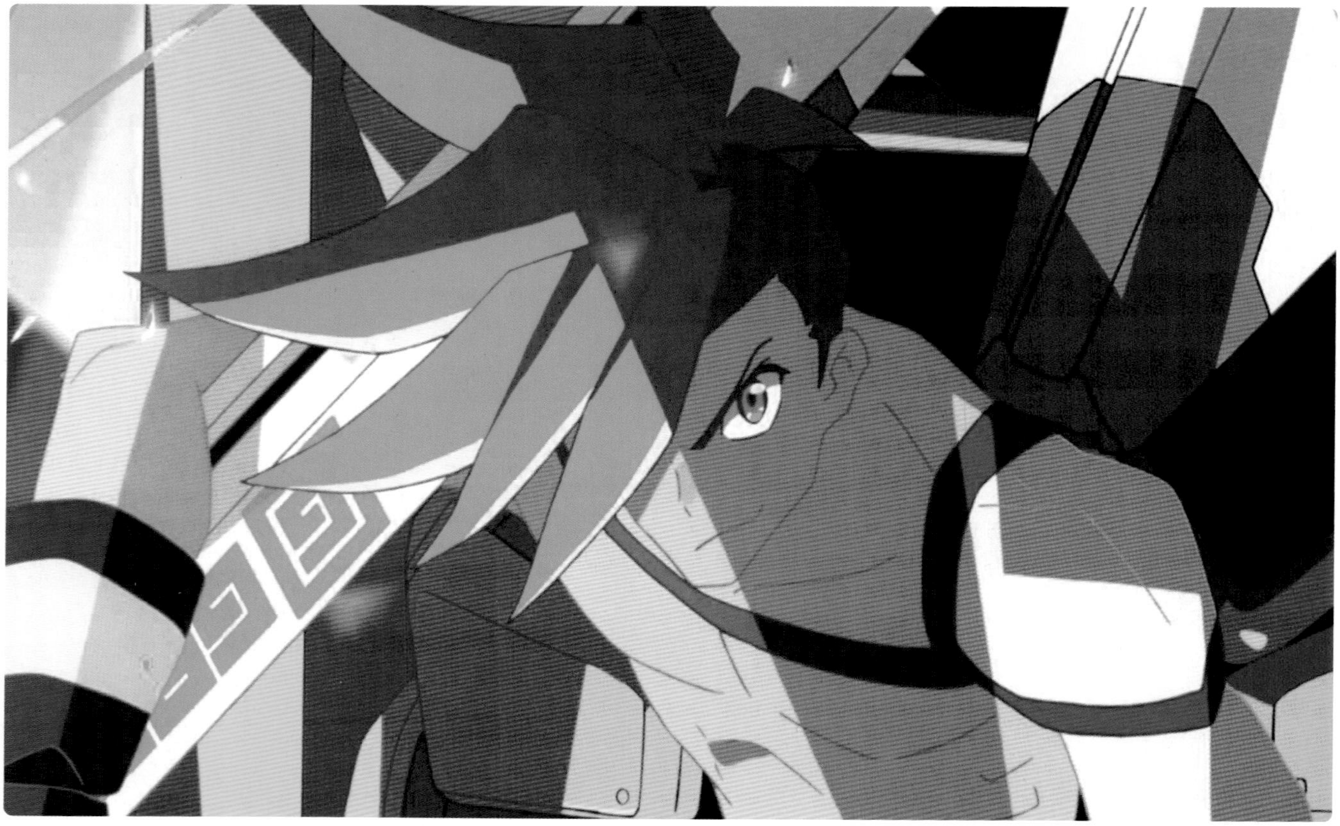

上：從稜角分明的都市景觀到充滿活力與想像力的機甲裝，《普羅米亞》的色彩豐富且創意十足。

下：主角加洛．提莫斯是「烈焰救火隊」最熱血的新成員，深信只要燃燒自己的靈魂就能撲滅一切烈火。

影評：《普羅米亞》

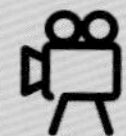

在普羅米亞的世界裡，即使是一絲絲的興奮，都可能讓一些市民因情緒能量的火花，而立刻起火燃燒。倘若這件事真的發生在觀眾身上，那麼在電影開場的頭幾秒裡，電影院就會立刻陷入火海。今石洋之的電影有著絢爛的色彩、震耳欲聾的音樂及熾烈的動能，幾乎能讓所有觀眾立刻原地起身，拍熄身上的火。

該片的敘事主要是為了銜接動作場景，其主題圍繞著「烈焰救火隊」而展開。這是一支試圖阻止以縱火為樂的恐怖分子的消防隊，而加洛·提莫斯是該消防隊的新進成員，急性子且時常鬧笑話。儘管簡單的情節有時會解釋太多，有點無聊，但我們知道隨時會出現更華麗的縱火場景，讓一切的容忍都值得了。

肩負著捍衛那時髦而有稜有角世界的責任（一個潔淨明亮而充滿幾何形狀的都市），「烈焰救火隊」與無政府主義縱火份子展開激烈的對抗。發生在井然有序世界中的爆炸，不僅震撼力十足，而且令人心滿意足，被火光與殘骸映照的城市宛如紫色的烈焰金字塔，每一場騷動都同步伴隨著撕裂的吉他哀鳴。

但整部片也不全是打架、擺擺姿勢或情緒高昂得恰到好處的刺激場景。在灰燼殘景間出現零碎的故事片段，刻劃出一個意外深沉、涉及政治的劇情，檢驗著國家宣傳機器、法西斯主義與菁英權力架構。能製造爆炸的人被稱為「燃燒者」，而他們也是遭受排擠的一群。他們受到法西斯社會的迫害，這個法西斯社會厭惡一切與燃燒者相關的事物，並想盡辦法將他們丟進牢裡。最令人震驚的是，主角幾乎從頭到尾都在協助這件事的發生。

《普羅米亞》逐步揭露政府的行動所造成的傷害，遠比其阻止的暴行來得深，也揭露在極端愛國主義的蒙蔽下，人們如何輕易地成為壓迫結構的共犯。故事將視角轉向恐怖份子，讓他們從最初的基本教義派變成自由鬥士，也成了加洛最後的選擇。隨著資本主義而產生的貪婪，導致地球生態浩劫的到來，於是加洛與昔日敵手合作，試圖力挽狂瀾並拯救世界。人們找到火與水之間的平衡，解決了地球的危機，而人與人之間親密的情感連結，是足以改變世界的。

儘管本質上《普羅米亞》是大場面的作品，但在許多令人愉悅的元素之外，更增添了令人驚訝的社會政治性與情感的複雜度。這是一部令人屏息而炫麗的動畫，即使在演職員表跑完後，觀眾內心的激動仍久久難以平息。

下：結合了數位與手繪技巧，《普羅米亞》吸睛的動作場景絢爛奪目，而且獨樹一格。

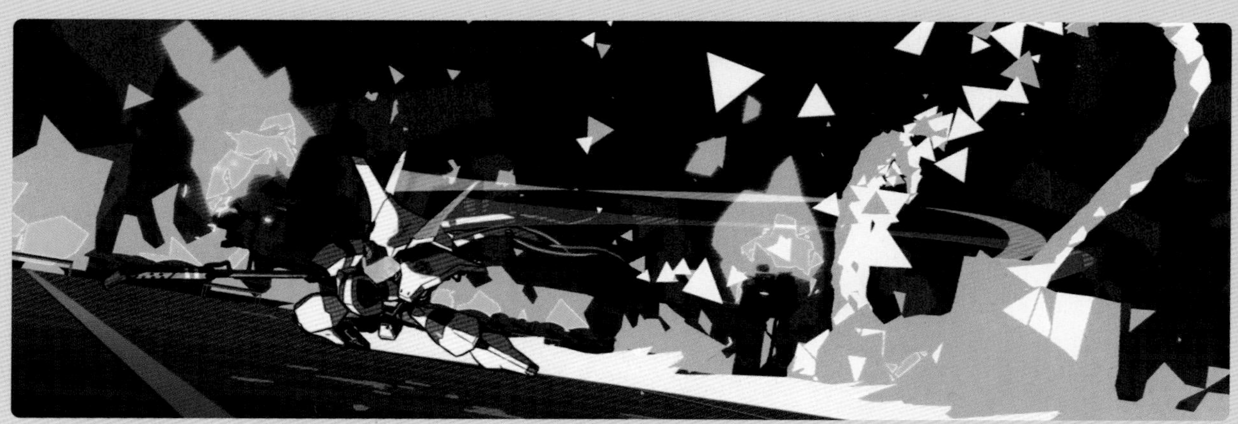

《搖滾吧！中二樂團》
（音楽，2019）

ON-GAKU: OUR SOUND
DIY ANIME

DIY 動畫

三名高中不良少年心血來潮地放棄不良的生活方式，決定組樂團——但他們只有兩個鼓、兩把貝斯，音樂天賦更是零。

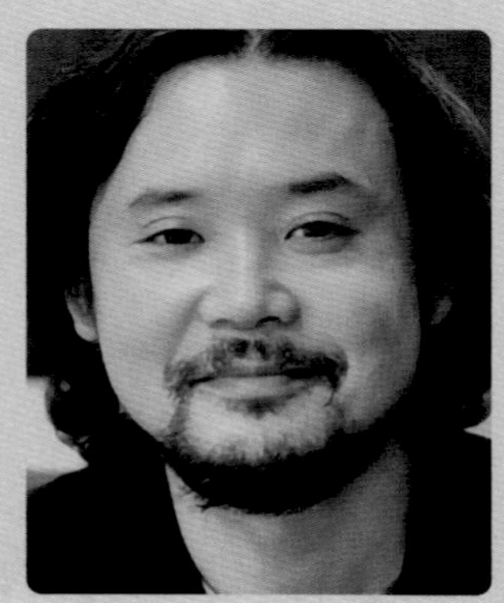

2019

導演：岩井澤健治 Kenji Iwaisawa

71 分鐘

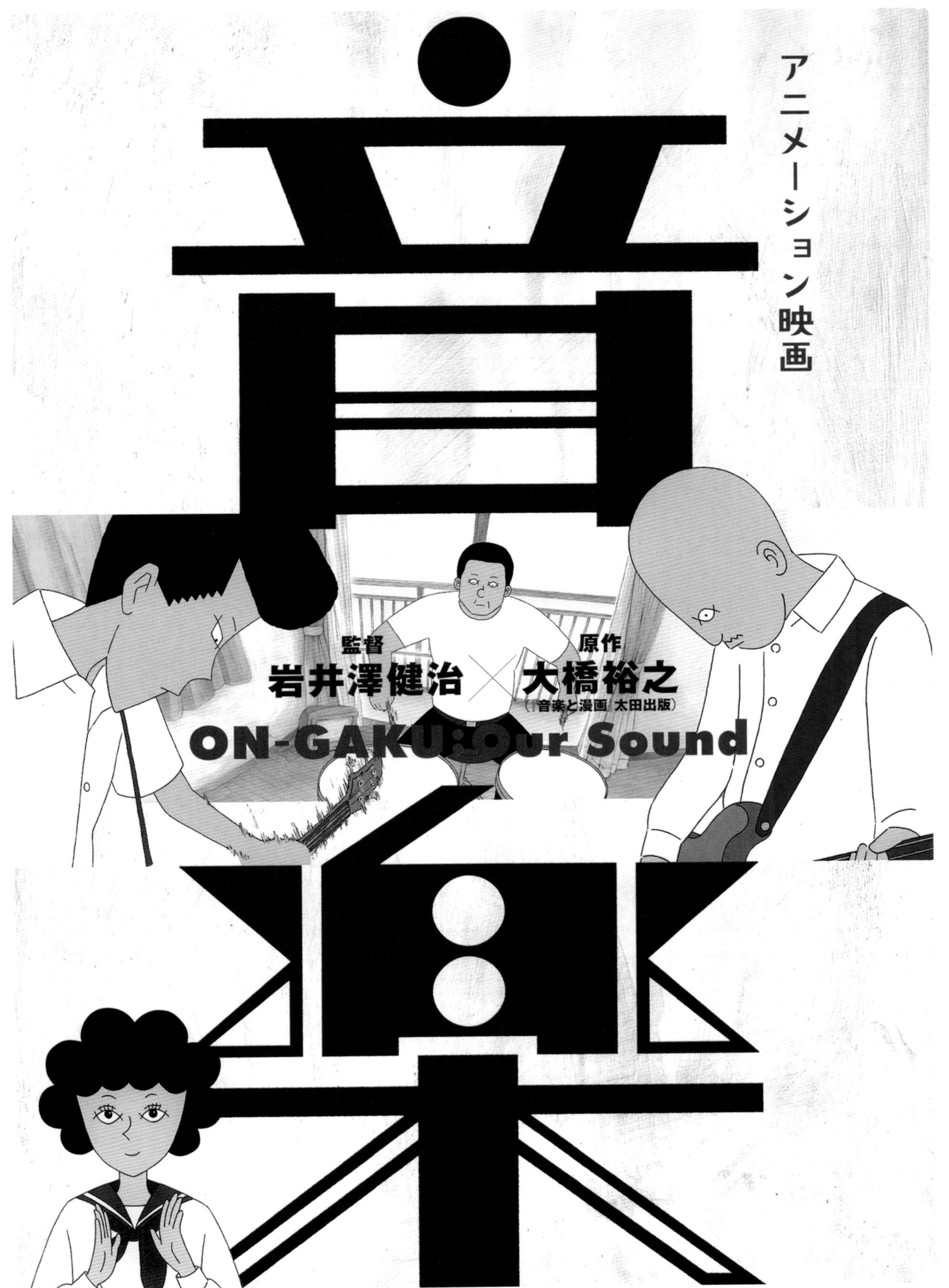
アニメーション映画
音楽
監督
岩井澤健治
原作
大橋裕之
（音楽と漫画 太田出版）
ON-GAKU: Our Sound

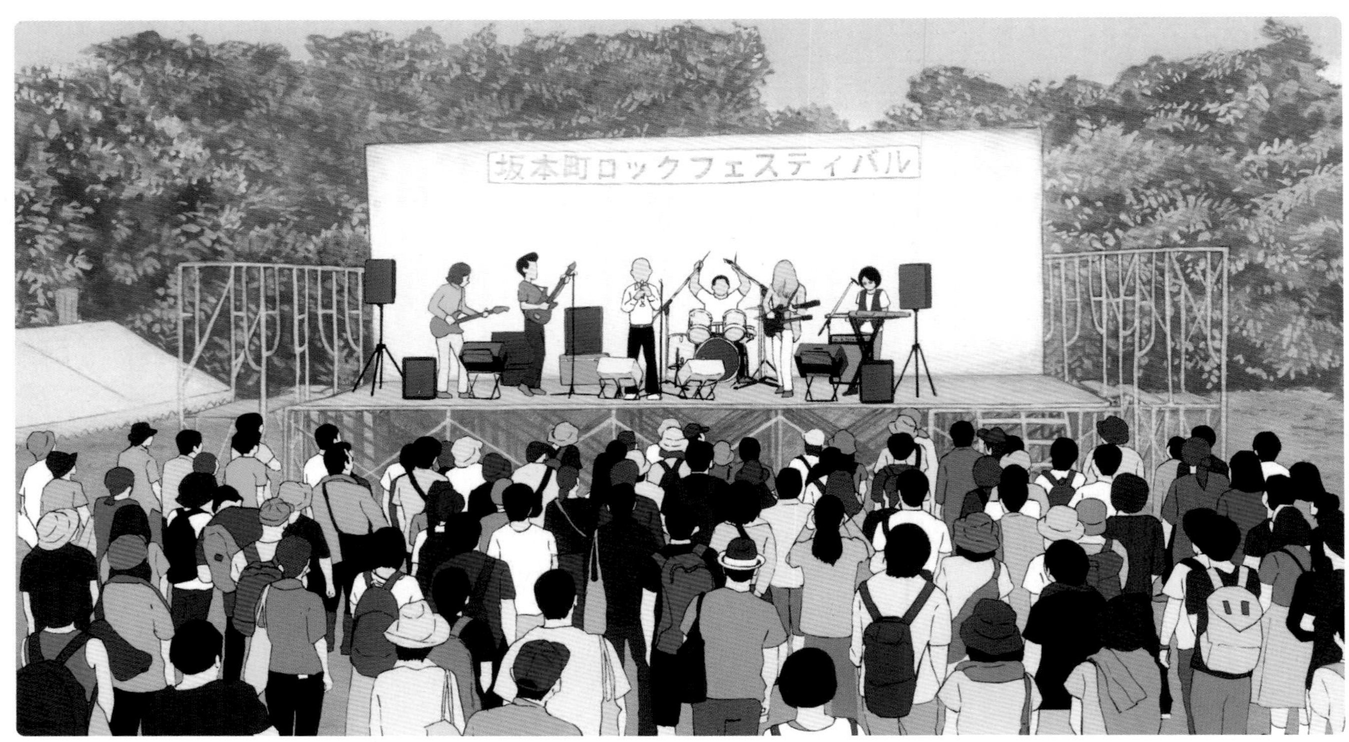

本書中幾乎其他影片都是一整組由全世界技術高超的藝術家與動畫師合作的作品。但這部片不是喔。

導演岩井澤健治坦承，《搖滾吧！中二樂團》是一部靠「努力與勇氣」驅動的製作。電影的製作時間超過七年半，超級迷你的預算來自借錢、存款、群眾集資與打零工；據說此片預算僅有標準動畫長片的十分之一。《搖滾吧！中二樂團》是一部純真、獨立的電影作品；基本上，近四萬張手繪圖稿全由導演一手包辦，另有一小組透過社群媒體號召來的動畫迷與業餘者加入協助。「就是一群完全沒有製作動畫經驗的人。」導演岩井澤健治在電影的新聞稿裡寫道，「在我們的團隊裡，幾乎沒有任何專業的動畫師。」

岩井澤健治生於 1981 年，他是獨立導演的典範。高中畢業後，他成為傳奇日本 cult 片導演石井輝男的徒弟；在參與電影製作的同時，也一邊進行自己的短片，包含動畫短片。對岩井澤健治來說，要獨立製作長片的挑戰可說是極致的困難；最終他選擇改編大橋裕之的獨立漫畫作品，開始了《搖滾吧！中二樂團》的計畫。為解決動畫拍攝知識匱乏的問題，岩井澤健治選擇將真人動作錄影下來，再進行動態捕捉與動畫化，並使用「轉描」（rotoscoping）的技術將作品風格化與超真實化。這種技術偶爾會運用在動畫中，但由於過度耗時，導演往往不會如此全面地進行轉描工作，但岩井澤健治卻有此意。「我沒有預算，」他解釋，「因此我準備以時間來換取，不論多久都可以。」

這種土炮的做法與本片主題相當一致——自學的動畫家描繪一群自學的樂團樂手，他們都在尋找自己的聲音，並企圖在過程中創造新鮮、另類又特別的作品。《搖滾吧！中二樂團》在全球巡迴播映，首先在渥太華、倫敦與鹿特丹的影展首映，在 2020、2021 年疫情期間，依然獲得一面倒的好評。在日本，此片被每日電影獎提名為最佳動畫電影，與其他商業大片共同競爭，包括打破紀錄的《鬼滅之刃劇場版：無限列車篇》。結果本片得到大藤信郎獎，該獎項一向支持更為實驗、獨立與藝術性的動畫，讓《搖滾吧！中二樂團》與過往傑出的受獎影片同享榮耀——包括《心靈遊戲》、《惡童當街》、湯淺政明的《宣告黎明的露之歌》，與山田尚子的《利茲與青鳥》。

上：搖滾學校。《搖滾吧！中二樂團》描述失敗者的音樂夢。

右頁上：動畫呼叫。《搖滾吧！中二樂團》向許多經典唱片封面致敬；譬如這個畫面就是向衝擊合唱團的《倫敦呼叫》致意。

右頁下：混混們的爭吵。研二與一幫不良少年對峙，結果出現意想不到的轉折。

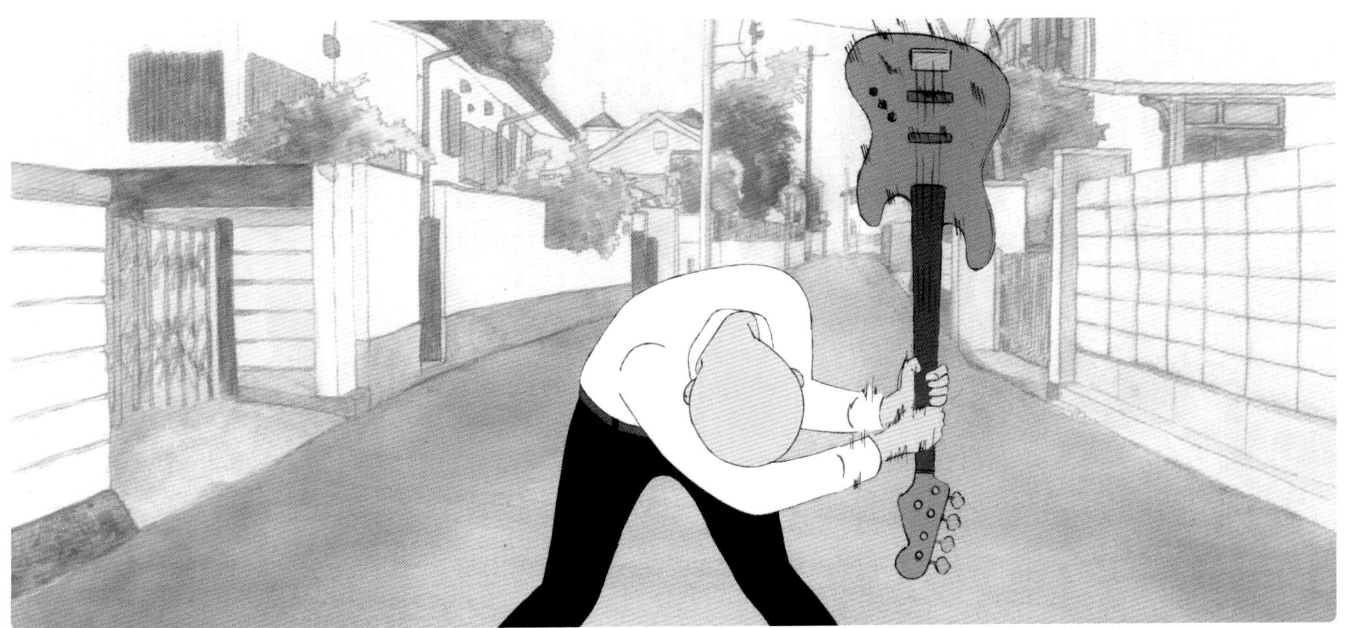

延伸觀影

如果你想再次感受具感染力的音樂能量，絕對不要錯過京都動畫精彩的動畫系列《K-On ！輕音部》，該片講述四個高中女生組樂團的故事。不過，為了更貼近《搖滾吧！中二樂團》滿滿彩蛋的精神，觀眾不妨聽聽電影中致敬的搖滾專輯：衝擊合唱團（The Clash）的《倫敦呼叫》（*London Calling*）、披頭四的《艾比路》（*Abbey Road*）、麥可．歐菲德（Mike Oldfield）的《管鐘》（*Tubular Bells*）、深紅之王（King Crimson）的《深紅之王的宮殿》（*In the Court of the Crimson King*），並跟隨著平克佛洛伊德（Pink Floyd）、誰合唱團（The Who）、齊柏林飛船（Led Zeppelin）和愛默生、雷克與帕瑪（Emerson, Lake & Palmer）搖頭擺腦。這絕對是任何想玩樂團的人最佳音樂清單。

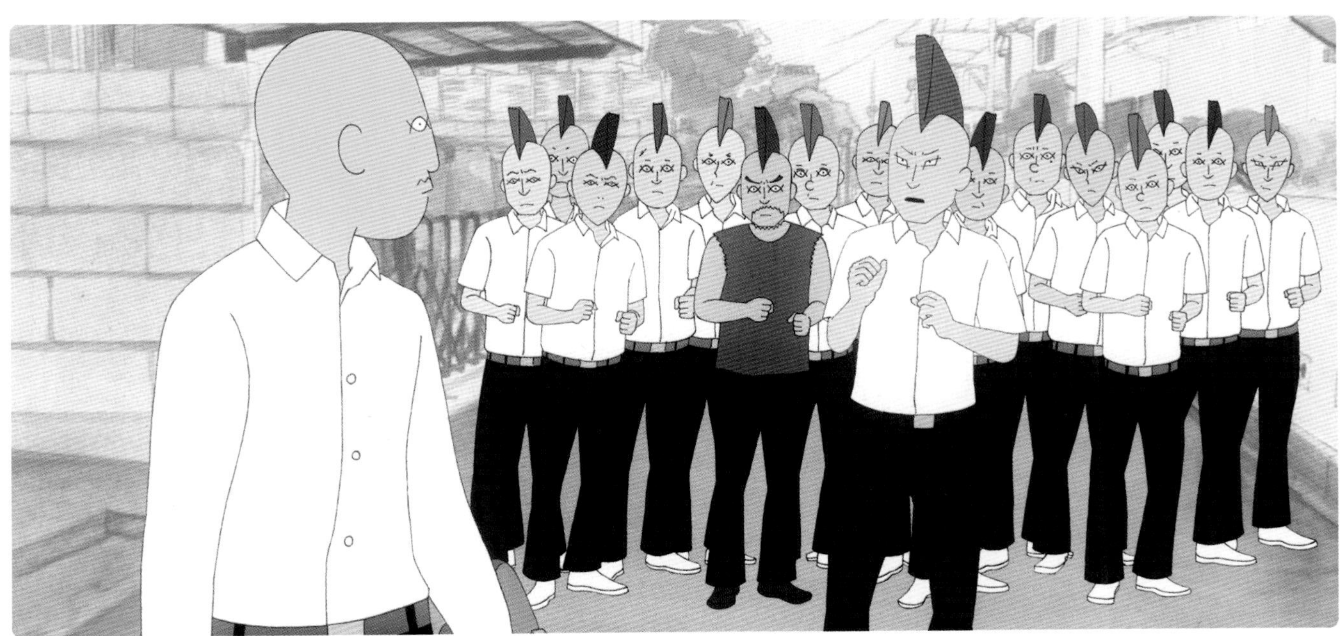

影評：《搖滾吧！中二樂團》

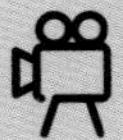

《搖滾吧！中二樂團》故事裡滿滿的前衛老團指南，可以讓人深入挖掘，但很可能會變成排他性高、只容許資深樂迷自嗨的電影。幸運的是，即使你沒聽過麥可．歐菲德或平克佛洛伊德，也無礙於你衝到前排搖滾區、邊尖叫邊享受這部片。就和它所崇拜的音樂一樣，這部電影節奏歡快、動人且一團混亂，不過它永遠都在自己的節奏裡完美搖擺。不良學生研二、太田、朝倉穿越眾多經典樂團的生命旅程；在電影短短的 71 分鐘裡，他們成立樂團，天真地開始彈奏，接著得到許多迷幻的靈感、解散樂團，最後又光榮回歸。

當暴力的研二（顯然他的「通心粉拳」似乎很厲害）意外獲得一把貝斯後，雖然他沒有任何音樂基礎，但他仍決定與另外兩個毫無經驗的朋友共組樂團：「古武術」樂團。他們不知道自己在做什麼，也不知道怎麼玩樂團，但重點是，他們很喜歡。這三人組有兩個貝斯手與一個鼓手，他們瘋狂地演奏他們的樂器。雖然如此極簡重複的節奏聽起來有點門外漢，但對他們熱愛音樂的同學森田和森田的樂團來說已經夠棒了。雖然森田他們彈的是充滿想望、用手指撩撥的民歌，與古武術樂團的後搖滾美學格格不入，但這兩群人欣賞並擁抱對方的風格。

《搖滾吧！中二樂團》裡的臉孔由乾淨的橢圓形、三角形與正方形所組成，讓角色們有種純真的氣質。電影背景是一片溫暖而簡單的水彩繪圖，人物的服裝顏色也相當清淡，當對的音樂進來時，整個世界就變了。在他們聆聽彼此的音樂時，背景轉變為經典專輯封面的拼貼動畫，天空則變成分體式上墨（split-fount inking）般的漸層彩虹色，角色也飛躍在閃閃發光的大浪之上，其身形從濃厚的色彩變成混亂筆法的鉛筆畫；這就是音樂的魔力啊。在《搖滾吧！中二樂團》中，令人耳目一新的是，熱情絕對比技術重要。對電影中的人物來說，真正讓他們心靈震撼的不見得是歌曲的豐富細節，而是音樂彈

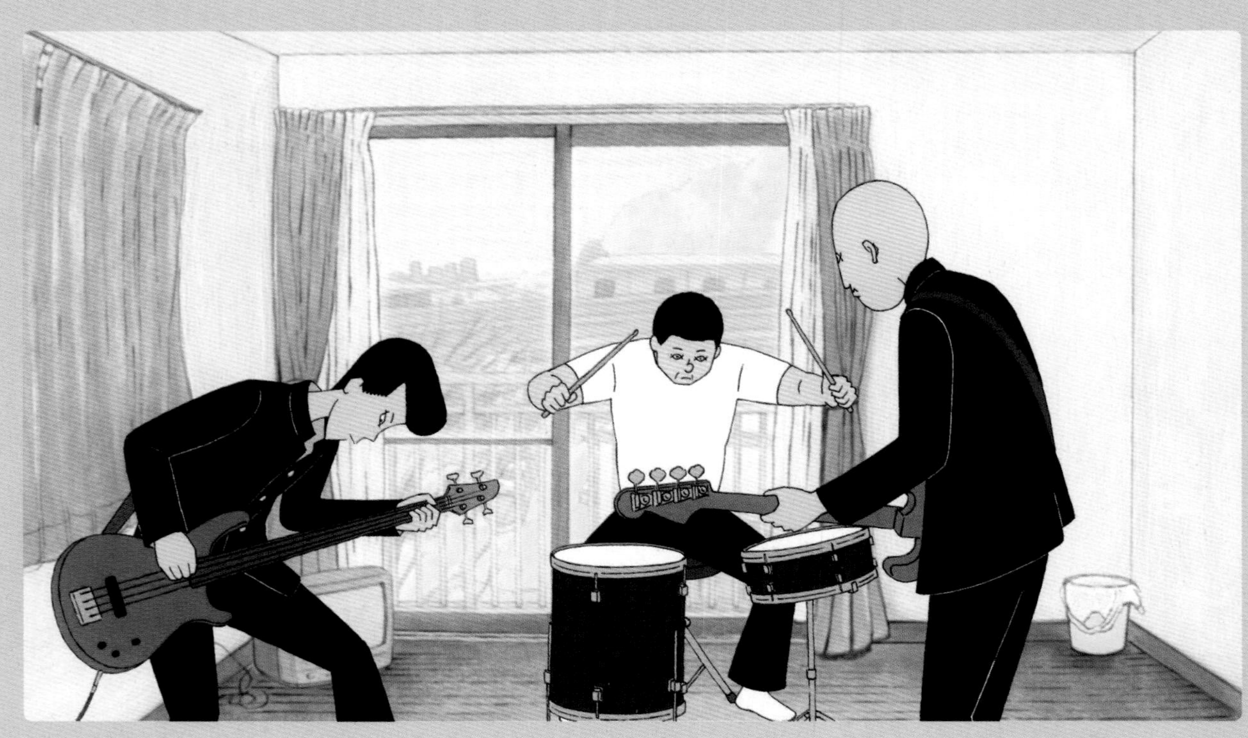

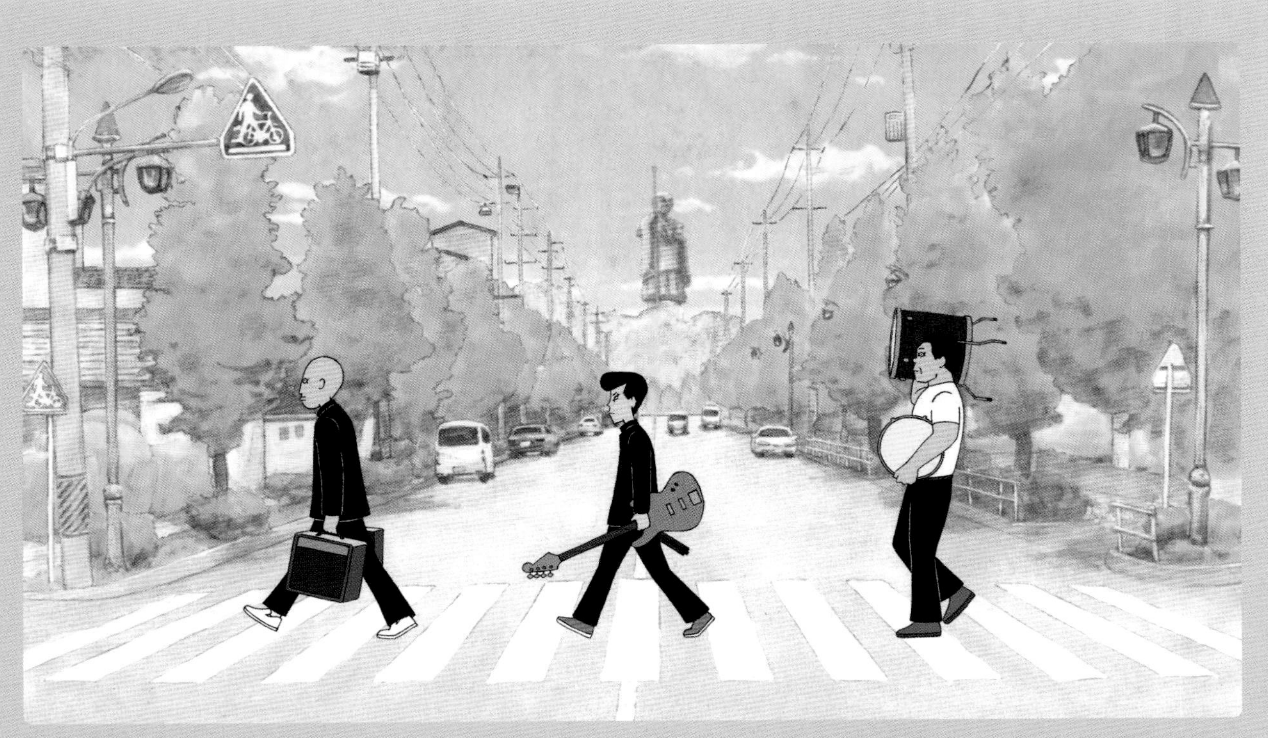

奏時的強度與熱情：這部片談的不只是愛音樂，更是愛這種對音樂的熱愛。

除了歡快、活潑的音樂合唱，《搖滾吧！中二樂團》也運用恰到好處的搞笑，來配合絕妙的音樂節奏。研二的聲優由迷幻搖滾主唱坂本慎太郎演出，他以滑稽而莊嚴的方式詮釋研二這個面無表情且好笑的人物，而且有著奇怪、拉長的停頓感與莫名可愛的動作，還有類似《發條橘子》主角艾力克斯．德拉基（Alex DeLarge）令人不安的大眼睛，那雙眼睛似乎在尋找哲學的意義，但十足空洞，感覺像是可以帶入任何情感，卻又為每一場戲帶來好笑的尷尬。這些漫長、令人不適的安靜時刻和鬧劇般的節奏，與不時穿插的老爵士風格的班尼．希爾（Benny Hill，譯按：英國喜劇演員）式的追逐戲完美合拍，讓這部片成為完美的喜劇交響樂。

儘管《搖滾吧！中二樂團》有種種特色，但其實影片的情感核心相當溫柔、善良，就是把音樂當作交流的工具。影片中的角色多半不太會口語表達，但他們可以藉由歌曲更深入彼此的心靈，更勝任何語言。音樂成為這些邊緣人的家，只要任何人有一點好奇心，就可以進入這扇大門。研二對待音樂的 DIY 態度，與本片導演暨動畫師岩井澤健治一樣；他的努力使這部電影得以誕生，岩井說故事的技巧及對作品不懈的投入，實在鼓舞人心。當你看完這部極具感染力的電影，也想開始找人組團時，你就知道是誰害的。

左頁：練習可臻至完美。《搖滾吧！中二樂團》完美捕捉少年們第一次玩音樂時，懵懂又隨興的感覺。

上：一起玩。電影裡這個樂團重現了披頭四《艾比路》的專輯封面。

右：樂團回歸。研二以搖滾之神的風格抵達現場，風靡全場。

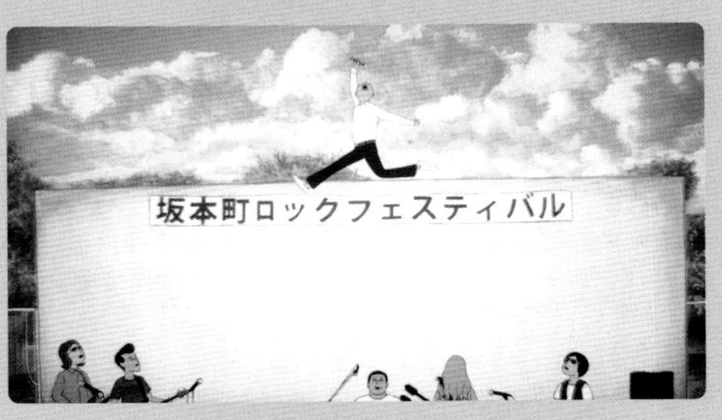

《龍與雀斑公主》
（竜とそばかすの姫, 2021）

BELLE
A NEW REALITY FOR A FAIRY TALE FAVOURITE

最受歡迎的童話全新版本

當害羞的少女加入廣大的虛擬世界「U」時，她變身為迷人的流行天后貝兒。她的歌曲吸引數十億的網友。不過，她的網路名氣是有代價的，導致她與虛擬世界中最神秘的網友「野獸」發生衝突。

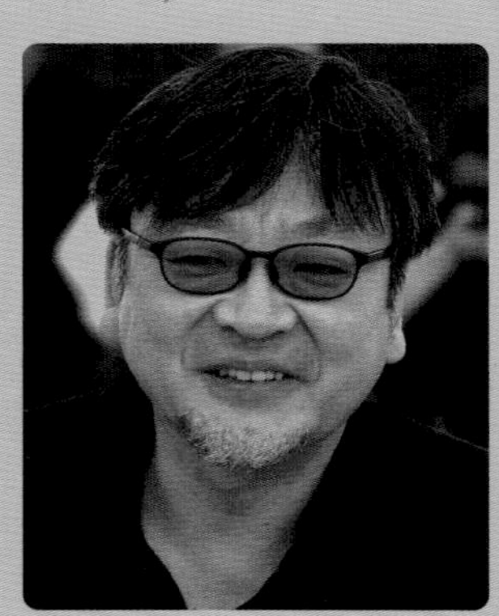

2021

導演：細田守 Mamoru Hosoda

121 分鐘

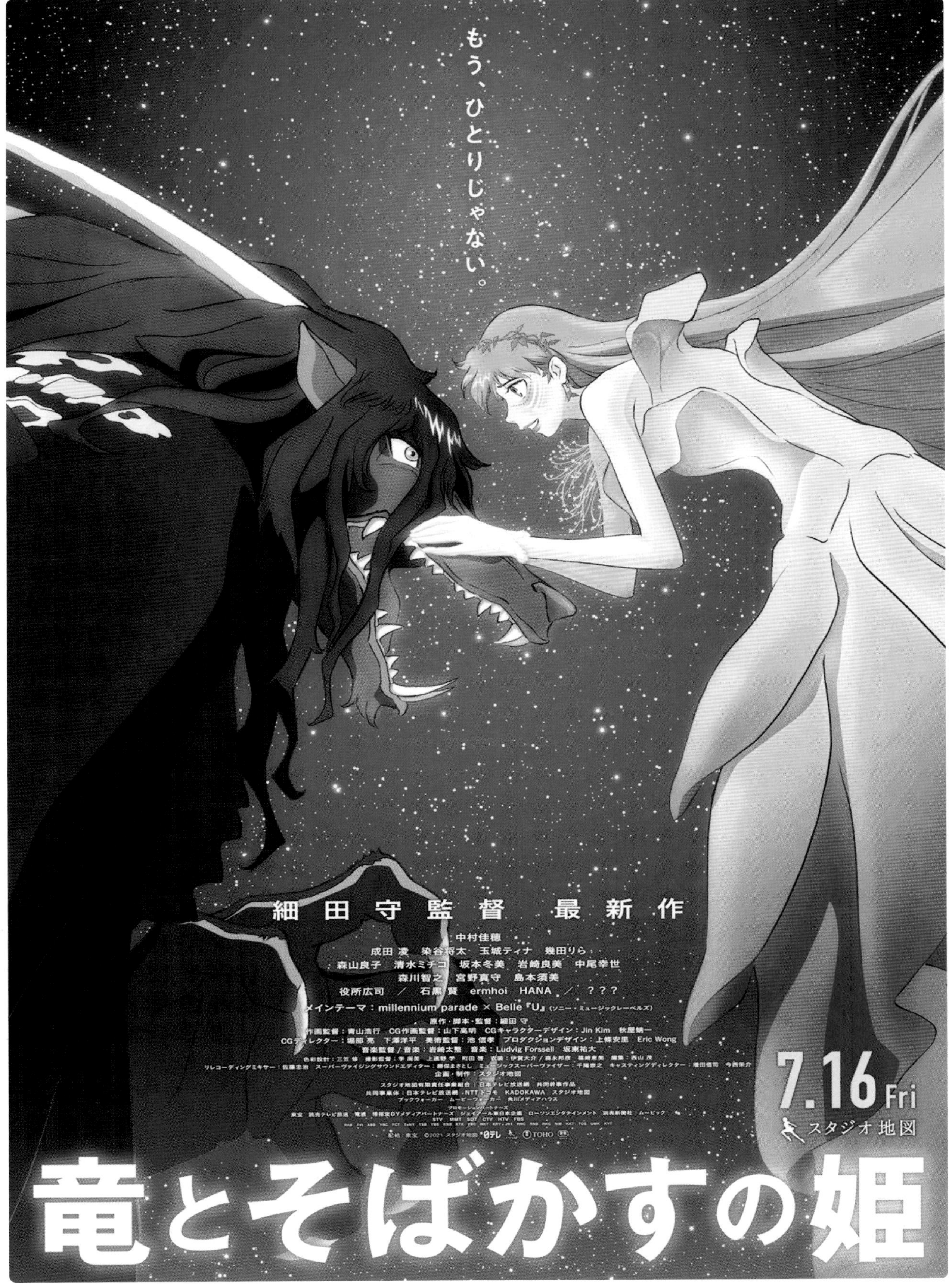
もう、ひとりじゃない。
細田守監督 最新作
中村佳穂
成田 凌 染谷将太 玉城ティナ 幾田りら
森山良子 清水ミチコ 坂本冬美 岩崎良美 中尾幸世
森川智之 宮野真守 島本須美
役所広司 ／ 石黒 賢 ermhoi HANA ／ ？？？
メインテーマ：millennium parade × Belle『U』
原作・脚本・監督：細田 守
音楽監督／音楽：岩崎太整 音楽：Ludvig Forssell 坂東祐大
企画・制作：スタジオ地図
7.16 Fri
スタジオ地図
竜とそばかすの姫

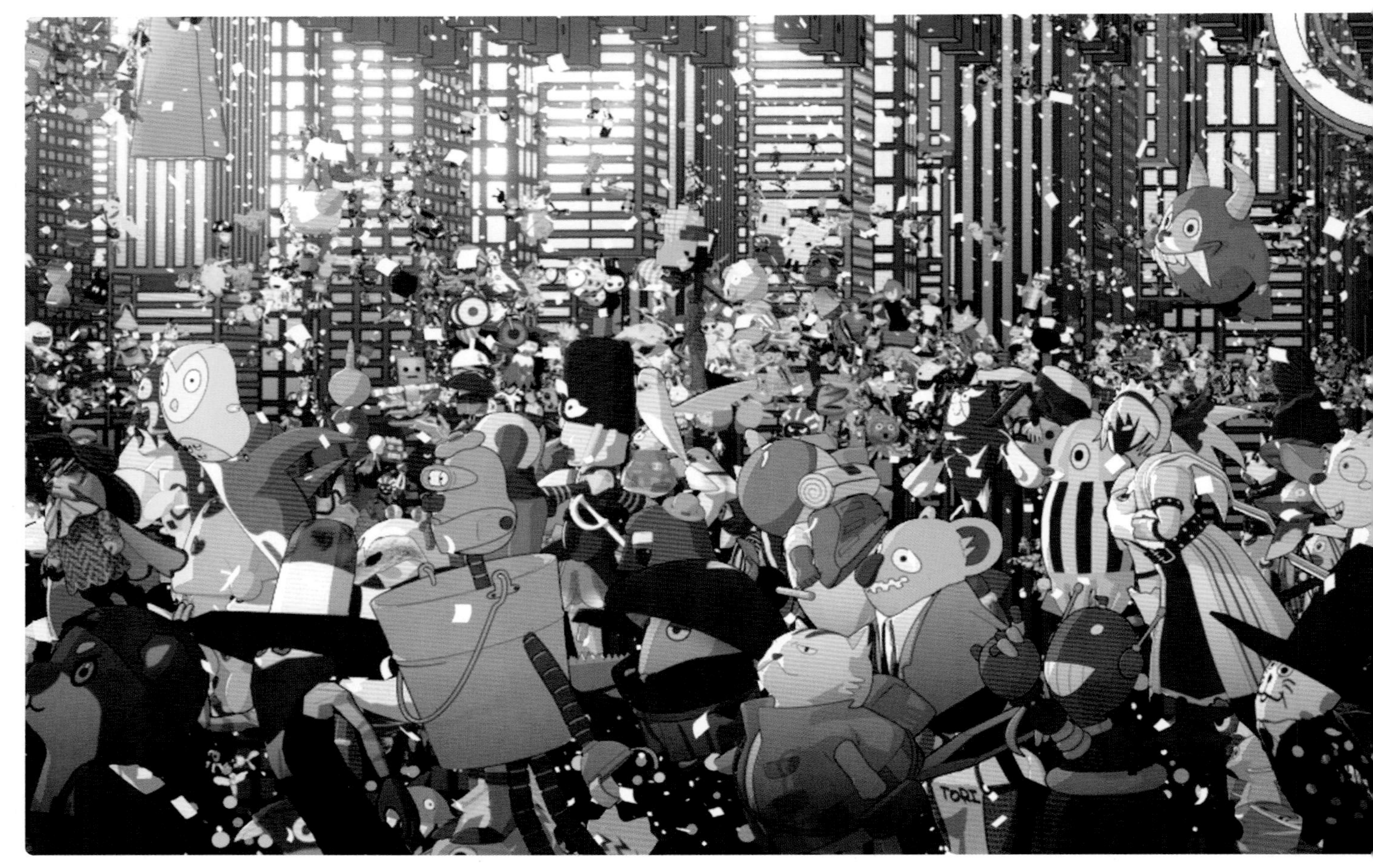

有個問題肯定會引起任何日本動畫迷的激烈辯論，那就是：「誰是下一個宮崎駿？」這個問題太難回答了，因為宮崎駿無論在才華、機運和能力上都是獨一無二的。不過，確實有幾個名字會浮上心頭，而電影創作者也不免為此感到焦心。

其中一人是細田守，他比大多數人都更符合這個要求，因為曾經在短時間內，無論是出於何種意圖和目的，他在 2000 年代初被指定為下一個宮崎駿，擔任吉卜力工作室下一部長片《霍爾的移動城堡》的導演。但最後宮崎駿放棄退休計畫，取代了細田守，也讓動畫更形豐富。或許我們可以揣想細田守若擔任導演，《霍爾的移動城堡》會如何不同，但我們也可享受更為獨立的細田守所帶來的美好作品。

細田守出生於 1967 年，和宮崎駿的兒子宮崎吾朗同年。細田來自與日本動畫一起成長的世代，他回憶曾在 1979 年到電影院觀賞兩部動畫作品，那就是宮崎駿的《魯邦三世：卡里奧斯特羅城》與林重行改編自松本零士漫畫的《銀河鐵道 999》，這兩部片激發了細田守的導演夢，也讓細田守有強烈的感覺，那就是他想當電影導演，而非動畫師。他向我們表示：

「當你在動畫產業工作時，其他人常會問……你想畫漫畫嗎？或者，你想去電視台工作嗎？但這不是我想要的。我要的是電影。每部電影就是導演創造的獨特世界。而我一直想創造人們會在電影院看的東西。」

細田守也深受真人電影導演的啟發，自學生時代開始，他就深受黑澤明與西班牙藝術電影大師維克多．艾里斯（Víctor Erice）的影響。兩人在產量上有極大的差異（黑澤明相當多產，艾里斯作品數量稀少），讓他更深刻理解導演透過不同作品所表現的整體質地。

細田守花了很長的時間才開始自己的電影導演生涯。在他職業生涯初期，他應徵吉卜力工作室的初階工作，但被宮崎駿拒絕了，宮崎駿鼓勵他在其他地方磨練自己的技能。因此，他在東映動畫工作了幾年，從中間格動畫師一直攀升到主鏡動畫師，並參與許多作品的製作，包括《七龍珠 Z》、《美少女戰士》等。

在 1992 年職業生涯初期，細田守曾考慮徹底放棄動畫，因為長時間的工作、高強度的工作內容和微薄的薪水讓他筋疲力盡。但是，當他再次走進戲院後，終

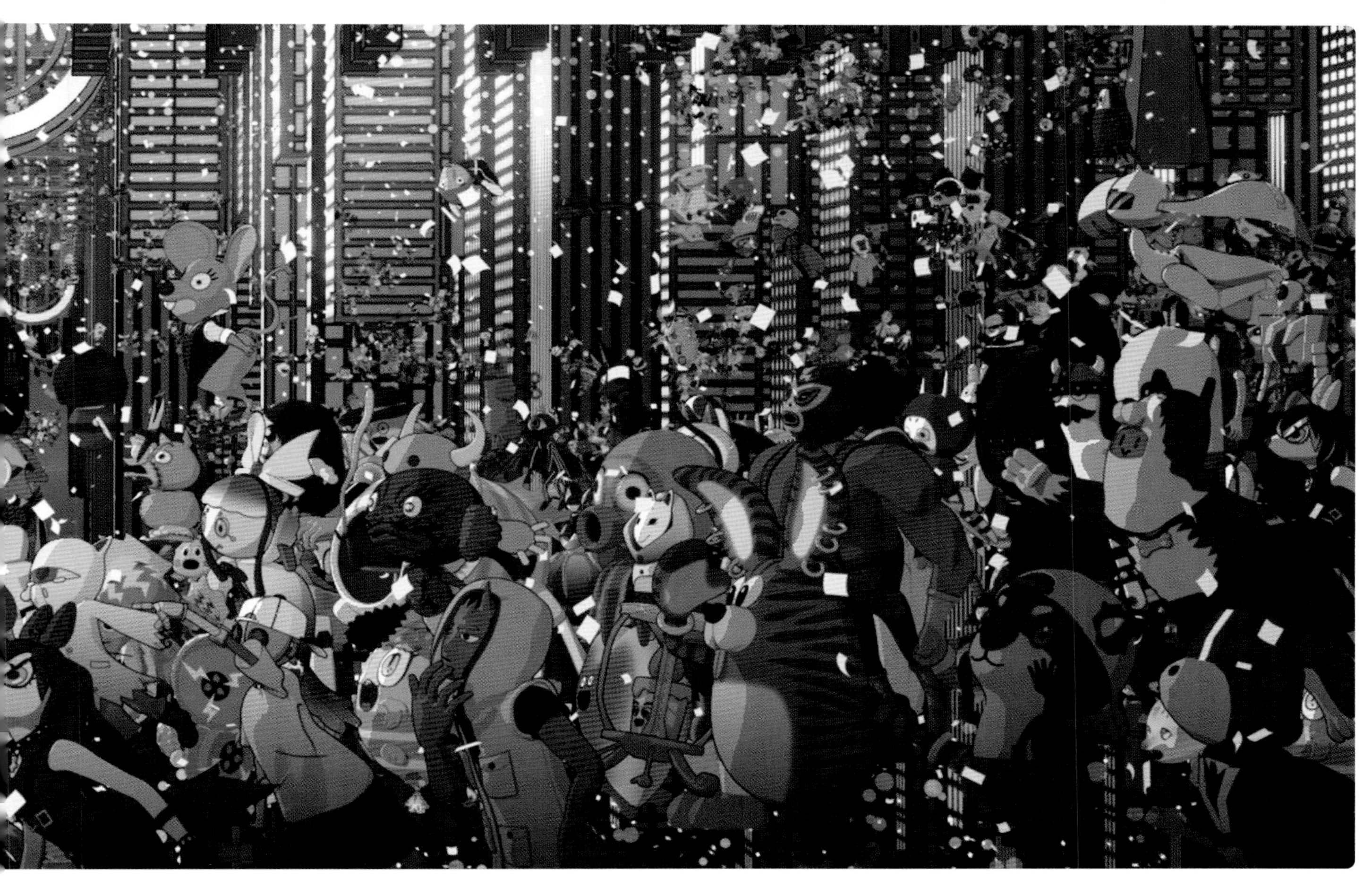

於重新振作了起來。1993 年，迪士尼的《美女與野獸》（*Beauty and the Beast*）在日本上映，細田守特別著迷於格倫·基恩的角色動畫。這不僅讓他重新振作，還種下了一顆種子；將近 30 年後，他改編《美女與野獸》童話故事，製作了《龍與雀斑公主》。

不過，在此之前他得先坐坐導演椅才行；最後細田守成為東映動畫公司兩個長青熱門系列《數碼寶貝》和《航海王》的導演。接著，他跳槽到 MADHOUSE，離開動畫連載作品，並執導廣受喜愛的《跳躍吧！時空少女》和《夏日大作戰》。這兩部電影開啟了他一連串在日本電影學院「最佳動畫獎」的得獎記錄。

2011 年 4 月，他恢復獨立之身，與製片人齋藤優一郎共同打造地圖工作室。工作室命名為地圖，代表細田守有野心想在動畫界開拓未知的領域。之後他陸續推出《狼的孩子雨和雪》、《怪物的孩子》和《未來的未來》，每部作品都反映細田守對於父母這個角色的持續興趣。一開始，他以局外人的眼光看待當父母這件事，接著，隨著自己的小孩長大，他也慢慢有了體會。

細田守早已是粉絲圈和業界的出名人物，2018 年

上：數十億人。虛擬世界「U」是細田守第三次嘗試將虛擬實境帶到銀幕的作品。

卡通沙龍

當我們談「下一個宮崎駿」時，或許我們尋找的方向一直是錯的。愛爾蘭基爾肯尼的卡通沙龍（Cartoon Saloon）是當代動畫中最傑出的工作室之一，他們擅長將民間傳說與獨特且炫目的動畫技巧相結合。他們的作品從家鄉的地景、口傳故事和藝術史中汲取靈感，例如《凱爾斯的秘密》（*The Secret of Kells*）和《海洋幻想曲》（*Song of the Sea*）等動畫長片。當細田守與卡通沙龍合作時，的確毫無違和感，畢竟 2020 年卡通沙龍推出的《狼行者》（*Wolfwalkers*），就與細田守的《狼的孩子雨和雪》有著許多共同的主題線索。

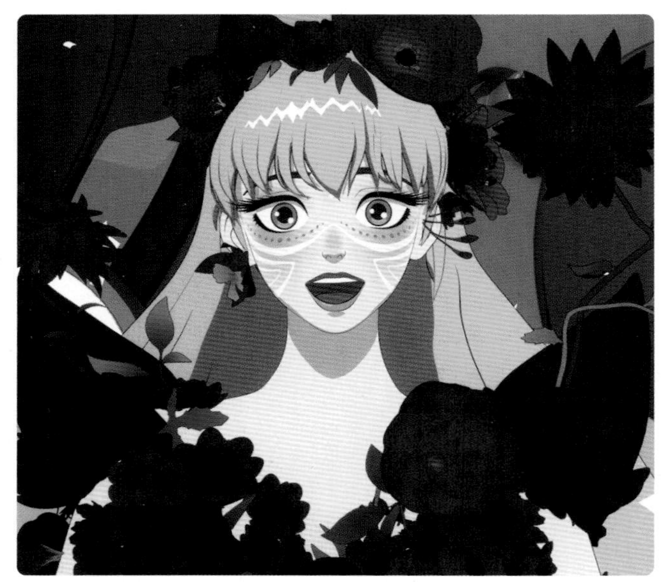

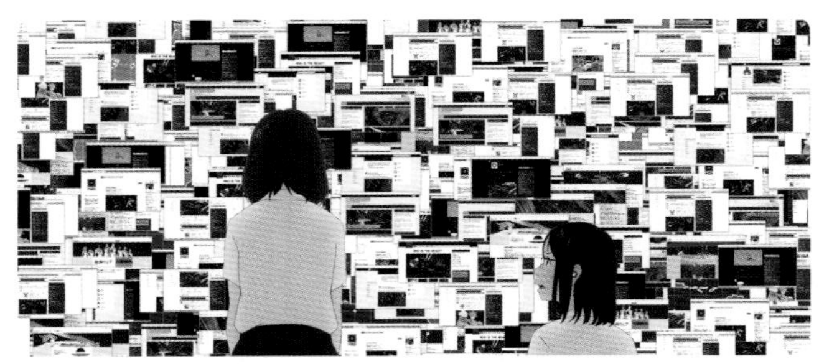

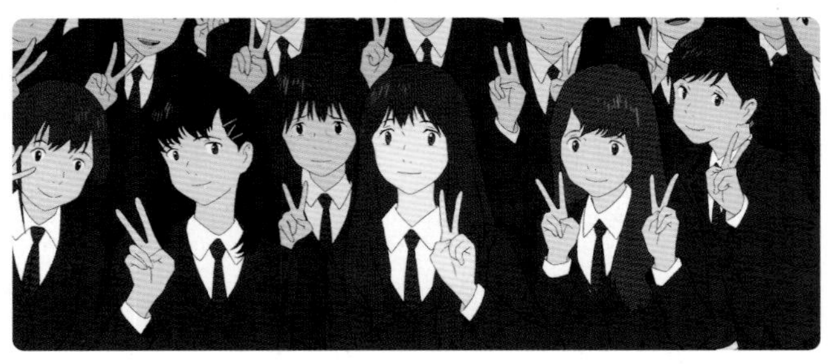

左上：《龍與雀斑公主》的角色設計是迪士尼傳奇人物金相鎮，他創造了社群媒體時代的女神。

右上：令人討厭的彈跳視窗。在《龍與雀斑公主》裡，虛擬生活的焦慮在銀幕上以極具想像力的方式爆發出來。

右下：然而，細田守從未忘記「線上」和「實體」世界是密不可分的，我們的希望和恐懼在兩者之間交織著。

他的《未來的未來》在坎城影展導演雙週單元首映，隔年又被奧斯卡提名，這是首部不是由吉卜力工作室製作的動畫電影獲得奧斯卡的提名。此榮耀讓他的聲望再度攀升。

細田守決定在他的下一部電影《龍與雀斑公主》中探索既熟悉又新鮮的主題，也就是回到深深啟發他的 1993 年電影《美女與野獸》，以其作為敘事框架，探討社群媒體對人們 2020 年代生活的影響，部分靈感來自他年幼的女兒與外界第一次焦慮的相遇。

「在幼稚園裡，她非常害羞、非常膽小……」他告訴我們。「我開始擔心了。當她長大後有了手機，就必須應對社群媒體，她會擔心別人對自己的看法，她該怎麼面對呢？」

細田守採取不尋常的做法，為了將《龍與雀斑公主》呈現在大銀幕上，他建立一支跨國團隊，有倫敦的美術指導艾瑞克．黃（Eric Wong）、洛杉磯的迪士尼傳奇角色設計師金相鎮〔作品有《魔髮奇緣》（*Tangled*）、《冰雪奇緣》（*Frozen*）、《魔法滿屋》（*Encanto*）〕、愛爾蘭基爾肯尼（Kilkenny）的湯姆．摩爾（Tomm Moore）、羅斯．史都華（Ross Stewart）及其在卡通沙龍工作室的團隊。後者為「U」數位世界中某些奇幻場景製作背景畫面。細田守說：「我不想只限於和日本人合作。這種國際化的合作模式在動畫領域中並不常見，但對我們這個互相連結、遠距工作的時代來說卻是完美的做法。現在我在全世界都可找到為我完成動畫的人，讓大家看看動畫的可能性。」

2021 年《龍與雀斑公主》入選坎城影展並舉行首映，首映後觀眾起立鼓掌久久不歇。回到日本後，這部電影成為細田守至今票房最佳的作品，也是當年票房第三高的電影。

延伸觀影

將《龍與雀斑公主》、《數碼寶貝：我們的戰爭遊戲！》和《夏日大作戰》一起觀賞，我們得到水準齊整的三部曲，這三部作品跨越 20 年，呈現細膩而私密的故事，描繪主角（以及當代社會）與網路技術的關係隨著時間發展而演變。然而，作為一名動畫導演，自《跳躍吧！時空少女》以來，細田守大部分的時間都致力於製作動畫長片，他的作品多彩多姿，累積了豐富的電影作品系列，從中可以看到他作為一位電影人、說故事的人和父親的成長過程。仔細觀察，你會發現這些電影都是獨具作者風格的作品。

影評：《龍與雀斑公主》

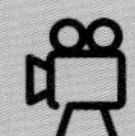

這是一個千年以來一直存在的故事，從法國的黑白電影到迪士尼動畫和 3D 真人版，《美女與野獸》的故事跨越不同的時代和媒介，其中細田守執導的《龍與雀斑公主》無疑是最好的改編版本。故事背景設定在閃耀的森林、迷人的虛擬實境世界、電腦螢幕前和餐桌上；細田守的電影充滿童話般的色彩，將魔法置於日常場所；在《龍與雀斑公主》電影中，魔法的吸引力、刺激和感人程度達到了巔峰。

作為一位網路經驗的質問者和支持者，細見守在 2000 年代的《數碼寶貝：我們的戰爭遊戲！》和 2009 年的動作片《夏日大作戰》中探索虛擬實境。在他較樸素的奇幻作品中也可找到替代現實的元素，例如 2012 年的《狼的孩子雨和雪》、2015 年的《怪物的孩子》和 2018 的《未來的未來》，這些電影探索人類與動物的混種，以及藏匿在我們世界之外的世界。《龍與雀斑公主》重新探索細田守長期鑽研的主題，故事聚焦在一位名叫鈴的十多歲女孩，生活在一個名為「U」的虛擬實境世界中，其中的虛擬化身代表潛意識中的個性。

在虛擬實境世界「U」中，熱愛音樂、純真的少女鈴因母親離世而內心受創。然而，她在這個世界裡成為流行天后貝兒，展現自己的才華。但一個兇猛野獸般的虛擬影像破壞了她的演唱會，打破她完美的體驗。鈴並沒有以暴力回應，反而在這個咆哮的身影中看到自己，並試圖幫助這個被稱為「龍」的生物。細田守將王子和野獸的雙重身分轉化為現實和虛擬人格的反映，將一個幾乎有三百年歷史的童話故事帶入「元宇宙」。

細田守的電影中不斷出現的雙重世界，確實令人有創新之感，但觀影體驗卻常讓人感到沮喪，他的藝術概念與角色的情感體驗脫離，沒有交織在一起。在《跳躍吧！時空少女》中，對時間旅行機制的關注削弱了對角色的關注。在《狼的孩子雨和雪》中，那訴說野生孩子個性的細密而謹慎的寓言，被一場意想不到的災難所扭曲，並淹沒了故事的親密性。《怪物的孩子》是以人類和動物共存的世界為背景，卻在電影的第三幕失去情感核心，而放棄了一個關於父子經歷的溫馨故事，轉而陷入城市毀滅的不安情緒當中。

《夏日大作戰》（這部片中也有虛擬世界）打破了這個狀態，它在迎接岳父、岳母和拯救世界的雙重末日之間找到甜蜜的緊張關係。在《夏日大作戰》中，宏觀和微觀之間的對稱性，以及個別敘事之間巧妙平衡的剪接，使災難片的推進與強烈的家庭情感融合在一起。《龍與雀斑公主》重訪這個半線上、半實體的場景，但將故事擴大到更大的範圍。虛擬現實世界「U」是一個充滿活力而吵雜的空間，這個無限延伸到遠方的飄浮線性城市，就像是由電腦主機板組成的火車車廂。相較之下，鈴的現實世界是一個觸感豐富、光滑而壓迫的迷宮，其中寫著密密麻麻清晰文字的白板和智慧型手機，反映了她破碎的身分。

儘管「U」的世界充滿各種可能性，《龍與雀斑公主》講述的是一個關於仁慈的簡單故事，以及網路如何成為培養仁慈的工具。雖然我們知道貝兒的另一個自我，但龍的現實身分是影片的謎團所在。在他的攻擊中，鈴看到自己的痛苦和恐懼，但也看到自己英勇的一面。在尋找龍的過程中，她發現他不是一頭野獸，而是一個沉默寡言的受虐者，保護其他人免受家庭暴力的傷害。試圖阻撓鈴的是高高在上、受企業贊助的虛擬警察組織，他們自封為「正義」。他們寧可恐嚇，而不是保護受害者，他們對網路的守門態度與狹隘的視野令人不滿。相較之下，鈴的英勇行為相當清新且極具共感的力量，是一個對抗網路文化的科技恐怖故事。

在《龍與雀斑公主》中，網路既是自我認可的空間，也是無邊界的社區，可以提供支持感。儘管「U」的視覺創意非常高明，從故障的哥德式城堡到飛天鯨魚都是，但關於網路最令人驚嘆的發現，是我們具有連結的能力。在這裡，細田守細心地平衡高概念和低概念，描繪出充滿希望的未來願景。在這裡，宇宙——無論是元宇宙或其他宇宙，以及情感，無論是虛擬的或其他形式，都是有效的，都同樣「真實」。

索引

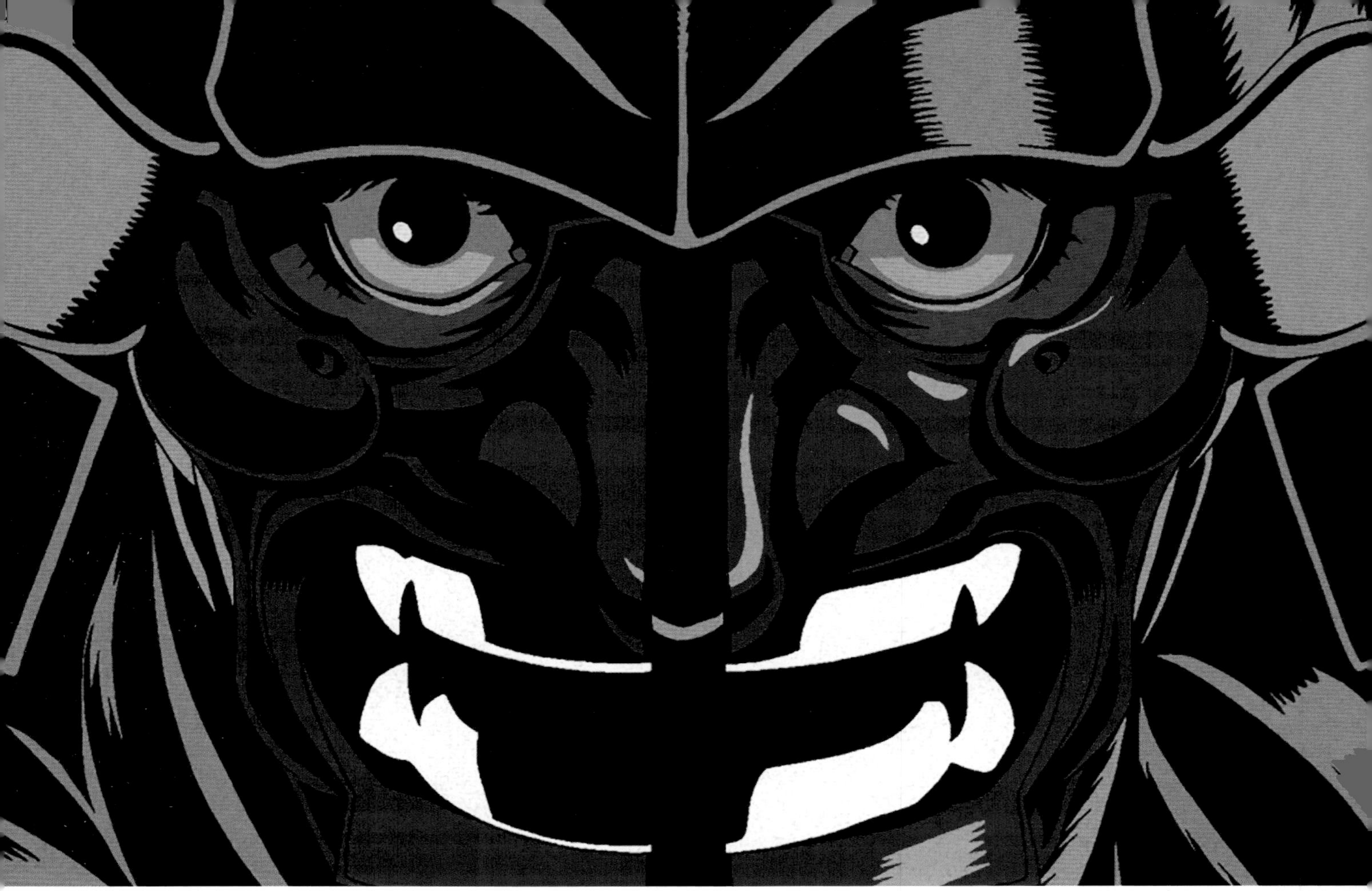

延伸閱讀

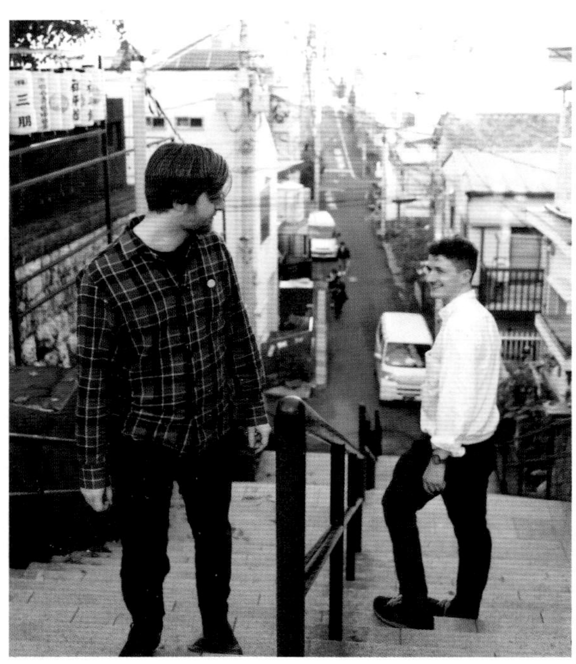

Clements, Jonathan. *Anime: A History* (Bloomsbury Publishing)

Clements, Jonathan and McCarthy, Helen. *The Anime Encyclopedia: A Guide To Japanese Animation Since 1917* (Stone Bridge Press)

Denison, Rayna. *Anime: A Critical Introduction* (Bloomsbury Publishing)

Greenberg, Raz. *Hayao Miyazaki: Exploring the Early Works of Japan's Greatest Animator* (Bloomsbury Academic)

Le Blanc, Michelle and Odell, Colin. *BFI Film Classics: Akira* (Palgrave Macmillan)

McCarthy, Helen. *500 Essential Anime Movies* (Collins Design).

Napier, Susan. *Anime from Akira to Howl's Moving Castle: Experiencing Contemporary Japanese Animation* (Palgrave Macmillan)

Napier, Susan. *Miyazakiworld: A Life in Art* (Yale University Press)

Osmond, Andrew. *Satoshi Kon: The Illusionist* (Stone Bridge Press)

Osmond, Andrew. *100 Animated Feature Films* (Bloomsbury Publishing)

Ruh, Brian. *Stray Dog of Anime: The Films of Mamoru Oshii*, 2nd edition (Palgrave Macmillan)

謝辭

首先要感謝我們的 Podcast 合作夥伴 Steph Watts 和 Harold McShiel，他們在吉卜力圖書館（Ghibliotheque）這場多媒體冒險的每一次轉折都與我們同在。如果沒有小點工作室（Dot Studios）同事的支持，這本書就無法問世，謝謝 Dan Jones, Tom Hemsley, Hal Arnold, Jay Tallon, Alice Hyde 和 Kirsty Joyce。同樣，我們感謝由 Ross Hamilton 和 Conor Kilgallon 領導的 Welbeck 團隊將這些文字印在紙本上。作為影迷和影評人，我們也感謝專業的動畫發行商，沒有他們，我們怎麼看得到這些電影？感謝動畫有限公司（Anime Limited）的 Andrew Partridge 和 Kerry Kasim，吉玩（GKids）的 Dave Jestaet 和 Lucy Rubin，以及偉大的 Carys Gaskin，他堅定地守護著吉卜力工作室在英國映歐嘉納（StudioCanal）的所有作品。我們敬佩你的精力、專業知識和對動畫的熱情。感謝米林宏昌、西村義明、細田守、新海誠及多年來我們有幸採訪過的每一個人，他們為本書中許多章節提供內容。感謝 Helen McCarthy, Alex Dudok de Wit, Kambole Campbell, Andrew Osmond, Jonathan Clements, Rayna Denison, Sam Clements, Edward Szekely, James Hunt, Rowan Woods, David Jenkins 和 Pamela Hutchinson，謝謝你們的鼓勵、幫助與啟發。最重要的要感謝 Mim, Ivo, Louisa，你們讓我們躺在沙發上獨佔電視。這真的都是為了工作。

圖片出處

出版商感謝以下來源提供者的慷慨許可，允許在本書中複製這些圖片。

Key: t = top, b = bottom, c = centre, l = left and r = right

Alamy Stock Photo: 48, 50, 67, 69, 70, 81, 93b, 94, 121, 136, 137; / Aflo Co. Ltd: 64, 132, 152; /Album: 4, 66, 68, 142, 148-149, 150t, 150b, 154; /BFA: 30, 45, 49, 47, 65, 71, 139; / Collection Christophel: 110-111, 113, 116, 151; / Entertainment Pictures 80, 83r; / Everett Collection: 8, 24t, 24b, 25, 74, 92t, 92b, 147, 159, 160, 161t, 162, 163, 173b, 174t, 178, 179t, 180, 181t, 181b; / Famouspeople :26; /Moviestore Collection Ltd: 7, 157. 161b; / Photo12: 12-13, 15, 16, 17, 18, 19, 21, 22, 23t, 23b, 46, 51, 69c, 79, 82, 83l, 93t, 95, 97, 98t, 98b, 99, 101, 102l, 102bl, 102r, 117, 118, 128, 129t, 129b, 131, 133, 134-135, 135, 136b, 140, 141, 144l, 144r, 145, 156, 190; / Reuters: 78, 138, 182; /Sipa US: 14; /TCD/Prod. DB: 165, 166-167, 168, 169t, 169b, 171, 172, 173t, 174b, 175, 177, 179b, 183, 184-185, 186l, 186tr; /Zuma Press, Inc: 164

Elvis/ Commons Wikipedia licenced under the Creative Commons Attribution-Share Alike: 38

Getty Images: Alberto Pizzoli/AFP: 84; /Vittorio Zunino Celotto: 120

Private Collection: 10, 11, 20, 27, 30t, 32, 33, 34-35, 36, 37, 39, 40, 41, 42, 43, 44, 52, 53, 54, 55, 56, 57 ,61, 62, 63, 72, 73, 75t, 75b, 76, 77, 85, 87, 88, 89, 90, 91, 96, 104, 105, 106, 107, 109, 112, 114, 115, 120, 122, 123, 124, 125, 126, 127, 146, 152, 153, 170, 176

Tekkonkinkreet/Commons Wikipedia licenced under the Creative Commons Attribution-Share Alike: 108

特別感謝

BAC Films, CoMix Wave Films, Daft Life, Entertainment Japan, Gainax, Kyoto Animation, Madhouse, MAPPA, Monkey Punch, Mushi Production, NPV Entertainment, Paramount Pictures, Production I.G./ING, Rock'n Roll Mountain, Sunrise, Toei Doga, Toho, Tokyo Movie Shinsha, Studio 4°C Co., Ltd, Studio Chizu, Studio Ponoc, Studio Khara, TMS, Tokyo Theaters Co., Village Roadshow Pictures, Wild Bunch。

我們已極盡所能確認每張圖片的來源，並聯繫每張圖片的來源提供者和／或版權方，若有任何無意的訛誤或遺漏，威爾貝克出版集團（Welbeck Publishing Group）謹此致歉，日後將於本書改版時進行修正。

左頁上：《駭客任務立體動畫特集》

國家圖書館出版品預行編目 (CIP) 資料

日本經典動畫指南 / 麥可 . 里德 (Michael Leader), 傑克 . 康寧漢 (Jake Cunningham) 著 ; 李奧森譯 . -- 初版 . -- 新北市 : 黑體文化出版 : 遠足文化事業股份有限公司發行 , 2023.08
面； 公分 . -- (灰盒子 ; 8)
譯自 : The ghibliotheque anime movie guide
ISBN 978-626-7263-27-3(平裝)

1.CST: 動畫 2.CST: 影評 3.CST: 日本

987.85 112008805

特別聲明：
有關本書中的言論內容，不代表本公司／出版集團的立場及意見，由作者自行承擔文責。

本書中所有使用或引用的商標、插圖、片名、劇本、語錄、公司名稱、註冊名稱、產品、角色、LOGO 均為其各自所有者的財產，僅在本書用於識別目的，輔助本書的指南和評論。這本書是威爾貝克非小說類作品有限公司（Welbeck Non-Fiction Limited）的出版品，未獲得任何個人或法人實體的許可、批准、贊助或認可，也與吉卜力工作室或其他公司沒有任何關聯。本書所提供資訊的準確性與完整性，威爾貝克或作者均不做任何明示或暗示的陳述或保證；本書可能包含的訛誤與遺漏，威爾貝克或作者均不承擔任何責任；任何因使用或依憑書中資訊與指南所導致的損失，威爾貝克或作者均不承擔任何責任。

黑體文化

讀者回函

灰盒子 8

日本經典動畫指南

The Ghibliotheque Anime Movie Guide

作者・麥可・里德（Michael Leader）、傑克・康寧漢（Jake Cunningham）｜**譯者**・李靜怡｜**責任編輯**・劉鈞倫、龍傑娣｜**美術設計**・林宜賢｜**出版**・黑體文化／左岸文化事業股份有限公司｜**發行**・遠足文化事業股份有限公司（讀書共和國出版集團）｜**地址**・23141 新北市新店區民權路 108 之 2 號 9 樓｜**電話**・02-2218-1417 ｜**傳真**・02-2218-8057 ｜**郵撥帳號**・19504465 遠足文化事業股份有限公司｜**客服專線**・0800-221-029 ｜**客服信箱**・service@bookrep.com.tw ｜**官方網站**・http://www.bookrep.com.tw ｜**法律顧問**・華洋法律事務所・蘇文生律師｜**印刷**・凱林彩印股份有限公司｜**初版**・2023 年 8 月｜**定價**・800 元｜ **ISBN**・978-626-72632-7-3 ｜**書號**・2WGB0008 ｜**版權所有・翻印必究**｜本書如有缺頁、破損、裝訂錯誤，請寄回更換

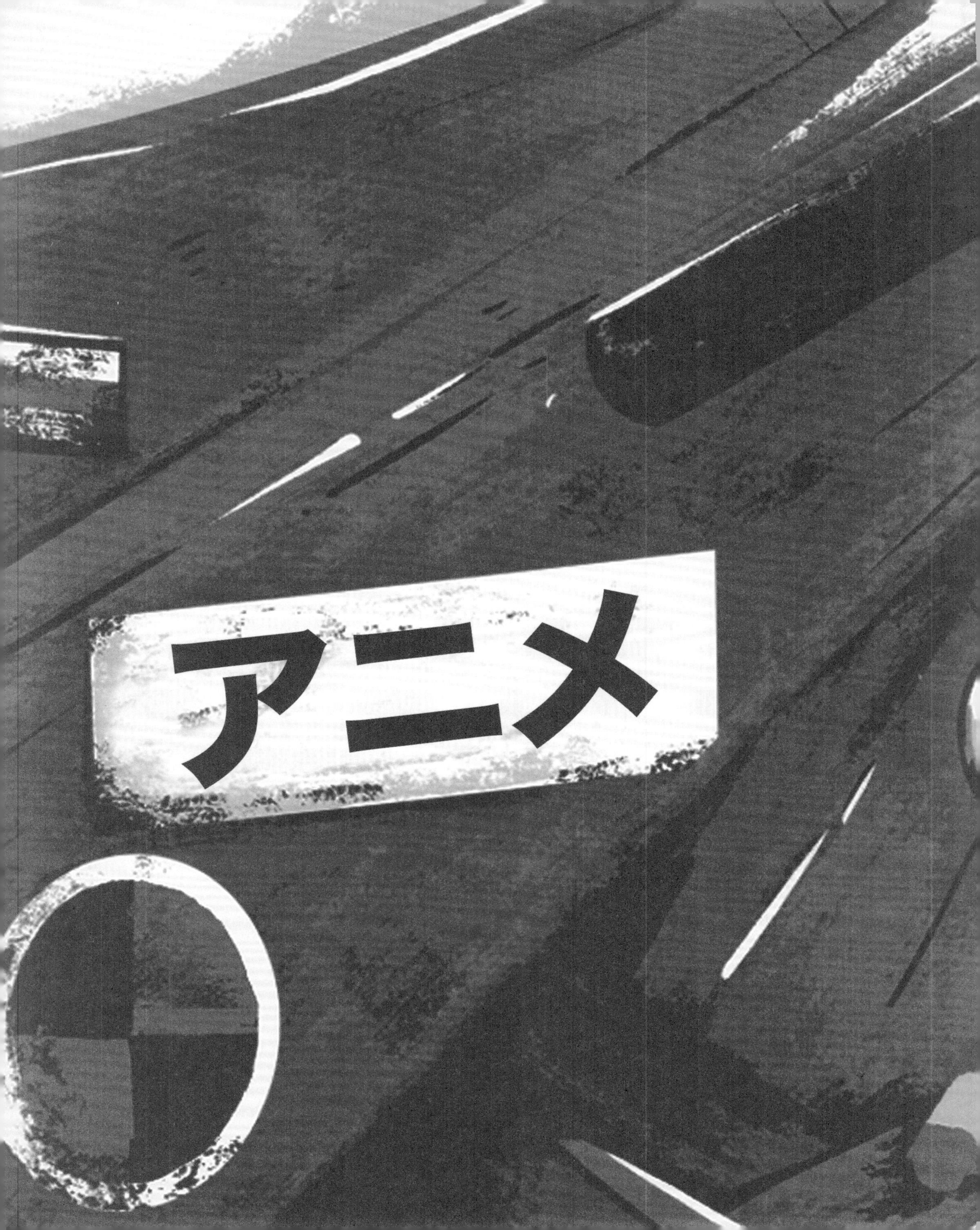
アニメ